票據法論
——兼析聯合國國際票據公約

施文森 著

三民書局

國家圖書館出版品預行編目資料

票據法論:兼析聯合國國際票據公約／施文森著.－
－初版一刷.－－臺北市：三民，2005
面；　公分

ISBN 957-14-4315-8　（平裝）

1.票據法

587.4　　　　　　　　　　　　　　　94014443

網路書店位址　　http://www.sanmin.com.tw

© 票　據　法　論
——兼析聯合國國際票據公約

著作人　施文森
發行人　劉振強
著作財　三民書局股份有限公司
產權人　臺北市復興北路386號
發行所　三民書局股份有限公司
　　　　地址／臺北市復興北路386號
　　　　電話／(02)25006600
　　　　郵撥／0009998-5
印刷所　三民書局股份有限公司
門市部　復北店／臺北市復興北路386號
　　　　重南店／臺北市重慶南路一段61號
初版一刷　2005年9月
編　　號　S 585480
基本定價　拾壹元
行政院新聞局登記證局版臺業字第○二○○號

ISBN　957-14-4315-8　（平裝）

序

　　本書初版成之於民國七十年代初期，經國立政治大學學報編審委員會審查通過，列為政大學報叢書。其間因票據法未再有所修正，本書在內容上雖有更易，惟幅度不大。近研閱聯合國於一九八八年公布之國際匯票及國際本票公約及美國配合該公約相繼於一九九〇年及二〇〇二年修正之統一商法典第三條，深覺臺灣作為世貿組織成員及經貿大國，於關注國際票據法制新發展之餘，對現行票據法是否亦宜為相應之增刪與調整？筆者以為深入檢討，誠其時也，乃不揣學疏，以一己心得，於闡析前開公約及美國票據法相關規定之基礎上，就本書初版重行改寫，藉以論評現行票據法規定之得失，進而就如何改進現制提出一得之愚。

　　票據法屬移植立法，定制於我國金融業起步未久，故無論規範內容或體系貫徹，頗多欠周之處。因而書中所論除以司法院解釋、最高法院判決及決議為依據外，尚多方引介國內票據法權威學者之學說、創見，其目的無他，欲經由推演、申論，對現制缺失得以補足；規範共識得以確立。對於經本書引為持論依據之每位學者，筆者於此敬表謝悃。

　　於本書改寫及付梓過程中，承政治大學碩士班謝昀璉同學提供資料及協助、真理大學講師單麗玟及國立空中大學講師黃吉男任校讎之勞，於此一併致謝。

施　文　森

二〇〇五夏於指南山麓

特別說明

圖一

於我國現行票據法下，表明票據種類之文字為絕對必要記載事項之一。票據上未為此記載者，不能認為有票據之效力。凡在中華民國境內簽發之票據，均須受此要件之拘束。於上「圖一」中因其未表明為何種票據，充其量僅得視為一般有價證券，並非票據法上之票據。

圖二

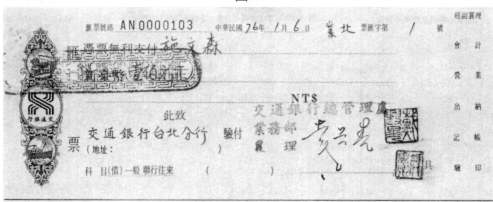

票據上表示金額之文字及數字均屬絕對必要記載事項。於「圖二」中，表示金額之數字漏未記載，而文字部分之「佰」字，其書寫有欠工整，極易變造成「億」字。若變造者於空白中再自行填入數字，二者互為配合，可使變造天衣無縫。

圖三

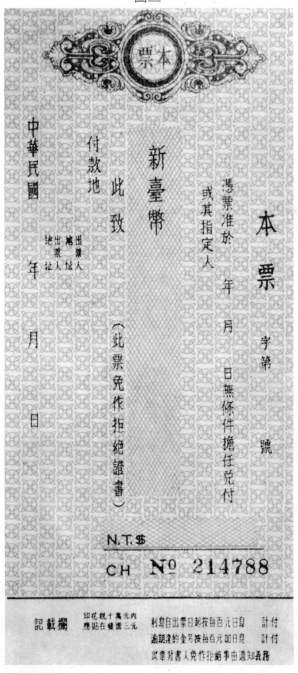

於舊式本票「到期日」先於「發票日」而為記載，二者較易發生顛倒之情形，究宜如何解決，學者與實務有不同之見解。自本票格式改用「橫式」後，因發票日須先填寫，其與「到期日」顛倒之情事已較少發生，詳見本書第四章。

圖四

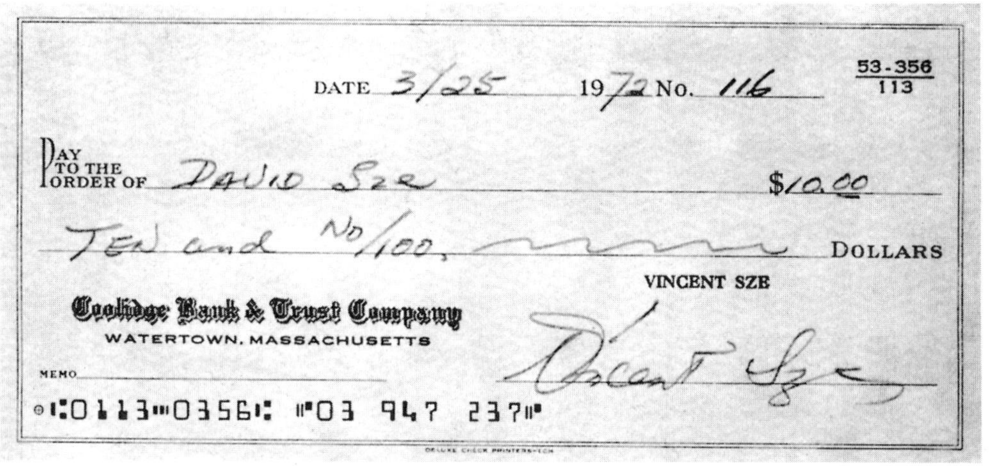

於美式支票，其金額單位印於「金額欄」之最後，因而於美國本土簽發時，不必另行註明「幣名」，可逕行填入表明金額之文字，並以「NO%」終結。若於美國本土以外地區（例如臺灣）簽發時，為避免誤解，應於填寫表示金額之文字之前，先註明「幣名」及單位，而後以「ONLY」終結，例如 NEW TAIWAN DOLLARS: Ten only，同時將 '$' 改為 'NT$'。

圖五

自信用卡之使用日益普遍以後，旅行支票作為支付工具已漸為前者所替代，但旅行支票之安全性及可靠性絕非其他付款機制所能及。對旅行支票之持用應注意二點：一為於購買當時應立即簽名於票上；另一為須面對受款人時始行副署，此項副署不得預行為之，且須與於購買時之簽名完全一致。

票據法論
——兼析聯合國國際票據公約

目次

序

特別說明

第一章　緒　論

第二章　通　則

第三章　匯　票

第四章　本　票

第五章　支　票

第六章　結論：票據法修正之探討

附　錄

索　引

第一章 緒 論

第一節 票據制度之源起

論及我國票據制度之源起，學者多上溯唐宋。認為唐代之飛錢，猶似今日之匯票；南宋之交子，與本票之性質相近；而唐代之帖，則喻之為支票❶。惟嚴格言之，我國在清末以前，並無現代意義之票據制度之存在。所謂飛錢、交子或帖，於當時僅為取代金屬貨幣之輸送而採用之便宜措施，既不具輾轉流通之功能，亦非恆久之信用授受工具。我國素以農立國，於民國以前，工商貿易無體制性之發展，對於作為支付工具之票據似亦無急切需要，而我國歷朝律制，要皆以鞏固皇帝統治權為唯一目的，其內容特多刑罰規定，對於一般民商行為，率取決於地方習慣，政府鮮有加以干預者。於此種意識形態下，近世以信用為基礎，並須嚴格遵守一定法則之票據制度自亦無從產生。

現代票據制度，於清末海通以後，始由西方傳入。按歐洲自十二世紀以後，各國商業發達、交易頻繁，十三、十四世紀已有匯票、本票理念之形成，匯票則先行於本票❷。十七世紀以後，德法英諸國相繼確立匯票、本票及支票之基本原則，票據制度逐告形成。清末變法，其法律館所擬訂之票據草案，悉數仿自歐洲諸國之成例，而民國十八年公布施行之票據法，即以法律館之草案為基礎。此何以學者指我國票據法在本質上為「移植立法」❸。

國人生性保守，對於外來制度，一時不易接受，雖票據之使用早在清亡之前，但在民國十八年前，我國並無單獨之票據法規❹。凡關於票據之訟爭，

---

❶ 鄭洋一，《票據法之理論與實務》，頁 6–7 (67 年 6 版)；劉鴻坤，《最新修正票據法釋義》，頁 1–4 (62 年再版)；張國鍵，《商事法 (票據)》，頁 8–10 (60 年 12 版)。

❷ William E. Britton, Bills and Notes, §2 at 2–9 (1961).

❸ 姚嘉文，《票據法專題研究》，頁 5 (65 年初版)。

如有習慣法則者，適用習慣法則；無習慣法則者，則適用條理，以為判斷之依據❺。所謂條理，即指他國所共同遵行之票據法則。事實上，即於票據法公布施行後，各地仍有沿襲習慣而使用「期票」者，後經司法院解釋，「期票」在本質上與本票相同，應視為本票，期票上所填載之金額，不得變更改寫❻。載明祈付「即期洋」若干元之票據，則視為支票❼，適用票據法關於支票之規定以定其效力。此均為顧及慣例而不得不予從權，其目的無非將一切票據行為納入票據法規定之範疇，使票據之使用得以漸入正途。

票據制度之得否確立繫於周詳而嚴密之票據法規。所謂票據法，依學者之見解，有廣義與狹義之分❽。廣義之票據法，概指規範票據制度之一切法規，除票據法之特別規定外，兼及民法上有關票據能力、票據代理、票據預約、票據資金及票據原因等之規定；狹義之票據法，專指票據法本身及其施行細則。我國採民商合一制，票據法為民法之特別法。凡關於票據行為、時效、抗辯、轉讓及權義等，均應優先適用票據法之規定。狹義之票據法為確立票據制度所不可或缺，故本書以狹義之票據法為探討之重心，兼析聯合國國際票據公約，僅於必要時始論及民法及程序法之有關規定。

第二節　票據法之沿革

在民國十八年以前，票據法草案曾數度更易。待國民政府建都南京，立法院制定「票據法立法原則」十九條，規定票據為匯票、本票及支票三種；支票之付款人以銀行業者為限，且限於見票即付❾。依據此項立法原則，並

---

❹　姚嘉文，《票據法專題研究》，頁 1-30。

❺　4 上 1103。

❻　20 院 489。

❼　25 院 1422。

❽　張國鍵，《商事法（票據）》，頁 12-13（60 年 12 版）。

❾　票據法立法原則為：

　　①本法所稱票據，為匯票、本票及支票。

　　②票據依所載文義，由簽名人負責。

參考前此之票據法草案，擬訂而成民國十八年公布施行之票據法。在過去七十餘年間，曾六度修正，即四十三年、四十九年、六十二年、六十六年、七十五年及七十六年。除四十三年作文字修正及七十六年廢止第一百四十一條、第一百四十二條外，其餘各次對票據法之內容均作重大之更易，茲述之如下：

㈠四十九年之修正

民國四十年以後，工商業界普遍使用遠期支票，一方面使本票制度形同虛設；另一方面遠期支票多演變成為空頭支票。如何維護票據制度，發揮票據應有之功能，主管機關乃基於亂世用重典之傳統信念，針對當時使用所發生之弊端，提出多項修正建議，經立法院審查通過，票據法遂有如下之變動：

(1)為促進本票之流通，加強其兌現性，修正案建議本票執票人對發票人

③票據上應記載之事項，不得缺略。

④以善意或無重大過失而取得票據者，享有票據上之權利。

⑤受票據上之請求者，對於善意之執票人，不得以自己與請求人之前手間所存抗辯，向之對抗。

⑥匯票之發票人，應按照文義，擔保承兌及付款。

⑦無記名式匯票，因交付而轉讓，無須背書。

⑧記名式匯票，除禁止轉讓者外，得依背書而轉讓之。

⑨執票人於到期日前，不論何時，得向付款人為承兌之提示；付款人於承兌時，應記載承兌或其他同義字樣。

⑩付款人於承兌後，應負付款之責。

⑪執票人於到期日前，行使追索權時，得請求預備付款人為參加承兌。

⑫票據債務人以外，不論何人，經執票人同意，均得參加承兌。

⑬匯票不獲付款時，參加承兌人應負付款之責。

⑭票據之保證人，與被保證人負同一責任。

⑮參加付款，不論何人均得為之，但有參加承兌人，或預備付款人時，執票人應先向之為付款之提示。

⑯匯票到期不獲付款時，執票人對於發票人、所有背書人及其他負責人，得行使追索權。

⑰本票除關於承兌、參加承兌及複本等各節外，均準用匯票之規定。

⑱支票之付款人，以銀行業者為限。

⑲支票限於見票即付。

行使追索權時，得聲請法院強制執行。但立法院司法委員會於審議時認為對於任何私人所簽發之票據，即視同具有執行名義之文書，究與現行法之體制有所不合，乃仿照強制執行法第四條第五款之規定，增加經由法院裁定之程序，而成為現行票據法第一百二十三條。即執票人向本票發票人行使追索權時，得聲請法院裁定後強制執行。

(2)立法院司法委員會鑑於社會上預開支票（即所謂遠期支票），久已相習成風，不特與支票之本質相違，亦否定支票作為支付工具之制度設計，乃參照一九三一年日內瓦統一支票法第二十八條第二項規定，於修正案第一百二十八條增加第二項，明定執票人於遠期支票票載發票日屆至前，「提示付款時，應即付款」，藉以維持支票之特質，並使無存款或存款不足或未經付款人允許墊借者，不敢輕易簽發支票。

(3)明定無存款又未經付款人允許墊借而簽發支票，或簽發支票時故意將金額超過其存款額數或超過付款人允許墊借之金額即構成犯罪。發票人於支票提示期限內故意提回其存款之全部或一部，使支票不獲支付者，視為支票簽發時無存款或無充足之存款，同屬犯罪行為。至於發票人於簽發支票當時是否具有詐欺之意圖或其他犯意 (mens rea)，要非所問。

(4)由於空頭支票之使用逐年劇增，票據制度幾被破壞殆盡，而舊票據法於此情形，僅科處空頭金額限度內之罰金，主管機關認為顯屬處罰過輕，難收防止之效。修正案參酌各國「多」❿數立法例，於罰金外，增加自由刑，以加重支票發票人之責任，此一修正為立法院所採納，成為舊票據法第一百四十一條❶。

(5)司法委員會基於刑法第五十六條規定，連續數行為而犯同一之罪名者，以一罪論，認為犯有數回違反票據法之行為，如僅論以一罪，未免過寬，特於修正案增列一條，而成為舊票據法第一百四十二條，明定排除刑法第五十

---

❿　此一「多」字顯係出於原起草者對他國立法例之誤解，綜觀歐美各國，並無同類立法。大陸地區於一九九五年公布施行之票據法雖亦有刑罰之規定，但其重在「詐欺」，非為單純之行政刑罰。

❶　自 76 年 1 月 1 日起廢除，詳見後述。

六條之適用❷。

㈡六十二年之修正

　　自四十九年以後，工商業快速成長，我國由以農業為基礎之入超國家，進而為以工業為基礎之出超國家，票據之應用亦隨國際貿易之頻繁而日益普遍。舊票據法對於遠期支票之使用並未發生預期之遏阻作用，反而因矯枉過正，使遠期支票代替本票，而為信用交易之憑證。蓋在舊票據法下，遠期支票既可在票載發票日前提示付款；債務人不為履行時，尚得科處罰金及一年以下有期徒刑❸。財政部為抑制違反票據法行為之繼續增加，及因應現實工商社會之需要，於六十一年再度就票據法為修正。此一修正案於六十一年二月提出於立法院，依據修正案之說明，其修正之重點在於：

　　⑴增訂空白票據授權記載之規定，使發票人預行簽名於票據，至於票據上其他應記載之事項，得授權他人其後補充記載之，此即為現行票據法第十一條第二項。

　　⑵分期付款匯票與本票之准許。修正案原建議分期付款之匯票或本票以定日付款者為限，惟立法院將此項限制刪除，成為現行票據法第六十五條第二項。

　　⑶對於遠期支票之規定，採取國際貨幣基金會專家所提之建議，重行修正，即一方面禁止執票人於票載發票日屆至前，為付款之提示；另一方面又容許支票發票人，於票載發票日前撤銷其付款之委託，其撤銷亦不負票據法第一百四十一條之刑責。前者成為現行票據法第一百二十八條第二項；後者則未為立法院所採納❹。

　　⑷修改支票不能兌現之處罰要件。舊票據法第一百四十一條係就發票行為加以處罰；經修正後，改就不能兌現之結果予以處罰。

㈢六十六年之修正

---

❷　同上註。

❸　詳見後述。

❹　詳見立法院司法委員會編印，《審查票據法修正草案參考資料專輯》(61 年 4 月)，《審查票據法修正草案參考資料專輯㈡》(61 年 5 月)。

　　票據法經六十二年修正後，原期就空頭支票之氾濫收相當遏制之效果。但由於六十二年修正時將票據法第一百四十一條所規定之自由刑由一年增至二年；同時增列第四項，規定於「辯論終結前」清償支票金額之一部或全部者，減輕或免除其刑。而所謂「辯論終結前」，在實務上解為「二審辯論終結前」。其結果，不僅導致票據法案件與日俱增，而狡黠之債務人即利用前述解釋，就票款之清償惡意拖延至二審。於是於六十六年，再度作如下之修正：

　　(1)將農會信用部支票納入票據法管理，於票據法第一百二十七條明定將支票之付款人包括經財政部核准辦理支票存款業務之農會在內。

　　(2)財政部原擬就前述票據法第一百四十一條第四項「辯論終結前」修正為「一審辯論終結前」，以免債務人將訴訟拖延至二審。但立法院經審酌當時情況並為求遏制空頭支票之氾濫，乃將前述第四項減免規定刪除，並將前述第一百四十一條所規定之自由刑由二年增至三年。

(四)七十五年之修正

　　不問支票發票人是否有「詐欺」之惡意，前開第一百四十一條悉以重刑相繩，手段與目的難謂相當，不符比例原則，實屬顯而易見。其結果，空頭支票更行氾濫，藉支票而斂財者日益猖狂，被人利用之無辜者身繫囹圄，利用人頭詐騙者反而逍遙法外，而司法院大法官竟以該條「未逾立法裁量之範疇」，肯認「與憲法第十五條及第二十二條尚無牴觸」❶❺。此項釋示引發社會各界嚴屬指謫，當屬意料之中。財政部乃廣徵學者之意見，就票據法再作局部修正，並於七十五年經立法院完成立法程序，其修正要點如下：

　　(1)於附則中增訂一條，明定第一百四十一條及第一百四十二條關於刑罰之規定，其施行期限至民國七十五年十二月三十一日屆滿，在施行期間之犯罪，仍依行為時法律追訴處罰，不適用刑法第二條從新從輕之規定，但發票人於辯論終結前清償支票金額之一部或全部者，減輕或免除其刑。

　　(2)於第四條關於支票付款人之規定中，增列漁會。凡經財政部核准辦理支票存款業務之銀行、信用合作社、農會及漁會，統稱為金融業者，並配合修正第一百二十七條及第一百三十九條。

❶❺　釋字第 204 號解釋。

㈤七十六年之修正

　　將七十五年修正時所增訂之第一百四十四條之一刪除，並申述其理由云：「民國七十五年六月二十九日修正公布票據法部分條文自七十六年一月一日起廢除支票刑罰規定，乃係為配合刑事政策之要求，並與世界各國立法例相一致。惟研擬修法當時，因顧慮刑罰規定，行之有年，驟然取消，可能造成社會經濟之重大衝擊，特增訂第一百四十四條之一明定廢除支票刑罰之緩衝期間，並為避免產生投機取巧現象，乃依刑法第十一條但書規定，以特別規定方式明定在施行期限內簽發支票不獲支付，在施行期限屆滿後，仍應依行為時之票據法第一百四十一條、第一百四十二條追訴處罰，不適用刑法第二條從新從輕原則之規定，以杜僥倖。惟自七十六年一月一日實施以來，由於政府在施行前即採行各項配合措施，並加強宣導，故推行相當順利，對於社會經濟活動並無不良影響。為貫徹政府廢除支票刑罰規定之刑事政策，爰將票據法有關支票刑罰規定之第一百四十一條、第一百四十二條及第一百四十四條之一，均予刪除，使所有單純違反票據法案件，均不予追訴處罰。」

　　長達二十六年之嚴刑峻罰終告結束，自民國四十九年以來，欲藉刑事上之處罰以嚇阻空頭支票之氾濫，事實證明屬立法政策上之一項嚴重錯誤，多少家庭因此種不當之重刑而破碎，多少有作為之人因法官擅行科處高額罰金而使其事業與信譽兩加受創，永難回復。這是我國票據發展史上之黑暗期，但願立法者牢記這一歷史教訓，謹慎將事，免蹈覆轍。

第三節　票據法之法系與國際公約

一、法　系

　　票據法之法系有三：即德國法系、法國法系、及英國法系。於本書中，稱前二者為大陸法系；後者為英美法系。票據制度源起歐洲，英國在此方面起步雖晚於歐陸，但其早於一八八二年頒訂匯票法 (Bills of Exchange Act)❶。

---

❶　　Britton, Bills and Notes, 10 (1961).

美國立國之後，即於該法之基礎上研擬完成統一票據法 (Uniform Negotiable Instruments Law)，於一八九六年頒布，至一九二四年為聯邦絕大多數州所採行。二次世界大戰以後，美國成為經貿大國，票據使用日益頻繁，統一州法委員會與美國法學會乃針對統一票據法之缺失重行研擬，於一九五二年完成草案，列為統一商法典第三條，並配合聯合國票據公約與票據實務發展之需要，於一九九〇年及二〇〇二年加以修正 ❶，成為各州現行之票據法。德法兩國先後於一九三三年及一九三五年頒布票據法及支票法 ❶，惟於此之前，其有關票據之基本原則與成規早已形成，並行之有年，尤其德國票據成例對我國票據法制定影響深遠，國際聯盟於二十世紀三十年初所公布之統一票據法及支票法亦係襲自德國成例之結果。若就首開二大法系加以粗略比較，不難發現英美法系與大陸法系有如下之不同：

(1)於大陸法系下，所謂票據，僅指匯票、本票而言，屬信用證券，支票則獨立於票據之外，單獨成法，限見票即付，屬支付證券，對支票之效力及當事人間之關係設較為嚴格之規定。英美票據法將票據分為二類：一為發票人同意由自己無條件付款，即所謂本票 (promissory note)；另一為發票人委託 (order) 第三人付款，即所謂匯票 (bill of exchange)，而認支票為匯票之一種 (one kind of a bill of exchange) ❶。支票與匯票唯一之不同，在於前者之付款人其資格受有嚴格限制，以銀錢業者為限。惟須注意者，由銀行自行付款之 money order，歸類為支票，而 Certificate of deposit 則歸類為本票 ❷。

(2)於大陸法系，票據行為屬單獨之要式行為，與促成票據關係之原因關係分離獨立，票據當事人之權義及票據債務人所得主張之抗辯事由，無不於此一理念下為決斷。而英美法認票據行為為契約之一種 (one form of a contract) ❷，惟鑑於票據為金錢證券與流通證券之本質，對契約法基本原則之適用乃設有

❶　Selected Commercial Statutes, 250 (2003 ed.).

❶　覃有土、李貴連編，《票據法全書》，頁 1834-1933 (1995)。

❶　前❶，頁 15。

❷　UCC §3-104 (f)、(j)，我國通常將 money order 譯成郵政匯票，似有未恰。

❷　前❶，頁 16。

限制，另為特別規定，因而對票據當事人權義及所得主張之抗辯事由之規定，顯得較大陸法系瑣細與繁複。

各國人文背景不同，對制度之需求及制度設計所懷持之法理，未必一致。即使同屬大陸法系之德、法兩國，前者採形式主義，物權與債權分離獨立，支票執票人於向付款人銀行提領之前，其所取得者僅為債權，不得逕對發票人於付款人處之存款本身主張權利；後者採意思主義，物權之變動為債權之結果，於此理念下，支票執票人於取得支票之同時，發票人於付款人處之存款中相當於支票所表彰之金額部分即移屬於執票人，我國現行票據法第一百四十三條即係受此種法理影響之結果。

我國票據法於成立之初，深受德國立法例之影響，其基本法則與架構，幾完全襲自該國，此可從下列各點見之：

(1)我國第一條雖規定所謂票據，為匯票、本票及支票，體例上近似美國法，若細加探究，有關支票功能與效力之規定顯與匯票、本票不同。我國票據法無非為適用上方便，將德國之票據法與支票法合而為一，並不如英美法逕視支票為匯票（或他付證券）之一種。

(2)在內容上我國票據法設有「參加承兌」之制，此係仿自德國法而來，英美法中無同類規定。關於發票人簽發支票後得否於提示期限屆滿前撤銷付款委託，我國票據法第一百三十五條所設之限制，完全與德國支票法第三十二條規定相同，而英美法則容許支票發票人得隨時辦理撤銷付款委託 (stop payment)，不受任何限制，付款人須絕對聽命於發票人。

惟我國票據法自民國四十九年曾數度修訂，其間或參酌法國立法例，或接受美國票據法學者之建議，或由於認知上之偏差或決策上之錯誤，於票據法曾先後出現如下之特別規定：

(1)不僅限制支票發票人之撤銷付款委託，並於七十六年以前增訂重刑規定，以保障支票之兌現（原第一百四十一條、第一百四十二條，現已廢止）。

(2)於第一百二十八條第二項禁止支票執票人於票載發票日前為付款提示，使遠期支票在實質上淪為信用證券。

(3)為確保本票之兌現性，於第一百二十三條將票據債權擔保物權化，容

許執票人向本票發票人行使追索權時，得聲請法院裁定後強制執行。

⑷仿法國立法例增訂第一百四十三條，容許支票執票人於一定條件下逕行訴請付款人付款。

據此以觀，現行票據法雖係兼採各國立法例之所長及基於實務上之獨特需要而自成一體，但我國作為世貿組織之成員與經貿大國，與全球融為一體乃必然趨勢，現行票據法中部分獨特規定與他國同類立法難免發生齟齬，因而深入了解聯合國於一九八八年所公布之國際匯票及國際本票公約，甚而步美、俄、加之後就現行票據法有所修正，實有其必要。

二、國際公約

國際聯盟 (The League of Nations) 於一九二〇年成立以後，即致力於票據法規之草擬，期為此種作為國際貿易信用授受與支付之工具，確立可供各國共通遵循之規範，乃於三十年初先後公布日內瓦統一票據法及統一支票法，國聯統一票據會議並就後者通過附件，即統一支票規則 ❷，這是人類有史以來首次由國際組織主動頒訂之統一票據法規。惜此等法規係於大陸法系之基礎上擬就，未能完全顧及其與英美法系間之差異，遂不為英美等國所接受，而此等公約亦無由發揮其預期之功效。

一九四六年聯合國成立，國聯未竣之業由聯合國接替，後者秘書處特設國際貿易法委員會，於一九六八年召開第一次會議，會中議決於促進國際貿易與國際商務仲裁之同時，如何就國際付款確立能為各會員國共通遵行之規範，應為其未來工作之首務。現代科技雖為人類開創更新及更便捷之國際付款機制，但匯票、本票與支票於國際交易中仍然扮演重要之角色，而此種國際貿易上傳統使用之支付工具，因其所特具之安全性與可靠性，實非新機制所能替代。因而該委員會先則有意促使各會員國接受前述國聯制定之統一票據法及統一支票法，繼則發現此等統一法規與英美法系間確存有不易調和之歧異，縱加以修正，亦難為英美法系國家所接受，其中尤以支票部分為最。

---

❷ 統一票據法公布於 1930.7.6，生效於 1934.1.1；統一支票法於 1931；支票法統一規則於 1931.3.19。詳見覃有土、李貴連編，《票據法全書》，頁 1772–1802。

鑑於匯票、本票、支票三者中，後者於國際貿易作為支付工具已漸失其重要性，就該部分規範凝聚共識，似已不具任何實益，乃於一九八四年暫行擱置。至於匯票、本票，亦須跳脫前述統一法規之體例及內涵，於二大法系間異中求同，於衝突中妥為折衷，擷取較易為會員國獲取共識部分，廣徵國際私法統一學會 (International Institute for the Unification of Private Law，簡稱 UNIDROIT)、會員國、商界及金融業界之意見，參酌銀行業及金融市場現已存在之慣例，並針對國際商務之需求，重新草擬綜合性規範，以公約方式供會員國作選擇性之採用 (optional use)。此項被稱為聯合國國際匯票及國際本票公約草案於一九八八年公布，於一九九〇年以前供會員國簽字或接受❷❸，其內容計分九章。除第九章為附則，屬參與或退出公約之程序規定外，其餘八章均屬國際匯票及國際本票約款之實體規定，包括公約適用之對象與範圍、國際票據之款式、約款解釋之原則、國際票據之轉讓、票據當事人之權利與責任、票據之提示、拒絕承兌、拒絕付款及追索、票據責任之解除、票據之喪失與救濟、時效期間。茲就本公約重要規定，據陳如下：

(1)本公約以國際匯票、國際本票為適用對象，並就此二者作出明確之界定及其所須記載之要件。匯票須其發票地、發票人之住所地、付款地、付款人之住所地及受款人之住所地五者中，或本票於發票地、發票人之住所地、付款地、受款人之住所地四者中，至少有二者位於不同之簽字國，而其中匯票之發票地或付款地，或本票之付款地經載明於票上，始得適用本公約❷❹。對於後一部分，會員國得於簽字時聲明其法院僅於匯票之發票地、付款地或本票之付款地不僅載明於票據，並位於簽字國 (Contracting States) 者，始適用本公約以解決國際匯票或國際本票使用所可能引發之紛爭。此亦為簽字國於本公約下所得保留之唯一事項❷❺。

---

❷❸　至今簽字者有 Canada (1989.12.7)、Russian Federation (1990.6.30)、USA (1990.6.29)；表示接受者有 Guinea (1991.1.23)、Honduras (2001.8.8) 及 Mexico (1992.9.11)。

❷❹　公約第一條、第二條。

❷❺　見公約附件。

⑵票據上所載前述地點縱屬不實，不影響本公約之適用，此係本公約基於票據為文義證券，按票上文義決定其效力這一共通理念，不得不有此堅持。若非如此，必然對本公約之可適用性引起疑慮，甚而損及國際匯票、國際本票之自由流通❷。

⑶鑑於記載複數付款人之匯票於國際貿易上鮮少使用，縱或有人使用，亦必成為引發紛爭之亂源，本公約不許簽發載有二以上付款人之匯票❷。對於匯票或本票，本公約限為記名式或指示式，不得為無記名式 (bearer)。由於本公約不禁止受款人依空白背書或無記名背書轉讓其權利，因而此一限制於實務上不具任何實質意義❷。

⑷起草人認為本公約若欲達成票據規範統一之最終目的，實有賴於各國法院於適用本公約時對其約款能有相同之認知，並對之持見解趨於一致之解釋，因而本公約要求各簽字國法院於解釋本公約規定時應注重本公約之國際特性 (international character)，以促進本公約適用統一性之需求，及對國際經貿交易誠信善意之遵守❷。

⑸為使國際票據廣為商界所接受，並於國際商務上自由流通，本公約堅持流通性原則 (principle of negotiability)，對於票據執票人行使權利所可能遭受之抗辯，乃在二大法系所為明顯不同之相關規定中作出選擇，將票據執票人分為執票人與善意執票人 (protected holder)，而給予二者不同程度之保護，此亦為於二大法系間所為折衷之結果：

①本公約為擴大對善意執票人之保護，乃刪除於受讓票據時須給付對價 (value) 這一要件。更甚者，任何符合本公約規定之人即取得善意執票人之地位，除非另有反證，執票人推定為善意執票人。

②善意執票人所受之保護雖較執票人為多，但執票人並非完全不受保護，而須受一切可能發生之抗辯之制約。於本公約下，任何人不因其於無行為能

---

❷　公約第二條第三項。

❷　公約第三條、第十一條。

❷　公約第十三條。

❷　公約第四條。

力或詐欺、脅迫或錯誤等情況下取得而被禁止成為執票人，但若執票人於受讓票據時知有此等事由之存在，或其自身牽涉於票據之詐欺或盜竊者，即須受此等抗辯事由之限制。

③執票人若為最後背書之被背書人，或執票人為依空白背書取得票據，而全部背書係連續無間，不論其中有任何背書經偽造或無權代理人所為，執票人仍取得善意執票人之地位，而受本公約規定之保護❸。

④於本公約下，善意執票人所為之票據轉讓，即將其於票據上所有之權利讓與受讓人，此即所謂「廕襲法則」(shelter rule)。此項法則亦在保全善意執票人於其當初取得票據時所投資之價值，惟原本無權取得任何保護之執票人，不能將票據讓與善意執票人而後取回為之漂白 (wash)❸。

⑹於大陸法系下，貨物之出賣須就標的物（包括物之本身及權利）負瑕疵擔保責任 (warranty)，本公約乃將此買賣契約之法則列為第四十五條，規定依背書及交付或僅依交付轉讓票據之人，須對受讓人擔保 (warrant) 票據未經偽造、無權代理人之簽名，或重大變造，亦不知任何足以損及受讓人向主債務人行使付款請求權之情事，但若受讓人於取得票據時知有此等情事者，不在此限。依據本條所提供之擔保，其性質與背書人所負之擔保責任不同：前者不及於擔保付款，且僅對直接受讓人發生效力，就此點言，前者較後者為輕；惟於前者，受讓人得於票據到期前，不經提示、拒絕付款及作成拒絕證書，逕行請求讓與人償還其所付之票款，因而，前者又較後者為重❸。

⑺大陸法系與英美法系就票據保證有不同之制度設計，前者稱保證為 "aval"，亦稱「日內瓦式保證 (the Geneva type of guarantee)」；後者則使用 "Guarantee" ❸一字。二者最大之不同在於保證人對抗執票人或善意執票人效

---

❸　公約附件 21–25 點。

❸　同上註 26 點。

❸　同上註 27–29 點。

❸　美國統一商法典原於 §3–415、§3–416 分別就 accommodation party 及 guarantor 為規定，但該法典於 1900、2002 年修正時，將前開條文合併成為 §3–419，並以前者涵蓋後者。

力之強弱。本公約兼採二者，規定保證得以票據債務人或匯票付款人為被保證人，於承兌前或承兌後，就匯票金額全部或一部為之，於票上記載「保證」（即前述 guarantee, aval）或同類意義之字樣，由保證人簽名，或不記載「保證」，保證人僅於票面簽名。本票發票人、匯票發票人或匯票付款人以外之人於票面所為之簽名均為保證，惟票上所載關於「保證」之字樣，得以決定保證人所負票據債務之性質，票上未載明以何人為被保證人者，視為為匯票付款人、承兌人或本票發票人保證。前述二種保證最大之不同乃在於保證之效力除取決於票上之用字外，亦視保證人是否為金融機構而定。票上僅有保證人之簽名，而無 aval 或 guarantee 字樣之記載，若簽名者為銀行或金融機構，視為較強類型之保證，即 guarantee；若簽名者非為銀行或金融業者，視為較弱類型之保證，即 aval❸❹。

⑻拒絕證書為行使追索權之前提要求，本公約就此作出較為變通之規定，除非經票據明定拒絕證書須由拒絕事由發生地經當地法律授權人員簽署作成，亦可由承兌人或本票發票人於票上載明拒絕事由，日期並簽名為之，其作成之期限為拒絕日後四個營業日 (four business days)，非一般法律規定之四日，此對英美法系及採行日內瓦統一法國家之相關規定作了一定程度之改進❸❺。

⑼對於票據債權之時效期間，本公約作了一定程度之簡化：執票人對承兌人、本票人、匯票發票人、背書人及其保證人，一律為四年；被追索人對其前手，一律為一年❸❻。

⑽英美法系歷有「無追索」(without recourse) 之制，記載人得藉此免除擔保承兌及擔保付款之責任。我國票據法則有免除擔保承兌之規定。本公約採行前者，但規定匯票發票人為此項記載者，須另有其他票據債務人就匯票負其責任者為限，否則，其記載為無效❸❼。

---

❸❹　公約附件 30–32 點。關於二者之差異，詳見公約第四十七條第四項。

❸❺　同上註 42 點。

❸❻　公約第八十四條。

❸❼　公約附件 44 點。

⑾執票人於票據喪失後，應如何謀求救濟？其應遵循之程序為何？於何時始得回復其權利之行使？二大法系有其不同之制度設計。本公約化繁為簡，規定執票人於票據喪失後，其權利之行使不受影響，被請求付款之人不得以執票人喪失票據之占有相對抗。惟被請求人得於付款之前，要求執票人提供擔保，擔保之性質由當事人協議定之；協議不成，由法院判定。執票人不能提供擔保者，應將相當於票據之金額提存，被請求人若被迫又須就喪失票據付款者，得逕就擔保品或提存金取償❸。

⑿票據為金錢證券，票據上金額須為一定，就票據金額須加付利息者，不影響其一定性。本公約鑑於國際票據流通於國與國間，各國幣值、幣名不同，利率亦屬有異，因而特別規定票據上有下列記載者，不影響票據金額之一定性，亦無礙於票據之流通性：

①按浮動利率計息：變動利率不得由票據上所指定之人單方面決定，僅得依票據上所規定一以上參考利率間變動，且此等參考利率須經公布或公告。

②票據金額按匯率折算：票據載明按票載匯率或票上所示方式決定之匯率給付。

③分期付款：匯票金額得分期給付，票上並得加載「加速到期條款」(acceleration clause)，即一期未付，其餘各期均視為到期。

④貨幣計價單位付款：貨幣計價單位 (monetary unit of account) 於付受當事人間無可轉讓性者，得選擇貨幣給付❸。

以上係聯合國國際票據公約中犖犖大者，關於其規定之細節部分，當於相關章節中加以分析。

---

❸　公約第七十八條至第八十三條。

❸　公約附件 34-38 點。

第二章　通　則

第一節　票　據

一、票據之意義

所謂票據，依據美國舊票據法 (U.N.I.L.) 第一條規定，係①以書面為之並由發票人簽名；②載有給付一定金額之無條件委託或承擔；③見票或定日或定期付款；④付款與指定人或執票人；及⑤如為開致受款人之票據，須載明受款人之姓名及其他可資確定之指示。統一商法典第 3–104 條則規定，任何構成票據之書面須①由發票人簽名；②載明給付一定金額之無條件委託或承擔；③見票或定期付款；及④付款與指定人或執票人。統一商法典相繼於一九〇〇年及二〇〇二年加以修正，於第 3–104 (a) 條進一步規定票上不論有無利息之加載，不影響票據金額之一定性；而委託或承擔除付款外不得另為其他指示，但若加載授予執票人維護擔保付款之抵押品或依法逕就抵押品取償之權利或拋棄法律所賦予票據債務人之權益，不在此限。我國票據法對票據未為概括之定義，僅謂本法所稱票據，為匯票、本票及支票。依據學者之見解，票據為「由發票人簽名於票上，無條件約定自己或委託他人，以支付一定金額為目的之特種證券」❶，或「當事人約定時日及地點，將一定金額，為無條件支付之有價證券❷」。

二、票據之要件

依據學者共通之見解，於我國現行法下所謂之票據，須具備下列要件：

---

❶　張國鍵，《商事法（票據）》，頁 1（60 年 12 版）。
❷　林咏榮，《商事法新詮（票據）》，頁 1。

(1)票據須依票據法之規定發行。票據法明定票據為匯票、本票及支票三種，票據上並須記載表明其為匯票、本票或支票之文字。換言之，須依票據法發行之票據，始得稱為票據，如依其他法律規定發行者，或為債權證券，或為物權證券，而非票據法上之票據。

(2)票據上所記載之金額須屬一定。所謂一定，係指發票人於票面上應確切記載金錢之額數。票載金額之分期給付，或票據上記載利息而未載明利率者，不影響其一定性。聯合國國際匯票及國際本票公約第七條規定，票據金額雖有下列各項之加載，仍視為一定：

(a)附加利息；

(b)分期付款；

(c)分期付款之任一期到期未付，未到期部分視為全部到期；

(d)依票據所載或所指定貨幣之匯率支付；

(e)以票載金額貨幣以外之貨幣支付。

票據因有便於匯兌、資金周轉及支付三種效用，其額數之一定，不僅得以確定票據上債權、債務之範圍，並能助長票據之流通。

(3)票據上不僅應記載付款之委託或承擔，且此種委託或承擔須不附任何條件。此為使票據成為流通證券所必備之要件❸。流通證券與金錢具有相同之目的及功效，如付款之委託或承擔繫於某一事故之發生或不發生，勢必影響其流通性。

(4)付款之時間須屬一定。所謂一定，非指數學上之一定 (mathematical certainty)，僅係指商務上或實際上具有相當程度之一定性者即為已足❹，見票即付或見票後定期付款中之見票，係指自發票日起六個月內由執票人擇行，即為適例。因此，票據付款之時間得以下列方式為之：

①定日付款：於票據上載明付款之時間為某年某月某日。依聯合國國際匯票及國際本票公約規定，票據上有如下之記載者，視為定日付款：

(a)載明之日期、載明日期後一定期間、或發票日後一定期間；或

---

❸　Britton, 30.

❹　Britton, 15.

(b)見票後一定期間；或

(c)按規定日期之次序分期付款；或

(d)按規定日期之次序分期付款，並規定其中任何一期到期不獲付款時，未到期部分視為全部到期❺。

②見票即付：票據有下列記載者，視為見票即付：

(a)載有見票即付 (payable at sight)、憑票即付 (on demand)、提示即付 (on presentment) 或其他類似意涵之文字 (words of similar import) 者；或

(b)未有付款日期之記載者❻。

　　見票即付之票據，其到期日為票據提示付款之當日。聯合國國際匯票及國際本票公約第九條第二項規定定日付款票據，於到期日後承兌、背書或保證者，對承兌人、背書人或保證人成為見票即付。惟鑑於我國票據法第四十一條第一項明定，期後背書僅有債權轉讓之效力，因而不生與背書相同之效果。

　　③見票後定期付款：於匯票，所謂「見票」，係指「承兌」而言，其到期日自承兌日；承兌遭拒絕者，自拒絕承兌證書作成日；免作成拒絕承兌證書者，自拒絕承兌之日起，至票據規定期間屆至之日。於本票，所謂見票，指執票人向發票人提示票據，請其簽名者而言，其到期日自見票日；拒絕見票者，自拒絕見票證書作成日；免作成拒絕見票證書者，自拒絕見票之日起，至本票規定期間屆至之日。

　　④發票日後定期付款：自票載發票日起按票據所規定之期間屆至之日為到期日。

　　以上四種付款時間之記載方式，僅匯票及本票有之，至支票，其法定款式僅有發票日之記載，而無到期日之專欄，因而支票無不為見票即付，我國實務上所使用之遠期支票，僅在限制執票人於票載發票日前為付款提示，不在就「見票即付」設定例外。

　　(5)票據當事人須為確切之記載，並註明其對票據之關係。例如，何人為

---

❺　第九條第二項。

❻　聯合國國際匯票及國際本票公約第九條第一項。

票據債權人及何人為票據債務人。如為債務人者，究為發票人、保證人、承兌人、或背書人。債務人經簽名或蓋章後，須對票據負履行責任❼。

⑹須付款與受款人。受款人在通常情形下為發票人及付款人以外之第三人，但亦得以發票人或付款人為受款人。票據上未有受款人之記載者，以執票人為受款人（票 24）。

三、票據之特質

票據為票據關係成立之前提要件。換言之，必須有票據之存在，票據之權利與義務始得發生。因此，票據與一般為權義憑證之有價證券不同，而具有如下之特質：

⑴票據為有價證券之一種，但其與其他證券之不同在於票據係在創設權利。票據之權利，因票據之作成而發生；其權利之行使及移轉，亦非以票據為之不可。其他有價證券僅在證明業已存在之權利。就股票而言，須先有股東，而後有股份，最後始有證明股東權義之股票；而股東之行使權利，亦不以股票為必要。因此，學者稱票據為設權證券及完全的有價證券❽。

⑵票據為文義證券及無因證券，票據上之權利義務，悉依票據上所載文句以決定其效力，從而票據上權利，依票據文義而發生，與其基礎之原因關係各自獨立。票據上權利之行使，不以其原因關係存在為前提，故其原因關係不存在或無效時，執票人仍得依票據文義行使其權利❾。

⑶為發揮票據為流通證券之本質，票據之善意受讓人受特別保護。善意受讓票據者，不因讓與人之無權利而受有影響。受讓人不承繼讓與人權利之瑕疵，票據債務人自不得以自己與讓與人間所存之抗辯事由，對抗受讓人。

⑷票據上之權利因與票據本身有不可分離之關係，執票人行使其票據上之權利時，依法須向債務人提示票據；而執票人非交出票據，亦不能受領票面金額之給付。由於票據有此一特質，故學者亦稱票據為提示證券及繳回證

---

❼　參見 18 上 301。

❽　鄭玉波，《票據法》，頁 18（55 年 3 版）。

❾　49 臺上 334。

券❿。前開聯合國公約亦規定執票人如不繳回票據者，被請求付款之人得拒
為付款。於此情況下之拒為付款，不構成拒絕付款，執票人不得據以向前手
追索⓫。

四、票據之種類

票據之種類經票據法第一條規定為「匯票、本票及支票」。四十九年修正
前之舊票據法僅分別規定三種票據各應記載之事項，對於三種票據並未加以
定義。四十九年修正案乃仿照美國舊票據法，將三種票據之意義分別簡要訂
明，而成為現行票據法第二至四條。茲分別說明如下：

⑴匯票：匯票，依票據法第二條規定，為發票人簽發一定之金額，委託
付款人於指定之到期日，無條件支付與受款人或執票人之票據。六十一年修
正案擬將本條修正為：「稱匯票者，謂由發票人所簽發，委託付款人於指定之
到期日，無條件支付一定金額之票據」。其修正之理由係以票面金額應當然支
付與受款人；受款人未載明者，以執票人為受款人，票據法第二十四條已有
明文，於定義中似可省略，但未被採納。

匯票之當事人有三：即發票人、付款人及受款人。付款人得為任何第三
人，在資格上並無限制。發票人簽發匯票時，對於受款人之記載悉由其自由。
如未為記載者，稱無記名式；如記載受款人之姓名者，稱記名式；如於受款
人之姓名下復記載「或其指定人」之字樣者，則稱指示式。就票據之具有流
通性之本質言，記名式亦視為指示式。對於無記名式，得以交付轉讓；記名
式及指示式須以背書轉讓。

⑵本票：本票，依票據法第三條規定，為發票人簽發一定之金額，於指
定之到期日，由自己無條件支付與受款人或執票人之票據。六十一年為求文
義上之簡明，本擬修正為：「稱本票者，謂由發票人所簽發，於指定之到期日，
由自己無條件支付一定金額之票據」，但亦未被採納。

本票之當事人有二：即為發票人及受款人。本票之發票人由自己負擔付

❿　梅仲協，《商事法要義》，頁183。
⓫　同公約第七十二條第四項(d)款。

款，無所謂付款人，與匯票之委託第三人付款之情形不同，但本票得指定第三人為擔當付款人。

(3)**支票**：支票，依票據法第四條規定，為發票人簽發一定之金額，委託金融業於見票時，無條件支付與受款人或執票人之票據。關於支票之付款人，舊法原規定為銀錢業者或信用合作社，於民國六十六年修正時，另增「經財政部核准辦理支票存款業務之農會」。現行法之用語係七十五年修正之結果。對於何謂「金融業者」，特於第四條增訂第二項，規定「前項所稱金融業者，係指經財政部核准辦理支票存款業務之銀行、信用合作社、農會及漁會。」

支票之當事人有三，即發票人、受款人及付款人，與匯票之情形相似，但支票之付款人以具備前述法定條件之金融業者為限，而發票人為金融業本身及其存戶。支票限於見票即付，不得另定到期日。執票人在票載發票日前不得為付款之提示。

五、票據之用語

票據輾轉流通，關係至為複雜，所使用之術語亦與其他法律有異。茲就其重要者，簡釋如下：

(1)**前手、後手**：票據依背書轉讓時，自受款人以迄最後之被背書人間，構成背書之連續，各人相互間處於相對立之地位。其在前者，稱前手；在後者，稱後手。舉例言之，甲簽發匯票予乙，乙以背書轉讓於丙，丙再以背書轉讓於丁，則甲乙丙為丁之前手，乙丙丁為甲之後手。

(2)**承兌**：匯票係委託付款人給付票面金額，承兌即為付款人承諾此項付款委託，並將其意思表示於票面之行為。

(3)**追索權**：執票人於付款人拒絕承兌或拒絕付款時，對於其前手所行使之票面金額及費用之償還請求權。

(4)**拒絕證書**：證明拒絕承兌、拒絕付款、拒絕見票、或拒絕交還原本或複本等事實之書面。

(5)**預備付款人**：發票人或背書人，於付款人外，記載在付款地之另一人為第二付款人。付款人拒絕承兌或付款時，執票人得向該第二付款人請求參

加承兌或參加付款。此第二付款人即為預備付款人。

(6)**擔當付款人：**付款人於承兌時，得記載一第三人，代自己擔當付款。發票人已為記載者，付款人於承兌時並得變更之。該第三人即為擔當付款人。

(7)**參加：**執票人因付款人之拒絕承兌或付款，而向其前手行使追索權時，預備付款人或其他第三人得為之承兌或為之付款。預備付款人或第三人此一行為，稱參加。

(8)**保證：**票據債務人以外之第三人，為擔保票據行為所生之債務，於票據上所為之行為。

(9)**票據債務人：**票據債務人概指匯票發票人、本票發票人、支票發票人、背書人、承兌人、保證人及參加承兌人。就其所負票據債務之性質言，則有第一債務人與第二債務人之別。第一債務人亦稱主債務人，即執票人應先向其行使付款請求權，以請求付款。匯票之付款人於承兌後及本票之發票人均為主債務人，而支票發票人僅負被追索之責任，其付款人付款與否取決於發票人有無存款，因而無主債務人。第二債務人亦稱償還義務人，即執票人不獲付款或承兌時，得向其行使追索權，以請求其償還。匯票之發票人及背書人、本票之背書人、支票之發票人及背書人以及參加承兌人、保證人均為償還義務人。

(10)**善意執票人、執票人：**凡依票據法規定，給付對價，善意取得票據之人，為善意執票人；凡善意執票人以外之人而現實占有票據者，屬執票人。依聯合國國際匯票及國際本票公約規定，執票人係指：

(a)占有票據之受款人；或

(b)經由背書或交付受讓票據之人，於前一情形，須背書於形式上連續無間，至背書中曾否經偽造或未經授權而為之，要非所問❶❷。執票人之前手中縱有人屬無行為能力、詐欺、脅迫或錯誤，不影響其成為執票人❶❸。

惟須注意者厥為公約為擴大對善意執票人之保護，乃於第二十九條刪除

---

❶❷ 同公約第十五條第一項。

❶❸ 同公約第十五條第三項。

受讓票據時須給付對價或相當對價 (value) 這一要件，此與我國票據法第十四條第二項之規定不同，此點將詳申於後述。

第二節　票據行為

一、票據行為之意義

　　票據行為屬法律行為之一種，其性質因各國票據法所持不同之法理而有不同：有採契約說者，如美國票據法，認票據行為屬契約行為，適用一般契約之基本原則，同須具備要約 (offer)、承諾 (acceptance) 及對價或約因 (consideration) 三大要件。詳言之，票據行為當事人就票據之作成及交付須有意思表示之一致，並有對價之交換；亦有採單獨行為說者，諸如歐陸各國票據法，認票據行為與發生票據關係之原因行為分離獨立，票據行為係據行為人依據票據法規定於票據用紙上為意思表示，而後將票據交付於相對人之一種單獨的要式行為。惟無論持何說，票據行為須於行為人將票據交付於相對人時始告完成，二者所不同者乃在於票據作成後，但於交付前落入第三人之手者，行為人對該第三人應否負票據上責任？得為何種抗辯？該第三人得享有何種保障？則有不同之制度設計。前曾言及，日內瓦統一票據法於公布後之所以未為英美法系國家所接納，其原因亦在於此。我國票據法既係襲自德國法，於本書中對票據行為則以單獨行為說為持論之基礎，因而所謂票據行為係指以發生票據上權利義務為目的，在票據上所為之要式行為，於將票據交付於相對人時即告完成❹。

　　票據行為為票據上法律關係之基礎。匯票之發票、承兌、背書、保證及參加承兌；本票之發票、背書及保證；支票之發票及背書，即此處所謂之票據行為。在發票、背書、保證、承兌及參加承兌五種票據行為中，以發票為創造各種票據之原始行為，故稱之為主票據行為或基本票據行為。其餘四種則稱為從票據行為或附屬票據行為。附屬票據行為以基本票據行為之有效成

---

❹　（67 年 6 月 6 日）六十七年度第六次民事庭庭推總會議。

立及存在為前提。

二、票據行為之特性

票據行為為法律行為之一種，但與一般法律行為有所不同，而有如下之特性：

(一)要式性

票據行為之作成，雖因其成立之先後，而有基本票據行為與附屬票據行為之分，但均須以書面為之，由行為人簽名於票上，並具備法定之款式。

⑴書面：前已言之，票據為完全的有價證券。票據權利之發生固須作成書面，即使其權利之行使與轉讓，亦須依書面為之。票據行為即係依書面所為之意思表示。在前述五種票據行為中，有須於票據之正面為之者，例如，發票、承兌及參加承兌；有須於票據之背面為之者，例如，背書；而保證亦得在黏單或謄本上為之。且在完成書面前，不生特定票據行為之效力。

⑵簽名：票據行為有僅簽名即可成立者，例如，略式承兌（票 43）及空白背書（票 31：III）。有於簽名之外，尚須記載法定事項者，例如，發票及保證。但無論何種票據行為，均以簽名為必要。所謂簽名，係指行為人將自己之姓名親自書寫在票據上之行為。舊票據法第六條為便利不善書寫者，曾容許以畫押代替簽名，但因畫押辨別不易，易滋糾紛，票據上尤不宜使用，而事實上亦極少為人採用，因此，現行票據法乃將之刪除❺。

所謂簽名，以簽全部姓名為原則。在票據上如僅簽姓，或僅簽名，而未簽全部姓名者，是否仍有簽名之效力？對此，最高法院於六十四年第五次民庭庭推總會曾予議決：所謂簽名，法律並未規定應簽全名，舊票據法曾規定，票據上之簽名，得以畫押代之，何況僅簽姓或僅簽名，比畫押為慎重。足見票據上之簽名，不限於簽全名，如僅簽姓或簽名，也有簽名之效力。至於所簽之姓或名是否確係本人所簽，以致發生爭執，屬於舉證責任問題。票據上所簽之姓或名，如能證明確實是出於簽名本人之意思表示時，應承認其效力❻。

---

❺　立法院司法委員會，《審查票據法修正草案參考資料專輯》(61 年 4 月)。

　　票據法第六條規定：「票據上之簽名，得以蓋章代之。」以蓋章代簽名者，必其蓋章確係出於行為人之意思而為之，始生代簽名之效力。若圖章為他人所盜用，即難謂已由行為人以蓋章代簽名，從而不生簽名之效力❶。代簽名之印章，如為行為人日常所使用者，不論是否為印鑑、戳記或條戳，均無不可。但銀行實務上以鉛字組成條戳形式者，因未具備固定形式，失卻印信意義，不認為圖章；普通使用之橡皮簽名章，亦然❶。此處所謂圖章，概指於固定之形體上刻有票據行為人之商號、姓名、字或號者而言。若於圖章上另行加刻「書柬」、「便章」、「收貨之章」、「回單」、「電信回單」、「號房之章」、「銀錢不憑」、「收款不憑」、「作保無效」及「啟事圖章」等字樣者，則使用此類圖章而作成之票據行為是否有效？最高法院就此曾有不同之決議：先持肯定之見解❶；後持否定之見解❷。究應以何者為當？學者中有從前者❷；

---

❶　《最高法院民刑事庭會議決議錄類編（17年～71年）》，頁107-108。以及71臺上4416：第查簽名云者，於文書親署姓名，以為憑信之謂。雖關於支票上之簽名，因法律上並未規定必須簽其全名，是故僅簽其姓或名，即生簽名之效力，且所簽之姓名，不以本名為必要，簽其字或號，或雅號、渾號、筆名、藝名均無不可。但除以蓋章代之者外，要必以文字書寫，且能辨別足以表示為某特定人之姓名者，始足當之。系爭支票背面，上訴人似僅有類似大草文字之符號，究係如何之文字，難以辨別，而由上訴人前述之辯詞觀之，又尚難認為已自認該符號係為文字，僅屬畫押。原審未調查該符號為如何之文字，並何以得辨別係表示上訴人之姓名？乃逕謂為文字，並以上訴人使用符號畫押之辯詞，為係有文字之書寫之自認，而認定上訴人已為簽名背書，其此項事實之認定，既難謂為合法。

❶　參見43臺上1160。

❶　參見臺北市銀行公會第二屆第五十三、五十五及一百零八次會議議決。

❶　（57年8月13日）五十七年度第二次民、刑庭總會會議決議：設付款行庫或信用合作社，遇有顧客持抬頭支票，其背書圖章內之名稱與抬頭（受款人）名稱相符，支票背書內加註「請領租金專用」等文字，固非票據法第三十六條所稱之背書附記條件，惟依同法第十二條之規定，應認係票據法規定以外之記載，僅該項文字不生票據法上之效力，抬頭人既已簽章背書，即應負責，其背書文字（即背書人之名稱），仍具有背書之效力。

❷　（66年11月15日）六十六年度第九次民、刑庭總會決議：如果支票背面所蓋圖

筆者亦認為印章凡由有權者蓋於票據上者，不論該印章是否另有前開文字之加註，應與一般印章，發生相同之拘束力。

　簽名為願負票據責任之表示，且為確認票據行為人之責任最確實之方法。若票據行為人不為簽名，縱使其票據行為已具備法定之款式，對於行為人仍不生效力。換言之，凡未簽名於票上者，不負履行票據債務之責任；但一經在票據上簽名者，即為票據債務人，應依票上所載文義負責（票 5: I）。票據上所載之債務人，不問其是否為實際受益人，亦不問其為自己或為他人借用，均須擔負履行責任，不得以該款係供他人使用為詞，對於債權人主張免責❷。在簽發支票之場合，發票人簽名於支票後，其應否擔保支票之支付，不以發票人在付款人處預先開設戶頭為準，其既以簽名表示其為發票人，縱未在付款人處預為立戶，仍應擔保支票之支付❷。本票之發票人經在本票上簽名，或以蓋章代簽名者，應於到期時或見票時無條件付款，縱使該本票係由監管發票人印章之人，利用所監管之印章偽造（筆者按：此處係指擅行簽發），如票據受款人信有代理關係之存在，而於受讓時並無重大過失或惡意，發票人仍難免除票據上之責任❷。但若在票據上未為簽名者，縱有承擔票據債務之表示，亦不生票據法上之效力❷。

章本身刻明專用於某種用途（例如收件之章）之字樣而與票據之權利義務毫無關係者，則所蓋該項圖章，難認係同法第六條所規定為票據行為而代替票據上簽名之蓋章，即無同法第十二條之適用。

❷ 見吳光陸，〈談票據行為之蓋章──兼談最高法院二則決議〉，《軍法專刊》，卷 30，期 11，頁 10–13。

❷ 19 上 301 及 19 上 903。

❷ 50 臺上 2683。

❷ 52 臺上 2318。

❷ 上訴人之父曾簽發支票，上訴人對執票人表示願承擔其父之支票債務，執票人訴請上訴人給付，最高法院判決云：第查票據法並無關於支票票據債務承擔之規定，亦不允任意創設票據法上債之法律關係，而支票又為文義證券（形式證券），於支票簽名（或蓋章）者，始依其文義負責，此亦支票於性質上為流通證券所使然。本件上訴人倘非於前開支票簽名為發票行為或為背書，如謂其應負清償票據債務之責，即非無研求之餘地。見 64 臺上 383。

聯合國國際匯票及國際本票公約亦規定，票據上之簽名不限於本名，凡非以本名簽名者，其於票據上所負之責任與簽本名者同其效力❷⁶。未在票據上簽名者，同公約復規定，除有下列情事外，不負票據上責任❷⁷：

①簽名經偽造，被偽造人其後同意受被偽造簽名之拘束者❷⁸；

②票據上之簽名由經本人合法授權之代理人為之者❷⁹。

票據行為係要式行為。如於票據外另立字據，而不合於票據法之規定者，縱其內容與票據有關，亦不生票據上之效力❸⁰。而票據法第五條關於票據上之簽名者依票上所載文義負責之規定，僅就票據上所載票據法規定之事項，始有其適用。在票據上記載票據法所不規定之事項者，依票據法第十二條之規定，既不生票據上之效力，則就此種事項，縱為簽名，亦不負履行票據債務之責任❸¹。票據行為在通常情形由行為人單獨簽名，二人以上共同簽名時，依據票據法第五條第二項規定，應連帶負責。

(3)款式：票據行為須具備票據法所規定之款式。此不僅發票如此（票 24; 120; 125），其他如背書（票 31: I）、承兌（票 43: I）、參加承兌（票 54: I）以及保證（票 59: I）莫不如此。票據行為如不具備法定款式，除票據法有補充規定者外，票據行為即不生效力。基本票據行為因欠缺法定款式而無效者，其他附屬票據行為即使具備法定款式，亦應歸於無效。但若基本票據行為業已有效成立，縱使該行為非出於有權者之所為，要不影響具備法定款式之附屬票據行為之效力。

㈡抽象性或無因性

票據行為雖多基於買賣、借貸或其他原因關係而作成，但票據行為一經成立後，即與其基礎之原因關係各自獨立。原因關係不存在或無效，要不影

---

❷⁶　同公約第十一條第二項。

❷⁷　同上第十一條第一項。

❷⁸　同上第三十四條。

❷⁹　同上第三十六條。

❸⁰　49 臺上 567。

❸¹　參見 27 上 189。

響票據行為之效力 ❸。對於票據此一性質，學者稱抽象性或無因性。為助長票據之流通性，此種抽象性或無因性應絕對予以維護。票據行為若已具備法定成立條件，即應視為有效成立，其原因關係如何，要非所問。票據執票人就票據主張權利時，苟非其權利之取得出於惡意或詐欺者，就原因關係無須主張及證明 ❸。執票人行使票據上權利時，不負證明關於給付原因之責任，如票據債務人主張執票人取得票據係出於惡意或詐欺者，則應由該債務人負舉證之責 ❸。換言之，票據為無因證券，票據權利人不必證明其取得票據之原因為何，即得依票據文義，向票據債務人行使票據權利。如票據債務人主張執票人之取得票據係出於竊盜或無對價並有偽造期日之情事者，應就此負舉證責任 ❸。所謂就原因關係無須證明者，僅指票據債權人就票據作成前之債務關係，無庸證明其原因而已，至該票據本身是否真實，即是否為票據行為人所作成，仍應由票據債權人負證明之責 ❸。且在直接當事人間，若票據關係之發生實無真實合法之原因，票據債務人亦得以此為理由，而拒絕履行票據債務 ❸。

(三)文義性

---

❸ 27 滬上 97 及 49 臺上 334。

❸ 48 臺上 101。

❸ 見前註。

❸ 64 臺上 2809：本件上訴人主張：訟爭之第一七九〇九三號，面額新臺幣（下同）三百萬元本票，係為伊之關係企業大同塑膠工業股份公司（簡稱大同塑膠公司）向臺灣銀行貼現三百萬元時，簽交該分行作為副擔保之用者，且為便於轉期續用，未記載發票日期及到期日，茲該本票不知何故流落入被上訴人手中，並由被上訴人擅以橡皮章加蓋發票日期為六十三年三月十五日，到期日為六十四年一月十五日後，向伊主張該票據債權。查兩造間初無任何債權債務關係存在，從而被上訴人之取得該本票顯係出於竊盜。最高法院以票據為無因證券，票據權利人，不必證明其取得票據原因為何，即得依票據文義向票據債務人，行使票據權利，如票據債務人主張執票人之取得票據係出於竊盜或無對價，並有偽造期日之情事者，應就此負舉證之責。本件上訴人既未能就盜竊舉證，遂判認其上訴為無理由。

❸ 參見 50 臺上 1659。

❸ 參見 50 臺上 2326。

　　票據法第五條第一項規定：在票據上簽名者，依票據上所載文義負責，縱該項記載與實質關係不符，亦不許當事人以票據外之證明方法，加以變更或補充。即票據債權人固不得以其他立證之方法，向票據債務人有所主張，而票據債務人亦不得舉出其他證據，對票據債權人有所抗辯。票據此一特性，稱文義性。其結果，對於票載文義之解釋，須遵照下列原則：

　　(1)票據外觀解釋之原則：票據上所載文義即為票據行為人之意思表示之內容，而非既成事實之記錄。縱票據上記載事項與事實不符，票據行為亦按照票據上之記載，當然發生效力，是票據上之記載有一種創造之作用。換言之，票據行為如在形式上已具備法定之方式者，雖與事實不符亦不影響其效力。票據要件之存在與否，應就票據上之記載以為判斷之依據。學者稱此為外觀解釋之原則。該項原則無論對於直接當事人或善意或惡意執票人，均有其適用❸。

　　(2)票據客觀解釋之原則：依據民法第九十八條之規定，對於一般意思表示之解釋，應探求當事人訂約當時之真意，而真意何在，又得參酌過去事實及有關證據，以為判斷之依據，不能拘泥於當事人所使用之辭句。但關於票據行為之解釋，則不能以票據上記載以外之事實，推求行為人之意思，而變更或補充票據上所載之文義，學者稱此為票據客觀解釋之原則❸。

　　因此，票據為文義證券，證券上之權利義務，悉依證券上所載文句而定其效力。凡執票人執有發票人簽名或蓋有發票人印章之票據者，當然享有票面所載之債權❹。

(四)獨立性

---

❸　詳見陳世榮，〈票據行為〉，《臺灣合作金融》，卷 7，期 5-7。

❸　見前註。

❹　60 臺上 218：最高法院判決云：按在票據上簽名者（得以蓋章代之），依票上所載文義負責。票據法第五條第一項有明文。故票據乃文義證券，證券上之權利義務，悉依證券上所載文句而定其效力。因之，執票人執有發票人簽名或蓋有發票人印章之票據者，當然享有票面所載之債權。發票人若欲免除其票據責任而提起確認之訴時，須依民事訴訟法第二百四十七條後段規定提起確認證書為偽造（即票據為偽造）之訴始可。苟無該項確認判決，難認執票人之票據債權不存在。

同一票據上每有多數票據行為之存在，各依票據上所載文義分別獨立。一行為之無效，不影響他行為之效力。票據行為此一特質，學者稱獨立性[41]。

前曾言及，票據行為之要件與一般法律行為不完全相同：後者以具備實質要件為已足；前者除實質要件外，尚須從形式要件為之判斷。在票據行為中，有不以他票據行為為前提者，例如，發票；有以他票據行為為前提者，例如，背書以發票為前提，保證以被保證人之票據行為為前提。前提票據行為因形式要件不備而無效者，附屬票據亦隨之無效。最高法院曾於判例中指出：「票據法第十一條第一項規定：欠缺本法所規定票據上應記載事項之一者，其票據無效。但本法別有規定者，不在此限。又依同法第一百二十條第一項第六款規定，發票年、月、日為本票絕對記載事項。故簽發本票而未記載發票年、月、日者，依上開規定，不能認有發票之效力。又如基本票據行為（發票行為）因形式欠缺而無效者，於該票據所為之其他附屬票據行為（如背書、保證等行為），並皆無效。再所謂無效，係指自始、當然、確定的不生效力，縱經當事人承認，亦不能使其發生效力[42]。」學者陳世榮亦持相同之見解，認為票據之發票無效，背書人將無效之票據背書轉讓，自亦不能發生票據背書之效力[43]。但若基本票據行為或附屬票據行為因實質要件欠缺而無效者，民法第一百十一條「法律行為之一部分無效者，全部皆為無效」之規定不適用於票據行為，而應適用首揭原則，即票據行為之效力各自獨立，一票據行為之無效，並不影響他票據行為之效力。即使票據行為以他票據行為為前提時，該為前提之他票據行為無效，以之為前提之票據行為並不當然無效。此何以票據法第八條規定：「票據上雖有無行為能力人或限制行為能力人之簽名，不影響其他簽名者之權利義務。」第十五條規定：「票據之偽造，或票據上簽名之偽造，不影響於真正簽名之效力。」第六十一條第二項規定：「被保證人之債務，縱為無效，保證人仍負擔其義務。」法條中所謂無效，均係指該票據行為實質上之無效，而非指形式上之無效。

---

[41] 見前[38]。

[42] 73 臺上 1633。

[43] 氏著，《票據法實用》，頁 15 (1982)。

票據行為之獨立性與空白票據之授權係二個截然不同之理念，誠如前述學者陳世榮所言，欠缺票據法第十一條第一項規定應記載事項之空白票據，亦與票據行為獨立原則無關，二者切勿混而為一。票據行為之獨立性前已論及係完全以形式為論斷之依據，若空白票據由行為人交付與第三人，第三人補充完成後背書轉讓，第三人固須負背書人之責任，空白票據行為人亦須負票據責任，至於行為人於交付票據時有無委任第三人補充完成之意思，要非所問，此係適用空白票據授權原則當然獲致之結論。但若第三人惡意取得空白票據後擅行補充完成，並背書轉讓，此對空白票據行為人言，構成票據之變造❹，第三人之補充對其不生任何拘束力，僅為背書之第三人於票據行為獨立原則下負其票據責任❺；若第三人惡意取得空白票據不為任何補充，逕行背書轉讓，則其背書因前提票據行為之無效而無效。

最能彰顯票據行為獨立原則者為聯合國國際匯票及國際本票公約。該公約不僅容許保證人以匯票付款人為被保證人而成立保證，並禁止保證人不得以其先於被保證人於匯票上簽名，或於其簽名時尚屬空白票據為抗辯❻，此點將詳申於後。

三、票據行為之要件

票據行為之成立要件可分為形式要件、實質要件及交付，茲述之如下：

(一)形式要件

所謂形式要件，係指票據行為人須於票據上為符合法定款式之記載。形式要件為票據行為之特殊要件，票據行為應於稱為票據之書面上為之。在前述五種票據行為中，發票行為應於票據之正面為符合法定款式之記載（見票24; 120; 125），始生票據之效力。其他票據行為於已作成之票據之正面或背面為之者有之（票31: II; 43; 44; 59）；於票據之黏單或謄本上為之者亦有之（票118: IV; 124; 144）。

---

❹　UCC §3-407 (c).

❺　參見李欽賢，《票據法專題研究(一)》，頁 139 (2001)。

❻　同公約第四十六條。

票據法就各種票據之票據行為，均規定其應具之款式。例如，發票行為因票據之種類不同而不同；其他票據行為之款式，亦因票據行為之不同而不同。票據行為於通常情形下，均須於票據上為合乎法定款式之記載。即除由票據行為人簽名外，並須記載法定事項。但票據法有簡略其款式，而得僅以簽名為之者，從其規定。換言之，不問票據行為款式如何，或其他事項是否依法定方式，行為人須簽名於票上，簽名為各種票據行為之共同方式，且屬絕對不可欠缺❹。

關於票據行為中之發票行為所須記載之事項，可分下列二種：

1.**絕對必要記載事項：**絕對必要記載事項係指依票據法之規定，所必須記載之事項，如不為記載，該票據行為即歸無效（票11）。茲就三種票據之發票行為而言，其共通絕對應記載之事項有如下三種：

(1)**表明票據種類之文字：**票據有匯票、本票及支票三種。各種票據作成時，均應記載表明票據種類之文字。票據上未載有表示票據種類之文字者，不能認為有票據之效力❹。惟表明票據種類之文字，在理論上並非僅以匯票、本票或支票等字樣為限，如使用外文或其他足以表明該種票據性質之文字，亦無不可。因此，司法院認為：「票據載明祈付即期洋若干元之字據，即足以證明支票之性質者，雖未記明支票二字，依票據法第一百二十一條第一項第一款（即現行法第一百二十五條第一項第一款）規定，應有支票之效力❹。」

(2)**金額：**前已言之，票據上所載之金額係屬一定，至於其金額之多寡，或用本國貨幣或外國貨幣表示，票據法不設任何限制。惟依據票據法第一百二十條第六項規定，發票人發行見票即付之無記名本票時，其金額須在五百元以上。

票據金額之書寫原以毛筆與墨水筆（鋼筆）為限，後逐漸放寬至原子筆❺

---

❹ 見前❸。

❹ 23 院 1147。

❹ 25 院 1422。

❺ 財政部⑷臺財錢發 01461 函：原子筆品質已日見改善，較劣質墨水筆更為安全……，各行庫得接受顧客使用原子筆簽發之票據。

與簽字筆。對於後者，財政部曾令示：「凡存戶使用簽字筆之票據應視同使用毛筆或墨水筆（鋼筆），不得以『非用毛筆或墨水筆填寫』為理由退票❺❶。」在銀行業務上，對於鉛筆所書寫之票據，則不予受理。

票據上之金額，均同時以文字及數字表示之。惟依據票據法施行細則第三條規定，票據上之金額以號碼代替文字記載，經使用機械辦法防止塗銷者，視同文字記載。惟此種經機械處理之數字記載曾一再發生變造情事，中央銀行曾訓示各銀錢業者，票據金額應用毛筆書寫，並加蓋印章。至於各存戶簽發支票時是否使用毛筆及加蓋印章，則悉自由便。

票據上之金額須同時以文字及數字表示之，二者均為絕對必要記載事項，若不相符，按票據法第七條規定，應以文字所表示者，為其應付金額。但若文字表示之金額含混不清或有欠確切時，依據最高法院之見解，應參考數字所表示者，以確定其應付金額❺❷。施行細則第三條則規定，票據上之數字，經使用機械辦法防止塗銷之處理者，應以數字所表示者，為應付之金額。此處所謂「不相符」，除數額上發生偏差外，尚可能發生數字金額前載有「$」符號，而文字金額中未載有「圓」、「角」、「分」者，於此情形，學者主張足以影響票據之效力❺❸。最高法院亦曾判決云：「票據為要式證券，票據法第一百二十五條第一項第二款既明定支票應記載一定之金額，而新臺幣之幣值，又有圓、角、分三種，參以退票理由亦載為金額文字不清各情，系爭支票能否謂未欠缺法定方式，而應認為有效，即非無斟酌餘地❺❹。」但基隆地方法院於司法座談會中則達成相反之決議，認為票據應記載事項未欠缺而有效❺❺。自民國七十年以後，中央銀行曾令示票據以「圓」為單位，「圓」以下「角」、「分」採四捨五入，其結果，法院遂有如下之判決：

「……文字部分雖未表明貨幣單位，惟參以號碼部分之記載，以及目前

---

❺❶　財政部(67)臺財錢 14527 函。

❺❷　57 臺上 299。

❺❸　見劉鴻坤，〈票據法問題研究十六則〉，《法學叢刊》，期 97，頁 13。

❺❹　60 臺上 805。

❺❺　司法行政部臺 62 法研 053 函。

社會上、經濟上之一般觀念，應認為係以『元』為其單位，該支票仍非無效❺❻。」

　　票據金額以文字表示時，按慣例，應於文字之末尾加一「整」字。若發票人漏未記載時，付款銀行雖得以「金額文字記載不清」而予退票，但法院就此有不同之見解，判認漏加「整」字，並不使票據無效❺❼。票據上金額一經記載，依據新票據法第十一條第三項規定，不得變更改寫，縱使發票人於變更改寫處簽名或蓋章，仍應以廢票處理。票據法雖規定表示金額之文字與數字不符時，以文字為準，但文字與數字均為法定形式必要記載之事項，二者均不得變更改寫❺❽。

　　聯合國國際匯票及國際本票公約第八條對可能導致票據金額一定性之票上記載事項，其應如何為合理之判斷，確立如下之八項原則：

　　①文字表達之金額與數字表達之金額發生差異時，應以前者為準。

　　②金額經多次以文字及數字表達，各表達間存有差異時，以最小額為準。

　　③表示金額之貨幣於付款地國以外至少有一國以上使用相同幣名，而票據未載明為何國貨幣者，以付款地國之貨幣為準。

　　④票據金額經載明須給付利息，而未有利息起算日之加載者，自發票日起算。

　　⑤票據金額經載明須給付利息，而無利率之加載者，視為無記載。

　　⑥票據金額之利息得載明按固定利率或變動利率計算，於後一情形，須依票上所載並經公告之參考利率間變動，除非於參考利率中預為指定，不得由票上所指定之人單方面決定。

　　⑦利息經載明按變動利率計算者，得於票上載明此項利率不得高於或低於某一特定利率，或其利率受有限制。

　　⑧變動利率不符上述⑥之規定者，僅得按票據付款管轄地提起訴訟所得請求之利率計算❺❾。

---

❺❻　70 訴 11360（臺北）；71 臺上 494；71 臺上 2548。

❺❼　詳見陳重慶，〈講解票據金額及其實務處理〉，《一銀月刊》，卷 34，期 3，頁 92–100；期 4，頁 57–65。

❺❽　參見財政部⑸⓪臺財錢發字第 200 號函。

　　⑶**發票年月日**：所謂發票年月日，係指形式上票據發行之年月日，此為發票人意思表示之內容，而非事實之記錄。虛偽之發票年月日，例如，六十二年三月十日發票，而票面上所記載者為六十二年三月一日或六十二年三月廿日，要不影響票據之效力。發票年月日須依曆法表示，且須屬曆法所具有之日。若以二月三十日或四月三十一日等曆法所無之日期為發票日者，則以該月之末日為發票日❻。

　　2.**相對必要記載事項**：相對必要記載事項，雖亦為法定必要記載事項，但不為記載時，票據法另設補充規定，並不使票據無效。就三種票據之發票行為而言，其共通相對必要記載之事項有如下二種：

　　⑴**受款人之姓名或商號**：受款人為票據第一次之債權人，其姓名或商號應於票據上記載之。受款人得為一人，亦得為數人，受款人在二人以上時，其記載之方法有二：一為重疊記載，例如，甲及乙，票據上之權利應由甲乙共同行使；另一為選擇記載，例如，甲或乙，票據上權利得由其中一人執票而行使之。票據上無受款人之記載時，按票據法規定，以執票人為受款人（票24: IV; 120: IV; 125: II）。

　　⑵**發票地**：發票地係指發票人發行票據之處所。票據之須記載發票地，係在確定票據行為所適用之法律。發票地固應以事實上為發票行為之地為準，但若票據上記載之發票地與實際之發票地不符時，則以票據上記載之發票地，推定為實際之發票地。票據上無發票地之記載時，票據法以發票人之營業所、住所或居所所在地為發票地（票24: V; 120: V; 125: III）。

　　除上述絕對必要記載事項與相對必要記載事項外，票據法尚容許票據行為人審酌個別情形，記載其他法定事項，惟此等事項非票據行為之要件，記載與否，悉由行為人自由，故稱任意記載事項。如經記載，即生票據上之效力。但若票據行為人在票據上記載票據法所不規定之事項，則依票據法第十二條規定，不生票據上之效力。

㈡實質要件

---

❺　見同公約第七十條第二項。

❻　見司法行政部臺⑸函第 5047 號及前❸。

實質要件，係指票據上之記載須為票據行為人之意思表示。票據行為為法律行為之一種，須有行為能力者為之，始能有效成立。票據法對於票據行為能力未為規定，應適用民法有關之規定。茲就自然人、法人及非法人之團體之票據行為能力述之如下：

1.**自然人：** 依據民法規定，自然人中有行為能力者，亦有無行為能力者。自然人所為之票據行為是否有效，應以自然人於行為當時，有無行為能力或完全的意思能力為斷。

⑴**無行為能力人：** 未滿七歲之未成年人及禁治產人為無行為能力人，其票據行為無效。行為人雖非無行為能力，但若其票據行為係在無意識或精神錯亂中所為者，亦不應認為有效。

⑵**限制行為能力人：** 七歲以上之未成年人所為之票據行為，如未得法定代理人之允許，應屬無效；如得法定代理人允許，則屬有效。關於法定代理人之允許，法律既未規定其方式，縱使限制行為能力人所為之票據行為為要式行為，亦無使法定代理人到場，於票上簽名或蓋章，或踐行同一方式之必要❻❶。法定代理人之允許在使限制行為能力人所為之票據行為有效，因此，其允許之意思表示，應對限制行為能力人或與之為法律行為之相對人為之，始生效力❻❷。但若限制行為能力人於為票據行為時，有下列情事之一者，雖未得法定代理人之允許，亦應認為有效：

①法定代理人允許限制行為能力人處分特定財產者，限制行為能力人因管理或處分該財產之必要，得為有效之票據行為。

②法定代理人允許限制行為能力人獨立營業者，限制行為能力人在經營業務之範圍內，有票據行為能力。

③限制行為能力人偽報年齡，使人信其已成年，其設戶存款，開發支票，或為其他票據行為，即非無效❻❸。

④票據行為雖非屬純獲法律上之利益，但若限制行為能力人之票據行為，

❻❶ 參見 32 上 3042 及 32 上 3276。
❻❷ 48 臺上 641。
❻❸ 47 臺上 1265。

依其年齡、身分、社會地位及其他具體情事，可認為日常生活所必需者，縱未經法定代理人之允許，仍應有民法第七十七條但書之適用，其票據行為為有效。

無行為能力人或事前未經法定代理人允許或事後未經法定代理人承認之限制行為能力人所為之票據行為固屬無效，但若票據已具備前述形式要件而有效成立者，則依票據法第八條之規定，票據上雖有無行為能力人或限制行為能力人之簽名，不影響其他簽名之效力。

⑶完全行為能力人：凡年滿二十歲者有完全的意思能力，其所為之票據行為自屬有效。縱其在票據上所為之意思表示有瑕疵，僅對直接當事人或對知其意思表示有瑕疵之人，有人的抗辯效力，但不得以其瑕疵對抗善意執票人。未成年人已結婚者，有行為能力，其所為之票據行為與一般成年人所為者無異。

2.**法人：** 法人，依據民法第二十六條規定，於法令限制內，有享受權利及負擔義務之能力。法人之代表，對外有代表法人之權限，關於法人登記範圍內之業務，有辦理之權。惟法人為達經營之目的，即非不得對外為金錢之往來，則關於票據行為，係屬法人營業範圍內之行為，其代表自有代為之權。縱使法人以章程或契約加以限制，或法人之代表基於法人營業範圍外之行為，而為票據行為（例如清償私人債務而簽發公司名義之支票），仍應認為有效，不得以其逾越權限，對抗善意執票人❻。

3.**非法人之團體：** 非法人之團體雖非獨立之主體，但依據學者之見解，其董事或其他代表人得以團體之名義而為票據行為❺。由於非法人之團體在訴訟法上具有當事人能力（民訴 40: III），執票人於取得執行名義後，得對團體為強制執行。

合夥無權利能力，自亦無票據權利能力。惟票據行為為經營合夥事業所必要之行為，因此，負責執行合夥事務之合夥人，在其權限內代表合夥並以合夥名義所為之票據行為，直接對於合夥人全體發生效力❻。負責執行合夥

---

❻　45 臺上 1533 及 53 臺上 3481。

❺　詳見陳世榮，〈法人之票據行為〉，《臺灣合作金融》，卷 7，期 8。

事務之合夥人，以合夥事業代表人之身分簽發支票，縱屬票據上所蓋合夥事業之戳記為該代表所私刻，其行為對其他合夥人仍屬有效❻❼。

㈢交　付

票據行為之有效成立，除具備上述形式及實質要件外，是否尚須將證券交付。前曾言及，票據行為須至行為人將票據交付於相對人始行發生效力，此不難從票據法第二條至第四條之使用「簽發」及第五十一條之容許匯票付款人於將匯票交還執票人前撤銷（實係撤回）其承兌而自明。最高法院民庭會議於決議中曾指出：「支票發票人票據債務之成立，應以發票人交付支票於受款人完成發票行為之時日為準，至支票所載發票日期，僅係指票據債權之限制（參照票據法第一百二十八條第二項），不能認係票據債務成立之時期❻❽。」明確肯認交付為票據行為成立之要件。據此，票據於作成後，但於交付前，若遭遺失、盜竊或其他非基於發票人之意思而喪失占有者，發票人對拾得人、竊盜或非法占有人得以票據行為欠缺交付要件而無效相對抗。若於票據作成後，託人保管，而受託人違背委託，將票據轉讓於第三人；或發票人於作成票據後，因遺失或被盜竊，或其他非基於發票人之意思而為第三人取得時，該第三人得否享有票據上權利，亦即發票人得否以欠缺交付要件相對抗？悉視其於受讓票據之時是否①知情、②給付對價及③符合票據法規定之方法受讓而定。觀乎票據法第十四條「以惡意或有重大過失取得票據者，不得享有票據上權利。」「無對價或不以相當之對價取得票據者，不得享有優於前手之權利。」之規定，發票人自得以對抗拾得人、竊盜及非法占有人等同一事由對抗惡意執票人。但若第三人係於給付對價及不知情之情況下取得票

---

❻❻　參見 18 上 1253。

❻❼　參見 54 臺上 2755：最高法院判決云：「按合夥事務得依約定由合夥人中之一人或數人執行，倘林添丁果於簽發系爭支票時為執行合夥事務之人，則其以被上訴人貨運行代表人身分簽發之支票，縱貨運行戳記為林添丁所私刻，揆諸民法第六百七十九條之規定，被上訴人能否否認林添丁對外代表合夥之行為，尚非無審究餘地。」

❻❽　（67 年 6 月 6 日）六十七年度第六次民事庭庭推總會議決議。

據者，則為貫徹票據之流通性、保護交易安全、確保票據成為眾所信賴與接受之信用授受與支付之工具，不得不責令發票人負其票據上責任，從而構成交付要件之例外。此亦係於票據行為人與善意執票人間，票據法選擇保護後者所為不得已之制度設計。

第三節　票據行為之代理

一、票據行為代理之意義及成立

票據行為既為法律行為之一種，自得由他人代理。所謂票據行為之代理，係指代理人載明為本人代理之旨，以代理人身分簽名於票據之情形而言[69]。因此，票據行為代理之成立，在形式上應具備之要件有三：即①本人之姓名、②代理之意旨及③代理人自己之簽名或蓋章[70]。代理人如未表示代理之意旨，亦未載明本人之名義，而僅由代理人自己簽名者，依據票據法第九條規定，應自負票據上之責任。此與民法上「隱名代理」不同；在隱名代理，如代理之意思為相對人所明知或可得而知者，仍生代理之效力[71]。反之，代理人於作成票據時就代理本人意旨之表示有欠缺者，自始不生票據行為代理之效果，縱使本人曾將代理權授與代理人，且為相對人所明知，亦不負票據上之責任。此何以票據法第九條規定：「代理人未載明為本人代理之旨而簽名於票據者，應自負票據上之責任。」

公司、商號及其他非法人團體之票據行為，均須由其代表人或代理人為之。經理人於其權限內為商號發行票據，已載明為商號代理之旨而簽名於票據者，不能令經理人自負票據上責任[72]。公司之票據行為，除記載公司之名稱外，經其代表人簽名，並載明為公司代表之旨，即生效力，加蓋公司之圖

---

[69]　見聯合國國際匯票及國際本票公約第三十六條第二項。

[70]　同條第二項。

[71]　7 上 351。

[72]　22 上 279。

記或印章與否，則非其要件 ❼❸。代表人有無代表公司為票據行為之權限，應以公司登記為準，至其實質上是否為公司之代表人或有無代表公司之權限，要非所問。最高法院於民庭會議之決議中曾指出：「主管機關之公司登記有公信力，公司董事長之改選雖無效，但既經主管機關變更登記，其代表公司所簽發之本票，除執票人為惡意外，對公司應發生效力 ❼❹。」

代理人，公司之代表人或商號之經理人為本人、公司或商號而為票據行為時，應如何於票據上表示其代表或代理關係，票據法並未設特別方式。如記載某甲代理人某乙或某公司代表人某甲固可；如僅載某公司經理或董事長某甲亦可。代理人或代表人以本人、公司或商號名義，蓋本人、公司或商號印章，並自行簽名於票據，雖未載明代理人或代表人等字樣，但若就票據全體記載之旨趣觀之，並依一般社會觀念，足認為有為本人、公司或商號之代理或代表關係之存在，自難謂非已有為本人、公司或商號代理或代表之旨之載明 ❼❺。否則，票據上縱蓋有本人、公司或商號之圖章，代理人依法仍應自

---

❼❸ 參見 49 臺上 2434；(53 年 8 月 18 日) 五十三年度第四次民庭總會決議：某工廠經理開發支票向他店舖購買該工廠所需之原料，支票蓋有工廠圖章及經理簽名，某店舖訴請工廠給付票款，工廠以圖章為經理自刻，及原料係經理取去，未入工廠帳為抗辯，按經理人有為商號管理事務及為其簽名之權利，而簽名，得以蓋章代之，民法第五百五十三條，票據法第六條定有明文，蓋章不過為簽名之代用，某經理自書「某某工廠某某某」依法既屬有效，其自刻圖章以代之，當然亦同樣有效，至該經理於取得物資或款項，未有入帳，係其工廠之內部關係，工廠既任其為經理，即不得以經理之有此情形，而否認其對外簽名蓋章之效力。

❼❹ (77 年 5 月 17 日) 七十七年度第九次民庭會議決議(二)。

❼❺ (41 年 7 月 23 日) 四十一年度民庭庭長會議決議；41 臺上 764；65 臺上 877；及 71 臺上 3641：「按本院四十一年臺上字第七六四號判例所謂：『代理人於其代理權限內，以本人名義蓋本人名章，並自行簽名於票據者，縱未載代理人字樣，而由票據全部記載之旨趣觀之，如依社會觀念，足認有為本人之代理關係存在者，仍難謂非已有為本人代理之旨之載明』云云，必須簽名於票據者有代理本人為票據行為之權限者始足當之，如簽名於票據者並無代理本人之權限，其簽名對於本人不生效力，並應依票據法第五條規定自負其責。原審認定楊某為大可公司之實際負責人，既為上訴人所否認，上訴人應就楊某有代理大可公司背書權限之事實

負票據上之責任⑯。

代理人代本人為票據行為時，須簽名於票上。代理人如不表明自己之姓名，僅蓋本人印章，或記明本人名義並蓋其印章，而成為本人名義之票據行為者，只須代理人確有代行簽名或蓋章之權限，不能不認為代理之有效形式⑰。學者稱此為票據行為之代行。此一方式亦為聯合國國際匯票及國際本票公約所肯認，明定經本人授權將本人簽名章蓋於票據上者，應由本人而非代理人負責⑱。換言之，於票據行為代行之場合，公司為票據行為時，僅須蓋公司印章，代表人不必簽章⑲。惟代理人有無代理之權限，證明之責在於

負舉證責任，雖原審認定：大可公司在上訴人銀行設有甲存第七八一五號帳戶，所留印鑑卡及往來約定，祇須蓋大可公司及楊某之印章簽發支票，憑此形式，上訴人即應付款，行之有年等情，惟此項事實，僅足證明大可公司曾授與楊某以就該甲種存戶代理簽發支票之權限，而不及其他，原審未命上訴人就楊某代理大可公司之權限舉證，徒以楊某在前述大可公司甲種存戶留有印鑑之事實，遽認楊某在系爭本票背書，其個人不負票據上之責任，未免速斷。」70 臺上 1529：「在票據上簽名者，依票上所載文義負責，二人以上共同簽名時，應連帶負責，票據法第五條定有明文。公司之法定代理人在支票上除蓋公司名章外，又自行簽名或蓋章於支票者，究係以代理人之意思，代理公司簽發支票？抑自為發票人，而與公司負共同發票之責任？允宜就其全體蓋章之形式及趣旨以及社會一般觀念而為判斷。」

⑯ 44 臺上 915。

⑰ 53 臺上 2716。

⑱ 同公約第三十六條第二項後段。

⑲ (70 年 5 月 19 日) 七十年度第十三次民庭總會決議(二)：「商號名稱 (不問商號是否法人組織) 既足以表彰營業之主體，則在票據背面加蓋商號印章者，即足生背書之效力，殊不以另經商號負責人簽名蓋章為必要。除商號能證明該印章係出於偽刻或被盜用者，要不能遽認未經商號負責人簽名或蓋章之背書為無效。」65 臺上 1311：「查上訴人對於被上訴人所執系爭二張支票背面所蓋上訴人公司印章之真正不爭執。而背書無以印鑑為之之限制，其聲請鑑定與其向主管機關登記之印鑑是否相同，實無必要。又上訴人所謂，係由富懋公司之總經理、大發公司之業務負責人阮憲章越權擅自加蓋公司印章於系爭支票背面一節，為被上訴人否認，上訴人又未提出可供斟酌之證據，自應認為係上訴人公司有權使用印章之人所加

執票人。聯合國國際匯票及國際本票公約則明定簽名章是否以代理人身分蓋於票上，得參酌票據之外觀為之判斷[80]。本人如將其名章交與代理人，代理人越權竟將名章蓋於票據者，究應由何人負票據上責任？有甲乙兩說。甲說代理人既係無權代理，雖未簽名於票據，亦應負票據之責任，而本人既未授權，應不負票據上之責任。乙說則認票據為文義證券，應由票據上簽名之人負責，不能以未簽名之人負責。代理人於票據上既未記載其自己之姓名，自不能令其負票據之責任。至於本人應否負責，應以執票人於取得票據時是否知有代理關係之存在及是否出於善意為斷。最高法院採乙說[81]。代理人除蓋本人印章外，並蓋自己之印章者，是否仍為票據行為之代理？實務上以該二印章之相關位置而定。若本人之印章蓋於代理人印章之上，視為代理；若代理人之印章與本人印章併立，視為共同票據行為人。公司於申請開戶時，如僅使用公司之印章，並載於印鑑卡者，公司簽發支票時，應使用印鑑卡所載之印鑑，公司負責人之同時加蓋其個人印章，在實務上視為與公司共同發票。但若公司申請開戶時，其於支票上所使用之印鑑除公司印章及董事長私章外，加蓋監察人私章者，監察人應否被認為共同發票人，應由票據全體記載之形式及旨趣觀之，如依一般社會觀念，足認該監察人之簽名係為公司為發票行為者，則不能認該監察人為共同發票人[82]。

二、無權代理

　　無權代理係指行為人欠缺簽名代理權或逾越代理權而以代理人名義將簽名章蓋於票據上而言。因此，對於無權代理之成立，所須具備之要件有三，即①行為人須以代理人之名義簽名於票據、②行為人須無代理權、及③行為

　　蓋，即無最高法院五十年臺上字第一○○○號判例適用之餘地，再公司為票據行為，除加蓋公司印章外，不必代表人之簽章，為實務上所採之見解，上訴人以支票背面無其法定代理人之簽章，抗辯上訴人不負背書責任，亦無可取。」

[80]　同公約第三十六條第四項。

[81]　（51 年 5 月 14 日）五十一年度第三次民、刑庭總會決議(二)。

[82]　（67 年 7 月 11 日）六十七年度第七次民庭總會決議(一)。

人在票據上所為之代理須無瑕疵。依據票據法第十條第一項規定，無權代理人應自負票據上之責任，意即無權代理人對於執票人所負之責任，應與有權代理時之本人相同。或行為人有簽名代理權但未載明為特定本人以代理人之身分簽名於票據上，或於票上載明代理意旨但未指出為何人代理 ❽ 者，則非此處所謂之無權代理。無權代理人對執票人付款者，取得與其所欲代理之人於其支付票據下所可取得之相同之權利 ❽，除非其所為之票據行為為本票之發票或匯票之承兌，對於其前手自有追索權 ❽。但票據法第十條第一項係為保護善意第三人之特別規定，執票人於取得票據時明知或因重大過失而不知行為人無代理權者，自不受本條項之保護。

行為人於為票據行為時如確已喪失代理權或無代理權，此項無權代理之事由本人自可持以對抗一切執票人，就令執票人之取得票據並非出於惡意或重大過失亦不例外，惟本人就無權代理之事實應負舉證責任 ❽。

三、越權代理

越權代理係指代理人逾越代理權限，而代本人為票據行為之情形而言。其與上述無權代理之不同在於：越權代理人，依據票據法第十條第二項規定，僅就權限外之部分，自負票據上之責任；關於權限內部分，對本人仍生效力。票據行為之越權代理，通常見之於票據金額之越權代理，例如，代理人經授權簽發之票據須在十萬元以下，而竟簽發十五萬元之票據。其他票據行為雖亦有所謂越權之情事，例如，代理人逾越權限而為背書或經授權為記載免除擔保承兌之背書，而為無條件之背書。票據之背書如確係他人逾越權限之行為，就權限外之部分，本人是否無須負票據上之責任？最高法院曾作成如下之判例：

「支票之背書如確係他人逾越權限之行為，按之票據法第十條第二項之

---

❽　參見聯合國國際匯票及國際本票公約第三十六條第三項。

❽　同條第五項。

❽　參見日內瓦國際統一票據法第八條。

❽　67 臺上 1666。

規定，就權限外部分，即應由無權代理人自負票據上之責任，此乃特別法優先於一般規定而適用之當然法理，殊無適用民法第一百零七條之餘地❽。」

對於此則判例臺北律師公會曾提出質議，認為票據行為之代理，於代理權之限制或撤回，本人應依民法第一百零七條本文對善意執票人負票據上責任，代理人僅於本人依同條但書不負責任時，始有票據法第十條第二項之適用。換言之，票據法第十條第二項與民法第一百零七條各有規範之對象，要無互為排斥之情形，因而不生前者為特別規定，應優先於後者一般規定而適用之問題。最高法院於九十一年度第十次民庭會議中就此加以檢討，決議仍維持原判例❽，惟筆者以為臺北律師公會之意見較符合法理。

越權代理仍係指代理人簽署自己之名義者而言。若本人將名章交與代理人，而代理人越權將本人名章蓋於票據，自無本條項之適用。如謂未露名義之代理人須負票據責任，則與票據為文義證券之意旨相悖。故票據僅蓋本人名義之圖章者，不能依票據法第十條第二項命未露名義之代理人負票據責任。至本人應否負責，應以票據執票人於取得票據時是否善意及本人與代理人間有無民法第一百六十九條關於表見代理規定適用解決之❽。

四、表見代理

票據上所為之無權代理行為，而具有表見代理之要件者，票據執票人仍得對於本人請求其履行票據上之責任❾。所謂表見代理係指無權代理人因與本人間存有特殊關係，而使無權代理行為發生有權代理同一效果。依據民法規定，表見代理成立之特殊關係有三，即①本人表示以代理權授與他人（民169）、②代理權之限制、及③代理權之撤回（民107）。②之情形在票據法上構成越權代理。前已論及，票據行為之表見代理，僅及於①及③之情形，本人雖未簽名於票據，但若足以使人誤信其曾為代理權之授與者，仍應負授權

---

❽ 50 臺上 1000。
❽ 91 年 9 月 3 日。
❽ 51 臺上 1326。
❾ 52 臺上 217。

之責。茲舉有關判決二則以示表見代理之適用：

(1)上訴人容許其弟使用上訴人名義營商，其弟乃以上訴人名義領用支票，最高法院認為上訴人之行為即係民法第一百六十九條所謂表示以代理權授與他人之行為，就該營業對於第三人自應負授權之責任。支票之領用屬於營業範圍內之行為，因此不問已否得上訴人同意，亦應由上訴人負授權之責，即不能免卸其對於執票人償還票款之義務❾❶。

(2)某甲在某某配銷所之職位，僅次於上訴人，上訴人之印章與支票簿，常交與某甲保管，簽發支票時，係由某甲填與，據此，最高法院認為縱令系爭支票係由某甲私擅簽發，然其所使用之印章及支票，既係上訴人併交某甲保管，自足使第三人信其曾以代理權授與該某甲，而應負授權人之責任❾❷。

對於某一票據行為是否有表見代理原則之適用，而責令本人負責？通常應以本人有無民法第一百六十九條所謂「由自己之行為表示以代理權授與他人，或知他人表示為其代理人而不為反對之表示」之情形以為斷。因此，訴外人周逸敏擅行將被上訴人公司營利事業登記證上所載之法定代理人「楊達明」塗改為己名，進而以被上訴人負責人身分於華南銀行開戶發票，原法定代理人對周某之行為既無前述民法第一百六十九條所規定之情形，則周某所為之票據行為，自不能責令被上訴人負責❾❸。

同理，於永元發布行有限公司❾❹一案中，有黃金寶者，曾向被上訴人公司租用專櫃，出售綢緞，為進貨方便，擅刻被上訴人公司綢緞部之便章，於簽發支票予上訴人時，於票背加蓋此一便章，上訴人基於表見代理訴請被上訴人給付，最高法院判認：「被上訴人既無任何行為表示以代理權授與黃金寶向外進貨，復於知悉黃金寶擅刻其公司綢緞部便章使用時，立即去函表示反對，顯與表見代理之要件不合。」

---

❾❶　53 臺上 3404。

❾❷　44 臺上 1428。

❾❸　62 臺上 2067。

❾❹　69 臺上 93。

五、無權代理人之賠償責任

　　本人或相對人因無代理權人所為之票據行為遭受損害，於我國現制下自得依民法有關侵權行為及第一百十條規定，向無權代理人請求賠償。對於後者，最高法院於判例中指出：無權代理人責任之法律上根據如何，見解不一，而依通說，無權代理人之責任，係直接基於法律之規定而發生之特別責任，並不以無權代理人有故意或過失為其要件，係屬於原因責任、結果責任或無過失責任之一種，而非基於侵權行為之損害賠償。故無代理權人縱使證明其無故意或過失，亦無從免責，是項請求權之消滅時效，在民法既無特別規定，則於民法第一百二十五條第一項所定十五年期間內應得行使❾❺。

　　聯合國國際匯票及國際本票公約就此特別規定，背書若由無代理權人所為者，本人或於該背書前簽名於票據之人，有權向下列之人求償背書所致之損害：

　　⒜無權代理人；

　　⒝自無權代理人直接受讓票據之人；

　　⒞直接或經由委任取款之被背書人對無權代理人付款之債務人或付款人❾❻。

　　按委任取款之被背書人係受背書人委託而向付款人、承兌人或其他票據債務人領取票款，其自身並未涉入任何票據行為，因而，若其於下列時點，不知該背書無拘束本人之效力者，同公約乃規定，對於本人及於背書前簽名於票據上之人，不負賠償責任：

　　⒜於對本人付款或對本人為票款業已受領之通知時；或

　　⒝委任取款之被背書人，若其受領票款之時間實際發生於前述⒜之後者，則於其實際受領票款之時，但委任取款之被背書人之不知係因善意或合理之注意義務之未盡者，對於本人或於背書前簽名於票據上之人，仍須負賠償責任❾❼。

---

❾❺　56 臺上 305。

❾❻　同公約第二十六條第一項。

　　前述付款人或票據債務人對無代理權人或其委任取款之被背書人付款時，不知該背書無拘束本人之效力者，其對本人及於背書前簽名於票據上之人，同公約亦規定，不負賠償責任，但其不知係因善意或合理注意義務之未盡者，則對於本人及於背書前簽名於票據上之人，仍須負賠償責任 ❾❽。

　　本人或於背書前簽名於票據上之人依同公約規定，其所得求償之金額因求償對象不同而不同：對無代理權人以外之人，其求償金額以同公約第七十條及第七十一條所列舉之票據金額、利息及費用為限；對於無代理權人，得逾越此等金額，按所遭受之實際損失金額求償 ❾❾。

第四節　空白票據

一、空白票據之增訂

　　舊票據法第十一條曾規定：「欠缺本法所規定票據上應記載事項之一者，其票據無效，但本法別有規定者，不在此限」。顯然，於舊票據法下，發票人既不得將票據上應記載事項之全部或部分授權他人補填，執票人亦不得逕行補充填載後使票據發生效力。但票據法於六十二年修正時，基於經濟繁榮過程中之事實需要，乃仿照日內瓦統一票據法及英美票據立法例，增訂第十一條第二項之規定：「執票人善意取得已具備本法規定應記載事項之票據者，得依票據文義行使權利，票據債務人不得以票據原係欠缺應記載事項為理由，對於執票人主張票據無效。」本項是否在承認空白票據，實務與學界之見解至為紛歧：最高法院於六十八年度第十五次民事庭會議決議㈢之補充說明中認為本條項僅係關於善意執票人得為權利之行使，及債務人抗辯權之限制之規定，尚難據之而謂票據法有空白票據之明定；學者則多持肯定見解 ❿。雖其

---

❾❼　同上第二項。

❾❽　同上第三項。

❾❾　同上第四項。

❿　詳見陳世榮，〈空白授權票據之補充權〉，《法令月刊》，卷34，期8，頁6–8；李

中有人主張本條項中所謂「善意」，按其文義僅係指不知票據原係欠缺應記載事項而言，至被授權補充空白票據之人因其明知票據原係欠缺應記載事項，反而不能依本條項規定行使票據上權利，其不合理至為顯然，乃建議回復行政院原提修正草案第十一條第一項之規定，即「欠缺本法所規定票據上應記載事項之一者，其票據無效。但本法另有規定或發票人於發票時授權補充記載完成者，不在此限[101]。」俾對空白票據之規定更行明確，惟筆者不如此認為，其理由如下：

按日內瓦統一票據（匯票及本票）法第十條規定：「匯票於簽發時其應記載之事項並未完備，而後又未按協議補充完成者，除非執票人於取得票據時出於惡意或重大過失，不得以協議未經遵守對抗執票人。」其規定之意旨係在保護自被授權者善意受讓經其補充完成之票據之執票人，至此項補充記載是否違背授權者之原意，要非所問。票據法於六十二年修正時立法機關之所以拒採前開行政院所提之文字，其理由即在於此，藉以彰顯本條項同時具有防免空白票據之授權者與被授權者間串謀詐欺執票人之功能。對於空白票據之被授權人，其得否行使票據上權利，悉視其所為補充記載是否在授權範圍內為之，應與本條項之規定兩無關連。最高法院曾就此作成如下決議：

(1)對於甲簽發未記載發票日之支票交付丙，囑丙填載發票日，丙未加填載將之交付乙，囑乙填載發票日，乙依囑照填，完成發票行為，應否對甲發生效力？最高法院民事庭會議決議：「乙亦不過依照甲原決定之意思，輾轉充作填寫發票日之機關，與甲自行填寫發票日完成簽發支票之行為無異，乙執此支票請求甲依票上所載文義負責，甲即不得以支票初未記載發票日而主張無效，此種情形，與票據法第十一條第二項規定，尚無關涉[102]。」

(2)對甲簽發空白本票交付乙，乙依其與甲間約定填寫金額後向甲請求付款，該本票是否為有效之票據[103]？最高法院民事庭會議決議：「於本院六十七

欽賢，〈論票據法第十一條第二項之規定〉，《輔仁法學》，期 2，頁 205-238；蕭信雄，〈漫談空白票據〉，《一銀月刊》，卷 28，期 1，頁 51-59。

[101]　見梁宇賢，〈論空白授權票據〉，《中興法學》，期 12，頁 49-61。

[102]　（70 年 7 月 7 日）七十年度第十八次民庭會議決議㈠。

年臺上字第三八九六號判例及七十年七月七日七十年度第十八次民事庭會議決議㈠之見解未變更前，仍照上開判例及決議之意旨辦理❿。」

二、空白票據之意義

空白票據亦稱空白授權票據❿，係指發票人預行簽名於票據，而將票據上其他應記載事項之全部或一部，授權他人補充完成之行為。因此，空白票據授權之成立，須具備下列四要件：

⑴須空白票據行為人簽名於票據。行為人如不為簽名，而授權第三人作成票據者，則成為票據行為之代理或代行，而非此處所謂空白票據之授權。學者中有主張行為人並應將空白票據之授權記載於票據之正面❿。

⑵須票據應記載事項全部或一部有欠缺。換言之，行為人並未自行作成票據，而將票據上應記載事項之全部或一部由第三人補充完成，此等待補充之事項或為發票日，或為受款人之姓名，或為金額，而以後者較為常見。

⑶須由空白票據行為人授權第三人補充票上空白部分，以完成票據。空白票據為未完成之票據，亦不生完成票據之效力。在第三人依據授權契約補充空白部分之前，既不得為付款之提示，亦不得為票據上權利之保全或行使追索權。

⑷須有空白票據之交付。換言之，空白票據行為人須將業經其簽名但未將應記載之事項記載完全之票據交付於第三人。

空白票據行為人就票據上應記載事項填載所為之授權，在法律上並未限於絕對的應記載事項（效力要件），即相對的應記載事項，亦可授權為之。因此，最高法院於交通銀行❿一案中指出，本票所應記載之到期日如未記載，

---

❿　67 臺上 3896：授權執票人填載票據上應記載之事項，並不限於絕對的應記載事項，即相對的應記載事項，亦可授權為之。

❿　（82 年 3 月 30 日）八十二年度第一次民事庭會議決議㈢。

❿　詳見上❿及❿。

❿　見曾世雄博士於立法院審議票據修正案時所發表之意見，載立法院司法委員會編印，《審查票據法修正草案參考資料專輯㈡》（61 年 5 月）。

固得視為見票即付，而不影響本票之效力，但若發票人就到期日因限於實情，無法先行填載時，未始不可授權執票人填載之。

三、空白票據之效力

空白票據為未完成票據 (incomplete instrument)，票據上權利尚未發生，第三人既不得將之轉讓，執票人亦不得行使票據上之權利。空白票據須至第三人行使補充權後，始成為獨立之票據。票據空白補充權因空白票據行為人與相對人（或稱第三人，即空白票據之直接收受人）間之補充權授予契約而發生。第三人依據授權契約之規定，補充完成票據時，票據即因之成為完成票據，空白票據行為人應依票上所載文義負責。第三人因空白票據行為人授權而取得之補充權有形成效力，故學者有稱此補充權為形成權 **⑩** 者，第三人行使此項補充權時，不受其與空白票據行為人間授權契約之限制。換言之，補充權授與契約獨立於票據關係以外，第三人補充之內容縱與補充權授與契約之合意不符，空白票據行為人不得以之對抗善意執票人。空白票據行為人撤回補充權時，其撤回之表示應與票據之收回同時為之始生效力。若僅有撤回之表示，而未將票據收回者，空白票據行為人對於善意執票人，仍須負票據上之責任 **⑩**。

聯合國國際匯票及國際本票公約就空白票據及其補充規定於第十二條，明示空白票據須經補充後始成為有效之票據，至補充者是否經授權或逾越權限，要非所問。空白票據若由未經授權之人或雖經授權但與授權不符之人補充完成，任何於補充完成前簽名於空白票據之人，得以執票人於其取得票據時明知欠缺授權相抗辯。惟任何於空白票據補充完成後簽名之人，應按補充完成之票據負其責任 **⑩**。

---

⑩ 67 臺上 3896。

⑩ 見陳世榮，〈空白授權票據之補充權〉，上**⑩**。

⑩ 詳見陳世榮，〈空白票據〉，《一銀月刊》，卷 16，期 1；向英華，〈從票據法第 11 條談空白票據問題〉，《法令月刊》，卷 28，期 6；柯芳枝，〈空白票據之研究〉，《臺大法學論叢》，卷 1，期 2。

四、空白票據之相對人

空白票據之相對人係指基於補充權授與契約，為發票人補充填載票據上應記載事項之第三人，第三人於執行補充權時，有斟酌之權。若第三人須聽命於發票人之指示而填載票據上某一事項者，則該第三人僅得視為發票人之機關，非此處所謂空白票據之相對人。最高法院於民庭會議中曾決議云：「甲簽發未記載發票日之支票若干張交付丙，既已決定以嗣後每月之十五日為發票日，囑丙逐月照填一張，以完成發票行為，則甲不過以丙為其填寫發票日之機關，並非授權丙，使其自行決定效果意思，代為票據行為而直接對甲發生效力，自與所謂『空白授權票據』之授權為票據行為不同。嗣丙將上開未填載發票日之支票一張交付乙，轉囑乙照填發票日，乙依囑照填，完成發票行為，乙亦不過依照甲原先決定之意思，輾轉充作填寫發票日之機關，與甲自行填寫發票日完成簽發支票之行為無異，乙執此支票請求甲依票上所載文義負責，甲即不得以支票初未記載發票日而主張無效，此種情形，與票據法第十一條第二項規定，尚無關涉[110]。」最高法院於判決中重申上述見解：「上訴人簽發未記載發票日之訟爭支票，交與會首邱某囑其於每月十二日提示兌領，以清償上訴人應繳死會會款之用，即係以會首為其逐月填寫發票日之機關，該會首因給付會款而轉囑被上訴人填寫發票日完成發票行為，則被上訴人亦不過依上訴人原先決定之意思，輾轉充作填寫發票日之機關，與上訴人自行填寫發票日完成發票行為無異，上訴人不得以訟爭支票初未記載發票日而主張無效，尤不得以伊未直接將訟爭支票交付被上訴人，被上訴人填寫發票年月日完成發票行為，未另經伊之同意，執為免責之抗辯[112]。」

五、空白票據之濫用

票據法之所以於六十二年修正時增訂空白票據授權制度，完全在因應工

---

[110]　同公約第十二條。

[111]　（70年7月7日）七十年度第十八次民庭會議決議(一)。

[112]　72臺上3359。

商界於經濟發展過程中之實際需要，使交易行為得以迅速達成，資金流通更為靈活，不料此制自設置以來，竟被一再濫用。舉例言之，甲向乙舉債，乙即要求甲先在支票上簽名或蓋章，將空白支票交付予乙，作為保證。乙於甲未如期清償債務時，即於支票上填入發票日及高於債權額數倍或數十倍之金額，為付款之提示，期以甲所可能遭受之刑事處罰迫使其清償債務。在本例中，問題之癥結在於甲之將空白支票交付予乙是否構成本節所謂之「空白票據之授權」？乙補充完成後將支票解送付款人而不獲兌現時，甲是否須受舊票據法第一百四十一條所規定之刑事處罰？臺灣基隆地方法院於蔡榮貴一案中曾判決云：「查被告交付系爭空白支票予趙美麗，乃係供擔保之用，為趙美麗所不否認。並非表示被告即授權趙美麗（債權人）在空白支票上任意填具金額使用。況衡諸常情，被告前後僅向趙美麗調現一百七十萬元，此為趙美麗所是認，被告豈有同意趙美麗在空白支票上填具三百萬元之理？是被告所辯：趙美麗未經授權擅自填具金額之事實，至為灼然，堪予採信。按支票為要式證券，欠缺票據法所規定票據上應載事項之一者，其票據無效，為票據法第十一條第一項所明定。被告簽發之支票未記載金額，依票據法第一百二十五條第一項第二款之規定，即係欠缺支票上應載事項之一，應屬無效。被告將之作為借款之保證，又未經授權持票人補充記載完成，實難認有簽發支票之行為，核與票據法第一百四十一條之成立要件不相當，又別無其他證據足資認定被告有違反票據法行為，其犯罪尚屬不能證明，自應依法諭知無罪之判決❶❸。」

　　但此一判決後為臺灣高等法院所撤銷，認為被告將空白票據交付予債權人，即有授權債權人自為酌情填載金額之意，支票經債權人（即執票人）提示既未獲得付款，被告應按票據法第一百四十一條之規定論處❶❹。而臺灣高等法院之見解，現為實務界共通之見解，其結果，空白票據之授權經此濫用後，使票據犯罪之人數更行增加。所幸，舊票據法第一百四十一條及第一百四十二條關於支票刑罰之規定自七十六年元月一日起廢除，導致前述濫用之

<hr>

❶❸　69 易票 811（基隆地院刑庭）。

❶❹　70 票上易 427（臺灣高院刑庭）；69 票上易 3952（臺灣高院刑庭）。

誘因既已失其存在，則空白票據授權制度之運作自得以導入正途，而發揮其原有之功效。

六、空白票據授權與票據行為代理

空白票據授權與票據行為代理，同為本人委由第三人代為票據行為，自民法觀點言，同屬代理行為。但自票據法之規定加以觀察，二者至少有如下之不同：

(1)於空白票據授權，須空白票據行為人簽名於票據，被授權之第三人無須另行簽名；於票據行為代理，僅須載明為本人代理之旨，由代理人簽名。

(2)於空白票據授權，只須行為人於空白票據上簽名，並將空白票據交付予第三人為已足。至其是否具有委任第三人補充完成之意思，或空白票據行為人與第三人間是否確有授權契約之存在，要非所問；於票據行為代理，須本人與代理人（或第三人）間有代理關係（或表見代理關係）之存在。

(3)於空白票據授權，空白票據行為人授權第三人補充填載票據上應記載事項之全部或一部；於票據行為代理，票據完全由代理人作成。

第五節　票據之偽造

一、偽造之意義

票據之偽造係指假冒他人之名義而為票據行為而言。現行票據法將之分成兩類：假冒他人之名義而為發票者，稱票據之偽造；假冒他人名義而為其他票據行為者，稱票據上簽名之偽造。此種分類現已為聯合國國際匯票及國際本票公約及美國於二○○二年修正之統一商法典所不採。所謂票據之偽造，包括一切假冒他人名義而為票據行為[115]。偽造之方法或為摹擬他人之簽名，或押蓋他人偽造之印章，或盜用他人真正之印章，行為人濫用其保管中他人之印章而為票據行為者，亦屬票據之偽造。所謂他人，泛指實在之人，虛擬

---

[115]　見同公約第33、34條；UCC §3–403 (a)。

之人或業已身故之人。至偽造人於偽造時之動機或心理狀態為何，要非所問。

二、偽造之效力

關於票據偽造之效力，可分三點說明：

(1)**對被偽造人**：被偽造人既未簽名或蓋章於票據，自不負發票人之責任，此為絕對抗辯事由，得以對抗一切執票人❶，縱使被偽造人有重大過失或執票人之取得票據出於善意，亦不例外。支票之受款人為公司，經法院判認背書所用該公司之印章為偽造，又無公司代表人簽名，則受款人不僅不負背書之責任，而其對票據原有之權利，亦不喪失❷。但若被偽造人同意受被偽造簽名之拘束，或表示該簽名係其所為，應與自行簽名於票上負相同之責任❸。或被偽造人將其印章交由偽造人保管，或被偽造人與偽造人間存有特殊關係，足以構成前述表見代理，而執票人於取得票據並無惡意或重大過失，則被偽造人應負授權之責任❹。

(2)**對於偽造人**：偽造人對於其所偽造之票據應否負票據上責任？宜從票據法第五條第一項立法之意旨為探究。該條項規定：「在票據上簽名者，依票據上所載文義負責。」偽造人既係假冒他人姓名而為票據行為，未將其姓名揭露於票上，自亦無從責令其負票據責任，此乃依票據文義性原則與「無署名、無責任」之票據行為責任原則當然獲致之結論。早在五十一年，最高法院即已作成判例：「盜用他人印章為發票行為，即屬票據之偽造❺」；並於民、刑庭總決議之理由中指出：「票據係文義證券，應由票據上簽名之人負責，不能以未簽名之人負責，否則即失去文義證券之意義❻。」自此以後，偽造人雖係

---

❶　51 臺上 3329。

❷　59 臺上 3081：系爭支票記明受款人為惠光公司，原審既認定背書所用該公司印章為偽造，又無其法定代理人簽名為無效，則其票據之債權人，仍為惠光公司，原審乃又認被上訴人對上訴人得行使票據上之權利，自屬矛盾。

❸　見同公約第三十四條。

❹　44 臺上 1428。

❺　51 臺上 1326。

❻　(51 年 5 月 14 日) 五十一年度第三次民、刑庭總會決議(二)。

作成票據行為之人，但其根本未露姓名，因此不能令未有名義之偽造人負票據上之責任❷，此在票據法學者間已成為通說。至於偽造人其行為於刑事上是否構成偽造有價證券罪（刑201）或詐欺罪（刑339），於民事上是否構成侵權行為而負損害賠償責任（民184），則屬另一問題，不在票據法討論範圍以內。

　　近年來，我國票據法學者受日本學者之影響，有主張票據偽造人若與無權代理人相較，前者之犯意較為明顯，情節亦較重大，而前者反得以「票據文義性」而無須負與後者相同之責任，於法理難認公允，宜類推適用票據法關於無權代理之規定，令偽造人負票據上責任❸；亦有主張鑑於偽造人自稱與被偽造人為同一人，而無權代理人則明白表示與本人非同一人，前者所具欺罔之意似甚於後者，依舉輕以明重之法理，自更應責令偽造人負票據上責任❹。凡此所見，相較於我國現制下經由民法侵權行為解決自更為經濟、便捷、可靠，亦較符合票據權利行使之意旨，惟票據偽造與無權代理究係不同之行為態樣，二者各有其應具備之形式要件，不能僅以前者之「犯意」較後者為重，而將票據法就二者所為之特別規定，得當然比附援引或類推適用，何況違反何種規定，應生何種效果，屬立法裁量之範圍，因此，筆者以為除非立法機關就票據法第五條第一項為一定程度之修正，自難推翻前述通說。若立法機關固有責令偽造人承擔票據責任之意，則下列立法例或可供參考：

　　①聯合國國際匯票及國際本票公約第三十三條第二項規定：「非以本名簽名者，其於票據上所負之責任與簽本名者同。」(A person who signs an instrument in a name which is not his own is liable as if he had signed it in his own name.) 惟對於惡意執票人，偽造人仍得以其參與偽造相對抗❺。

---

❷　同上註。

❸　見康復明，〈票據偽造人承擔票據上責任之探討——兼論日本學界及司法審判實務之見解〉，《臺灣經濟金融月刊》，卷31，期7，頁81。

❹　見李欽賢〈論票據偽造人之責任〉，載《鄭玉波七秩華誕祝賀論文集：民商法理論之研究》，頁67以下。

❺　同公約第二十八條第四項。

②美國於二〇〇二年配合前開聯合國公約而修正統一商法典，於第 3–401 ⒜條規定，除非在票據上簽名，不負票據上責任 (A person is not liable on an instrument unless ⑴ the person signed the instrument)；於第 3–403 ⒜條規定未經授權之簽名，除對善意給付票款或善意給付對價受讓票據之人視為未被授權之人之簽名外，無效 (an unauthorized signature is ineffective except as the signature of the unauthorized signer in favor of a person who in good faith pays the instrument or takes it for value)。起草人於「立法理由」復指出後一規定係在陳述「誰簽名，誰負責；誰未簽名，誰不負責」這一眾所接受之法則。簽名者之責任非因其違反授權擔保所致之損害，而係由於其在票上簽名。惟本規定僅對善意執票人有其適用，知情之執票人不得持以向簽名人（即偽造人）求償。

以上立法例均在責令偽造人承擔票據責任，惟聯合國公約將「參與」之執票人排除，統一商法典將「知情」之執票人排除，此係美國法視票據係為契約關係當然之結果。

⑶對於票據上其他真正簽名之人：票據法第十五條規定：票據偽造或票據上簽名之偽造，不影響於真正簽名之效力。因此，凡真正簽名於票據上者，仍應依票據上所載文義負責。舉例言之，乙假冒甲之名義簽發本票與丙，丙背書轉讓於丁，丁背書轉讓於戊，執票人戊如向甲請求，甲因未自行簽名或蓋章於本票，自不負給付義務；戊如向乙請求，本票並未以乙之名義作成，亦未經其簽名或蓋章，自亦不負票據上之責任；戊如向丙丁求償，因丙丁真正簽名於本票上，自應依本票上所載文義對戊負責。

票據債務人如主張票據上簽名係偽造或印章係盜蓋而提起確認票據債權不存在之訴，法院就原告主張之事實即票據之真偽，首應加以調查審認，依據調查認定之結果，即可為確認票據債權是否存在之判決，無須由票據債務人先提起確認票據為偽造之訴❿。

---

❿　（63 年 8 月 27 日）六十三年度第三次民庭庭推總會決議。

三、偽造之證明

　　前已言及，偽造之方法包括①摹擬他人之簽名，②押蓋偽造之他人印章，③盜用他人所有之印章，及④濫用保管中之他人印章。對於①及②，應由執票人負舉證責任❶。按票據之為無因證券，僅指執票人就票據作成前之債務關係無庸證明其原因而已，至票據本身是否真實，即是否為發票人所作成，仍應由執票人證明之❶。於④之場合，被偽造人不僅須證明行為人就印章僅有保管之權限，並須證明其保管不含有足以導致表見代理之外觀，始得免責❶。最高法院於唐萬榮一案中曾判決云：「支票為無因證券，在支票上簽名者，依票上所載文義負責，又票據上簽名，得以蓋章代之。為票據法第五條第一項及第六條所明定。本件系爭支票，既係被上訴人帳號所領用，而該支票上所蓋被上訴人印章之真正又為被上訴人所不爭。依上法條，被上訴人要應依票上所載文義負責，縱如被上訴人所稱，其將空白支票及用於支票上之印章託付訴外人李義榮帶返公司，而為其乘機擅自簽蓋屬實，亦屬被上訴人與李義榮間事，若被上訴人不能證明上訴人取得系爭支票係出惡意或詐欺，究難以此票據外之事由，對抗上訴人❶。」至於③，印章既屬被偽造人所有，被偽造人須就盜蓋之事實負舉證責任，僅向檢察官提出告訴，對於執票人之求償之訴或強制執行之聲請不足以構成合法之抗辯。最高法院曾謂：「上訴人既承認系爭本票發票人欄下之印章為其所有，則就該印章係被訴外人林水波盜用之事實，自應由其舉證證明❶。」

---

❶　於永元發布行有限公司一案中，最高法院曾謂：「上訴人（即執票人）既不能證明訟爭支票背面加蓋之便章為被上訴人所有，即難令被上訴人負背書人之責任。」（69 臺上 93）。

❶　50 臺上 1659。

❶　（51 年 5 月 14 日）五十一年度第三次民、刑庭總會決議：本人將名章交與代理人，而代理人越權將本人之名章蓋於票據者，不能令未有名義之代理人負票據之責任，至於本人應否負責，應依本條以外之其他民事法理解決之（例如有票據法第十四條、民法第一百零七條情形者，應依各該條之規定處理）。

❶　69 臺上 3428。

四、偽造之範圍

票據之偽造，既指假冒他人名義而為票據行為，則於原本因票據應記載事項之欠缺而無效之票據上偽填發票日期❷或擅填金額❸，自亦構成票據之偽造；在刑事上構成偽造有價證券罪❹。惟於下列場合，行為人之利用他人名義而為票據行為要不構成票據之偽造：

(1)本人身故後，代理人繼續以本人名義簽發支票者❺。

(2)法定代理人利用未成年子女之名義而簽發支票者❻。

五、偽造對於執票人權利之影響

票據法係採票據行為獨立之原則，此何以第十五條規定：「票據之偽造或票據上簽名之偽造，不影響於真正簽名之效力。」此一原則，對於善意執票人固有其適用；惟是否得同時適用於惡意執票人，容或仍有研討之餘地。舉例言之，A 簽發本票予 B，經由背書轉讓予 C 及 H，其中 B 之背書係由他人偽

---

❸ 69 臺上 1300：原審審理結果，以訟爭八張本票上發票人周陳萬生之印章係上訴人所有之事實，為上訴人所自認，雖據辯稱該印章係另一共同發票人林水波所盜蓋，已向檢察官提出告訴云云，第上訴人就其印章係被林水波盜蓋一節，既迄未舉證以實其說，自難僅憑其已提出刑事告訴，即認其抗辯為成立。且票據上之簽名得以蓋章代之，為票據法第六條所明定，上訴人既承認票據上之印章為真正，不論票據上之簽名是否為上訴人所親簽，均不足影響票據之效力，要無鑑定簽名是否真正之必要，從而其訴請確認被上訴人對於訟爭八張本票本息債權不存在，即難謂為有據。

❷ 參見澎湖地檢處五十二年九月份司法座談會研究結果。

❸ 參見臺北地院五十一年五月份司法座談會研究結果。

❹ 若空白票據係發票人自行交付予偽造人者，則自民國六十二年以後，構成空白票據之授權，執票人縱使擅行補充填載，亦對發票人發生效力。此點詳見本書第二章第四節。

❺ 臺高院暨所屬法院六十三年法律座談會研究結果；並見王碧雲、陳金圍，〈支票之偽造、塗銷、改寫及變造之法律效果〉，《法商顧問雜誌》，卷 1，期 3，頁 181-184。

❻ 宜蘭地院五十二年一月份司法座談會研究結果。68 臺上 3532 亦有類似之判決。

造，此為 H 受讓票據時所明知或因重大過失而不知，若 H 向 A 為付款之提示而遭拒絕，H 自不得向 B 追索，至於 H 得否向 C 追索？C 得否以 H 之惡意相對抗？學者認歷有政策說與當然說，而以責令 C 負票據責任之後說為多數說[137]。惟聯合國票據公約第二十八條第四項則規定票據債務人原則上不得以第三人所得主張之抗辯事由對抗惡意執票人，但第三人業已就票據主張有效之請求權，或執票人係以竊盜或偽造受款人或被背書人之簽名，或參與竊盜或偽造而取得票據者，不在此限。就本案而言，H 屬惡意執票人，於其向 C 追索時，C 得通知 B 參加訴訟，以 H 明知 B 之背書經偽造相對抗，美國票據法 (UCC §3-119) 就此有特別規定，可供參考（詳見後述）。

六、被偽造人之救濟

現行票據法僅就票據之偽造對票據行為效力之影響為規定，至被偽造人對偽造人及其他相關之人如何請求救濟，則付闕如，此係顧及於我國現制下，既有民法及其他相關法規可資適用，無需另為贅述之結果。惟聯合國國際匯票及國際本票公約鑑於票據經背書轉讓而背書中有經偽造者，所涉及之國家對於被偽造人提供何種民事上救濟，相關法令之規定未必完全一致，乃於第二十五條規定，被偽造人或任何於偽造前簽名於票據上之人，有權就因偽造所遭受之損失，向下列之人請求賠償：

(a)偽造人；

(b)自偽造人處直接受讓票據之人；

(c)直接或經委任取款之被背書人對偽造人付款之債務人或付款人[138]。

按委任取款之被背書人係受背書人委託而向付款人、承兌人或其他票據債務人領取票款，其自身並未涉入任何票據行為，因而若其於下列時點不知背書經偽造者，對於被偽造人因而所遭受之損失，不負賠償責任：

(a)於對委任人付款或對委任人為票款業已受領之通知時；或

---

[137]　陳世榮著，〈票據法第十五條之概要暨歷年判解等〉，載《彰銀資料》，卷 30，期 4（70 年 4 月）。

[138]　同條第一項。

(b)委任取款之被背書人,若其受領票款之時間實際發生於前述(a)之後者,則於其實際受領票款之時,但委任取款之被背書人之不知係因善意或合理注意義務之未盡者,對於被偽造人及於偽造前簽名於票據上之人,仍須負賠償責任❶。

　　前述付款人或票據債務人於對偽造人或其委任取款之被背書人付款時,不知背書經偽造者,同公約亦規定,其對被偽造人及於偽造前簽名於票據上之人不負賠償責任,但其不知係因善意或合理注意義務之未盡者,則對於偽造人及於偽造前簽名於票據上之人,仍須負賠償責任❶。

　　被偽造人或於偽造前簽名於票上之人依同公約規定,其所得求償之金額因求償對象不同而不同:對於偽造人以外之人,其求償金額以同公約第七十條及第七十一條所列舉之票據金額、利息及費用為限;對於偽造人得逾越此等金額,按所遭受之實際損失金額求償❶。

第六節　票據之變造

一、變造之意義

　　票據之變造係指無變更權人,以行使為目的,變更票據上除簽名以外所記載事項之行為,其與有權者所為之變更或改寫不同,故而此處所謂變造,屬票據之重大變造 (material alteration),聯合國國際匯票及國際本票公約規定,凡對票據債務人之票據上責任所為之任何更動,均為重大變造。茲分析如下:

　　(1)票據之變造須由無變更權人所為。如出於有變更權者之手,則不得稱為變造。例如,發票人於交付票據前,自行變更發票年月日,即不屬變造。此在票據法稱變更或改寫,對於變更或改寫,舊票據法施行法第一條後段規

---

❶　同條第二項。
❶　同條第三項。
❶　同條第四項。

定：「票據上金額以外之記載，如有變更時，應於變更處簽名或蓋章」，現經改列為票據法第十一條第三項，並修正為：「票據上之記載，除金額外，得由原記載人於交付前改寫之，但應於改寫處簽名」。所謂「變更處」或「改寫處」，並非必須在變更之字上簽名或蓋章，其在變更文字之上下兩旁處簽名或蓋章，如足以表示其變更記載而簽名或蓋章者，仍與該條項規定之旨趣相符 **⓯**。惟此處須注意者，變更或改寫，有時亦可能轉變成變造，舉例言之，若票據業經輾轉流通，票上已有他人之背書者，發票人如再變更發票年月日，則對背書人而言，屬票據之變造。

⑵變造人所變造者須為票據上簽名以外一切記載事項，例如，變更金額、到期日或其他事項，而以變更金額為最常見。若為簽名之變更，則屬於票據之偽造，不得稱為變造。

二、變造之效力

票據法第十六條第一項規定：票據經變造時，簽名在變造前者，依原有文義負責，簽名在變造後者，依變造文義負責，不能辨別前後者，推定簽名在變造前。聯合國國際匯票及國際本票公約第三十五條之規定與本條同。茲舉例說明如下：

⑴**對於簽名在變造前者**：簽名在變造前者，依原有文義負責，例如，甲簽發本票予乙，票面金額為伍仟元，乙背書轉讓與丙，丙將金額變更為伍萬元後，依背書轉讓於丁，丁又背書轉讓於戊，甲乙既簽名於變造之前，僅負伍仟元之責任。

⑵**對於簽名在變造後者**：簽名在變造後者，依變造文義負責，例如，前例中之丁，其於簽名於本票時，票上金額已由原來之伍仟元變造為伍萬元，不論丁是否知悉變造之情事，對執票人戊應負伍萬元之責任。

⑶**對於變造者**：變造者如亦簽名於票據，例如，前例中之丙，其背書視為在變造以後，應負伍萬元之責任。

若變造究由何人所為，無從判定時，則基於票據債務人之責任於發生疑

⓯　47 臺上 1984。

義時從輕之原則，推定在變造以前，例如，前例中之丙，其於背書轉讓時，本票金額是否已由伍仟元變造為伍萬元無從證明者，推定丙簽名在變造前，負伍仟元之責任。前開票據法第十六條第二項並規定參與或同意票據變造者，不論簽名在變造前後，均依變造文義負責。其結果，雖非變造行為人，而同意他人變造者，亦應依變造文義負責。

三、變造或變更對背書人之影響

票據經背書轉讓後，發票人如就應記載事項為變更改寫者，除非背書人明白表示同意，對變更前之背書人不生變更之效力[143]，而發票人此種變更改寫，在實質上構成另一種形式之變造。於此場合，背書人僅按票據原載文義負責，不受變更後文義之拘束。據此，對於發票人於票據交付後所為之變更改寫，背書人應否負責，以其是否參與或同意為決定之依據。此項同意究應於票據上表示？抑表示於其他文件即為已足？最高法院歷有不同之判決：先則認為背書人於切結書上所為願按更改文義負責之表示，不生票據法上之效力，至於是否負民法上保證責任，則屬另一問題[144]；後則認為背書人對於發票日期之變更既已出具切結書表示同意，執票人自得按更改之文義，向其行

---

[143]　52 臺上 1054。

[144]　69 臺上 3202：第查支票為文義證券及無因證券，支票上之權利義務，悉依票載文義而決定其效力。復查支票之發票地與付款地在同一省（市）區內者，執票人應於發票日後七日內，為付款之提示，否則對於發票人以外之前手，喪失追索權，票據法第一百三十條第一款及第一百三十二條定有明文。訟爭支票原載發票日為六十七年十月二十三日，而被上訴人則係於六十八年十二月二十六日向付款人為付款之提示，早已逾越上開七日之法定期間。雖於發票人更改發票日期後，上訴人另行立具切結書，表示仍願負責，惟此乃上訴人是否應負民法上保證責任之另一問題，矧上開七日之期間，非時效期間，自亦不因承認而中斷其效力。又發票日期更改以後，未經上訴人再行背書而為轉讓之票據行為，從而尤無令上訴人負票據債務人責任之餘地，原審依據上訴人於支票文義以外所具之切結書，遽認上訴人應負本件票據上之責任，其法律上之見解，自有違誤。上訴論旨，執是指摘對其不利部分之原判決違法，求予廢棄，非無理由。合就原審已確定之事實，由本院自為判決。

使追索權❶。於此二者中，後一判決似較符合票據法第十六條第二項立法意旨。但若堅持前一判決所揭示之見解者，背書人於票據上表示同意時，究應於變更改寫處簽名？抑應於票據上任何處所簽名同意即可？關於此點，最高法院曾判決云：「查支票背書人同意發票人更改票載發票日期者，應依其更改日期負責，又背書人同意，亦非以其於更改處簽名或蓋章為必要，此觀票據法第十六條第二項規定，不難明瞭❶。」亦即此項表示同意之簽章於票據上任何處所為之為已足。但學者中有認為：「背書人同意發票人更改票載文義，必須於更改處簽章，將來惟有此項簽章足證背書人之同意，而令其就更改後文義負責，否則背書人之背書既做成於更改前，僅就原載文義負責❶。」此處須予特別指出者厥為前開後一判決業經成為判例，於其有所變更之前，應受該判例之拘束。

第七節　票據之塗銷

一、塗銷之意義

　　票據之塗銷係指將票據上之簽名或其他記載事項塗抹，以致不能辨認之情形而言。例如，塗銷背書人之姓名、票據金額或到期日等，而以背書之塗銷最為常見。若將票據上記載事項塗銷之結果，使其在外觀上不足以認為票

---

❶ 70 臺上 30：第查支票背書人同意發票人更改票載日期者，應依其更改日期負責，又背書人同意，亦非以其於更改處簽名或蓋章為必要，此觀票據法第十六條第二項規定，不難明瞭。本件上訴人在原審一再主張，被上訴人係以訟爭支票向伊調借現款，而於其原載發票日期前兩日，要求緩期提示，並親自將該支票持交周維泉更改日期，其對更改日期顯有同意云云，並提出被上訴人所具字條，及舉證人洪惠美為證。上訴人此項主張倘若非虛，尚難謂其對被上訴人已喪失追索權。原審就此未詳予調查審認，徒憑前述理由，遽為上訴人不利之判決，自欠允洽。

❶ 見上註。

❶ 見陳民攄著，〈發票人更改支票文義及背書人同意更改之要式性〉，《法商顧問雜誌》，卷 3，期 2，頁 67–72。

據者，則屬於票據之喪失，而非此處所謂之塗銷。

關於塗銷之方法，票據法未為進一步之規定，凡任何塗抹或損壞，足以影響票據上簽名或記載事項之辨認者，即構成此處之塗銷，票據之塗銷或損壞對執票人之權利是否有所影響，亦以此為判斷之依據。最高法院就此有如下之判決：

「該支票雖有摺斷現象，但票據金額、發票日期、付款人及所蓋發票人印文等均清晰可辨，有該支票存卷可稽，顯已具備票據法第一百二十五條所應記載之事項，不能以支票有摺斷現象即謂其係廢紙❶。」

二、塗銷之效力

票據之塗銷可分無權塗銷與有權塗銷。票據法第十七條規定：「票據上之簽名或記載被塗銷時，非由票據權利人故意為之者，不影響於票據上之效力。」此係指前者而言。票據之塗銷既非權利人故意所為或由權利人以外之人所為，權利人對於票據之權利不受影響，但對塗銷非其故意所為或由第三人所為，應負舉證之責。票據上文義因塗銷而欠明確時，並須證明塗銷之文義。後者係指權利人故意塗銷票據上簽名或其他記載事項，此項塗銷可認為對票據債務人有免責之意思表示，其關於塗銷部分之票據權利，即應歸於消滅。此何以票據法第三十八條規定：執票人故意塗銷背書者，其被塗銷之背書人及其被塗銷背書人名次之後，而於未塗銷以前為背書者，均免其責任。如下圖所示：A 簽發本票予 B，其後依背書輾轉流通至 CDEF，如 E 將票據轉讓於 F 前塗銷 C 之背書者，C 固免其責，D 亦因而免責。

$$A \rightarrow B \rightarrow C \rightarrow D \rightarrow E \rightarrow F$$

（本票發票人）（受款人）（被塗銷人）（為塗銷之人）（執票人）

---

❶ 60 臺上 3174。

第八節　票據權利之取得、行使與保全

一、票據上權利之意義

票據上權利與票據法上之權利不同，茲就此二者分析如下：

(一)票據上權利

票據為完全的有價證券，其發生、行使與轉讓，須全部依票據為之。票據上權利於行為人簽名於票上，並將票據交付於相對人時，即行發生。所謂票據上權利，係指票據所表彰之金錢債權，亦即為達成票據之目的，票據所賦與執票人之權利。執票人對於票據上簽名之票據行為人，依據票據所得行使之請求權有二：即付款請求權及追索權。茲列舉如下：

(1)執票人對於匯票承兌人、本票發票人及支票保付人之付款請求權（票52: I; 121; 138: I）。

(2)執票人及被追索人對於前手之追索權（票85; 96; 97; 98）。

(3)執票人對於保證人之權利（票61; 62）。

(4)保證人於清償債務後，對於被保證人及其前手之權利（票64; 124）。

(5)執票人對於參加承兌人之付款請求權（票57）。

(6)參加付款人對於匯票承兌人、本票發票人及被參加付款人或其前手之權利（票84: I; 124）。

(二)票據法上之權利

票據法上之權利與票據上權利不同。票據上權利為票據本身所表彰之權利，亦即票據行為直接所生之效果。執票人須依票據始得行使票據上權利，如喪失票據之占有者，票據上權利即無由行使。票據法上權利為票據法所特別規定之權利，非以求償票據金額為目的，其發生縱與票據行為間存有一定程度之直接牽連關係，惟其行使不以票據之持有為必要。茲舉票據法上之權利如下：

(1)票據權利人對於因惡意或重大過失而取得票據之人之票據返還請求權

（票 14）。

　　⑵因時效之消滅或手續之欠缺而喪失票據上權利之執票人，對於發票人或承兌人之利益償還請求權（票 22: IV）。

　　⑶匯票執票人對於發票人之複本交付請求權（票 114）。

　　⑷匯票執票人對於接收人之複本或原本交還請求權（票 117: II; 119: II）。

　　⑸付款人之請求交出票據權（票 74）。

　　⑹被追索人對怠於追索通知者之損害賠償請求權（票 93）。

二、票據上權利之取得

　　票據上權利取得之方法有二：即繼受取得與原始取得。

㈠繼受取得

　　票據上權利之繼受取得，係指自有正當處分權之人，依背書、交付或依交付程序而受讓票據，因而享有票據所有權之情形而言❾。票據上權利之繼受取得，雖多以背書、交付或以交付為之（票 30: I; 32: II），但依據票據法之規定，票據保證人因履行保證債務（票 64）、參加付款人因付款（票 84）及被追索人因償還票款（票 96: IV），亦均可取得票據上權利。

㈡原始取得

　　票據之原始取得，係指自無處分權之人受讓票據，於受讓當時並無惡意或重大過失，因而取得票據之所有權而言。舊票據法第十四條規定：「以惡意或重大過失取得票據者，不得享有票據之權利。」反言之，以善意或無重大過失而取得票據者，即享有票據上權利。本條僅強調執票人取得票據時之善意或無重大過失，而不及於所應付之對價。美國舊票據法及現行統一商法典第3-302 條均規定，於取得票據時須①給付對價 (value)、②出於善意、及③不知票據到期日業已過期、經拒絕付款或任何對人抗辯之存在，始得為善意執票人 (holder in due course)。票據法於六十二年修正時，乃將舊施行法第五條之規定，即凡無對價或以不相當之對價取得票據者，不得享有優於前手之權利，改列為第十四條第二項，其結果，執票人於取得票據時縱屬善意或無重

❾　梅仲協，《商事法要義》，頁 186。

大過失，但得因未付對價或所付之對價不相當而影響其票據上權利之取得。舉例言之，甲將支票委由乙保管，乙違背委託而以相當對價將支票轉讓於丙，丙於受讓票據時不知乙無處分權，而其不知如非出於惡意或重大過失，即可取得票據上權利。不僅原來真正權利人甲不得請求丙返還票據，而丙因而取得之權利優於讓與人乙之權利。但若支票之面額為壹萬元，乙將之贈與丙，或乙將之折減為壹千元而轉讓於丙，則丙不能取得票據上權利。

票據上權利之善意取得，須具備下列四要件：

(1)須自無權利人受讓票據：票據法第十四條所謂以惡意或重大過失取得票據者，不得享有票據上之權利，係指從無處分權人之手受讓票據，於受讓當時，具有惡意或重大過失之情形而言❿。執票人所持有之支票如係由被上訴人簽發交與訴外人，再由訴外人讓與執票人，即係自有權處分支票之人之手而取得者，自不生惡意取得而不得享有票據上權利之問題⓫。如從有正當處分權人之手受讓票據，縱使執票人受讓票據係出於惡意或詐欺，亦僅票據債務人得否以其與發票人或執票人之前手間所存抗辯之事由，對抗執票人而已，要不生不得享有票據上權利之問題⓬（票13）。因此，甲簽發本票予乙，乙將之轉讓於丙，丙取得票據時是否善意，僅影響甲得否以其與乙間之抗辯事由對抗丙，不發生善意取得票據上權利之問題⓭。所謂無權利人係指讓與人對於票據無實質上之權利或處分權而言，若讓與人原為實質上之權利人，僅其行為能力有所欠缺，則受讓人不受善意取得之保護。惟第三人更自受讓

⓫ 51 臺上 2857。

⓬ 59 臺上 1610：第查票據法第十四條所謂以惡意或重大過失取得票據者，不得享有票據之權利，係指從無處分權人之手原始取得票據所有權之情形而言（參照本院五十一年臺上字第二五八七號判例）。本件支票二紙如果確係被上訴人簽發交與訴外人張上財等，則上訴人向張上財受讓而來，即係自有權處分支票之人之手而取得票據，自不生惡意取得而不得享有票據上權利之問題。原審既未認定張上財為無處分權人，而又謂上訴人自張上財受讓支票係惡意取得，不得享有票據上之權利，於法自屬不合，從而其所為不利於上訴人之判決，即屬無可維持。

⓭ 51 臺上 3126。

⓮ 51 臺上 2587。

人取得票據者，仍有善意取得之適用。

(2)**須受讓時無惡意或重大過失**：票據法第十四條所謂以惡意或有重大過失取得票據者，係指明知或可得而知轉讓票據之人，就該票據無權或無處分權而仍予取得者而言❺。換言之，受讓人須於受讓票據之交付時，不知讓與人為無權利人，或其不知非出於重大過失，始能善意取得票據上之權利。受讓人受讓票據時由其代理人為之者，應以代理人於取得時有無惡意或重大過失為準，但若代理人係依本人之指示而受讓票據，而本人為惡意或重大過失時，則不得以代理人之善意或無重大過失，主張善意取得票據上權利。

受讓人於受讓票據時是否有惡意或重大過失，應由票據債務人負舉證之責。受讓人如受讓已經止付之支票，並明知該支票不能兌現而仍收受者，不能謂非惡意取得，而享有票據上權利❺。

我國判例與票據法學者均以受讓人受讓票據時不知讓與人為無權利人為善意之認定，未如前述美國統一商法典第 3-302 條進一步規定須不知票據到期日已經過，經拒絕付款或任何對人抗辯事由之存在。則到期日之經過、拒絕付款及知有抗辯事由之存在是否影響受讓人取得票據上權利？舊票據法第四十一條規定：「到期日後之背書，與到期日前之背書，有同一效力，但作成拒絕付款證書後，或作成拒絕付款證書期限經過後，所為之背書，僅有通常債權轉讓之效力，背書人不負票據上之責任」，顯然，到期日經過，並不影響受讓人之取得票據上權利。但該條業於民國六十二年修正，規定「到期日後之背書，僅有通常債權轉讓之效力」。受讓人若僅知票據附有抗辯事由，而不

---

❺　52 臺上 1987。

❺　64 臺上 920：按「受讓已經止付之支票，如明知該支票不能兌現而仍收受，對票據而言，不能謂非惡意取得，而仍享受票據上權利」。上訴人主張系爭支票係王正輝交張明憲向彰化商業銀行大甲分行提示，未獲兌現而交還王正輝，再交付被上訴人云云，業據證人張明憲於原審證述無異，即被上訴人對於該證言亦不爭執（見原審卷第四四頁），是被上訴人執有系爭支票究竟是否受讓於王正輝，以及於受讓時是否明知該支票已經止付，均與被上訴人能否享受票據上之權利所關頗大，原審未予詳查審認，遽謂上訴人就所主張被上訴人惡意取得支票之事實不能舉證證明，而為上訴人敗訴之判決，自屬難資折服。

知讓與人為無權利人，學者認為受讓人仍取得票據上權利，僅其權利附有抗辯而已❶，而不發生受讓人得否按「善意取得」取得票據上權利之問題。筆者以為所謂附抗辯之取得，僅發生於讓與人為有權或有處分權之場合，若讓與人為無權或無處分權之人，而執票人於取得時又明知有抗辯事由之存在，縱其不知讓與人為無權利人，亦不足以使其取得當然成為善意。關於此點，最高法院曾指出：「票據法第十四條所謂以惡意取得票據者，不得享有票據上之權利，係指從無權處分人之手，受讓票據，於受讓當時有惡意之情形而言，如從有正當處分權人之手，受讓票據，係出於惡意時，亦僅生票據法第十三條但書所規定，票據債務人得以自己與發票人或執票人之前手間所存人的抗辯之事由對抗執票人而已，尚不生執票人不得享有票據上權利之問題❷。」

(3)須依票據法規定之轉讓方法而受讓：依據票據法之規定，票據上權利之轉讓依背書及交付或依交付為之（票 30: I; 32: I）。受讓人受讓票據時，不僅須信賴讓與人執有具備法定形式要件之票據，並須信賴讓與人有處分票據之權利。票據如因不具備法定形式要件而無效時，票據上權利根本不存在，自無以善意取得票據上權利。所謂信賴讓與人有處分票據之權利，係指在依背書轉讓之場合，讓與人須同時為被背書人，以背書之連續，為其權利之證明（見票 37: I）；如所轉讓之票據為無記名式或記名式而經空白背書者，則讓與人須現實的執有票據。至於讓與人是否基於原權利人之意思而取得票據之占有，在所不問。讓與人持有之票據縱屬竊自原權利人，或為原權利人所遺失，或讓與人違背委託而轉讓票據，受讓人均受善意取得之保護。受讓人唯有依背書及交付或依交付而受讓票據時，始能善意取得票據上權利，如因其他法律關係，例如，繼承或公司合併，而取得票據時，因無上述信賴之存在，自亦無善意取得之適用。

(4)須給付相當之對價：票據法第十四條第二項規定：「無對價或以不相當之對價取得票據者，不得享有優於其前手之權利。」所謂不得享有優於其前手之權利，係指①前手之權利如有瑕疵，取得人應承繼其瑕疵，及②前手無權

---

❶　陳世榮，〈票據上權利〉，《臺灣合作金融》，卷 7，期 9。

❷　67 臺上 1862。

利時，則取得人亦不能取得權利。第一種情形屬於人的抗辯得否切斷之問題，與本條規定無關，最高法院曾指出：系爭支票既係上訴人直接簽付與被上訴人，即無所謂前手，自無該條項之適用 **⑱**。因此本條項係指第二種情形而言，即受讓人於受讓票據時如未付對價（例如，受贈）或未付相當對價，不能善意取得票據上權利。於許清朝 **⑲** 一案中，執票人以十七萬元取得三十萬元之支票，經最高法院判認不構成票據上權利之善意取得，從而亦不生切斷人的抗辯之效力。至於對價相當與否，以客觀之事實決定之。面額金額與受讓金額顯不成比例者，自屬不相當，但若受讓人預行扣減票據到期前之利息而受讓者，不影響其相當性。

執票人是否給付對價或給付相當之對價與其是否出於善意，二者間並無絕對之關連性。執票人於取得票據時未給付對價或相當之對價固足以推定其非出於善意，但其給付對價或相當對價不足以積極證明其為善意。執票人善意與否，仍須按其取得票據當時之事實加以判斷。最高法院曾指出：「……執票人取得支票是否出於惡意，與其是否付出代價，並無必然之因果關係，如係出於惡意，縱已付出相當代價，亦不得享受票據上之權利 **⑳**。」

---

⑱ 64 臺上 926：然上訴人簽付系爭支票與被上訴人，無論係作清償滯延費之擔保，均不能謂被上訴人取得系爭支票無對價關係或屬惡意。且票據法第十四條第二項，僅規定無對價或以不相當之對價取得票據者，不得享有優於其前手之權利。上訴人既係直接簽付系爭支票與被上訴人，即無所謂前手，自無該條項之適用，至久豐公司究應付被上訴人滯延費若干？乃屬該公司與被上訴人間之問題，並非上訴人自己與被上訴人間所存得以對抗被上訴人之事由，亦無上訴人執是拒絕付款之餘地。

⑲ 68 臺上 3779。

⑳ 69 臺上 543：惟查上訴人在原審辯稱：上訴人知悉黃慧串侵占系爭支票入己後，立即至付款人彰化商業銀行城北分行辦理止付手續，並即於六十八年三月三十日刊登新聞紙，敬告各界人士，切勿收受系爭支票，此為新聞紙為憑，被上訴人竟於上訴人刊登新聞後，收受系爭支票，顯係出於惡意，且被上訴人主張黃慧串以系爭支票向其借款，係東湊西拼，無從證明悉數交付黃慧患云云（見原審卷第五三、四一、四二頁）。原審就此項防禦方法，未於判決理由項下，記載何以不足採取之意見，遂為上訴人不利之認定，已有判決不備理由之違法。且執票人取得

(三)善意執票人

執票人可分為善意執票人與惡意執票人。無論基於前述繼受取得或原始取得，執票人原則上均被推定為善意執票人，惟面對其取得是否出於善意發生爭議時，執票人須取得已具票據法規定應記載事項之票據，並於取得之時，符合上述四要件，始得主張善意取得，依票據文義行使權利。票據債務人若以票據原係欠缺應記載事項為理由，對執票人主張票據無效者，應就此盡其證明責任。但若執票人於取得票據時，票據上未有發票年月日之記載者，縱使執票人於取得票據當時完全符合上述要件，並自行補充填載發票年月日，亦不得依善意取得而行使票據上權利 ❶。

善意執票人於美國統一商法典 (Uniform Commercial Code) 稱 Holder in due course，依該法典第 3-302 條原規定善意執票人係指於取得票據時符合下列要件之人：

　　(a)給付對價

　　(b)出於善意

　　(c)不知票據已逾期、已遭拒絕承兌或拒絕付款，或任何人對該票據有任
　　　 何抗辯或主張。

該條於一九九○年及二○○二年配合聯合國國際匯票及國際本票公約而加以修正，規定善意執票人係指具備下列要件之執票人：

　　(1)票據於對執票人簽發或讓與時，外觀上無經偽造或變造之明證，或不規則或不完整等情事足以使其真實性存疑；及

　　(2)執票人受讓票據時曾①給付對價、②出於善意、③不知票據已逾期，或曾遭拒絕承兌或付款，若該票據與他票據一併簽發成為整個系列者，不知他票據有無從補救之不付款情事、④不知票據載有未經授權或變造之簽名、⑤不知他人對票據得基於財產權遭受侵害所得提出之主張 ❷、及⑥不知他人

　　　支票是否出於惡意，與其是否付出代價，並無必然之因果關係，如係出於惡意，
　　　縱已付出相當代價，亦不得享受票據上之權利，原審僅以被上訴人係付出相當代
　　　價而取得系爭支票，進而認定其取得系爭支票並非出於惡意，亦嫌速斷。

❶　70 臺上 1939。

對票據得基於無行為能力、詐欺、脅迫、不法及其他原因關係所得提出之抗辯或主張❶❻❸。

　　前開聯合國公約稱善意執票人為 protected holder ❶❻❹，規定受公約保護並對票據債務人享有公約所賦予一切權利之人 ❶❻❺，須受讓已記載完備，或原係空白票據但業經補充完成之票據，並於受讓時具備下列要件：

　　(a)不知票據存有基於詐欺、竊盜及原因關係而生之抗辯 ❶❻❻；

　　(b)不知任何人對票據存有有效之請求權；

　　(c)不知票據曾遭拒絕承兌或拒絕付款；

　　(d)提示付款期限尚未屆滿。此項提示期限，於見票即付票據，為自發票日起一年；於非見票即付，為自票載到期日及其後二營業日 ❶❻❼；

　　(e)非以詐欺或竊盜，或參與詐欺或竊盜取得票據。

　　以上美國法及聯合國公約無不以票據具備法定形式要件為善意取得原則得否適用之前提要件，因而其關於善意執票人之規定，自較我國票據法第十四條規定周詳，於日後修正時，應可供借鑑。

　　凡自善意執票人受讓票據者，受讓人（即後手）取得善意執票人於票據上所有之權利。惟聯合國國際匯票及國際本票公約第三十一條規定，受讓人如有下列情事之一者，不得承繼善意執票人同一之法律地位：

　　(a)曾參與導致票據上請求權或抗辯事由發生之交易；

　　(b)前曾為執票人，但非善意執票人。

　　換言之，惡意執票人不得經由將票據讓與善意執票人，而後再自後者受讓為之漂白，使自己成為善意執票人。

---

❶❻❷　UCC §3–306.

❶❻❸　UCC §3–305.

❶❻❹　同公約第二十九條。

❶❻❺　見同公約第二十七條第一項。

❶❻❻　詳見同公約第二十八條第一項。

❶❻❼　參見同公約第五十五條。

三、票據上權利之行使

(一)行使之意義

票據上權利之行使，係指票據權利人向票據債務人提示票據，請求其履行票據債務所為之行為。票據上權利係表彰於票據之金錢債權，為行使此項權利，必須於法定期日內為票據之提示（票 69: II）。所謂提示，即現實的向債務人出示票據。為提示之人應為票據債權人本人或其代理人，受提示者為票據主債務人或在商業習慣上得認為有受提示權限之人或機構（例如票據法第六十九條第三項所謂之票據交換所）。票據上載有擔當付款人時，應對擔當付款人為提示。至於債務人之家屬或受僱人，並不當然有受提示之資格❶❻❽。

(二)行使之條件

除有相反之證明外，執票人推定為善意執票人 ❶❻❾。執票人就票據提起訴訟時，除非票上簽名為票據債務人所否認，推定為真正，票上簽名之效力經否認者，應由主張簽名效力之執票人負舉證責任❶❼❾。執票人行使票據上權利時，如票據為無記名式，僅須以票據之占有證明其為權利人❶❼❶；如為記名式

---

❶❻❽　見 ❶❺❻。

❶❻❾　聯合國國際匯票及國際本票公約第三十二條。

❶❼❾　見 UCC §308 (a)。

❶❼❶　61 臺上 504：查被上訴人持有之上訴人等之被繼承人廖敬三簽發之系爭支票未據記載受款人，自屬無記名式支票，無記名式票據執票人以占有證明其為權利人，執票人即為權利人，不問系爭支票係被上訴人先取得交與賴玉貞，經賴玉貞交與陳長興，由陳長興提出交換退票後再由被上訴人取得，或陳長興先取得提出交換退票後由被上訴人取得，然前者係一種回頭背書，後者則為期後背書，回頭背書之受讓人應回復其原有支票上權利，對其原有之前手仍有追索權。期後背書，因僅有通常債權轉讓之效力，故其背書人不負擔保付款之責任，及支票上債務人得以對於背書人之抗辯事由對抗受讓人，受讓人對於其他前手仍有追索權，是被上訴人不問依回頭背書而為占有系爭支票，或依期後背書而占有系爭支票，皆不失為執票人，又執票人行使支票上權利時就其取得支票之原因不負舉證責任，縱令被上訴人就其前手或謂茂榮行或謂興榮工業公司，亦應由上訴人舉證證明茂榮行及興榮工業公司皆無處分（即轉讓）系爭支票之權，及被上訴人知情之事實，始

或經背書而轉讓者，應以其即為受款人本人或背書之連續，證明其為權利人。但執票人對於給付之原因不負證明之責任●。執票人之取得票據如出於惡意或詐欺，依票據法第十三條規定，票據債務人固得以其自己與執票人之前手間所存抗辯之事由，對抗執票人，但執票人之惡意或詐欺情事之有無，仍應由票據債務人負舉證之責●。

㈢行使之處所

一般債務之清償，按民法第三百十四條規定，應於債權人之住所地為之。但票據為流通證券，其輾轉讓與之結果，不若一般債務關係之債權人之易於確定。因此，票據法第二十條對於票據上權利行使之處所規定如下：

⑴票據上有指定之處所者，應在指定之處所為之（參見票 27）。

⑵票據上無指定之處所者，在票據關係人之營業所為之。

⑶無營業所者，在票據關係人之住所或居所為之。

⑷票據關係人之營業所、住所或居所不明時，應作成拒絕證書，得請求

得謂為被上訴人惡意取得，是上訴人之抗辯不能成立，被上訴人請求上訴人連帶償還票款本息，殊無上訴人拒絕餘地。

● 64 臺上 1540：按票據行為，為不要因行為，執票人不負證明關於給付之原因之責任，票據債務人主張，執票人取得票據出於惡意或詐欺時，則應由該債務人負舉證之責，本件系爭支票係由被上訴人簽交楊廖淑鑾，由楊廖淑鑾以之支付所欠直興公司貸款債務，再由直興公司讓與上訴人者，此為被上訴人所自承，被上訴人雖謂就該支票曾與楊廖淑鑾約定專為向人調現清償所欠廖榮昌債務，不作別用，然此究係被上訴人與上訴之前手間所存抗辯之事由。除能證明上訴人取得該支票出於惡意或詐欺者外，不得以其事由對抗上訴人，究竟被上訴人有何確據證明上訴人惡意取得系爭支票，原審並未切實審認，徒憑推測之詞，為不利於上訴人之判斷，尚屬難資折服。

● 62 臺上 652：查依票據法第十三條反面解釋：執票人取得票據出於惡意或詐欺時，票據債務人固得以其自己與執票人之前手間所存抗辯之事由，對抗執票人。但依據票據法施行法第四條之規定，票據債務人認執票人有詐欺惡意或重大過失時，應負舉證之責，本件被上訴人即票據債務人雖在事實審舉證證明訴外人劉豐盛取得系爭支票曾使用詐術，但既未能舉證證明執票人即上訴人有詐欺惡意或重大過失情事，即不能以推測之詞，率謂上訴人取得系爭支票亦有惡意或詐欺情形。

法院公證處、商會或其他公共會所調查其人之所在，若仍不明時，得在法院公證處、商會或其他公共會所作成之。

票據債權其行使之方式與一般債權不同，故稱前者為索取債權；後者為償還債權。

㈣行使之時間

關於票據上權利行使之時間，票據法第二十一條規定如下：

⑴票據關係人為商人，而有營業日者，應於其營業日之營業時間內為之。如票據權利人為行使權利而應為行為之末日適為星期假日或其他休息日時，得準用民法之規定，於休息日之次日為之。惟關於後者，宜注意後述關於時效及票據法第一百三十六條之說明。

⑵如無特定營業日，或未訂有營業時間者，應於通常營業日之營業時間內為之。由於非商人無所謂營業日，財政部於六十二年提出票據法修正案時曾建議將本條後段改為：「應於通常工作日之工作時間內為之」，但未為立法院所採取。

四、票據上權利之保全

票據上權利之保全，係指票據權利人為防止票據上權利之喪失所為之行為。票據上權利保全之方法，因對主債務人或償還義務人而有不同：對於主債務人，應中斷時效，以保全付款請求權；對於償還義務人，應遵期提示、作成拒絕證書及中斷時效，以保全追索權。至於為保全票據上權利應為行為之處所及時間，悉依上述票據法第二十條及第二十一條之規定。

第九節　票據之喪失及其補救

一、概　說

票據之喪失，係指票據權利人因遺失、被盜竊、滅失、或其他於違反自己意思之狀態下喪失票據占有之情形而言。票據權利人對於票據上權利，雖

不因票據之喪失而歸於消滅，但票據權利人非提示票據，不能行使權利（票66）；非繳出票據不能受領票載金額之支付。因此，票據上權利之行使，與票據之占有，在票據法上有不可分離之關係❼。執票人喪失票據時，在未回復其占有之前，除有票據法第十九條規定之情形，得為公示催告之聲請，並於公示催告程序開始後，得提供擔保，請求票據金額之支付外，尚得依票據法施行細則第四條之規定，請求法院為禁止付款之假處分或依票據法第十八條之規定，為止付之通知，但對於票據債務人不得行使票據上權利，而提起請求票據金額之訴❼；或依票據法第一百三十五條及第一百三十六條撤銷付款委託或依民法第五百四十九條終止委任契約。於此三者中，禁止付款或撤銷付款委託屬暫時性防止執票人具領票款之手段，止付通知則屬回復票據權利人行使其票據上權利之終局救濟之道。票據法第十八條、第十九條及施行細則就票據權利人於票據喪失後所得採取之補救措施之規定，僅適用於票據法上之票據。空白票據於其補充記載完成前，尚非票據，因而不在適用之列；撤銷付款委託或終止委任則無此限制。

二、終止委任

票據，按其由何人付款，得分為自付證券與他付證券，前者指本票而言，支票與匯票則屬後者。於我國票據實務上主管機關又準用匯票擔當付款人之規定，創有甲存本票，將原本由發票人自行付款之本票，轉變成由金融業者代為付款之他付證券。於此等他付票據之場合，無論匯票發票人與付款人間、匯票發票人與其所指定之擔當付款人間、甲存本票發票人與擔當付款人間、或支票發票人與付款人間，無一非為委任契約關係，發票人所簽發之票據，僅屬對受任人所為之一種付款指示，最後應否付款，於執票人對付款人為付款提示之前，發票人有隨時撤回其指示之權。因而，他付票據一旦喪失，原權利人於遵循保全程序，謀求終局解決之前，由發票人或原權利人經由發票人對付款人終止委任或撤回付款授權，自屬最經濟、最便捷之道。按現行票

---

❼　66 臺上 636。

❼　44 臺上 217。

據法，僅就支票設有撤銷付款委託之規定（票 135;136），對於匯票及甲存本票未有提及，致引發對此二者究應準用票據法撤銷付款委託規定抑適用民法第五百四十九條終止委任契約規定之討論❻。撤銷付款委託與終止委任（或撤回付款授權）之唯一不同：前者須受法定支票付款提示期間經過之限制；後者得隨時為之。筆者基於下列理由，認為對於匯票與甲存本票，宜適用前開民法第五百四十九條之規定：

　　(1)票據法第一百三十五條於付款提示期限內不得撤銷付款委託之規定，雖係襲自日內瓦統一支票法❼，但亦符合我國票據主管機關強調支票與匯票、本票之差異性、將作為支票存款往來基礎之約定書及其他相關約款由行政命令訂定（自九十年七月一日起改為行政指導）、並動用行政刑罰以確保支票之兌現性（刑罰部分已於七十五年底廢止）之一貫政策。嚴格言之，此種限制規定對支票發票人不盡合理，歷為美國立法例所不採；

　　(2)甲存本票雖係經由其設有支票存款帳戶之銀行擔當付款，但本票發票人與付款人間仍屬一般民事上委任關係，其與匯票發票人與付款人或匯票發票人與其所指定之擔當付款人之關係完全相同；

　　(3)票據法於第一百三十五條所設定之付款提示期限，為對支票之特別規定；而於匯票、本票，票據法第六十九條第一項雖規定：「執票人應於到期日及其後二日內，為付款之提示。」但此僅係為方便執票人提示付款所設之一種彈性措施，二者不能相提並論。匯票、本票既無付款提示期限之設，自亦無從準用前開第一百三十五條之規定。

三、禁止付款

　　票據法施行細則第四條規定：票據為不得享有票據上權利或票據權利應受限制之人獲得時，原票據權利人得依假處分程序，聲請法院為禁止占有票據之人向付款人請求付款之處分。

(一)原票據權利人之意義

---

❻　見曾宛如，《票據法論》，頁 101–103（92 年）。

❼　同法第三十二條。

前條中所謂「原票據權利人」，究指票據喪失前之執票人？抑包括發票人？在司法實務上原有不同之見解❶。對於此點，臺北地方法院板橋分院曾就此加以研討，並獲致結論云：「發票人於簽發票據後尚未交付與他人前，票據尚在發票人持有中，依票據法第二十四條第四項、第二十五條規定意旨，持有票據者即為票據權利人。倘因惡意或其他不法方法對之取得票據，致有不得享有票據權利或票據權利應受限制等情形，如未賦予發票人為假處分之聲請權利，洵不足以保障其權益，參之執票人喪失票據，『票據權利人』得聲請公示催告，實務上亦包括發票人在內，自以採肯定說，理論上始告一貫❷。」筆者以為此一結論似過分簡化，發票人是否為「原票據權利人」，應按票據喪失發生當時，票據是否仍在其占有之中及票據上是否有受款人記載分別而論：

(1)發票人於作成票據時未記載受款人（即無記名式），或除一般本票❸外，以自己為受款人，票據於交付前遭遺失或盜竊，發票人即屬「原票據權利人」；

(2)發票人於作成票據時不論其為無記名式，抑以第三人為受款人，於交付前若遭遺失或盜竊並落入惡意執票人之手，發票人仍應視為原票據權利人；若為善意執票人取得，發票人成為票據債務人，不得以票據未經交付而以原權利人身分聲請假處分；

(3)司法院民事廳曾就票據法施行細則第四條「原票據權利人」為函示，認為該條不用「票據權利人」，而用「原票據權利人」，應包括對該票據曾擁有權利之人。票據發票人若為不得享有票據上權利或票據權利應受限制之人之直接前手，自屬原票據權利人❹。所謂不得享有票據上權利之人，係指無處分權之人（如竊盜或拾得人）及由該無處分權人以惡意或重大過失取得票據之第三人；而所謂票據權利應受限制之人，係指票據法第十四條第二項之

❶ 臺灣高等法院 70 年度抗字第 1189 號裁定持否定說、70 年度抗字第 1244 號裁定持肯定說。

❷ 載《司法院公報》，卷 25，期 4，頁 38。

❸ 依學者見解本票以發票人自己為受款人者，無效，但甲存本票不在此限。詳見後述本票發票。

❹ 72.2.24 ⑺廳民一字第 0124 號；83.9.16 ⑻廳民二字第 17261 號函。

無對價或以不相當之對價取得票據者而言❿。

(4)發票人已將票據交付於第三人者，除非於票據遺失、盜竊發生時業已依回頭背書取回。應以該第三人為原票據權利人，發票人僅為票據債務人，不得依前開規定，聲請為假處分❿。

㈡禁止付款之程序

前述之假處分，應按強制執行法有關規定，以下列方式為之：

(1)將假處分裁定送達票據持有人，並通知付款人（強138），使付款人得持以為拒絕票據持有人請求付款之理由。

(2)命票據持有人交出票據，由執行人員於票據上記載假處分之事由，並就票據作成抄本（強140; 136; 47）。如票據持有人拒不交出票據者，應依強制執行法第二十二條或第四十八條辦理；若票據已移轉於第三人者，應記明該第三人之姓名及居所。

㈢禁止付款之效力

上項假處分程序，固有禁止票據持有人向付款人請求付款之功效，但細加研究，不難發現其有如下之缺失：

(1)票據權利人於票據喪失後，須知該票據在何人持有之中。

(2)假處分之效力僅及於票據持有人，不及於第三人，第三人提示付款時，付款人不得拒絕。

(3)假處分事由如未載明於票據者，付款人縱知有禁止付款之情事，仍須負付款責任。

(4)假處分裁定後，在票據上為記載前，票據得讓與善意第三人。

聲請假處分須於聲請當時知悉所請求之標的物現置於何地為前提要件。因而於票據喪失後，票據權利人若欲提出禁止付款之假處分聲請，其最不易克服之困難厥為：①標的票據是否現尚存在？②若尚存在，現置存於何地？及③標的票據現由何人占有之中？權利人縱使知悉標的票據之盜竊者或拾得者為何人，亦不能確保於其提出假處分聲請之際，盜竊者或拾得者不將標的

---

❿　同上註後段。

❿　70 臺抗 514。

票據轉讓於善意第三人。若權利人貿然採取此項保全程序，日後可能因假處分撤銷而負損害賠償責任（民訴 531）。因此權利人於票據喪失後鮮有逕行提出禁止付款之假處分者，其原因亦在於此。但若票據持有人依公示催告之規定就標的票據向法院為申報者，權利人已無上述顧慮，自得援此程序以保全其權利。

四返還票據之訴

前已言及，禁止付款之假處分，僅屬暫時性之保全措施。權利人若欲終局的回復其票據權利之行使，尚須提起返還票據之訴。現行票據法就此項訴權之行使，並無具體條文，於法理上自須援引民法第七百六十七條或第九百六十二條之規定，訴請返還票據，權利人於取回票據之占有前，仍無以行使票據上權利。

四、止付通知

(一)止付通知之意義

為使票據權利人於票據喪失後能獲得有效之補救，票據法於第十八條及第十九條特設止付通知、公示催告及除權判決之制度。

止付通知為票據權利人於票據喪失後禁止付款人就該票據為付款之觀念表示。舊票據法第十八條原規定：「票據喪失時，執票人應即為止付之通知。」票據法於六十二年修正時，乃將之修正為：「票據喪失時，票據權利人得為止付之通知，但應於提出止付通知後五日內，為公示催告之聲請，並向付款人提出已為聲請之證明。未依前項但書規定辦理者，止付通知失其效力。」二者比較，足以顯示對於止付通知應注意下列四點：

⑴止付通知應由票據權利人為之，既非由執票人，亦非由票據讓與人為之。蓋票據之止付通知係在保護真正權利人，以防止付款人對票據持有人付款，非票據權利人於票據喪失後，自亦無止付通知之必要。

⑵上述票據權利人是否包括發票人？依實務之見解，認為票據交付前，發票人兼具票據權利人及義務人身分，故得止付通知❹；票據已交付者，發

---

❹　70 臺抗 1244。

票人已成為票據債務人，不得為止付通知❶。此項見解似嫌過分簡化，前述發票人是否為「原票據權利人」，而得聲請假處分之分析可供參考，無須多贅。

(3)票據權利人於票據喪失後，是否為止付通知，應由其自便，無須認為權利人有為止付通知之義務❶。

(4)權利人既為止付通知，自應立即為公示催告之聲請，以求根本解決，其拖延必將影響他人之權益。

止付通知須由喪失票據之票據權利人提出，並須向付款人為之。依據票據法施行細則第五條及票據掛失止付處理準則第三條，票據權利人為止付通知時，應填具止付通知書。支票如經保付或經付款人支付者，票據權利人不得為止付通知，但保付人得依公示催告程序聲請為除權判決（票 138: IV，票施 6）。

(二)止付通知之效力

止付通知於送達付款人時即行生效，但若票據權利人未在其後五日內向付款人提出已為聲請公示催告之證明者，止付通知失其效力。申言之，止付通知之效力如下：

(1)付款人應即止付：付款人於接到止付通知後，原則上不得再行付款。票據法施行細則第五條第五項規定：「經止付之金額，應由付款人留存，非依本法第十九條第二項之規定，或經占有票據之人及止付人之同意，不得支付或由發票人另行動用。」付款人故違本條規定而對執票人付款者，此項付款能否發生解除其付款責任之效果，宜分別情形為之論斷。按止付通知僅為公示催告程序開始前暫時之救濟措施。若權利人僅向付款人報失或於止付通知後，未進而依票據法第十八條規定於五日內提出已為聲請公示催告之證明者，止付通知即失其效力，付款人無須再受此項止付通知之拘束。最高法院曾指出：「上訴人縱遺失支票屬實，既未依法定程序聲請法院為公示催告及除權判決，自仍應負票據責任」❶。因此，執票人如於止付通知後善意取得票據，而付

---

❶　70 臺抗 514。

❶　梅仲協，《商事法要義》，頁 190。

❶　57 臺上 2807。

款人或擔當付款人善意相信執票人為票據權利人而為付款，自得據以免責，此項損失應由發票人自行負擔。銀錢業者於支票存款約定書第十條規定：「本行若已盡善良管理人注意義務，核對票據及存戶原留印鑑憑票支付後，縱……因竊盜、詐騙、遺失情事，而發生之損失，除本行有惡意或重大過失外，不負賠償之責。」其目的是否在減輕銀錢業者對遺失或被盜竊票據之付款其應盡之善良管理人之注意義務？此尤於其獲得票據權利人之止付通知後但又未於五日法定期限內提出公示催告為然。關於此點，美國舊票據法（即 UNIL）原採「善意付款」原則 (payment in due course)❿，惟六十年代制定之統一商法典及其後於一九九〇年及二〇〇二年修正條文不再予以沿襲。現行第 3–602 條規定，付款人於付款時縱知有他人對票據存有請求權❿，其付款責任仍得據以解免。但付款人明知他人對票據存有請求權，且其付款業經法院明令禁止，或明知票據係遭盜竊之票據而仍對非法占有人付款者，不在此限。於我國現制下，亦宜持同一見解，即權利人之止付通知，除非於法定期限內提出公示催告之聲請，不足以阻卻付款人對善意執票人付款，但若經權利人止付通知或其他方式，付款人明知或可得而知標的票據遭盜竊或為他人非法侵占，仍對該他人（即惡意執票人）付款者，不得援引前開約款主張免責。

　　⑵**對於執票人提示之票據應予核對**：票據法施行細則第五條規定：票據權利人依本法第十八條規定為止付之通知時，應填具掛失止付通知書，載明下列事項，通知付款人：

　　①票據喪失經過。

　　②喪失票據之類別、帳號、號碼、金額及其他有關記載。

　　③通知止付人之姓名、年齡、住所。

　　據此，於止付通知送達付款人後，同一票據經善意執票人提示付款者，付款人應就該票據與通知書所載事項核對，若支票號碼與通知書相同，而金額不

---

❿　見 UNIL§§51、88、119。

❿　對票據之請求權，係指基於對票據之所有權或占有而生之請求權，非指補償請求權 (a claim of ownership or possession and not a claim in recoupment)。見同條評釋 [1]。

同者，應予止付，但須向通知人查詢；票據號碼與通知書不同，而金額相同者，應予照付（參見臺北市銀行公會 53 年 10 月 5 日銀業字第 306 號決議）。

(3)**付款人對通知止付之票據應予查明**：票據法施行細則第五條第二項所謂「應即查明」，在銀行實務上，付款人多以票據權利人是否業已向警察機關填具「遺失票據申報書」為準。事實上，票據掛失止付處理準則第五條明定：「付款行庫對於通知掛失止付理由，不負認定之責。」因此，所謂查明云云，形同具文，無實質意義。

(4)**止付以存款或墊借額度為限**：對無存款又未經允許墊借票據之止付通知，應不予受理。對存款不足或超過付款人允許墊借金額之票據，應先於其存款或允許墊借之額度內，予以止付。其後如再有存款或續允墊借時，仍應就原止付票據金額限度內，繼續予以止付（票施 5: II）。

(5)**預行止付通知之受理**：票據權利人就到期日前之票據為止付通知時，付款人應先予登記，俟到期日後，再依前項規定辦理。其以票載發票日前之支票為止付通知者，亦同（票施 5: III）。

(6)**空白票據之止付通知以業經補充填載完成者為限**：通知止付之票據如為業經簽名而未記載完成之空白票據，而於喪失後補充記載完成者，準依前兩項規定辦理，付款人應就票載金額限度內予以止付（票施 5: IV）。

(7)**止付金額之留存**：經止付之金額，應由付款人留存，非依本法第十九條第二項之規定，或經占有票據之人及止付人之同意，不得支付或由發票人另行動用（票施 5: V）。惟該止付而留存之金額，於其所有權移轉前仍為發票人之存款。

對於票據法施行細則第五條第五項所規定之「留存」制度，學者頗多批評，認為「留存」究為票據權利人抑善意取得票據之第三人之利益而設？若為前者，票據權利人既可依票據法第十九條第二項請求票據債務人提存或支付，何須給予雙重保護？而增加債務人之雙重負擔？若為後者，應由善意執票人另行尋求救濟，無須增加金融業及當事人留存之困擾❶⁹⁰？

---

❶⁹⁰　詳見張風謨，〈關於票據喪失與公示催告、除權判決若干問題〉，《彰銀資料》，卷 34，期 1，頁 23–27。

(三)止付通知之失效

前已言及，票據權利人未在止付通知後五日內向付款人提出已為聲請公示催告之證明者，止付通知即行失效。或票據權利人縱依票據法第十八條第一項規定，向付款人為公示催告聲請之證明，但其聲請被駁回或撤回者，或其除權判決之聲請被駁回確定或撤回，或逾期未聲請除權判決者，仍有票據法第十八條第二項規定之適用（票施 7: I）。票據經止付後尋回者，票據權利人得填具「註銷止付通知書」，註銷止付通知，或公示催告程序因提出票據而終結者（民訴 567: I），其註銷及終結與票據法第十八條所規定之失效同❶。票據法施行細則第七條並進一步規定：依票據法第十八條第二項規定止付通知失其效力者，同一人不得對同一票據再為止付之通知（票施 7: II）。經尋回之票據於向法院撤回聲請後，但於向銀行取款前又告遺失，權利人得否再行止付通知？學者持肯定之見解。惟審酌票據法施行細則第七條第二項規定，筆者持否定之見解，權利人於此情況下僅得按民法相關規定謀求救濟，於票據法已別無他途。

---

❶　學者柯憲榮曾謂：「掛失止付之票據，於聲請人繳交聲請公示催告證明文件予銀行前，若支票找回來時，當可直接填寫『註銷止付通知書』，憑支票向銀行提款；在繳交聲請公示催告證明以後，止付通知人應先向法院撤回公示催告或除權判決之聲請，才可填『註銷止付通知書』，憑支票向銀行提款。惟支票找回，並已向法院撤回聲請，但尚未憑支票向銀行取款時，又遺失了，則該怎麼辦？當然只有從頭再來辦理掛失止付了，有關法規並未規定同一人不得再就同一票據為掛失止付之通知，銀行似無理由可以拒絕。」見氏著，〈銀行辦理掛失止付的幾項問題〉，載《臺北市銀月刊》，卷 16，期 4，頁 82-85。學者黃虹霞亦謂：「筆者以為公示催告程序終結時，解釋上宜認為止付通知失其效力，蓋公示催告程序終結，公示催告聲請人，既不可能取得除權判決，則止付通知已失其繼續存在之意義，參酌票據法施行細則第七條規定意旨，應認為止付通知於公示催告程序終結時，失其效力，執票人提示票據請求付款時，付款人應予付款。」載《萬國法律雜誌》，期 19，頁 12-13。

五、公示催告

㈠公示催告之意義

公示催告，指有管轄權之法院依當事人之聲請，以公示之方法，催告不明之利害關係人，於一定期間內申報權利，如逾期不為申報，即生失權效果之程序。此處所謂不明，指有無利害關係人不明，或縱有利害關係人，而其姓名或住所或居所不明而言。公示催告係不經訴訟程序而確定票據權利人之權利而特設之制度，本質上屬非訟事件。票據法第十八條第二項規定，票據權利人應於提出止付通知後五日內提出已為聲請公示催告之證明；第十九條第一項進一步規定，票據權利人於票據喪失時，得為公示催告之聲請。公示催告適用民事訴訟法第八編公示催告程序之相關規定，即票據權利人為公示催告之聲請時，應提出票據謄本或開示票據要旨及足以辨認票據之事項，並釋明票據被竊盜、遺失或滅失及有聲請權之原因事實（民訴 559），法院對此聲請如為准許裁定者，應為公示催告（民訴 540: II）。

㈡公示催告之程序

公示催告既在對利害關係人使生票據無效之效果，因此，其程序是否遵行，自將密切關及利害關係人之權益，關於公示催告之程序，可簡述如下：

⑴公示催告之管轄法院為票據債務履行地之地方法院。票據債務之履行地經票據載明者，以所載地為履行地；未有記載者，則按票據債權為索取債權之本質，以票據債務人之營業所、住所或居所所在地為履行地。

⑵公示催告之聲請人為票據權利人（票 19: I），亦即喪失票據占有之受款人或執票人及票據作成後但於交付前之發票人（參見前述）。

⑶公示催告聲請經法院為許可裁定者，應將公示催告之公示黏貼於法院公告處，並登載於公報或新聞紙（民訴 542）。

⑷申報權利期間應有三個月以上（民訴 562），九個月以下。此一期間自公示催告之公告最後登載公報、新聞紙或其他相類之傳播工具之日起算。

⑸法院應於公示催告中載明利害關係人（即現持有票據之人）應於上述申報權利期間內申報權利或提出票據；利害關係人如不為之者，即得宣告票

據無效（民訴 560）。

　　(6)利害關係人於上述申報權利期間內申報權利並提出票據者，法院應通知聲請人（即票據權利人）閱覽票據（民訴 563）。如該票據確為票據權利人所被竊盜或遺失之票據，公示催告即告終結。

(三)公示催告之功效

　　公示催告之聲請經法院為許可裁定後，其在法律上具有如下之功效：

　　(1)**善意取得之減少**：票據權利人依據票據法第十八條及第十九條規定而為之止付通知及公示催告，雖不足以完全阻止第三人善意取得其所喪失之票據，惟公示催告既經黏貼於法院之公告處、票據交易所、或登載於公報或新聞紙，對社會大眾自生相當之公示效力，足以減少第三人主張善意取得票據上權利之機會。

　　(2)**提供擔保請求票據金額之支付或給與新票據**：票據法第十九條第二項規定：公示催告程序開始後，其經到期之票據，聲請人得提供擔保，請求票據金額之支付；其尚未到期之票據，聲請人得提供擔保，請求給與新票據。本項中所謂公示催告程序開始，指票據權利人提出公示催告聲請之時，非指法院受理公示催告聲請之時，亦非指法院就公示催告聲請為許可裁定之時。本項僅就聲請人提供擔保為規定。至於所謂擔保，究限於現金擔保？抑兼及物的擔保與人的擔保？宜予探究。學者以為聲請人所提之擔保，無論其數額與種類為何，如為票據債務人所接受者，固無問題；如未為票據債務人接受者，僅得將之提存或訴請接受後，請求票據債務人支付票據金額或給與新票據 **[192]**。惟實務則認為「似不以金錢為限，提供有價證券亦無不可，惟價值須相當 **[193]**。」其理由無非以「喪失票據之票據權利人之所以須供擔保始得請求票據金額之支付或給與新票據，其目的在於保障票據債務人，以免因票款之支付或新票據之給與造成雙重給付之損害，其供擔保之原因與假扣押、假執行、假處分等供擔保之原因並無不同，故假扣押、假執行、假處分有關擔保數額及種類，於此均可適用，即其擔保之數額應以票據債務人因票款支付或給與

---

[192]　　見上 **[190]**

[193]　　司法院 70.9.4 ⑺廳民一字第 0649 號函復臺灣高等法院之研究意見。

新票據，將來可能受到之損害為標準以定擔保金額，可用諸為擔保者，不以金錢為限，即民事訴訟法第一百零二條之規定，於此可得適用。」

(3)**請求提存票據金額**：票據法第十九條第二項復規定，公示催告之聲請人不能提供擔保時，得請求票據債務人將票據金額依法提存。票據債務人依法提存者，無論對聲請人或善意取得票據之人均免其責。此處所謂票據債務人，僅指匯票承兌人、本票發票人及支票發票人，不包括償還義務人（或從債務人）。至於支票付款人，因非票據債務人，付款人於接到止付通知後雖遵票據法施行細則第五條第五項規定就支票金額為「留存」，但前開條項關於請求支付或出給新票據之規定並不適用。

(4)**聲請除權判決**：於申報權利期間無人申報權利者，聲請人得於該期間屆滿後三個月內聲請除權判決（民訴 545）。但在期間未滿前之聲請，亦有效力。

六、除權判決

㈠除權判決之意義

除權判決之獲取，為票據權利人於喪失票據後回復其權利行使之最終程序，亦為其經由止付通知請求法院救濟之最後目的。民事訴訟法第五百四十五條第一項規定：「公示催告聲請人，得於申報權利之期間已滿後三個月內聲請除權判決，但在期間未滿前之聲請亦有效力。」故除權判決之聲請得於申報權利屆滿後或屆滿前提出。除權判決，依據民事訴訟法第五百六十四條第一項規定，應宣告票據無效，其效果即在使原本有效之票據自判決宣告之時起喪失其效力。

㈡除權判決之效力

除權判決為宣告票據無效之形成判決，具有如下之效力：

(1)聲請人自除權判決宣告之日起回復其與占有票據同一之地位，對於票據債務人得行使付款請求權或追索權。至於聲請人得否請求給與新票據？學者有不同之見解：有持否定說者❶；亦有認為「於除權判決之日起滿三十日

---

❶　見上❶。

後，向……發票人申請補發新票據」⑲者，鑑於票據法就此無特別規定，似宜從前說。

(2)除權判決僅在使聲請人取得行使票據權利之形式上之資格，無確定聲請人為實質上權利人之效力，無權利之人縱使取得除權判決，亦不因而成為票據權利人。

(3)除權判決既僅在使喪失之票據自判決宣告之時起，失其效力，並不溯及既往。據此，第三人於除權判決宣告前善意取得票據，於公示催告所定之期間內未申報其權利者，則其權利是否因除權判決而喪失？學者中有持肯定說者，亦有持否定說者，至今尚無定論⑯。筆者認為應從前說，但除權判決經撤銷者，不在此限。

(4)對於除權判決，依據民事訴訟法第五百五十一條第一項規定，不得上訴。但受除權判決效力所及之利害關係人得基於民事訴訟法第五百五十一條第二項所列舉之事由而提起撤銷除權判決之訴。

(5)於除權判決後，第三人取得票據縱屬善意，亦不得取得票據上權利；付款人亦不得對之付款。

(6)票據債務人對獲得除權判決之聲請人為付款者，即得免責（民訴565:II），對於善意執票人不負付款責任。

---

⑲ 歐森藩，〈票據法上有關公示催告程序之研究〉，《投資與企業雜誌》，期803，頁10–12。

⑯ 見上⑲。

票據喪失之救濟流程圖 *

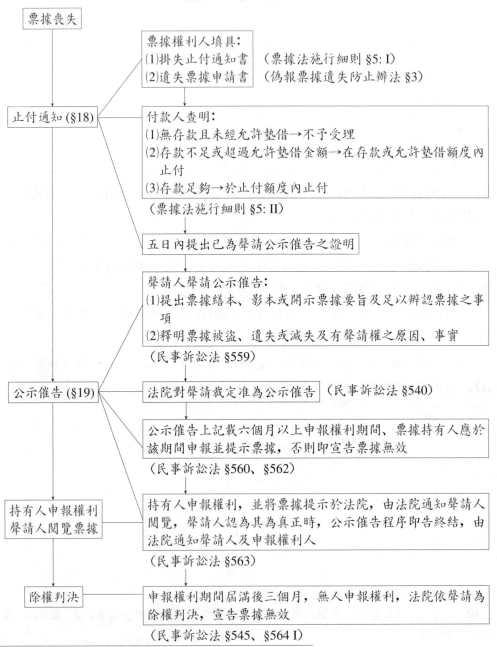

* 由政大法研所碩士班謝旳璉同學編製。

七、止付票據之善意取得

前已言及，票據喪失後，票據權利人雖為止付通知及公示催告，但公示催告並不能當然阻止第三人善意取得票據。此亦何以票據法第十九條規定，聲請人須提供擔保，始得請求票據債務人付款。此項擔保既在保護票據債務人，亦在保護善意執票人。蓋前者可能因雙重支付票款而受損，後者可能因票據債務人對獲得除權判決之人支付票款而落空，不得不就擔保受償。惟實務則認為善意執票人不包括在內，其所持之理由為：「善意之執票人可本於票據關係對票據債務人為主張，票據債務人不因依本條支付票據金額或給與新票據而免責。本條供擔保之原因在於保障票據債務人，以免因票款之支付或給與新票據造成雙重給付之損害，苟票據債務人因此而受有損害，即得從擔保物取償，供擔保之原因既在此，則受擔保利益人應為票據債務人，而非善意之執票人❶❾❼。」

至於善意取得支票之第三人，於公示催告程序中得否逕向票據債務人（即發票人）訴請給付票款？司法實務上有不同之見解：持肯定說者認支票為文義證券及流通證券，發票人應依票據上所載文義，自負支付責任，系爭支票縱經聲請止付及公示催告，但在法院為判決前，執票人仍非不得對發票人行使票據上權利，從而執票人之請求，法院自應准許；持否定說者認支票喪失後，既已向銀行及法院辦理掛失止付及公示催告手續，則系爭支票之權利歸屬要屬未定，若在權利歸屬之裁判確定前，責令發票人對執票人給付，此項給付無以解免其對真正權利人之責任，其後若判認聲請人為真正權利人者，發票人豈非須再為給付？何況於止付公示催告程序中，公示催告聲請人與執票人（即第三人）間，如關於票據權利之歸屬有所爭執，已可循申報權利、除權判決或確認票據歸屬之通常訴訟程序，以確定票據權利之歸屬，於獲得票據權利歸屬判決確定前，實無容許第三人逕向發票人主張票據權利之必要❶❾❽。於此二說中，最高法院從前說，認為票據雖經公示催告，在尚未經除

---

❶❾❼　司法院 70.9.4 ⑺⓪廳民一字第 0649 號函復臺灣高等法院之研究意見。

❶❾❽　詳見臺北地方法院座談會研究結論，載《司法院公報》，卷 26，期 11，頁 80-87。

權判決前，執票人仍非不得對發票人及背書人行使票據權利❶⑨⑨。系爭支票縱為發票人所遺失，在其未受除權判決，或證明執票人取得支票為惡意或重大過失以前，仍不能免負給付票款之義務❷⓪⓪。至於第三人於取得票據時❷⓪①，是否出於惡意或重大過失，仍須由票據債務人負舉證之責。對於票據權利人所為公示催告第三人曾否閱覽，僅足以構成該第三人是否出於惡意或重大過失之動因，票據債務人不得據以將舉證責任移轉於第三人。最高法院就此有如下之判決：

「上訴人既已承認上開支票為伊所簽發，則縱因遺失支票聲請法院公示催告有案，但未經法院為除權判決，上訴人仍不能免除給付票款之責任。又按票據法第十四條所謂以惡意或重大過失取得票據者，係指明知或可得而知轉讓票據之人，就該票據無權處分而仍予取得者而言。本件上訴人居於發票人之地位，既不能舉證證明被上訴人取得系爭支票為惡意或有重大過失，自仍不能免除發票人應負給付票款之責任❷⓪②。」

---

❶⑨⑨ 63 臺抗 345；65 臺上 2402：至訴外人固曾向法院請准辦理公示催告程序，惟據其自稱尚未為除權判決，被上訴人不依催告申報權利而逕行訴求給付票款，仍非法所不許。70 臺上 582：張榮昌雖以遺失訟爭支票為由，聲請公示催告，但在未經除權判決以前，尚難謂被上訴人已喪失該支票上權利。被上訴人對上訴人行使追索權，請求其給付訟爭票款及其法定利息，自屬正當。

❷⓪⓪ 60 臺上 3933：本件被上訴人主張，伊執有上訴人簽發，經訴外人葉志雄背書之五十九年十二月二十五日，彰化商業銀行中崙分行，面額一萬六千元之支票一紙，屆期為付款之提示，竟因止付而遭退票，求為命上訴人如數給付之判決。上訴人則以系爭支票係其遺失之支票，業經登報止付，並聲請公示催告，被上訴人取得支票顯有惡意或重大過失云云為辯解。原審斟酌全辯論意旨及調查證據為審理之結果，以系爭支票縱為上訴人所遺失，在其未受除權判決，或證明被上訴人取得支票為惡意或重大過失以前，仍不能免負給付票款之義務。因而維持第一審所為上訴人敗訴之判決，於法並無違背。上訴人論旨，空言指摘原判不當，聲明廢棄，非有理由。最高法院於 69 臺上 1465 亦持相同之見解。

❷⓪① 64 臺上 1540。

❷⓪② 69 臺上 1465；70 臺上 582：票據法第十四條第一項所謂以惡意或重大過失取得票據者，係指明知或可得而知轉讓票據之人，對該票據無處分權，而仍予取得者

八、票據法第十九條適用之範圍

上述票據法第十八條及第十九條關於票據喪失所規定之補救措施，原則上適用於各種票據，但對於付款人業已付款之票據，則不適用（票施6）；對於保付支票，則不適用票據法第十八條之規定（票138:III）。至對下列票據，票據法第十九條關於公示催告之規定是否亦有其適用，歷有爭論，茲分析如下：

1.業已作成但在交付前喪失之票據：票據行為之成立依據前述分析除具備形式要件與實質要件外，尚須將票據交付，三者缺一不可。但若票據於交付前遺失或被盜而輾轉入於善意第三人之手者，發票人仍須負票據上責任。據此，發票人於票據喪失後得否援引票據法第十九條之規定以謀救濟？臺灣高等法院曾於六十二年所舉辦之法律座談會中，就此作成如下之議決：

「發票人於簽發支票後，尚未交付與他人前，該支票尚在發票人持有中，依持有支票者，即為票據權利人之法理（參考票據法第二十四條第四項、第二十五條），發票人自屬該支票之權利人，從而其依票據法第十九條第一項規定聲請公示催告，在理論上與法律上，應均屬合法，自應予以准許❷⁰³。」

筆者於前述分析中曾指出，發票人於作成票據後但於交付前，若票據遭遺失或盜竊而致落入第三人之手者，此時發票人已成為票據債務人，而非票據權利人，若仍被容許援引前開法條以謀救濟，似與其方法意旨不符。

2.空白票據：所謂空白票據係指業經行為人簽名或蓋章而就絕對應記載事項尚未記載完全之票據。票據法第十九條之規定對於空白票據是否有其適用？似宜先就我國票據法是否承認空白票據為票據法上之票據，加以分析：對於此點，歷有兩種不同之見解，財政部持肯定說，認為立法院於修正說明中雖欠明確，但票據法第十一條第二項既已明定：「票據債務人不得以票據原係欠缺應記載事項為理由，對於執票人主張票據無效。」即已默認空白票據之存在，

而言。本件訟爭支票既由上訴人簽發交與台森公司負責人陳君來等，並由該公司背書交與被上訴人，被人訴人取得該支票，即無惡意或重大過失之可言。

❷⁰³　錄自陳世榮，〈票據之塗銷、毀損及喪失〉，《彰銀資料》，卷29，期1，頁6(69)。

且為應工商界之需要，亦宜為此承認❷❹。惟學者范馨香❷❺及陳世榮❷❻持否定之見解。其結果，行為人於空白票據喪失後得否向法院聲請公示催告，遂產生如下之二說：

「甲說：依票據法第一百二十五條第一項第二款、第七款及第十一條第一項規定，支票上之金額及發票年月日為絕對必要記載事項，其欠缺記載，即為無效之票據。既為無效之票據，即非『證券』，自不得依民事訴訟法第五百三十九條第一項之規定聲請為公示催告。

「乙說：票據法於六十二年五月二十八日修正前，第十一條僅規定『欠缺本法所規定票據應記載事項之一者，其票據無效，但本法別有規定者，不在此限』。修正後新增同條第二項規定：『執票人善意取得已具備本法規定應記載事項之票據者，得依票據文義行使權利，票據債務人不得以票據原係欠缺應記載事項為理由，對於執票人主張票據無效』。依此新增之規定，未記載金額，發票年月日之無效票據喪失時，將來仍有對善意執票人負擔票據債務之可能，故有聲請公示催告之必要。法院對於此種聲請，自應准許。」

經最高法院民庭總會議決採甲說，並申其理由如下：

「(1)票據法（我國票據法，下同）對於空白票據並無明文規定，而其第十一條第二項雖云『執票人善意取得已具備本法規定應記載事項之票據者，得依票據文義行使權利；票據債務人不得以票據原係欠缺應記載事項為理由，對於執票人主張票據無效』，但亦僅係關於善意執票人得為權利之行使，及債務人抗辯權之限制之規定，尚難據之而謂票據法有空白票據之明定也。是空白票據不能被認為票據法上之票據。

「(2)票據法並無明文規定『債務人得授權執票人填載空白票據之空白部分』，故債務人授予執票人『空白補充權』，應非為票據行為，而不得與票據之發行、背書、承兌（匯票）、保證（匯票、本票）等票據行為同視。

「(3)或謂『空白票據固非票據，然係以補充權之授予，為其成立要件之

---

❷❹　參見(62)臺財規 21351 公函。

❷❺　詳見氏著，〈我國票據法有無承認空白票據之商榷〉，《司法周刊》，期 35。

❷❻　詳見氏著，〈空白支票可否公示催告〉，《法令月刊》，卷 31，期 5，頁 6-7。

票據，補充權伴隨空白票據流通，而為受讓人（執票人）併同取得，可謂之表彰補充權之未完成票據」，但究非票據法所稱之票據也。

「⑷票據法第十一條第一項規定『欠缺本法所規定票據上應記載事項之一者，其票據無效，……』，空白票據尚欠缺法定應記載事項（絕對必要應記載事項），應屬無效之票據，自無所謂票據權利之可言。宣告證券無效之公示催告，旨在催告持有證券之人申報權利（民事訴訟法第五百六十條參看），其後相隨而來之除權判決，又旨在宣告證券無效（民事訴訟法第五百六十四條參看），空白票據持有人對於空白票據，既無『票據權利』，何可申報票據權利，空白票據尚為無效之票據，又何有待於除權判決宣告其無效。

「⑸票據法施行細則雖係依票據法第一百四十五條規定而制定，但其規定既不能與本法所規定者牴觸，亦不能為本法『創設規定』，是尚不能因票據法施行細則第五條第四項有『空白票據』之詞句，而謂空白票據為票據法上之票據。

「⑹票據法施行細則第五條第四項係規定通知止付之『空白票據』喪失後，經補充記載完成者，始準用其前二項規定辦理，付款人才應就票載金額限度內予以止付，是空白票據止付之通知，其止付效力之發生，尚有待於『空白』補充完成，又如何能對之先行公示催告程序。

「⑺所謂空白票據喪失得為止付之通知者，似宜解釋為『止付之預示』，應待其空白補充記載完成，始生止付之效果，蓋票據喪失有絕對之喪失（如失火燒燬、水濕毀損）及相對喪失（如被盜、遺失），其將來是否會被補充記載完成，係處於一種不確定之狀態，實不宜對處於『不確定狀態』之空白票據，遽准為公示催告（及除權判決）。

「⑻票據（有價證券）公示催告之制，原為保護票據債權人而設，空白票據顯與款式具備之票據有間，實為『變式票據』，其存在乃由於交易上之需要，法律既未為之特設公示催告之規定，即不宜強為解釋『得對之公示催告』。

「⑼綜前所陳，空白票據之喪失，似僅得向付款人為止付之預示，請其於該票據經他人補充記載完成，提示付款或提示承兌時，拒絕付款或拒絕承兌。至空白票據經他人補充記載完成，於為前開提示後（已非空白票據），遇

有對之為公示催告之聲請，得否裁定准許，則係另一問題[207]。」

　　前開最高法院決議有其堅強之學理依據，依筆者所見，空白票據非票據法上之票據，其於補充記載完成前而告喪失，權利人至多僅得為止付之預示，不得進而聲請公示催告及除權判決；權利人縱為聲請，法院並不得為准許之裁定。惟空白票據於喪失後經補充記載完成，則與一般票據無異，而有民事訴訟法有關票據喪失之公示催告程序規定之適用。票據法施行細則第五條第四項即本此旨而規定：「通知止付之票據如為業經簽名而未記載完成之空白票據，而於喪失後經補充記載完成者，準依前兩項規定辦理，付款人應就票載金額限度內予以止付。」該項規定與前開決議因而不存任何齟齬。關於此點，司法實務與學者曾持如下之不同見解：

　　對於前開決議之適切性如何，票據法學者不乏加以評論者[208]，就中陳世榮於其文中指出：「我票據法上，空白票據，並非絕對無效，喪失空白票據者，由於除權判決之消極的效力，有聲請公示催告之實益，其公示催告之聲請為民事訴訟法第五百五十八條所許也[209]。」對於此項見解，至少有下列數點值得商榷：

　　①「空白票據」一詞源自票據法施行細則第五條第四項，其在票據法上之依據至多僅為第十一條第二項，縱使如多數學者所共認，空白票據為票據法所欲確立之理念之一，但其所欠缺之絕對應記載事項經補充完成前，仍非有效票據，因而所謂「並非絕對無效」云云，於票據法理上似乏依據；

　　②空白票據於補充完成前既非票據，從而亦不發生票據上權義關係，自亦無須利用除權判決以宣告此項非票據無效。法院縱使就權利人所提之除權判決聲請為裁判，亦不具任何實益；

　　③空白票據一旦經第三人補充記載完成，此時已成為一般票據，權利人自得利用前述法定程序以謀救濟，於此情況下，已與空白票據兩無關連。

---

[207]　（68 年 10 月 23 日）六十八年度第十五次民事庭會議決議(二)。

[208]　見林咏榮，〈空頭票據與空白票據〉，《法令月刊》，卷 32，期 3，頁 8–10。

[209]　見氏著，〈空白票據可否公示催告〉，《法令月刊》，卷 21，期 5，頁 5。

九、聯合國公約關於票據喪失之規定

聯合國國際匯票及國際本票公約雖明定票據因盜竊、毀損而喪失者，喪失票據之人仍享有與占有該票據所應享有相同之付款請求權，被請求付款之人不得以其未現實占有票據相抗辯，拒絕承擔付款責任❷⑩。惟同公約對於喪失票據之人如何行使其票據上權利，則有與我國票據法前述規定不同之制度設計，因而就其相關規定詳為析述，至有必要。

(一)喪失票據人之權利行使

喪失票據之人請求付款者，同公約規定，須出具書面並敘明下列各點：

(a)所喪失票據上各款記載事項：若有喪失票據之謄本者，亦得對相對人提出該謄本；

(b)若仍執有票據者，其有權請求相對人付款之事實；

(c)不能提出票據之事實❷⑪。

被請求就喪失票據為付款之票據債務人得要求請求人提供擔保，備為補償日後若有善意執票人出現被迫再為付款所遭受之損失。此項擔保之性質及其條件由付款請求人（即喪失票據人）與被請求付款之人（即相對人）以協議定之。無協議者，可訴請法院判定是否須提供擔保，如須提供者，應一併裁示擔保之性質及條件。票據喪失人若不能提供擔保者，法院得命被請求付款之債務人將喪失票據之金額，連同依本公約第七十條及第七十一條規定所得請求之利息及費用，向法院或任何主管機關提存，並裁定此項提存之期間，依此裁定所為之提存應視為對請求人之付款❷⑫。

喪失票據之人向付款人或承兌人及其保證人請求付款遭到拒絕者，得使用前述備載喪失票據各款事項之書面作為拒絕證書，俾向其追索❷⑬。

(二)喪失票據之重現及通知

---

❷⑩　同公約第七十八條第一項。

❷⑪　上註第二項(a)款。

❷⑫　上註(b)、(c)、(d)款。

❷⑬　參見同公約第八十一條。

對喪失票據已為付款之票據債務人，其後另有他人對其提示付款者，應將此項提示通知已受領票款之人（即喪失票據人）。此項通知須於票據提示之當日或其後二營業日為之，並於通知中載明提示者之姓名及提示之日期與地點。對喪失票據付款之票據債務人，因不可抗力之事變致遲延為通知者，其遲延責任得以免除。惟不可抗力之事變終止後，仍須儘速為通知。事變若延續至自應為通知之末日後三十日以外時，此項通知義務得以免除。對喪失票據付款之票據債務人，若無此等免除遲延責任及免除通知義務之情事，而未為通知者，應對受領票款之人（即喪失票據人）因其未為通知所遭受之損失負賠償責任，但賠償數額以不超過本公約第七十條及第七十一條所規定之票據金額、利息及費用為限❷❶❹。

㈢對喪失票據付款後之救濟

對喪失票據已為付款之票據債務人，其後又須對善意執票人為付款，或因票據之喪失致不能向前手追索者，得以下列方式謀求救濟：

(a)如有擔保者，自擔保品取償；或

(b)票款業已提存於法院或其他主管機關者，逕自提存金額受取❷❶❺。

對於前述喪失票據人所提供之擔保品或所提存之票據金額，於就喪失票據為付款之人不再有遭受前述損失之危險時，得請求解除擔保，或返還提存金❷❶❻。

㈣喪失票據付款人之權利

就喪失票據為付款之人，於給付票款時有權要求受領票款之人出具備載喪失票據各款事項之書面、若有拒絕證書者，其拒絕證書、所受領票款、利息及費用之清單❷❶❼。就喪失票據付款之人，其因而取得票據上權利與一般依背書或交付受讓票據無異，惟其於收到受領票款人所出具之前開書面前，尚不能行使其票據上權利❷❶❽。

---

❷❶❹　同公約第七十九條。

❷❶❺　同上註第八十條第一項。

❷❶❻　參見上註第二項。

❷❶❼　同公約第八十二條。

十、美國統一商法典關於票據侵占之規定

現行票據法第十八條及第十九條係針對票據權利人喪失票據之占有後回復其票據上權利之行使所為之特別規定。惟同法第七十一條第二項規定:「付款人對於背書簽名之真偽,及執票人是否為原票據權利人,不負認定之責。但有惡意或重大過失時,不在此限。」其結果,若付款人對喪失票據基於善意而為付款者,不問是否存有過失,即得據以免責,而原票據權利人自亦無由再援引前開第十八條及第十九條以回復其票據上權利之行使。於現制之下,其唯一救濟之道厥為依民法有關侵權行為或不當得利之規定訴請竊盜、拾得人及惡意執票人賠償。至於惡意執票人是否得擴及存款銀行 (depository bank) ❷⓲、中介銀行 (intermediary bank) ❷⓴及託收銀行 (collecting bank) ❷㉑?雖於主管機關之函令及法院之判決中持肯定之見解 ❷㉒,惟仍有待法制上之確認。夠於侵權行為之訴,票據權利人須就惡意執票人之故意或過失為舉證;於不當得利之訴,其求償金額則受有一定之限制。無論何者,均與保障票據上權利之簡捷行使及票據金額之充分獲償之意旨有悖。反觀美國商法典 (Uniform Commercial Code) 則為貫徹對票據權利人之保護,乃將其法制上特有之動產侵占 (conversion) 理念移列於票據法,明定凡自無處分權之人或受無處分權之人之委託就票據為付、受之銀行,非依票據法規定之方式受讓或取得票據者,即屬侵占 ❷㉓。票據經執票人於背書時載明「存款專用」(for deposit)、委任取款 (for collection) 或存入特定帳戶之字樣者,除非票款確經執票人(即背

㉘　上註第八十三條。

㉙　存款銀行,係指最先接受票據作為存款之銀行,除非對所提示之票據即行付款,付款人銀行亦得為存款銀行。見 UCC §4-105 (2)。

⓴　中介銀行,除存款銀行及付款人銀行外,於託收過程中取得票據之銀行。見 UCC §4-105 (4)。

㉑　託收銀行,指付款人銀行以外,接受票據託收之銀行。見 UCC §4-105 (5)。

㉒　見中央銀行業務局(73)臺央業字第 1800 號及(74)臺央字第 1145 號函;最高法院 92 臺上 373、93 臺上 1909 判決。詳申於本書第五章第八節。

㉓　UCC §3-420 (a).

書人）受領或存入其所指定之帳戶，任何受讓該票據之個人或受讓該票據或接受該票據委任取款之存款銀行，均屬侵占人，舉例言之，支票經受款人甲於票背簽名，上載「存款專用」後遭竊，竊盜者將之讓與商店，後者背書後存入存款銀行，存款銀行將票款撥入商店帳戶，由於受款人甲自始至終未收到票款，商店與存款銀行均須負侵占責任[224]。

依據前述美國統一商法典規定，付款銀行或存款銀行基於偽造背書而取得票據者，固構成票據之侵占，即若以甲及乙為共同受款人之票據，僅由甲或乙中任一人背書並存入設有其個人帳戶之銀行，存款銀行對另一受款人仍須負票據侵占之責。票據權利人提起票據侵占之訴時，僅須就票據遭侵占之事實為陳述即可，至於侵占人或銀行是否已按合理之商業標準 (reasonable commercial standards) 盡其應盡之注意[225]，不負舉證之責。於票據侵占之訴，票據權利人所得請求之賠償額原則上為票據金額及利息，但不得超過其實際所受之損失額[226]。於美國統一商法典下所能提起此項票據侵占之訴者，須為真正之票據權利人，即受款人及善意執票人，不及於發票人、承兌人、尚未獲得票據交付之受款人及業已對存款銀行付款之付款人[227]。蓋前二者屬票據債務人而非權利人；受款人於取得票據交付前，尚未取得票據上權利；而提示票據之存款銀行，就票據及背書應對付款人須負瑕疵擔保責任，其因違反此項擔保所致之損害，自應由其承擔[228]。

若就美國法與我國票據法相關規定作一比較，不難發現我國票據付款人，尤其付款人為銀行業之場合，其所負之責任較輕，從而對票據權利人之保護亦較欠周。雖然對於責任歸屬所為之制度設計屬價值選擇問題，立法機關有其自由形成之空間，惟筆者仍以為於票據權利人與就票據提供專業服務之銀行業者間，應儘量維持其平衡性，不宜墨守「善意付款當然免責」之成規，

---

[224] UCC §3–206 (c).

[225] UCC §3–103 (a)(9).

[226] UCC §3–420 (b).

[227] UCC §3–420 (a).

[228] UCC §3–420 Comment.

或將存款銀行、中介銀行及託收銀行視同一般委任取款之被背書人，於責任歸屬上向票據權利人傾斜，致損及其票據權利行使應有之保障。

第十節　非票據關係

非票據關係，係指票據關係以外，當事人相互間在實質上所存有之權利與義務關係，亦稱票據之實質關係或基礎關係。此種關係雖與票據行為至關密切，但不認為係票據行為之一部分。非票據關係為民法上之關係，細析之，計有原因關係、票據預約及票據資金關係。

一、票據原因

票據原因，係指當事人授受票據之緣由，亦稱票據之原因關係。此種原因關係因當事人於為交易時是否給付對價，而可分為有對價之原因關係及無對價之原因關係。所謂對價，係指當事人對於票據之取得所為之對待給付。此種對價得為金錢或財物，亦得為有經濟價值之勞務，因此，買賣、借貸及僱傭屬於前者，贈與屬於後者。在通常情形，均基於有對價之原因關係而為票據之授受。

原因關係與票據關係各自獨立。票據之原因乃民法上之法律關係，與票據行為無關，不規定於票據法中。原因關係縱有瑕疵，但若票據已具備法定形式要件者，仍屬有效，此何以學者稱票據為無因證券。即票據上權義，係依票據行為而發生，至於票據行為之原因為何，要非所問。原因行為之無效或撤銷，不影響票據行為之效力。票據權利人行使票據上權利時，無須證明票據授受之原因，而票據債務人，亦不得以原因之欠缺，以對抗善意執票人。

原因關係與票據關係分離獨立，係在保護善意執票人。所謂善意執票人，係指受讓票據時不僅出於善意，並給付對價或相當對價之人。執票人如未給付對價或相當對價，縱屬善意，票據債務人仍得以其與讓與人間所存之抗辯事由，對抗執票人，此點詳見前述。因此，在票據經移轉於善意第三人前，因原因關係而生之權義，自足以影響據此而生之票據上權利。換言之，票據

權利人如為原因關係之直接當事人者，票據債務人得以原因關係相對抗。舉例言之，甲簽發本票，向乙購買汽車一輛，如乙在交付汽車前請求付款者，甲得主張同時履行之抗辯。

二、票據預約

票據預約，係指為以實現票據行為為標的之約定。票據之授受雖均基於原因關係，但票據為以負擔票據上債務為內容之要式行為，其作成通常先由當事人成立約定，以為票據行為之依據。例如，在發票人簽發票據前，與受款人預行就票據之種類、金額、到期日、付款人、及付款地等為約定，或背書人在依背書轉讓票據時，亦通常與被背書人就背書之種類及是否記載免除擔保承兌等事項預為洽定。票據行為即為票據預約之實現。預約一經成立，當事人一方負有為票據行為之義務，但票據上權義，非由票據預約而發生，係由票據行為而成立。票據預約僅為民法上契約之一種，其成立或違反，或票據行為是否與票據預約內容相一致，非票據法上之問題，而屬於債務之履行或不履行之問題，應依民法債編之規定解決之。

三、票據資金

票據資金，係指匯票或支票之發票人，與付款人或其他資金義務人間之票據金額償還關係，學者亦稱之為資金關係。票據上所載之付款人所以接受委託，對票據為承兌或付款，通常係基於下列資金關係：

(1)發票人曾對付款人提供資金者。

(2)發票人與付款人間訂有信用契約者。

(3)付款人對於發票人負有債務，同意給付票據金額以代清償者。

(4)付款人信賴發票人之信用，接受付款委託，而後向發票人請求償還者。

在通常情形，發票人即為資金義務人。但若發票人因受他人之委託而簽發票據（例如，對己匯票或己付匯票），則資金義務人應為委託人，而非發票人。在三種票據中，匯票與支票均委託付款人付款，為委託證券。本票由發票人自行付款，為自付證券。因此，所謂資金關係，僅匯票與支票有之，而

本票則無。但若本票上載有擔當付款人者，發票人與擔當付款人間亦發生資金關係，其情形與①承兌人與其指定之擔當付款人間（票 49: I）、②參加付款人與被參加人間、及③票據保證人與被保證人間相同，學者稱此等關係為準資金關係❷。

前已言之，票據為文義證券，其權利義務悉依票據上所載之文義決定之。票據關係與資金關係分離獨立，聯合國國際匯票及國際本票公約第三十七條規定，匯票所載之付款指示本身，不生將發票人於付款人處之資金移轉與受款人之效力，因而取得票據之人並不當然取得發票人對於付款人所有資金關係上之請求權，而發票人與付款人間縱無資金關係之存在，亦不影響票據行為之效力。此種票據關係與資金關係分離獨立，在票據法上產生如下之效果：

⑴發票人簽發票據時，縱與付款人間無資金關係之存在，其作成之票據仍屬有效。但若所簽發之票據為支票，而發票人明知已無存款，亦未經付款人允許墊借，經執票人提示不獲付款者，於舊票據法下，應受刑事制裁（舊票 141）。

⑵除支票付款人於發票人之存款或信用契約所約定之數額足敷支付支票金額時，經票據法第一百四十三條特別規定應負支付之責任外，匯票付款人之受領發票人所提供之資金，並不因而負承兌及付款之義務。反之，付款人之就匯票為承兌者，不得以發票人未曾提供資金為理由，推卸付款之責任。換言之，承兌人於承兌後成為票據之主債務人，對於執票人不得拒絕付款。所謂執票人，係指一切依票據法規定取得並執有票據之人，包括受追索而償還票款或依回頭背書而取回票據之匯票發票人，惟此時若發票人請求承兌人付款者，則承兌人仍得基於未提供資金相抗辯（參見票 52: II; 98: II）。

⑶匯票與支票之發票人為票據債務之償還義務人，於付款人拒絕承兌或付款後，負償還票據金額之責任，不得以曾對付款人提供資金或與付款人間存有其他資金關係為理由，拒絕執票人或其他後手之追索。至於付款人何以違背付款之委託及於付款後如何請求發票人補償，屬於民法債編之範疇，與票據關係無關。

---

❷ 鄭玉波，《票據法》，頁 69。

第十一節　票據抗辯及其限制

一、票據抗辯之意義及種類

票據抗辯係指票據債務人，基於合法事由，拒絕票據權利人之請求所提出之主張。票據抗辯可分為三種，即物的抗辯，人的抗辯及惡意抗辯。

(一)物的抗辯

物的抗辯亦稱客觀抗辯，或絕對抗辯。此種抗辯係基於票據關係本體而生之事由，得以對抗一切票據權利人，而不以特定當事人為限，茲列舉物的抗辯如下：

1.關係票據本身之瑕疵者，其情形有下列五種：

(1)票據上應記載事項之欠缺（票11）。此種欠缺事項係指簽名、金額，表示票據種類之文字、發票年月日及無條件支付委託等五者而言，但對於善意執票人須受票據法第十一條第二項之限制。

(2)票面金額經改寫者（票11：III）。

(3)支票之付款人非為經財政部核准辦理支票存款業務之銀行、信用合作社、農會及漁會（見票127；4）。

(4)票據之偽造，票上簽名之偽造及票據之變造。

(5)無權代理或越權代理，惟於後一情形，則受表見代理之限制。

2.關於票據權利之消滅者，其情形有下列三種：

(1)票據因除權判決而歸於無效（民訴564）。

(2)票據債務經合法付款或提存（票76）而消滅。

(3)票據債權因時效經過而消滅（票22）：票據關係與原因關係分離獨立，基於票據關係而生之權利因時效經過而消滅者，成為絕對抗辯事由。至基於票據之原因關係因時效或其他原因而消滅者，僅在直接當事人間生人的抗辯效力，不得以之對抗善意執票人。惟最高法院曾於判例中指出：「票據之出立，不問其原因如何，其權利義務，應依票據法之規定。貨款債權，既因票據之

出立而不存在，自不能再以貨款請求權消滅時效業已完成抗辯❷」。本則判例中「票據之出立，不問其原因如何，……貨款債權既因票據之出立而不存」云云，顯未顧及當事人之真意，其表意因而過分含混而易致誤解。蓋受款人於收受票據時如明白表示以之作為貨款之償付，判例所言固屬無誤；若受款人於收受票據時未為任何表示，則屬新債清償，依民法第三百二十條規定，新債務不履行時，其原負之貨款債務並不消滅，此時，縱票據上權利或時效經過而歸於消滅，其貨款債權於法定時效期間內應不受影響。據此最高法院於九十一年度第十次民庭會議決議本則判例不再予以援用❷。

3.關於票據行為能力者。票據因行為人之欠缺行為能力而無效，但此種抗辯僅得由無行為能力人或限制行為能力人主張之。

4.關於票據權利之行使者，其情形有如下四種：

⑴到期日尚未屆至。

⑵票據行為欠缺交付要件而無效者，此僅對竊盜或拾得者本人得為此抗辯，若被盜竊或遺失之票據經轉讓而為善意執票人取得者，票據債務人不得為此項抗辯。

⑶未在法定期限內作成拒絕證書（票 87;132）。

⑷承兌之撤銷（票 51）。

㈡人的抗辯

人的抗辯係指債務人與執票人間，因基於特殊關係，所得對抗之事由。此種抗辯僅得對特定人為之，而不能對一切票據權利人為之。票據法容許票據債務人，以自己與執票人間所存之抗辯事由，對抗執票人❷，但票據債務人不得以他人與執票人間所存之抗辯事由，對抗執票人❷。茲列舉人的抗辯

---

❷ 37 上 8154。

❷ 91 年 9 月 3 日。

❷ 27 滬上 97 及票據法第 13 條。

❷ 47 臺上 1621。此僅為原則，若執票人為惡意執票人，而票據債務人又知其他前手對執票人存有票據請求權或其他抗辯事由者，得通知該前手參加訴訟。詳見本書第二章第五節「五」。

事由如下：

(1)**關於票據之交付者**：票據為執票人所盜竊或拾得，或票據債務人因被詐欺、脅迫或錯誤而將票據交付於執票人者，票據債務人自不受交付之拘束，而得以之對抗該執票人。

(2)**關於票據權利人之受領能力者**：執票人因破產而喪失受領能力，票據債務人得拒絕其付款請求。

(3)**關於票據權利人之受領資格者**：執票人於提示票據，請求付款時，應以背書之連續，證明其權利。票據法第七十一條第一項規定：「付款人對於背書不連續之匯票而付款者，應自負其責。」換言之，付款人於承兌後，對於不能以背書之連續證明其權利之執票人，得拒絕其付款請求。或背書在形式上雖屬連續，但若付款人明知執票人非真正權利人或最後之背書被偽造者，亦得拒絕付款（票 71: II）。

(4)**關於票據之原因關係者**：票據之原因關係無效或已解除，欠缺對價或無相當對價，或未為對待給付者，均得以之對抗直接當事人。票據債務人以此為抗辯者，應負舉證責任❷❸❹。執票人若承認票據之授受係基於某一原因關係者，應就該原因關係之存在負舉證責任❷❸❺。基於原因關係所生之抗辯僅限

---

❷❸❹　71 臺上 3439：查支票乃文義證券及無因證券，故支票上之權利義務，悉依票上所載文義定之，與其基礎之原因關係各自獨立。支票上權利之行使，不以其原因關係存在為前提，從而執票人行使支票上權利時，就其基礎之原因關係確係有效存在，並不負舉證責任。反之，若票據債務人以自己與執票人間所存抗辯之事由，對抗執票人，依票據法第十三條規定意旨觀之，固非法所不許，惟應由票據債務人就該抗辯事由負舉證之責任。

❷❸❺　最高法院七十三年度第一次民庭會議：子主張丑向伊借款新臺幣若干元，而簽發支票一紙交伊收執，作清償之用（子、丑為直接前後手），經子為付款之提示，遭受拒絕，乃提起清償票款之訴，丑對支票之真正並不爭執，僅以其未收受借款，消費借貸未成立為抗辯，此際，應由何人就借款已未交付之事實，負舉證責任，有甲、乙二說。

　　甲說：支票為無因證券，支票債權人就其取得支票之原因，固不負證明之責任，惟既經子主張支票係丑向伊借款而簽發交付，作為清償，丑復抗辯其未收受借款，消費借貸並未成立，則就借款之已交付事實，即應由子負舉證

於直接當事人間始得行使，要不及於善意第三人，舉例言之，發票人簽發本票，作為貨款之擔保，其後將原貨退還，貨款債務即歸於消滅，但執票人受讓本票時不知此項情事者，發票人不得以貨款債務業經消滅相對抗 ❻ 。

(5)其他：例如票據經執票人同意延期付款、或於到期日前已為付款、執票人表示免除票據債務、或票據債務人主張債務抵銷等，均得以之對抗該執票人。此外，票據簽發時附有解除條件者，在直接當事人間，亦得以條件成就為抗辯 ❼ 。

(三)惡意抗辯

惡意抗辯為人的抗辯之特例。執票人受讓票據時，明知或因重大過失而不知票據債務人與發票人或其前手間有抗辯事由之存在，或與其前手同謀，企圖加害於債務人者，應不受法律保護，票據債務人得以執票人之惡意或詐欺為抗辯。但票據債務人為此項抗辯時，應就執票人之惡意或詐欺，負舉證之責 ❽ 。票據法第十四條第二項規定：凡無對價或以不相當之對價取得票據者，不得享有優於前手之權利。尤其受讓人以不相當之對價受讓票據者（例如，以一千元受讓面額壹萬元之票據），縱非惡意，亦足以為重大過失之認定。如前手之權利有瑕疵，受讓人應承繼其瑕疵，票據債務人得以對抗前手之事由，對抗受讓人。

二、票據抗辯之限制

在一般債權之轉讓，受讓人承繼讓與人之地位，債務人於受通知時，所

責任。

乙說：票據行為，為不要因行為，執票人不負證明關於取得票據原因之責任，票據債務人丑如主張其與子間並無如子所主張之為票據行為之原因關係存在，自應由丑就票據原因關係不存在之事實，負舉證責任。

以上二說，應以何說為當，提請公決。

決議：採甲說。《司法院公報》，卷 26，期 3，頁 48。

❻　參見 62 臺上 1952。

❼　5 上 51。

❽　參見舊票據法施行細則第四條及前述票據上權利行使之條件。

得對抗讓與人之事由，皆得以之對抗受讓人（民 299: I）。但票據為流通證券，為保護善意受讓人，票據法對於此一原則於第十三條特加限制，除非執票人取得票據係出於惡意或詐欺，票據債務人不得以自己與發票人或執票人之前手間所存抗辯之事由，對抗執票人[239]。茲分別說明如下：

(1)票據債務人不得以自己與發票人間所存抗辯之事由對抗執票人：例如，甲簽發匯票，委託乙付款，甲電告乙於近日內向乙提供票據金額，乙遂據以就匯票為承兌，執票人向乙請求付款時，乙不得以甲未提供資金為抗辯。或甲向乙訂購貨物一批，乙於貨物裝運後，簽發匯票，以甲為付款人，匯票經轉讓流通，甲如於收到貨物前為承兌，其後不得以乙運送之貨物未符合規定，買賣契約業經解除為理由，對抗執票人。

(2)票據債務人不得以自己與執票人之前手間所存抗辯之事由對抗執票人：最高法院曾謂：「執票人之取得票據，苟非出於惡意或詐欺，縱使該執票人之前手，對於發票人係因侵權行為而取得票據，發票人亦不得以此對抗執票人[240]。」例如，甲簽發本票予乙，乙依背書轉讓於丙，甲不得以乙之詐欺或其與乙間存有抵銷或同時履行等抗辯事由，對抗執票人丙。因此，本票發票人縱有對執票人之前手清償部分款項之情形，如其不能證明執票人取得票據出於惡意或詐欺，要不得以之對抗執票人之請求執行全部票款[241]。

(3)票據債務人不得以他人與執票人間所存抗辯之事由對抗執票人[242]：前

[239] 49 臺上 678。

[240] 21 上 739。

[241] 56 臺抗 710：惟查票據債務人不得以自己與發票人或執票人之前手間所存抗辯之事由對抗執票人，票據法第十三條定有明文。相對人縱有對再抗告人之前手清償部分款項之情形，如果不能證明再抗告人取得票據係出於惡意或詐欺時，能否得以之對抗再抗告人，而謂再抗告人不得請求執行全部票款，非無審究餘地。

[242] 56 臺上 2006：依票據法第十三條前段之反面解釋，票據債務人既僅得以其自己與執票人間所存抗辯之事由對抗執票人，則以他人與執票人間所存抗辯之事由對抗執票人即為該條規定所不許。本件系爭本票係被上訴人簽發與訴外人許瑞延者，該訴外人為清償貨款將系爭支票交與參加人有卷附許瑞延與參加人間訂立之和解契約可稽，復為被上訴人不爭之事實，則被上訴人以他人許瑞延與參加人間

已言及，票據債務人得以其自己與執票人間所存之抗辯事由對抗執票人，最高法院曾判決云：「上訴人主張，系爭支票係被上訴人因借款而直接簽交上訴人，但被上訴人否認有收到借款，而消費借貸，因金錢或其他代替物之交付，而生效力，民法第四百七十五條定有明文，上訴人就交付借款之事實，既不能舉證，支票復不足為業已交付金錢之證明，上訴人請求被上訴人連帶給付票據，被上訴人非不得以此直接抗辯事由，對抗上訴人❷❸。」但票據債務人不得以他人與執票人間所存抗辯之事由對抗執票人。關於此點，前司法行政部曾釋示：「某丙因出售貨物一批與某乙，由某乙將收受某甲簽發經某乙背書之本票一張，作為清償貨款『擔保』，嗣某乙清償貨款與某丙，某丙不僅不還本票與某乙，且進而向某甲請求給付票款，某甲是否可拒絕付款？依票據法第十三條之規定，除執票人取得票據係出於惡意者，發票人不得以自己與執票人之前手間所存抗辯事由，對抗執票人，本題甲簽發之本票，係乙背書交付與丙，丙之取得本票即非出於惡意，而乙之交付本票與丙，係為擔保其所負價金債務，嗣乙雖已另行清償其債務，但基於票據行為之無因性，乙所得對抗丙之事由，不得由甲代為行使，原研討意見，自以甲說（否定說）為是。惟乙既已另向丙清償其價金債務，在丙未向甲請求給付票款以前，自得向丙請求返還本票，若甲已將票款給付與丙，乙因此而受有損害者，可依不當得利之法則主張權利。倘若合於民法第二百四十二條之要件，甲亦得代位行使乙對丙之上開權利❷❹。」

　　上述票據抗辯之限制，係為保護善意執票人而設。其限制之範圍，僅在不許票據債務人以其自己與發票人或執票人之前手間所存抗辯之事由對抗執票人而已。至於票據債務人以其自己與執票人間所存之抗辯事由，即上述所謂人的抗辯，仍得對抗執票人❷❺，此點見前述。而執票人受讓票據時，須依票據法所規定之轉讓之方法（即背書或交付）為之，若基於委任取款背書、

所存抗辯之事由對抗參加人，依上說明當非法之所許。

❷❸　69 臺上 1184。

❷❹　司法行政部 67 年 9 月 29 日臺⑹⑺函民字 08510 號函。

❷❺　21 上 739。

期後背書或其他法律關係（例如，繼承或公司合併）而取得票據者，不受抗辯限制之保護。

三、聯合國公約有關抗辯及其限制之規定

聯合國國際匯票及國際本票公約將執票人分成善意執票人（即受公約保護之執票人）及非善意執票人 (a holder who is not a protected holder)。關於抗辯事由及其限制之規定，對前者採負面表列；對後者採正面表列。前曾言及，抗辯事由及其限制，密切關及執票人之權義，就該公約相關規定詳加析述，自有其必要。

㈠對於善意執票人之抗辯及其限制

依據前開公約第三十條規定，票據債務人，除有下列情事之一者外，對於善意執票人不得主張任何抗辯：

(a)基於未在票據上簽名（公 33–I）、簽名被偽造（公 34）、票據經重大變造（公 35）、代理人欠缺代理權或代理行為形式要件不備（公 36–III）、未經提示承兌（公 53–I）、未經付款提示（公 57–I）、未作成拒絕承兌證書或拒絕付款證書（公 63–I）、及時效期間業已經過（公 84）而生之抗辯事由；

(b)基於票據債務人與善意執票人間之原因關係❷❹❻，或執票人係以詐取方式取得票據債務人之簽名而發生之抗辯事由 ❷❹❼；

(c)基於無承擔票據責任之行為能力或於簽名時不知該簽名使其成為票據債務人之事實而生之抗辯事由，惟於後一情形，債務人之不知須非出於過失且須受詐欺而簽名 ❷❹❽。

㈡對於惡意執票人之抗辯及其限制

執票人非屬前述善意執票人者，依據同公約規定，票據債務人得以下列事由相對抗：

---

❷❹❻ 見同條第二項。
❷❹❼ 同條第一項(b)款。
❷❹❽ 同條第一項(c)款。

(a)前述所得以對抗善意執票人之一切事由；

(b)基於票據債務人與發票人，或票據債務人與其受讓人間之原因關係所生之抗辯事由，但以執票人於受讓票據時明知該抗辯事由，或其取得票據係出於詐欺、竊盜或參與詐欺或竊盜者為限；

(c)基於使其成為票據債務人之各項情況而生之抗辯事由，但以執票人於取得票據時明知該抗辯事由，或其取得票據係出於詐欺、竊盜或參與詐欺或竊盜行為者為限；

(d)基於票據債務人與執票人間之契約於訴訟上所得主張之抗辯事由；

(e)其他於本公約下所得主張之抗辯事由 ❷⁴⁹。

前開公約進一步規定，對於惡意執票人，除有下列情事之一者外，票據債務人不得以第三人對票據所得主張之抗辯或有效請求權相對抗：

(a)第三人業已對票據主張有效之請求權者；或

(b)執票人係以竊盜或偽造受款人或被背書人之簽名，或參與竊盜或偽造而取得票據者 ❷⁵⁰。

依據同公約第二十四條規定，票據於到期日後仍可轉讓，但執票人於付款提示期限屆滿後 ❷⁵¹ 取得票據，而讓與人於票據上受有請求權或抗辯事由之限制者，應受相同之限制 ❷⁵²。概言之，惡意執票人，其對票據所取得之權利，不得優於任何人對該票據所得行使之請求權，但以其於取得票據時，知有此等請求權存在，或其取得出於詐欺、竊盜或參與詐欺或竊盜者為限 ❷⁵³。

---

❷⁴⁹　同公約第二十八條第一項。

❷⁵⁰　同上第四項。

❷⁵¹　同公約第五十五條。

❷⁵²　同公約第二十八條第三項。

❷⁵³　同條第二項。

第十二節　票據之時效

一、票據時效之意義

時效分為取得時效與消滅時效，票據上權利屬債權，所謂票據之時效，係指後者而言。票據權利人基於票據所取得之權利，得因一定期間之不行使，而由票據債務人取得時效消滅抗辯權，其情形與一般債權相同。民法第一百二十五條規定，請求權因十五年間不行使而消滅。關於票據時效，各國有不同立法，有採均一主義者，即不論執票人所行使者為付款請求權抑追索權，行使之對象為主債務人抑償還義務人，均採用單一時效期間；有採差別主義者，即因執票人行使期間或行使對象不同而設長短不同之時效。就此而言，我國現行票據法及聯合國國際匯票及國際本票公約雖均從差別主義，惟二者規定仍有不同。我國票據法第二十二條規定：票據上權利，對匯票承兌人及本票發票人，自到期日起算；見票即付之本票，自發票日起算，三年間不行使，因時效而消滅。對支票發票人，自發票日起算，一年間不行使，因時效而消滅（一項）。匯票及本票之執票人，對前手之追索權，自作成拒絕證書日起算，一年間不行使，因時效而消滅。支票之執票人，對前手之追索權，四個月不行使而消滅。其免除作成拒絕證書者，匯票及本票自到期日起算，支票自提示日起算（二項）。匯票及本票之背書人，對於前手之追索權，自為清償之日或被訴之日起算，六個月不行使，因時效而消滅。支票之背書人，對前手之追索權，二個月間不行使，因時效而消滅（三項）。茲圖示如下：

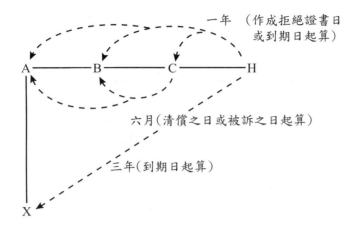

圖一 匯票

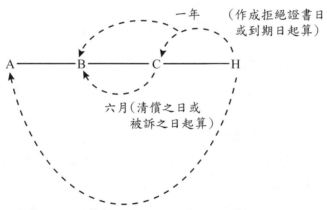

圖二 本票

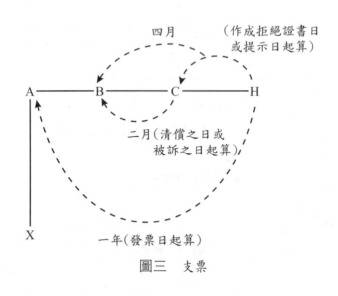

圖三　支票

二、票據時效之起算

㈠消滅時效期間之起算

票據時效之長短及其起算，因票據之種類，權利之性質及票據債務人所處之位置而有不同。

⑴**對於匯票承兌人及本票發票人**：執票人對匯票承兌人及本票發票人之付款請求權依據票據法第二十二條第一項規定，其時效期間為三年，自到期日起算。匯票與本票關於到期日之記載有四：即①定日付款，以票載之日為到期日；②發票日後定期付款，例如，九十二年四月十五日起一個月，以一個月屆滿之日為到期日；③見票即付，以提示付款日為到期日（票66:I），惟其情形因匯票抑本票而有不同：於見票即付之匯票，經票據法第六十六條第二項規定準用第四十五條，應自發票日起六個月內為見票之提示。執票人如未於此期間內為見票之提示者，其對匯票付款人喪失付款請求權，從而亦無本項三年時效期間規定之適用。於見票即付之本票，因發票人原為主債務人，其見票期間應否比照見票即付之匯票受六個月期間之限制，已不具任何意義❷，故本條第一項中段明定逕自發票日起三年；④見票後定期付款，於匯

票,所謂見票,指承兌而言,承兌後一個月,以於承兌後所定期間之屆滿之日為到期日(票 67: I);於本票,票據法設有見票制,見票後一個月與承兌後一個月同,以計算到期日。

(2)**對於支票之付款人及發票人**: 支票無主債務人,支票付款人僅為票據關係人,執票人對其無追索權,票據法對其亦無時效之規定。至於支票發票人僅為償還義務人,依據票據法第二十二條第一項規定,執票人對支票發票人之追索權,因一年間不行使而消滅。但若支票經付款人保付者,付款人之付款責任,與匯票承兌人同(票 138: I),票據法於六十二年修正時曾建議,增訂保付支票之時效為:「對支票付款人自保付日起算,三年間不行使,因時效而消滅」,但此一修正未為立法院所採取 ❷,因而於現制下,對支票保付人適用民法第一百二十五條十五年長期時效之規定。

支票限於見票即付,有相反之記載者,其記載為無效(票 128: I),因此,支票上無到期日之記載 ❷。對於支票發票人之追索權之時效期間,民國六十二年以前舊票據法僅規定為一年,而未規定自何時起算,因而實務上多以下列方式起算:

①支票執票人為付款之提示者,以提示日為「到期日」❷,自「到期日」起算時效期間。鑒於舊票據法第一百二十八條第二項曾規定:「執票人於票載日期前,提示付款時,應即付款」,以提示日為消滅時效之起算點,於法似非無據。

②支票執票人未為付款之提示者,則自票據法第一百三十條所定期間經過日,起算時效期間 ❷。

---

❷ 票據法第一百二十四條雖規定第六十六條得準用於本票,於見票即付本票,執票人是否遵第四十五條六個月期間內為見票提示,僅生對前手能否保留追索權之問題,與其對發票人時效之起算。

❷ 詳見本書第五章第十節。

❷ 50 臺上 18。

❷ (49 年 12 月 19 日)四十九年度第四次民、刑庭總會決議(一)。

❷ 57 臺上 366。

票據法於六十二年修正時，基於支票與見票即付之本票均無確定之到期日，且依規定於發票之當日即得請求付款，故明定自發票日起算。

(3)執票人對於前手：所謂「前手」，於匯票，指背書人及發票人；於本票及支票，指發票人以外之背書人。背書人及匯票發票人僅為償還義務人，其責任期間較主債務人為短。按票據法第二十二條第二項規定，匯票、本票為一年；支票為四個月。其時效期間，以下列方式起算：

①作成拒絕證書者：以於法定期限內作成拒絕證書之日起算。

②免除作成拒絕證書者：匯票本票自到期日起算；支票自提示日起算。但若免除作成拒絕證書係由背書人記載者，僅對於該背書人有其適用（票 94: III），對於其他前手，仍須依①起算時效。

(4)背書人對於前手（包括匯票、本票及支票發票人）：因票據金額之償還而成為執票人之背書人，對於其前手之追索權之時效，依據票據法第二十二條第三項之規定，在匯票及本票為六個月；在支票為二個月。其時效期間，以下列方式起算：

①於被訴前為清償者，以清償之日起算。

②因不履行償還義務而被訴時，應以被訴之日起算。所謂被訴之日，係指訴訟繫屬之日，亦即背書人將起訴狀送達有管轄權之法院之日，非指起訴狀繕本送達之日[259]。

(5)執票人對於保證人及參加承兌人：本法對於保證人及參加承兌人未另定時效，自得以被保證人或被參加人而適用票據法第二十二條有關規定。舉例言之，執票人對於保證人或參加承兌人權利之時效，與對被保證人及被參加承兌之時效同（票 61: I; 82: II）。而保證人對於被保證人及其前手追索權之時效，與追索權人之時效同（票 64）。

㈡始日與終日

作為時效期間起算日之票據到期日、發票日、拒絕證書作成日或清償日，縱為法定假日或休息日，或經執票人同意延期付款，仍須以之為時效期間之起算日。關於計算時效期間之方法票據法並無特別規定，因此最高法院早在

---

[259] 陳世榮，〈票據時效〉，《法學叢刊》，期 56，頁 20–26。

民國五十三年即已作成判例，明示「應適用民法第一百十九條及第一百二十條第二項不算入始日之規定❷❻❶。」及至四十年後臺北律師公會提出如下質疑：

「票據法第二十二條第一項至第三項已分別規定消滅時效期間之『起算日』為：『自到期日起算』、『自發票日起算』、『自作成拒絕證書日起算』、『自提示日起算』及『自為清償之日或被訴之日起算』，此種自『當日』起算之規定，當屬民法第一百十九條所稱有特別訂定之情形，應無同法第一百二十條第二項所定不算入始日之適用。參照司法院大法官會議釋字第一六一號，就中央法規標準法第十三條規定：『法規明定自公布或發布日施行者，自公布或發布之日起算至第三日起發生效力。』解釋謂：『中央法規標準法第十三條所定法規生效日期之起算，應將法規公布或發布之當日算入。』更屬明顯。」

最高法院遂於九十一年第十次民庭會議中議決將前開判例廢止，以法定之始日為時效期間之起算日，不再延至翌日❷❻❶。

時效期間之末日為起算日相當日之前一日，亦即以本條所規定各項消滅時效期間屆滿時之相當日為時效之完成日。時效期間之末日若適為星期日、紀念日或其他休息日，應否延長至次日？關於此點，觀民法第一百二十二條規定之意旨，應以「次日代之」。惟學者中有主張：「依一般通說，期間之末日為休息日，亦無民法第一百二十二條以其次日代之規定之適用，蓋此已迄至期間屆滿前睡眠於權利之上者，無庸再予施惠也❷❻❷。」

所謂期間之末日，係指該日之整日，即自午夜零時起至午夜二十四小時止。惟學者中有主張應注意公序良俗及誠信原則之適用，凡票據係由銀錢業或其他公司行號付款者，應於通常營業時間內為之，營業時間經過，該日即告終止❷❻❸。又鑑於票據權利之行使無不假手銀錢業者，銀錢業於國外有所謂Bank holiday，我國亦有銀行業務結算日，此類基於慣例而停止營業之日，筆者以為即屬前開民法所規定之「其他休息日」，使時效期間延長至次日。

---

❷❻❶　53 臺上 1080。

❷❻❶　（91 年 9 月 3 日）九十一年度第十次民庭會議㈡。

❷❻❷　陳世榮著，〈票據時效〉，《法學叢刊》，期 56，頁 20–26。

❷❻❸　施啟揚，《民法總則》，頁 337（71 年 3 月版）。

三、票據時效之中斷

依據民法第一百二十九條第一項之規定，消滅時效因債權人之請求或債務人之承認而中斷。若執票人僅為票據之提示，未進而為請求，則提示是否在法律上生中斷時效之效力？換言之，票據之提示得否視為請求？自應分別情形而論。付款之提示，於匯票係對承兌人或付款人為之；於本票係對發票人為之。因匯票之承兌人及本票之發票人均為主債務人，付款之提示自與請求相同，而有中斷時效之效力。惟匯票之付款人僅為關係人，付款人於為承兌之前，對執票人不負付款義務，執票人縱對其為付款之提示，亦不生時效是否中斷之問題。至於支票，付款之提示係對付款人為之，支票之付款人與未為承兌之匯票付款人類似，非為票據債務人，因而此項付款之提示得否認為對發票人之請求？最高法院先後有不同之判決，先則認為「支票執票人所為之提示，雖已逾票據法所規定之提示期限 ❷❻❹，但此項提示仍應視為執票人行使請求權之意思通知，具有中斷時效之效力。」後則認為：「提示與民法第一百二十九條第一項第一款之請求，難謂相同。提示，係執票人向付款人請求付款之催告，並非直接對發票人行使權利。而請求乃指因時效受不利益之當事人，對於相對人主張其權利之催告，二者不能混為一談。亦即執票人向付款人之提示，不能視同係對發票人為請求之意思通知，無中斷時效之效力 ❷❻❺」。至民國七十年，最高法院又否定後判決，肯定前判決，認為執票人所為之付款提示具有中斷時效之效力 ❷❻❻。就同一問題，最高法院於判決之所以有此反覆，似係對支票付款人有不同認知之結果。按支票付款人係本於支票之制度設計，接受支票發票人之特別委任而擔負付款責任，執票人向其為付款之提示，與其逕向發票人為之應無本質上之不同。矧最高法院於民庭會議之決議中，將發票人定位為最後償還義務人，非經付款提示並作成拒絕證書，不得向其追索 ❷❻❼，則強令執票人非另行向發票人提出請求，不得中斷時效，

---

❷❻❹ 56 臺上 2474。

❷❻❺ 63 臺上 2226。

❷❻❻ 70 臺上 2119。

不僅憑增執票人行使票據權利之程序負累，亦與本條就發票人特設短期時效之意旨不盡相符。

執票人以請求中斷時效時，是否尚須為票據之提示？關於此點，學者之見解不一：有認為裁判外之請求固須為票據之提示，但裁判上之請求得不為票據之提示；亦有認為裁判上請求亦須有票據之提示❷。至於以承認中斷時，有學者認為無須有票據之提示❷。

四、付款請求權時效對追索權之影響

付款請求權之時效期間為三年，而追索權之時效期間長者為一年，短者僅二個月，但因其起算點之不同及票據輾轉流通之結果，付款請求權雖已罹於時效而消滅，而執票人（包括背書人）對前手之追索權時效或尚未完成，則此項追索權是否因付款請求權之時效消滅而同歸消滅？學者對此見解不一：有認為「付款義務為主債務，償還義務為從債務，主債務消滅，從債務自應隨之消滅，從而對主債務人之權利，如已罹於時效而消滅，縱令追索權之時效尚未完成，亦應歸於消滅」❷；亦有認為「票據債務各自獨立，主債務因清償、抵銷等原因而歸消滅時，則債權目的已達，從債務固應隨之消滅，但主債務罹於消滅時效時，則債權目的未達，償還義務卻不應隨之而消滅。易言之，祇要追索權尚未完成時效，即不受主債權時效之影響」❷。按票據權利係由付款請求權與追索權組成，二者應僅有行使之先後，而無主從之別，於此二說中，筆者從後說❷。

---

❷ （71年5月4日）七十一年度第八次民庭會議㈡。

❷ 見陳世榮，〈票據時效〉，《法學叢刊》，期56，頁20–26。

❷ 同上註。

❷ 同上註。

❷ 同上註。

❷ 詳見本書第三章第九節。

五、票據時效與民法第一百三十條

依據前述分析，支票執票人對前手行使追索權之時效為四個月；被追索人（即背書人）對前手之再追索之時效為二個月。凡此，支票追索及再追索之時效期間均較民法第一百三十條所定之六個月起訴期間為短，背書人或執票人於依票據法第一百四十四條規定向前手追索，或於被訴後取得支票前依民法第一百二十九條第二項第四款規定，向其前手告知訴訟，為時效之中斷後，是否仍須受票據法所規定之短期時效拘束？抑於此項短期時效經過後，祇要在民法所規定之六個月起訴期間屆滿以前，仍得起訴？據學者陳世榮指出，最高法院民、刑庭總會議早在五十一年曾就此議決：「在新時效期間內若另無中斷時效之事由發生，則俟新時效期間經過後，請求權仍因時效而消滅❷❼❸。」最高法院於民國六十五年就同一問題再度達成如下之決議：

「支票執票人對前手之追索權，四個月間不行使，因時效而消滅，為票據法第二十二條第二項所明定，此項時效期間較之民法第一百三十條規定六個月內起訴之期間為短，該執票人對前手之追索權時效，縱因請求而中斷，但自中斷之事由終止重行起算時效之日起四個月內，若另無中斷時效之事由發生，而未起訴者，其追索權仍因時效完成而消滅，不因民法第一百三十條定有起訴之期間為六個月，而謂追索權尚未消滅❷❼❹。」

前開二則決議，其措辭用字過分精簡，驟讀之，難以掌握其要義，易致誤認其以票據法所規定較短之時效期間，限縮民法所規定之起訴期間❷❼❺，學者中甚而對之指摘，云：「該六個月期間亦即請求權人起訴之準備期間，其定六個月，係斟酌所有案件如有此期間即為已足，並非因時效期間之長短而定，未必適用六個月以下之短期時效之案件，其起訴即用不著六個月之準備期間❷❼❻？」按時效期間與起訴期間屬兩個不同之制度設計，前者涉及財產權之保

---

❷❼❸ 錄自氏著，〈票據時效〉，《法學叢刊》，期 56，頁 24，該決議已無從自最高法院所出版之決議彙編中查得。

❷❼❹ （65 年 10 月 12 日）六十五年度第八次民庭總會決議㈡。

❷❼❺ 見鄭洋一，《票據法之理論與實務》，頁 133（67 年 6 版）。

護，後者涉及訴權行使之政策考量，就此二者，立法機關有其自由形成之空間。最高法院前開決議係在權衡此二者對當事人權益保護影響之輕重而取其平衡點，於新時效期間內，若另無中斷時效之事由發生，則俟新時效經過後，請求權仍因時效經過而消滅，既得以防免權利人濫用訴訟期間而剝奪票據債務人依法取得之時效利益；亦得以促使權利人警覺有權利勿在權利上睡眠。矧按前開決議之意旨，支票執票人甲於九十三年十一月二日向背書人乙追索，依據民法第一百三十條規定，甲對乙原有自支票提示日或拒絕證書作成日起算之四個月時效期間即告中斷，自中斷事由終止後重行起算（民 137: I），亦即自甲追索之當日起算至次年三月一日，而其起訴期間則為自追索日起六個月（即次年五月二日）。若甲於三月一日以後始行起訴，而於此之前未有其他中斷時效事由之發生❷，則乙即得以時效業已消滅相抗辯。就此而論，前開決議既未排除甲以「追索」以外之方式（見民法第一百二十九條）中斷時效，因而不具限縮民法起訴期間規定之意涵。

六、聯合國公約關於時效之規定

聯合國國際匯票及國際本票公約關於時效之規定與我國票據法前述規定不同，無論付款請求權或因承兌拒絕或付款拒絕執票人向前手所得行使之追索權，其時效期間一律為四年，被追索人向前手追索，其時效期間為一年❷。前者四年期間因權利行使對象不同，其起算日亦因而有異，茲臚列如下：

⒜對見票即付本票之發票人或其保證人，自本票發票日起算；

⒝對定期付款匯票之承兌人、本票發票人或其保證人，自到期日起算；

⒞對定期付款匯票之付款人之保證人，自到期日起算；或匯票如遭拒絕承兌者，自拒絕證書作成之日起算；

⒟對見票即付匯票之承兌人或其保證人，自匯票承兌日起算；承兌日期

---

❷ 陳世榮，〈票據時效〉，《法學叢刊》，期 56，頁 20-26。

❷ 此處所謂「其他中斷時效之事由」，指「追索」以外之事由，支票執票人不得以一再「追索」（請求）繼續中斷時，見 71 臺上 3435。

❷ 同公約第八十四條第一項。

未經記載者，自匯票發票日起算；

⒠對見票即付匯票之付款人之保證人，自其在匯票上簽字之日起算；未
載明保證日期者，自匯票發票日起算；

⒡對匯票發票人、背書人及其保證人，自拒絕承兌或拒絕付款證書作成
日起算；免除作成拒絕證書者，自拒絕日起算。

後者被追索之人對其前手所得行使之追索權之一年期間，經公約明定一
律自其清償票款之日起算❷⓿。

第十三節　利益償還請求權

一、利益償還請求權之意義及發生

利益償還請求權，或利得返還請求權，依據票據法第二十二條第四項規
定，係指票據上權利，因時效或手續之欠缺而歸於消滅者，執票人對於發票
人或承兌人，於其所受利益之限度內，得請求償還之權利。因此，利益償還
請求權之發生所須具備之要件有三：

⑴須執票人之票據上權利曾有效存在而現已消滅。

⑵須其消滅之原因為時效之完成或手續之欠缺。所謂時效之完成，係指
上述票據法第二十二條第一項至第三項之情形而言。而手續之欠缺，則指執
票人未遵期提示或未在票據法第八十七條規定期限內作成拒絕證書，以致不
能對前手行使追索權而言。票據上權利須以此二種原因而消滅，且以此二種
原因為限。如因其他原因（例如債務免除）而消滅時，不發生利益償還請求
權。

⑶須發票人或承兌人因而受有利益。例如承兌人曾受領發票人所提供之
資金或發票人曾自受款人受領對價均屬之。

---

❷⓿　同上註第二項。

二、利益償還請求權之性質

利益償還請求權於票據債權消滅後始行發生，因此，非票據上之權利。則此項權利之性質如何？按發票人或承兌人原係基於法律上之原因而受益，自與民法上之不當得利請求權不同。而利益償還請求權與票據債權人與票據債務人間之原因關係無關，其發生又不以債務人之侵權行為或債務不履行為前提要件，故亦非民法上之損害賠償請求權。質言之，利益償還請求權係基於衡平觀念，為票據法所特別規定之請求權，亦即前述所謂票據法上權利之一種❷⓿。

三、利益償還請求權之當事人

利益償還請求權之當事人如下：

⑴償還請求權人：償還請求權人為票據之執票人。背書人或保證人因受追索，履行票據義務而取得票據者，亦成為執票人，從而亦得行使此項利益償還請求權。

⑵償還義務人：以三種票據之發票人及匯票之承兌人為限，背書人不包括在內。背書人因受贈取得票據，而後收受對價轉讓，非票據法第二十二條第四項所謂「所受利益」。受贈人之所受利益乃由於贈與人之贈與行為，與執票人之利害無關。但若贈與人為發票人，執票人仍得向發票人行使利益償還請求權，發票人應於受贈人實際所受對價限度內負償還義務。

四、利益償還請求權之行使

利益償還請求權之發生，以執票人曾受有損害，及發票人或承兌人曾實際上受有利益為前提要件。但發票人或承兌人是否確曾受有利益及其所受之利益為幾何，應由執票人負舉證責任。票據本身不足以成為發票人或承兌人受有利益之證明。最高法院曾謂：「此項利得返還請求權之存在與否，係民法上之關係，故發票人或承兌人實際是否受有利益及其所受利益若干，係由為

❷⓿　參見司法行政部 45 年 9 月 19 日臺令參 4726 號。

原告之執票人負舉證責任[281]」。一般言之，票據法第二十二條第四項所謂所受利益，非發票人因手續欠缺或時效完成而免於票據上債務之謂。乃指於授受支票之實質關係現實所受利益（對價）而言[282]。最高法院於判決中復進一步指出：「票據法第二十二條第四項所謂利益，固指票據債務人於原因關係或資金關係上所受之利益（對價）而言，惟此利益不以執票人所提供之對價為限，從而利得償還請求權於無直接當事人關係之發票人與執票人間，亦得發生[283]。」若發票人對於執票人主張之原因事實及票據之真正並不爭執，而主張票款已因清償抵銷等原因而消滅者，則舉證責任應由發票人負之[284]。或發票人自認系爭支票為債權憑證，則其已受到票面所載利益，殊無可疑，執票人自得按票面金額請求償還利益[285]。執票人行使此項利益償還請求權時，發票人或承兌人對於執票人存有抗辯者，自得以之對抗執票人。由於利益償還請求權為可讓與之權利[286]，執票人將利益償還請求權讓與他人時，發票人或承兌人仍得以對抗執票人之事由對抗受讓人（民 299: I）。

利益償還請求權因非票據上權利，自不能依票據上所記載之付款地或付款處所為其履行地。而利益償還請求權須至票據上權利消滅後始行發生，則在票據上權利消滅前，票據必輾轉流通，最後之執票人（亦即利益償還請求人）為誰，自不易為發票人或承兌人確知，民法上以債權人之住所地為履行地之原則（民 314 (2)），自亦無從適用。因此基於利益償還請求權為索取債權之本質，應以發票人或承兌人之營業所或住所所在地，為利益償還請求權之履行地；對於利益償還請求權之管轄法院，亦應依民事訴訟法第一條第一項所揭示「以原就被原則」，以發票人或承兌人之營業所或住所所在地法院管轄。

---

[281] 48 臺上 909。
[282] 61 臺上 449。
[283] 77 臺上 953。
[284] 48 臺上 389。
[285] 53 臺上 417。
[286] 50 臺上 2599。

五、利益償還請求權之時效

票據法僅就票據上權利行使之時效期間為規定（票 22: I–III），至於利益償還請求權之時效期間如何，則付闕如。依據最高法院之見解，執票人對於發票人或承兌人之利益償還請求權，應適用民法第一百二十五條所規定之十五年長期時效 ❷⁸⁷。票據法於六十二年修正時，鑑於票據法第二十二條第一項至第三項之規定，均以縮短時效為目的，如對同條第四項有關利益償還請求權之時效不予限制，使仍依民法一般債權十五年時效之規定，不僅與前三項立法精神有悖，亦與目前各國不設長期時效之最新立法趨勢有違，乃將票據法第二十二條第四項修正為：「票據上之權利，雖依本法因時效或手續上之欠缺而消滅，執票人對於發票人或承兌人，就其所受利益限度，於五年時效期間內，得請求償還 ❷⁸⁸」。但此一修正未為立法院所採取，仍依通說，適用民法第一百二十五條所規定之十五年長期時效。

---

❷⁸⁷　37 上 8154。
❷⁸⁸　詳見立法院司法委員會編印，《審查票據法修正草案參考資料專輯》(61 年 4 月)。

第三章 匯 票

第一節 發 票

一、發票之意義

　　票據為要式證券，票據行為各有法定要件。而發票為票據之基本行為，法律嚴格規定其款式。對於匯票發票行為應記載之事項，行為人須確切遵守，若欠缺其一，除票據法另有特別規定外，發票行為即屬無效❶。於無效之票據上為其他票據行為，例如，背書、承兌、保證或參加承兌，自亦屬無效。至於發票行為所應記載事項之欠缺，是否出乎故意、過失或錯誤，要非所問。此處所謂「欠缺」，係指「款式上之欠缺」，而非指「事實上之欠缺」，例如，依據當事人間之票據預約或依行為人於行為時之原意，發票地應為臺北市，而寫成臺南市；發票日應為四月二十日，寫成五月二十日；票面金額應為伍仟元，寫成伍萬元。此種票據上所應記載之事項雖與當事人之真意不符，惟於票據關係不生影響，發票人仍應依票載文義負責。

　　匯票，依票據法第二條規定：為發票人簽發一定金額，委託付款人於指定之到期日，無條件支付受款人或執票人之信用證券。因此，匯票之發行係指匯票之作成及交付而言。發票人須於票據上記載票據法第二十四條所規定之應記載事項，簽名或蓋章，並予以交付，始生發票之效力。匯票於作成後，但於交付前被人盜竊，或因其他違背發票人之意思而脫離其占有，發票人不負票據上之責任。換言之，發票人以票據交付於相對人時，必須有交付之意思，對於相對人始生效力；違反發票人之意思之交付，不生交付之效力。但若票據輾轉流通，落入善意執票人之手者，發票人仍應對之負票據上責任（詳

---

❶　22 上 696。

見前述票據行為)。

匯票 (BILL OF EXCHANGE)

二、發票之款式

匯票之款式，係指匯票票面所應記載之事項。關於匯票之款式，各國立法例規定大同小異。依日內瓦統一票據法，應以行為地之法律為準。我國票據法第二十四條規定匯票所應記載之事項計有九款：其中①表明其為匯票之文字、②一定金額、③無條件支付之委託、及④發票年月日等四款為絕對必要記載事項，如欠缺其一，票據即歸於無效；其餘五款，則屬相對必要記載事項，如不為記載者，票據法另設補充規定，匯票不因之而無效。茲將匯票應記載之事項分述如下：

⑴表明其為匯票之文字：即於票據之正面記載「匯票」字樣，以表明其票據之種類。票據上未載有票據種類之文字者，不能認為有票據之效力❷。惟表明匯票之文字，在理論上不以「匯票」二字為限。凡與其意義相同之其他文字或外國文字，而能表示匯票之性質者，亦無不可❸。

---

❷　23 院 1147。

(2)**一定之金額：** 匯票上金額，旨在確定匯票所表彰之債權債務之範圍，其數額必須一定，且以金錢為限。表示金錢之貨幣通常為本國貨幣，但載明為外國貨幣者，亦屬有效。

匯票上金額必須一定。票面金額如有支付利息利率之記載者，不影響票面金額之一定，而其利息或利率之記載亦應認為有效。票據法第二十八條規定，發票人得記載對於票據金額所須支付之利息及其利率；利率未經載明時，定為年利六釐。利息自發票日起算，但有特約者，不在此限。

票據上金額，均同時以文字及數字表示。二者表示之數額，如不相符合，票據法第七條規定應以文字所表示者為準。但若文字表示之金額有欠確切時，應參考數字所表示者，以確定其應付金額❹。

(3)**付款人之姓名或商號：** 付款人係指受發票人之委託，而支付匯票金額之人。付款人得為個人，亦得為商號，在資格上並無限制。付款人通常為發票人以外之第三人，但發票人亦得為付款人，最高法院曾謂：「票據上已載明匯票字樣，且具備匯票上其他應行記載之事項，自應認為匯票，該匯票之發票人以自己為付款人，本為法之所許」❺。現行票據法第二十五條明文容許發票人以自己為付款人。票據法第二十四條第三項並規定，未載付款人者，以發票人為付款人。以發票人自己為付款人之匯票，稱對己匯票或己付匯票。

付款人不以一人為限。付款人有二人以上時，各付款人之責任，應按發票人記載之方式以決定之：

①**選擇的記載：** 例如，甲或乙，執票人得向其中任何一人請求承兌或付款。

②**順次的記載：** 例如，先向甲，後向乙，則乙視為預備付款人。

③**分擔的記載：** 例如，甲分擔票面金額之百分之六十，乙分擔票面金額百分之四十，則執票人應按所載比例或所分擔之金額，請求各人付款。

④**重疊的記載：** 例如，甲及乙，則甲乙之付款責任，究為連帶負責，抑

---

❸　參照 25 院 1422。

❹　57 臺上 29。

❺　19 上 1166。

僅為分擔責任？如其中一人拒絕承兌，執票人是否即得行使追索權？抑或須至甲乙均為拒絕後，始得行使此項權利？法律對此無明文，學者認為甲乙均就匯票為承兌者，基於票據行為各自獨立之本質，甲乙應各自獨立負責❻。

(4)受款人之姓名或商號：受款人為匯票第一債權人。匯票上有受款人之記載者，稱記名匯票。匯票上未記載受款人之姓名或商號者，稱無記名匯票，於此情形，依據票據法第二十四條第四項之規定，以執票人為受款人。執票人亦得於無記名匯票之空白內補記自己或他人為受款人，使之變更為記名匯票（票 25: II）。

受款人通常為發票人以外之第三人，但依票據法第二十五條規定，發票人亦得以自己或付款人為受款人。發票人以自己為受款人者，稱指己匯票或己受匯票。此種匯票習見於貨物買賣之情形，例如，乙向甲購買貨物一批，甲於貨物裝運後，即簽發以乙為付款人之指己匯票，依背書轉讓或向銀行貼現，獲得資金之周轉。發票人以付款人為受款人者，稱付受匯票，例如，發票人甲與乙公司之本公司及乙公司之分公司間存有債權債務關係，甲得簽發付受匯票，以達內部清算之目的。

受款人不以一人為限。受款人有二人以上時，其記載方式有二：一為重疊記載，票據上權利應由受款人共同行使；另一為選擇記載，票據上之權利得由其中一人執票而行使之。

(5)無條件支付之委託：發票人應於票上為委託付款人支付匯票金額之表示。此種意思表示，通常以「憑票祈付」或「見票祈付」等字樣表示之，並不得附任何條件。

(6)發票地：係指發票人發行匯票之處所。匯票未記載發票地者，依票據法第二十四條第五項規定，以發票人之營業所、住所或居所所在地為發票地。發票地記載之目的係在決定發票行為之準據法，此見涉外民事法律適用法第五條第三項規定自明。

(7)發票年月日：即匯票發行時形式上記載之年月日，其是否與真實之年月日相符，要非所問。匯票上所以必須記載發票年月日者，實基於下列理由：

❻ 王啟亮，《最新票據法實用》，頁91。

①發票日得用以決定發票人於發票當時，其行為能力是否有欠缺；發票人如為法人，其於發票當時，是否已依法完成設立登記。

②在發票日後定期付款之匯票，例如，匯票上載明「憑票祈於發票日後一個月付……」，即學者所謂之計期匯票，發票日為計算到期日之準據。

③在見票後定期付款之匯票，例如，匯票上載明：「憑票祈於見票日後二個月付……」，即所謂註期匯票，發票日為決定承兌提示期限之準據（票 45）。

④在見票即付之匯票，以提示日為到期日，而發票日為決定付款提示期限之準據（票 66: II 準用 45）。

⑤發票日得用以決定票據利息之起算日（票 28: III）及保證成立日（票 59: II）。

⑥發票人須於發票後喪失票據，始得依票據法第十八條規定為止付通知，發票日得用以決定此項通知是否在發票後為之。

(8)付款地：付款地係指匯票金額之支付地，同時亦為就匯票金額之支付所得請求及拒絕證書所應作成之地點。匯票上無付款地之記載者，依票據法第二十四條第六項之規定，以付款人之營業所、住所或居所所在地為付款地。匯票就付款人為複數之記載者，其付款地仍須維持單一，若匯票無付款地之記載，而其上所載數付款人之營業所、住所或居所又不在同一地者，勢將使執票人為行使付款請求權而疲於奔命，因而學者中有人主張此類匯票應歸無效❼。付款地與後述之付款處所有別：前者係指付款人所在之城市；後者係指付款人所在之地點，例如，臺北市中山北路華南銀行圓山分行，臺北市即為付款地，中山北路華南銀行圓山分行則為付款處所。

付款地與發票地相同者，稱同地匯票；相異者稱異地匯票。付款地與發票地同在一國之內者，稱國內匯票，不同在一國之內者，稱國外匯票❽。

(9)到期日：到期日係指匯票金額支付之日期，亦即確定匯票債權人行使權利，及匯票債務人履行義務之時期。依票據法第六十五條規定，匯票關於到期日之記載方式有四：即①定日付款、②發票日後定期付款、③見票即付、

---

❼　見鄭洋一，《票據法之理論與實務》，頁 151（86 年 20 版）。

❽　參見美舊票據法 (U.N.I.L.) 第 129 條。

及④見票後定期付款，因此，其到期日之計算亦因而有異。匯票上無到期日之記載者，依據票據法第二十四條第二項之規定，視為見票即付。

聯合國國際匯票及國際本票公約第三條規定，匯票僅須記載下列四款事項：

(a)發票人指示付款人對受款人或其指定人給付一定金額之無條件委託；

(b)見票即付或定日付款；

(c)發票日；

(d)發票人簽名。

所謂匯票，經該公約第五條(a)界定為票上載有「國際匯票」或類似文字之票據，且其發票地、付款地，或發票人、受款人及付款人簽名或名稱旁所示之地址位於二以上政治主體者❾，始足當之。就款式言，我國票據法之規定與該公約不同者有二：前者得為無記名式，並就付款人得為複數之記載；後者限為記名式，就付款人不得為複數之記載。

三、任意記載事項

上述九款事項為匯票之形式要件，一經記載，匯票之發票行為即已完成。依據票據法之規定，發票人亦得記載其他法定事項，如經記載，同生票據上之效力；如不為記載，對匯票之效力無任何影響，此種事項，稱任意記載事項。換言之，其記載於匯票與否，悉任發票人自由。任意記載事項依票據法第二章第一節之規定，有下列五種：

(1)擔當付款人：擔當付款人係指代付款人擔當匯票金額支付之人。票據法第二十六條第一項規定，發票人得於付款人外，記載一人為擔當付款人，由擔當付款人代付款人辦理付款事宜。舊票據法第四十九條曾規定，匯票上未經發票人指定擔當付款人者，付款人得於承兌時記載之。但擔當付款人在本質上為付款人之代理人，自應由付款人自行指定，因此，票據法於六十二年修正時乃將本條修正為：「付款人承兌時得指定擔當付款人。發票人已指定擔當付款人者，付款人於承兌時得塗銷或變更之。」

❾　見公約第一條及第二條。

匯票上經載有擔當付款人者，依票據法第六十九條第二項規定，執票人應向擔當付款人為付款之提示。擔當付款人如拒絕付款，則與付款人之拒絕付款同其效力，執票人得轉向參加承兌人或預備付款人為付款之提示，或於作成拒絕證書後，向前手行使追索權（票79）。

⑵預備付款人：依票據法第二十六條規定，發票人得於付款人外，記載一在付款地之第三人，使其在付款人拒絕承兌或拒絕付款時，為參加承兌或參加付款。此第三人稱之為預備付款人。預備付款人亦得由背書人指定之（票35）。

匯票上載有預備付款人者，付款人如拒絕承兌，執票人於行使追索權前，得先請求預備付款人參加承兌（票53:I）；付款人拒絕付款時，執票人應向預備付款人為付款之提示（票79）。

預備付款人係為參加承兌或參加付款而設，其與前述擔當付款人不同者有三：

①預備付款人為從付款人，即於付款人拒絕承兌或拒絕付款時，為承兌之參加或付款之參加，此為匯票所特有之制度，而為本票及支票所無。擔當付款人僅代付款人付款，為付款人之代理人，其自身並無付款人之身分，除匯票外，本票發票人亦得為擔當付款人之指定。

②參加承兌或參加付款係為防止追索權之行使，因此預備付款人由發票人或背書人指定；擔當付款人依據票據法第二十六條第一項規定，得由發票人記載之，惟鑑於擔當付款人係在代付款人付款，實務上多由付款人指定，發票人如已為擔當付款人之指定，付款人仍得於承兌時塗銷或變更之（見票49）。

③預備付款人限於付款地之第三人；而對於擔當付款人，則無此限制。

⑶利息及利率：發票人得於匯票上記載對於票據金額所須支付之利息及其利率。在前述四種匯票中，定日付款及發票日後定期付款匯票，因到期日已屬一定，利息得預行算入匯票金額內，似無須另有利息及其利率之記載；如未為計入，自得另為記載。見票即付與見票後定期付款匯票，其到期日須於匯票提示時始得決定，因此，乃有利息及其利率之記載。關於利息之起算，

除非票據上有特別訂定，應依票據法第二十八條第三項規定，自發票日起算。匯票上未載明利率者，依同條第二項規定，為年利六釐。

　　(4)付款處所：付款處所係指發票人或付款人於付款地內所指定之特定付款地點。票據法第二十七條明定，發票人得為付款處所之記載。付款人於承兌時，亦得於匯票上記載付款之處所（票 50）。付款處所在範圍上較付款地為窄，此點參見前述關於付款地所舉之例。付款處所經記載後，依據票據法第二十條規定，執票人為行使或保全票據上權利所應為之行為，應在該指定之處所為之。

　　(5)免除擔保承兌之特約：發票人於作成匯票後，應照匯票文義擔保承兌及付款，但依據票據法第二十九條規定，發票人得依特約免除擔保承兌之責，藉以阻止執票人在匯票到期日前，對發票人行使追索權。此項免除擔保承兌應載明於匯票（見票 29: I, II），僅對發票人發生效力。匯票上不得為免除擔保付款之記載，其縱為記載，亦屬無效（票 29: III）。聯合國國際匯票及國際本票公約則明文規定，匯票發票人得於票上為免除或限制擔保承兌或擔保付款責任之記載，此項記載僅對該發票人發生效力 ❿。免除或限制擔保付款責任之記載，僅於另有其他票據債務人對票據負責或承擔票據責任時始屬有效 ⓫。公約此一規定，多少係受美國票據法上 Without Recourse 之影響，惟其表意至為明確，尤其免除或限制擔保付款之記載，匯票發票人僅於有其他票據債務人對票據承擔付款責任時始得為之這一點，可供我國日後修正票據法第二十九條之參考。

　　任意記載事項不以上述五種為限，發票人尚得於匯票上為禁止轉讓等記載，但均須有票據法規定者為限。凡依本法得為特約或約定之事項非載明於票據，不得以之對抗善意第三人（票施 14）。發票人在匯票上記載票據法所不規定之事項，依票據法第十二條，不生票據上之效力；其所載之事項與匯票本質上相牴觸、或為免除擔保付款之記載（票 29: III），其記載為無效，但不影響匯票本身之效力。

---

❿　參見聯合國國際匯票及國際本票公約第三十八條第二項中段。

⓫　同公約第三十八條第二項後段。

四、發票之效力

發票人依據票據法之規定，記載上述應記載事項，簽名於匯票上，並將之交付後，即生下列各種效力：

⑴**擔保效力**：發票人應依匯票文義擔保承兌及付款（票 29: I 本文），並不得以直接當事人間所存之事由或票據關係以外之事由，對抗善意執票人。聯合國國際匯票及國際本票公約明文規定，匯票發票人於匯票不獲承兌或不獲付款，並經作成拒絕證書者，對執票人、或取得並支付票款之背書人、及其保證人負付款責任❷。

⑵**償還效力**：發票人雖無條件委託付款，但付款人在對匯票為承兌前，不負付款之責任；付款人拒絕為承兌者，發票人對於執票人負償還票面金額、利息及其他必要費用之責任（見票 97; 98）。

⑶**追索效力**：發票人將匯票交付於受款人後，受款人即取得付款請求權，受款人或其受讓人應向付款人為承兌之提示，付款人在為承兌前，不負付款之義務。承兌或付款經付款人拒絕者，執票人依法完成法定手續後（例如，拒絕證書之作成），得向發票人行使追索權。

第二節　背　書

一、背書之意義及性質

背書係指執票人為轉讓票據權利所為之行為。在前述五種票據行為中，背書須於發票行為生效後始得為之，因此，背書為附屬票據行為之一種，但其與其他附屬票據行為之不同在於背書以轉讓票據權利為目的。茲分數點說明如下：

⑴匯票有記名式及無記名式。無記名式得依交付轉讓❸；記名式，不論

---

❷　同上註第一項。

❸　75 臺上 83：無記名票據依交付轉讓，並不適用民法第二百九十七條關於讓與通

有無指示字樣（例如，甲或其指定人），由於票據為當然的指示證券，均須以背書及交付轉讓。背書由受款人或執票人為之，執票人在通常情形為前背書人之被背書人。

(2)背書應於票據背面以簽名為之，舊票據法施行法第二條曾特別規定，除禁止轉讓之票據外，票據之背面應空白，不得加印花紋或為其他記載。現行施行細則第八條規定：票據得於其背面或黏單上加印格式，供背書人填寫。若匯票經多次記載而無餘白時，得以黏單延長之，但背書非於票背已無背書地位時，不得於黏單上為之。黏單後之第一背書人，應於騎縫上簽名（票23）。

(3)背書之次數在票據上未設任何限制。轉讓票據權利之背書，必須在到期日前為之，否則，依據票據法第四十一條規定，僅有通常債權轉讓之效力，背書人不負票據上之責任。但若背書人於背書時未記明日期者，推定其作成於到期日前（票41）。

(4)背書人以背書轉讓票據權利時，依據票據法第三十六條規定，須就匯票金額之全部為之。就匯票金額之一部所為之背書，或將匯票金額分別轉讓於數人之背書，不生效力。聯合國國際匯票及國際本票公約亦規定，就匯票部分金額所為之背書，無效❶。蓋背書除由背書人於匯票之背面為背書之記載外，尚須將票據交付始生效力，執票人如僅就匯票金額之一部分或將匯票金額分別轉讓於數人而為背書，即生交付之不能。背書亦不得附記條件，背書如附有條件者，視為無記載（票36後段），被背書人仍依背書取得票據權利，不受條件之拘束。

據此，行為人於票據背面或其黏單上簽名而形式上合於背書之規定者，即應按票據文義負背書人之責任。縱令非以轉讓之意思而背書，與其應負背書人之責任無涉❶。聯合國國際匯票及國際本票公約規定，付款人以外之人之簽名，若其於票據背面為之者，即構成背書❶。惟鑑於匯票付款人於承兌

　　知之規定。

❶　同公約第十九條。

❶　69 臺上 1698。

❶　同公約第十四條第三項。

前尚非票據債務人，故於其為承兌前依背書受讓票據者，仍得依背書轉讓票據，此項背書對當事人之權義及背書之連續不生影響，非如該公約所規定背書須由付款人以外之人為之。

前開公約並規定，背書不得附有條件。附有條件之背書，不問所附條件是否成就，執票人仍得為之轉讓，此項條件對受讓人不生任何拘束力❼。公約此一規定與票據法第三十六條後段同其旨趣。按票據行為不得附有條件之基本法理，背書為票據行為之一種，該公約此項規定，亦為事理之當然。

二、背書之分類

背書以其目的不同，可分為轉讓背書與非轉讓背書。轉讓背書，亦稱通常背書，即以轉讓票據權利為目的所為之背書。在轉讓背書中，依其記載的方式及特種情形之存否，又可分為記名背書，空白背書，回頭背書及期後背書。非轉讓背書亦稱特種背書，依通說計有委任取款背書及設質背書二種。茲分別說明如下：

(一)轉讓背書

匯票除非票據上有禁止之記載，原則上均得依背書轉讓其權利。依背書所轉讓之票據上權利，係指付款請求權及追索權而言。票據上權利雖為債權之一種，但依背書之轉讓與一般債權之讓與在法律上有不同之效果：

(1)背書有切斷人的抗辯之效力。即依背書轉讓時，被背書人並不承繼背書人權利之瑕疵，票據債務人不得以自己與背書人間所存之抗辯事由，對抗被背書人（票 13）。而於一般債權之轉讓，債務人於受通知時所得對抗讓與人之事由，均得以之對抗受讓人（民 299: I）。

(2)背書人應依匯票文義負擔保承兌及付款之責任。背書人雖得為免除擔保承兌之記載，但不得為免除擔保付款之記載（票 39; 29）。匯票到期不獲付款時，執票人對於背書人，即得行使追索權，而於一般債權之轉讓，讓與人對於受讓人則不負此種擔保責任。

(二)非轉讓背書

---

❼　同公約第十八條。

非轉讓背書，係指非以轉讓票據上權利為目的而為之特種背書，依據學者之通說，此種非轉讓背書，計有委任背書及設質背書二種。所謂設質背書，係指執票人就票據權利設定質權所為之背書。票據法對於此種背書未為規定，執票人就匯票設定質權者，應依民法物權編關於權利質權之規定，以定其效力。按匯票為有價證券之一種，關於證券質權之設定，我國民法採權利讓與之方式（民 902），其結果，就匯票設定權利質權者，與讓與匯票無異，實無另行承認設質背書之必要。至被背書人或受讓人得否以善意執票人之身分主張其權利，悉視其取得時是否符合票據法第十四條規定要件而定。據此，在我國現行票據法下，所謂非轉讓背書，僅有委任背書一種，詳析於後述。

關於設質背書，聯合國國際匯票及國際本票公約設有特別規定，凡背書載有「供擔保」(value in security)、「供設質」(value in pledge) 或其他表明設質之文字者，為設質背書，被背書人即為執票人，而得為下列行為：

 (a)行使票據上全部權利；

 (b)為委任取款而在票據上背書；

 (c)受同公約第二十八條或同公約第三十條規定之請求及抗辯事由之限制❶。

三、禁止背書轉讓

(一)禁止背書轉讓之記載

匯票，無論其為記名式或指示式，原則上均得依背書轉讓，但票據法第三十條規定，發票人於匯票上為禁止背書轉讓之記載者，則不得依背書而為轉讓；背書人於票上記載禁止轉讓者，固仍得依背書而轉讓之，惟背書人對於禁止後，再由背書取得匯票之人，不負票據上責任。禁止轉讓為發票人與背書人之特權。匯票經發票人為此記載時，即成為一般之記名債權，不得再依背書而為轉讓。執票人縱為背書，亦不生通常背書之效力，而被背書人亦不能取得匯票上權利。最高法院曾謂：「按發票人於票據上有禁止轉讓之記載

---

❶　同公約第二十二條，就中第二十八條係指票據債務人對惡意執票人所得行使之抗辯；第三十條係指票據債務人對善意執票人所不得行使之抗辯。

者，其轉讓僅可依普通債權讓與之方法為之，應適用民法上關於債權讓與之規定❶。其結果，匯票發票人對於受款人之抗辯不因受款人之讓與而切斷。因此，發票人禁止背書之目的不外有三：即①在已付匯票之場合，發票人欲保留對於受款人之抗辯權；②禁止受款人以外之人取得匯票上權利；及③發票人不欲於付款人或其他票據關係人不付款而被追償時，負擔額外之費用。

㈡記載之方式

關於禁止背書之記載方法，財政部雖曾函示：「在票據法修正案尚未完成立法程序前，可由各行庫洽請各客戶，如作禁止轉讓之記載時，務必簽名並記載年月日，以儘量減少難於辨別之可能」。但現行法對此未為規定，最高法院民庭會議決議禁止背書轉讓記載於票據正面，如依社會觀念足認由發票人為之者，無須發票人另為簽名❷。禁止背書記載於匯票之背面者，則須有發票人或背書人之簽名，如為前者，並須足以認定其記載係發票人於發票時為之者，始屬有效。背書得簽名於票據背面或黏單上為之，但禁止轉讓，如記載於黏單上者，則非票據法之所許。

禁止背書轉讓之記載必須明確，除用「轉讓禁止」之文句外，亦得用「限於某甲」或「謝拒往來」等字樣，若僅將匯票上受款人下之「或其指定人」、「或來人」等字樣塗銷，則不能認為禁止轉讓之記載。此項匯票，除未有背書時，僅其所載受款人得請求付款外，其受款人依背書而轉讓者，其轉讓自不能因此等字樣之塗銷，而謂為無效❸。

聯合國國際匯票及國際本票公約規定，匯票發票人、本票發票人或背書人於票據上加載「不得流通」(not negotiable)、「不得轉讓」(not transferable)、「不得付與指定人」(not to order)、「限對某人付款」(pay X only) 或其他類似意涵之文字者，該票據除委任取款背書外，不得再為轉讓，且其後任何背書，縱未載有授權被背書人收取票款之文字，亦視為委任取款背書。

㈢記載人之判斷

---

❶　52 臺上 1865。

❷　(77 年 12 月 27 日) 七十七年度第二十三次民事庭會議決議。

❸　22 上 186。

　　禁止背書轉讓之記載，有由發票人為之者，亦有由背書人為之者，惟其效果有所不同。因此，票據上此項記載究由何人所為，其判斷至為重要。銀行公會曾就此決議云：禁止轉讓，如係發票人於票面記載，無須再行於緊接處蓋章，惟如發票人於票背為此記載，為免與背書人之記載發生混淆，要求應於緊接處蓋章。中國比較法學會亦曾邀請諸學者專家集會研討，並結論云：發票人禁止背書轉讓，一般均記載於發票人簽名蓋章的票據正面，至於在票據背面為此一記載之情形，即使在禁止文句下緊接蓋有發票人之章，尚難令人辨明其蓋章畢竟係以發票人身分抑以背書人身分所為，故宜明文註明係為發票人所禁止者始可❷。惟於實務上僅由行為人簽章並依社會觀念得以認定為已足，實無另行註明身分之必要，若於回頭背書之場合，發票人確以背書人之身分為「禁止背書轉讓」之記載者，則另為註明，自有助於當事人間權義之釐清。最高法院於郭錦興一案中曾判決云：在票據上記載禁止背書轉讓者，必由為此記載之債務人簽名或蓋章，始生禁止背書轉讓之效力❸。並於另一案中作如此之釋示：「發票人禁止背書轉讓記載，雖得於票面或背面為之，但於背面記載者，應緊接簽蓋發票人印章，始生效力（參照財政部四八臺財錢字第四七一〇號令、五四臺財錢發字第三八一號函），此就票據法第三十條第二項『記名匯票發票人有禁止轉讓之記載者，不得轉讓』，及第三項『背書

---

❷　《中國比較法學會票據法問題研討座談會會議記錄》（69 年 9 月）。

❸　68 臺上 3427：然按在票據上記載禁止背書轉讓者，必由為此記載之債務人簽名或蓋章，始生禁止背書轉讓之效力，此就票據法第三十條第二項「記名匯票發票人有禁止轉讓之記載者，不得轉讓」，及其第三項「背書人於匯票上記載禁止轉讓者，仍得依背書而轉讓之，但禁止轉讓者，對於禁止後，再由背書取得匯票之人不負責任」各規定，觀之甚明（依同法第一百四十四條規定，各該項規定準用於支票），況未經簽名或蓋章者，不知其係何人為禁止背書轉讓之記載，亦與票據為文義證券之意義不符。本件支票背面雖原有「禁止背書轉讓」之記載，但卻未經為此記載者簽名或蓋章，尚難謂之可生禁止背書轉讓之效力。支票又為文義證券（形式證券），不允債務人以其他立證方法變更或補充其文義，上訴人舉其所屬會計員翁丘莉證明該項記載，係上訴人囑翁丘莉為之，即不予酌酌，爰認上訴人之抗辯，為不足取，被上訴人訴求給付票款本息，則無不合。

人於匯票上記載禁止轉讓者，仍得依背書而轉讓之，但禁止轉讓者，對於禁止後再由背書取得匯票之人，不負責任』各規定觀之，如未經簽名或蓋章者，當不知其係何人為禁止轉讓之記載，與票據為文義證券之意義不符。至於最高法院六十四年臺上字第一五九三號判決所謂：『票據禁止轉讓之記載，並無一定之記載方式，祇須使人能明瞭其意思已足』云云，並未排除必須簽蓋印章始生效力之規定❷❹。」

　　綜上以觀，無論學者、銀行公會及最高法院，均以禁止背書轉讓如記載於票面者，縱未於緊接處簽章，仍認定由發票人所為而有效；記載於背面者，發票人須於緊接處簽章始生效力。最高法院雖於七十五年度民庭會議曾決議：「六十八年臺上字第三七七九號判例要旨，並未分別就在票據上記載禁止背書轉讓者，係在票據正面記載或在票據背面記載，而為不同之論斷，是該項判例之意旨自應認為不問在票據正面或背面為禁止背書轉讓之記載，均須由為此記載之票據債務人於其記載下簽名或蓋章，始生禁止背書轉讓之效力❷❺。」惟二年後最高法院對本項決議作出如下之補充：

　　「票據正面記載禁止背書，該記載如依社會觀念足認由發票人於發票時為之者，亦發生禁止背書轉讓之效力。本院六十八年臺上字第三七七九號判例未明示發票人在票面記載禁止背書轉讓時應行簽章始生效力。本院七十五年五月二十日決定係指依社會觀念無從認定由發票人為之者而言，原決定應予補充❷❻。」

　　自前開決議公布以後，對於發票人於票據正面所為之禁止背書轉讓之記載應否另為簽章已相繼出現不同之作法，不必嚴格遵循前述部頒函示。禁止轉讓之記載於另無簽章之情況下究否由發票人所為發生爭議時，則屬事實問題，由主審法官按其記載之外觀及相關位置為之認定，但應無違社會觀念。至於依公庫法簽發之支票，付款人為公庫，非票據法上之支票，自無須適用前開決議❷❼。

---

❷❹　69 臺上 2808。

❷❺　（75 年 5 月 20 日）七十五年度第九次民事庭會議決議。

❷❻　（77 年 12 月 27 日）七十七年度第二十三次民事庭會議決議。

㈣禁止背書轉讓之效力

　　於通常情形，發票人與受款人間、背書人與被背書人間無不有其原因關係之存在。受款人或被背書人基於正當原因關係而取得票據時，除保有原因關係所生之權利外，復取得基於票據關係而生之權利。發票人或背書人於票上為禁止背書轉讓之記載，而受款人或被背書人無視此項禁止，繼續依背書轉讓者，受讓人所取得之權利因何人為此項記載而有不同，茲分析如下：

　　⑴匯票上如經發票人為禁止背書轉讓之記載者，即不得再依背書而為轉讓，僅得依一般債權讓與之方法，而移轉其權利，受讓人於受讓時縱無惡意或重大過失，亦不受善意取得之保護，發票人仍得以其與讓與人間所存抗辯之事由，對抗受讓人。

　　⑵匯票上如經背書人為禁止背書轉讓之記載者，其後手仍得依背書而轉讓，但為禁止轉讓之背書人，僅對於直接之被背書人負票據上之責任，而對於禁止後再由背書取得匯票之人，則不負票據上責任（票 30: III）；若受讓人再依背書轉讓，執票人對禁止背書轉讓記載之背書人以外之票據債務人，仍得行使票據上權利。

　　⑶禁止背書僅禁止為轉讓之背書，至於委任取款背書，則不在此限。

　　⑷對於記載受款人姓名或商號並禁止背書轉讓之票據，付款人僅得由受款人之帳戶支付，或經核對受款人之身分證明文件，證明確係受款人提示無訛後，始行付款，不許經由第三人加蓋受款人之印章於其帳戶內提示付款，否則，付款人之付款為無效❷❽。

㈤禁止背書轉讓之塗銷

　　於記名式票據上發票人為「禁止背書轉讓」之記載後，得否予以塗銷？或其於禁止背書轉讓六字上劃「＝」之記號者，是否生塗銷之效力？關於此點，司法實務上有如下之見解：

　　「票據法固無塗銷禁止轉讓之規定，然亦未明文禁止塗銷。且發票人於記載禁止轉讓後，將之塗銷，與其於簽發支票時未記載禁止轉讓之情形相同，

---

❷❼　（75 年 6 月 7 日）七十五年度第十一次民事庭會議決議。

❷❽　87 臺上 1756。

似無禁止其塗銷之必要。惟為使法律關係單純化及助長票據之流通，應使第三人易於辨識塗銷係何人所為，較為允當。易言之，發票人須於塗銷處簽名或蓋章，始生塗銷之效力。本題發票人係在禁止轉讓四字上劃『＝』之記號，第三人無從辨別係發票人或他人所為，恐不敢接受票據。又僅劃『＝』記號即可生塗銷之效力，則惡意之執票人亦可於禁止轉讓四字上劃『＝』記號而使審判滋生困擾。故本題應認禁止轉讓之記載仍為有效❷。」

就此以論，「禁止轉讓」之塗銷應與支票平行線或票據上其他記載事項之變更改寫或塗銷同，須於被塗銷事項之上下或兩旁簽章後始生效力。

四、記名背書

㈠意 義

記名背書亦稱完全背書或正式背書，即記載被背書人之姓名或商號、背書之年月日，並由背書人簽名之背書。背書須在匯票之背面或其黏單上為之。背書之匯票須在形式上完全有效，匯票因欠缺絕對必要記載事項而無效者，於其上所為之背書亦屬無效，且不因發票人其後補足絕對必要記載事項而變為有效❸。

㈡應記載事項

依據票據法第三十一條第一項規定，記名背書應記載之事項如下：

⑴被背書人之姓名或商號：被背書人係指因背書而取得票據上權利之人。被背書人之姓名或商號經記載於匯票，於匯票遺失時則較易保全。

⑵背書人之簽名：簽名為各種票據行為之必要行為。背書應由執票人簽名於匯票。除第一背書之背書人為受款人外，其餘背書人須為前背書之被背書人，無論在實質上及形式上有其連續性。執票人簽名於匯票之背面或其黏單上，縱令非以背書轉讓之意思而背書，仍應負票據法上背書人之責任❹。但若執票人之簽名不足以認為轉讓票據之背書，即難憑空指為背書人，對之

---

❷　《司法院公報》，卷 27，期 10，頁 59。

❸　參見 59 臺上 2334。

❹　(63 年 12 月 3 日) 六十三年度第六次民事庭總會決議。

行使追索權 **❷**。舉例言之，票據之付款人付款時，依票據法第七十四條第一項規定，得要求執票人記載收訖字樣簽名為證。票據之背面如印有「請收款人填寫姓名」等字樣者（此等字樣於支票之背面最為常見），執票人對準收款人項下簽名，而不在其他背面處所簽名，則與背書之性質有間，自不得對之行使追索權 **❸**。

(三)任意記載事項

凡具備上述二要件之背書，即為記名背書。依據票據法之規定，背書人於背書時尚得記載下列事項：

(1)背書之年月日：年月日之記載有判斷背書人於背書時有無行為能力，或背書是否在到期日前作成之功效，但現行票據法基於舊票據法第四十三條關於匯票之承兌尚不規定應記載年月日，於背書時，自無須作此規定，且在實例上，似不能因未載年月日而使背書陷於無效，乃將之修正為得記載事項（票 31: IV）。

背書年月日於通常情形，均在發票年月日之後，若二者顛倒，以致背書年月日在前者，要不影響背書之效力，蓋背書年月日如前所述僅為得記載事項，於其與發票年月日牴觸時，視為無記載。最高法院曾判決云：「本件本票已具備票據法第一百二十條規定應記載之事項，上訴人之背書縱在填寫發票年月日之前，仍應負背書人責任 **❹**。」但若背書人能舉證證明其背書係在發票行為生效前所為者，背書應屬無效。

(2)禁止轉讓（票 30: III）。

(3)免除擔保承兌：票據法於六十二年修正時財政部鑑於背書人非匯票之主債務人，建議於第三十九條另作特別規定，容許背書人得依特約免除擔保承兌及付款之責，其情形與美國票據上之 Without Recourse 制度同。但此一修正案未為立法院所採取。在現行票據法下，背書人僅得為免除擔保承兌之記載，而不得為免除擔保付款之記載（票 39 準用 29）。匯票上有免除擔保付款

---

❷　21 上 1409。

❸　48 臺上 1784。

❹　67 臺上 606。

之記載者，依票據法第二十九條第三項之規定，其記載為無效。惟聯合國國際匯票及國際本票公約規定及美國統一商法典均容許背書人得於票上為免除擔保承兌或免除擔保付款之記載 ❸。背書人為此項記載者，僅對該背書人發生效力 ❻。

⑷應請求承兌之記載，並指定其期限（票 44: I）。

⑸住所：住所之記載在使執票人於行使追索權時，便於對背書人發拒絕事由之通知（參見票 89）。

⑹預備付款人（票 35）。

⑺免作成拒絕證書（票 94: I）。

⑻免除拒絕事由之通知（票 90）。

㈣記名背書之效力

執票人作成背書，並將匯票交付於被背書人後，即生如下之效力：

⑴擔保效力：背書人應照匯票文義擔保承兌及付款，執票人於不獲承兌或不獲付款時，得向背書人行使追索權。不論背書人於背書時出於何種目的，其既於票據上為背書，即應負背書之責任，其後不得以係為「見證」而背書，主張免責 ❼。換言之，背書人擔保於票據不獲承兌或不獲付款，並經作成拒

---

❸　同公約第四十四條第二項前段。

❻　同上註第二項後段。

❼　65 臺上 3103：原審依審理結果，以訟爭本票係六興公司於六十五年一月十四日簽發後，由該公司法定代理人張炳榮交付上訴人，由上訴人背書後，再交付張炳榮，用以清償該公司所欠被上訴人之三十萬元票款等事實；自被上訴人提出之本票及退票理由單，暨上訴人提出之本票存根三張存卷可稽。亦為上訴人所自認。上訴人既在該本票背面「背書人」字樣下簽名，自屬背書行為。上訴人辯稱：僅屬見證，顯不足採。上訴人自張炳榮手中取得訟爭本票，無論其持有時間如何短暫，其以空白背書，再交付與張仍難謂非轉讓。上訴人引據之本院五十三年臺上字第七一一號判決意旨，與本件事實不同，又未編入判例，不受拘束。又其引據之本院五十二年臺上字第三八二號，臺北地方法院六十三年訴字第一四一四號判決亦然。上訴人既經簽名背書，即應負票據上之背書責任，不因其並非直接交付被上訴人而有影響。該公司係因清償所欠被上訴人三十萬元債款，經由其法定代理人因交付而轉讓訟爭本票與被上訴人，被上訴人並非無對價而取得訟爭本票，被

絕證書者，對執票人、或任何取得並給付票款之後手背書人及其保證人，負償還票款責任❸。聯合國國際匯票及國際本票公約規定，票據無論依背書及交付或僅依交付轉讓，讓與人對受讓人除擔保承兌及擔保付款外，尚須為如下之擔保：

　　(a)票據上無偽造或未經授權之簽名；

　　(b)票據未經重大變造；

　　(c)於轉讓當時，不知有任何損及受讓人向承兌人，或於不獲承兌時向匯票發票人，或本票發票人行使付款請求權之情事❸。

　　受讓人須於受讓當時不知所受讓之票據存有以上足以影響其權利行使之事由，始能享有讓與人所提供之擔保利益❹。受讓人對於讓與人違反以上擔保，得繳回票據，請求返還所付對價，並依同公約第七十條規定加計利息；即使票據尚未到期，亦同❹。

　　(2)**移轉效力**：背書成立後，匯票上權利即移轉於被背書人，被背書人成為匯票之權利人。且此種依背書所為之權利移轉，有切斷抗辯之效力，被背書人不受票據債務人與背書人間所存抗辯事由之限制。

　　(3)**證明效力**：依據票據法第三十七條第一項規定，執票人應以背書之連續，證明其權利。因此，背書在形式上之連續，即為執票人對匯票具有完全權利之證明。

五、空白背書

　　空白背書亦稱無記名背書或略式背書，即僅由背書人簽名於匯票，而不須記載被背書人姓名或商號之背書。至於空白背書是否須記載背書之年月日，

　　　　上訴人本於票據關係，對上訴人行使追索權，請求上訴人給付票款及法定遲延利息，於法殊非無據云云，因而維持第二審所為上訴人敗訴之判決，經核尚無不合。

❸　聯合國國際匯票及國際本票公約第四十四條第一項。

❸　同上註第四十五條第一項。

❹　同上註第二項。

❹　同上註第三項。

依據最高法院之見解，認為票據法第三十一條第三項之空白背書，既僅由背書人簽名已足，則關於年月日之記載，即可從略❷。現行票據法明定背書之年月日為得記載事項。關於空白背書，為使其前後連續，背書人於背書時應否遵守一定順序，票據法亦未為規定。最高法院對此曾謂：揆諸票據法第三十一條第一、三、四項所定，背書僅記載於背面即可，並無一定之位置，亦「得」不記載年、月、日。行為人不得以其未按背書順序簽名，或記載年、月、日，即否認其有為背書之意思❸。

　　空白背書為轉讓背書之一種，與記名背書有同一效力，上述各種任意記載事項，空白背書亦得記載之。

　　原為記名背書，是否得將被背書人之姓名或商號塗銷，而變為空白背書？依據學者通說：如背書人已於票據交付前，將被背書人之記載塗銷係基於正當權限，則構成空白背書。至於塗銷是否基於正當權限為之，應由主張空白背書之執票人，負舉證責任❹。

---

❷　47 臺上 1929。

❸　63 臺上 1929：原審斟酌調查證據之結果，以上訴人於系爭本票背面簽名背書為其所不爭，揆諸票據法第一百二十四條準用同法第三十一條第一、三、四項所定，背書僅記載於本票背面即可，並無一定之位置，亦「得」不記載年、月、日。則上訴人辯其未按背書順序簽名，未載年、月、日，所以無背書意思云云，洵無足採。上訴人既於系爭本票為背書，即發生背書之效果，不生背書不連續問題。又票據法第三十條第一項係規定，本票「得」僅依交付轉讓之，並非禁止背書，上訴人以無記名本票之背書，應屬無效，不無誤會。再系爭本票之拒絕證書作成日期，為六十一年八月三十一日，被上訴人於六十二年八月三十日提起本訴，其請求權尚未罹於一年之時效，上訴人所為時效消滅之抗辯，亦嫌無據。又系爭本票載明免作成拒絕證書，被上訴人主張退票後迭向上訴人催討，縱令上訴人未於票據法第八十九條所定期限內，將拒絕付款事由，以書面通知上訴人，僅係怠於通知，是否發生損害之問題，仍非不得依票據法第九十六條、第九十七條規定向上訴人行使追索權。上訴人以無記名式本票上之背書人，非追索之義務人，彼不負背書人責任置辯自無足取。因而將第一審所為不利於上訴人之判決，判予維持，經核尚無不合。

❹　陳世榮，《支票法論》，頁 177。

匯票經空白背書後，得以下列方法再轉讓：

⑴依交付轉讓：依據票據法第三十二條第一項規定，空白背書之匯票，得依匯票之交付轉讓之。換言之，匯票經空白背書後，與無記名匯票相同，僅須將匯票交付於受讓人，即生匯票權利移轉之效力。聯合國國際匯票及國際本票公約第十三條⒝款亦有相同之規定。

⑵再依空白背書而轉讓（票 32: II 前段）。

⑶再依記名背書而轉讓（票 32: II 後段）。於本項及前⑵項之情形，凡接續空白背書而為背書者，該背書人視為前一空白背書之被背書人❹❺，而使背書連續無間。

⑷變更為記名背書而轉讓：票據法第三十三條規定：匯票之最後背書為空白背書者，其執票人得於空白內記載自己或受讓人為被背書人，再為轉讓❹❻。其方式有二，茲圖示如下：

被背書人	背書人
B	A
C	B
(D)	C
(E)	(D)

圖一

被背書人	背書人
	A
	B
(E)	C

圖二

最後之背書 (C) 為空白背書，執票人 D 於空白內記載自己為被背書人而再依記名背書轉讓。

空白背書匯票之執票人 D 於讓與匯票時，自己不為背書，僅將受讓人 E 填入空白內，使 E 成為被背書人，而後將匯票交付於 E。

六、回頭背書

回頭背書亦稱還原背書、回還背書或逆背書，即以匯票之債務人為被背書人之轉讓背書。其與一般轉讓背書所不同者在於：一般轉讓背書係以匯票

❹❺ 聯合國國際匯票及國際本票公約第十五條第二項。

❹❻ 同上註第十六條⒝款。

債務人以外之第三人為被背書人；而回頭背書則以於匯票上已有簽名之人為被背書人。依據票據法第三十四條第一項規定，匯票得依背書讓與發票人、承兌人、付款人或其他票據債務人。但付款人在為承兌前並非票據債務人，其受讓自不構成此處所謂之回頭背書，學者乃以「準回頭背書」稱之。

匯票債務人依回頭背書受讓票據時，原應因債權與債務同歸一人而消滅（民 344），但票據法為保護匯票之流通性，於第三十四條第二項排除民法混同原則之適用，容許受讓人於票據到期日前，更以背書轉讓之。

回頭背書為轉讓背書之一種，原則上具有一般轉讓背書相同之效力，但由於回頭背書之被背書人為匯票之債務人，票據法為避免循環追索，對於其所得行使之追索權之範圍，加以相當之限制，茲分別說明如下：

⑴執票人為發票人時：依據票據法第九十九條第一項規定，執票人為發票人時，對其前手無追索權；其所得追索之對象惟承兌人而已[47]。

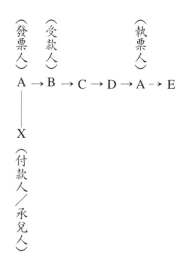

如上圖之所示，發票人 A 為執票人時，BCD 為 A 之前手，同時亦為 A 之後手。如 A 向 BCD 追索，BCD 亦得向 A 追索，其結果，必將循環追索不已，故票據法明定 A 對 BCD 無追索權。但若 A 於匯票到期日前以背書轉讓於 E，

---

[47] 67 臺上 1711。

同時並未將 BCD 之背書塗銷，則 E 是否得對 BCD 行使追索權？歷來學者有二種不同之見解：有持肯定說者，認為回頭背書之被背書人再將之背書轉讓於第三人時，則所有背書人均為該第三人之前手，故該第三人對所有背書人（包括 BCD）均應有追索權，主張此說者有陳世榮，鄭玉波，以及日本票據法學者伊澤孝平等人。陳世榮認為 A 之對 BCD 無追索權，僅屬票據法所設之限制，並非因債權債務混同消滅之結果。A 於匯票到期日前以背書轉讓者，其受讓人 E 不受任何限制，而得完全行使其追索權[48]；有持否定說者，認為如回頭背書之被背書人為發票人或原來之背書人時，票據債務及債權因混同而消滅，則中間背書人（即 BCD）亦同免其責。我國最高法院過去於判決中曾採此說：「按票據法理，發票人為被背書人時，於法對其前手即無追索之權。故發票人如再以此項票據轉給他人，除該發票人無可免責外，至於其以前各背書人，自更無若何責任之可言[49]。」惟觀乎新近之案例，我國法院漸趨於前說，認為圖中 BCD 僅於 A 為執票人時始得主張免責；如票據經 A 轉讓於 E，對 BCD 而言，要無適用回頭背書免責之餘地[50]。最高法院亦於判決中即指出：「票據法第九十九條第二項規定執票人為背書人時，對該背書之後手無追索權，係因執票人雖為票據債權人，惟其因曾為背書人，對該背書之後手言，

---

[48] 見前[44]，頁 186。

[49] 18 上 287；52 臺上 2003；67 臺上 764。

[50] 63 臺上 571：查上訴人主張系爭支票由戈登斯公司簽發與金山公司，由金山公司，經被上訴人王雲漢、賴枝再回至金山公司至執票人即上訴人之手，其背書順序，兩造均不爭執。上述各背書人均經簽名或蓋章於系爭支票上，自應負背書人責任，被上訴人賴枝既在系爭支票簽名難卸其背書人責任。本件如係金山公司為執票人則依票據法第九十九條第二項規定「執票人為背書人時，對該背書之後手無追索權」始構成回頭背書之情形，對於被上訴人王雲漢、賴枝自無追索權。茲執票人為金宏行即上訴人李田土起訴對其前手王雲漢、賴枝行使追索權，自為法之所許。核與前述票據法第九十九條第二項規定不同，無適用回頭背書免責之餘地，對系爭支票真正，被上訴人既不爭執，復有支票影本及退票理由單影本附卷可憑，被上訴人自應與發票人戈登斯公司負連帶給付票款及利息之連帶責任。原審認構成回頭背書，上訴人對被上訴人喪失追索權，為上訴人敗訴之判決，其法律上見解，不免誤會，自應由本院廢棄改判。

則為票據債務人，故如執票人對該背書之後手行使追索權，該後手亦得對前為背書人之執票人行使追索權，如此循環追索，將無意義，茲上訴人執有系爭匯票，如其前並未曾為背書人，與被上訴人間即不發生循環追索問題，則可否依票據法第九十九條第二項規定，認為上訴人對於被上訴人已喪失追索權，尤有再事研求之必要❺❶。」中國比較法學會曾就此集會研討，與會之學者似多傾向於前說❺❷。筆者以為發票人 A 為執票人時，再依背書將匯票轉讓於 E，E 因不獲承兌或不獲付款而跳脫其直接前手 A，逕向 DCB 行使追索權，

---

❺❶　69 臺上 1698。臺灣高等法院臺中分院於 74 年度司法座談會中以「某甲為購車靠乙貨運行營業而簽發本票若干張由乙背書交付丙汽車商為價金。但丙以甲之信用不佳，將該本票直接退還發票人甲。甲收受後未塗銷乙之背書再交付丁與丁交換票據使用。屆期該本票經提示不獲付款，執票人丁對背書人乙行使追索權，是否正當。」為題加以討論，並提出如下之不同見解：

甲說：系爭本票經乙背書後既又回頭由發票人甲執有後再交付與丁，乙非丁之票據債務人，不得對之行使追索權（最高法院十八年上字第二八七號判例可供參考）。

乙說：系爭本票由丙交付甲時並未背書，甲收受該本票亦非被背書人，且凡在票據上背書者，論其真意如何，均應依文義負背書人之責任，故丁受讓系爭本票時既有乙之背書在，即得對乙行使追索權（最高法院六十五年臺上字第一五五〇號判例可供參考）。

討論結果，多數竟採甲說，顯係對回頭背書本質有所誤解。司法院第一廳乃評斷云：「一、所謂回頭背書乃以票據債務人為被背書人之背書，故票據之轉讓如僅依交付而未以背書為之者，即非所謂回頭背書。本件甲簽發本票經乙背書後交付與丙為購車之價金，丙以甲信用不佳，將本票直接退還與甲，甲收受後未塗銷乙之背書，再與丁交換票據使用，丙既未在票據背書，自無回頭背書之可言。二、凡在票據背面或黏單上簽名而形式上合乎背書之規定者，即應負票據上背書人之責任，縱令非以背書轉讓之意思而背書，為維護票據之流通性，仍不得解免其背書人之責任（最高法院六十五年臺上字第一五五〇號判例參照），本件乙在票據上背書，無論其真意為何，均應負票據上背書人之責任，故丁受讓系爭本票時，既有乙之背書，即得對乙行使追索權，研討意見應以乙說為當（74.2.14 ⑺⑷廳民一字第 0104 號函復臺高院）。」

❺❷　詳見《中國比較法學會票據法問題研討座談會會議記錄》（69 年 9 月）。

BCD 不得以 A 同時為其前手相對抗，從而亦不發生追索循環之問題。

執票人為發票人時，是否得不問情由而當然有票據法第九十九條第一項之適用？自應以發票人是否自行行使追索權為斷。若發票人於取得票據後，進而轉讓於善意第三人者，背書人不得援引本條項之規定，主張免責❺。關於此點，最高法院於七十七年第七次民庭會議曾以「甲簽發無記名支票一紙，交乙收執，經乙為空白背書後返還於甲，再由甲持以向丙借款，嗣該支票經提示不獲付款，執票人丙對於背書人乙得否行使追索權？」為題提出討論，最後達成如下決議：

「票據為文義證券（形式證券），不允許債務人以其他立證方法變更或補充其文義。乙僅於支票上為空白背書，既未記載發票人甲為被背書人，即難謂係回頭背書，故執票人丙對於背書人乙自得行使追索權❺。」

此項決議似有誤導之處：設若乙所為者以甲為被背書人之記名背書，則執票人丙對乙是否不得為追索？按回頭背書不同於背書之塗銷，縱乙將支票轉讓於甲，甲未將乙之背書塗銷而轉讓於丙，丙何以不能向乙追索？蓋回頭背書僅在使被背書人不得對原有之後手行使追索權，並不使此項追索權歸於消滅。

(2)**執票人為背書人時**：票據法第九十九條第二項規定：執票人為背書人時，對其原有之後手無追索權。如下圖所示，DEF 為 C 原有之後手，C 對之應無追索權。

---

❺　參見 61 臺上 34：上訴人則以上開支票係因買賣關係，由共同被告張明微交付與上訴人，嗣解除買賣契約，將支票退還張明微，疏忽未將背書塗銷，張明微乃持向被上訴人借款，但其既將支票交還發票人，為回頭背書，對被上訴人不負清償票據責任等語為抗辯。查上訴人為上開支票之背書人，為其所不爭，且有存卷支票可證，依法應負背書人連帶清償之責。其與發票人間所存抗辯之事由，自不得對抗執票之善意被上訴人。況本件並非背書轉讓與發票人，該發票人亦非被背書人，與回頭背書之情形不同，被上訴人對之要非不得行使追索權。

❺　（77 年 4 月 19 日）七十七年度第七次民事庭會議(三)。

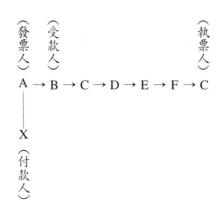

(3)**執票人為付款人時**：在付款人為承兌前依背書受讓匯票者，僅屬準回頭背書，對於其前手有追索權；付款人於承兌後受讓匯票者，因其已成為主債務人，對於任何人均無追索權。

(4)**執票人為預備付款人時**：其情形與付款人在承兌前相同，對於前手有追索權。

(5)**執票人為保證人或參加承兌人時**：除向被保證人或被參加人行使追索權外，與被保證人或被參加人之情形相同。

對於回頭背書之效果，聯合國國際匯票及國際本票公約之規定不若我國票據法規定之周詳，僅謂受讓人為前手者，若再轉讓，無須背書，任何妨礙其取得執票人資格之背書，得塗銷之。設若回頭背書之被背書人不為塗銷，仍依背書為之轉讓者，則執票人對其全體前手是否仍保有追索權？從公約之用語加以研判，應持肯定之見解❺。

七、期後背書

(一)期後背書之意義與效力

期後背書亦稱後背書，即到期日後所為之背書。此種背書得為記名背書，

---

❺　同公約第二十三條，其關鍵用語為「if the transferee has previously been a holder of instrument, no endorsement is required」，就中不具禁止回頭背書被背書人再依背書轉讓之意。

亦得為空白背書。在舊票據法下，期後背書與一般背書同，無特別含義。背書雖在到期日後，但在作成拒絕付款證書前，或作成拒絕付款證書期限經過前所為者，與到期日前所為之背書，有同一效力（見舊票 41）。現行票據法基於到期日與拒絕付款證書作成間之期限短及五日，法律容許匯票繼續流通，不但無何實益，反徒增票據當事人間之糾紛，乃將之修正，以到期日為期前、期後之準據。

期後背書僅有通常債權轉讓之效力，背書人不負票據上之責任❺❻，即背書人不依匯票文義負擔保承兌及付款之責任，僅將其所有之權利移轉於被背書人。被背書人承繼背書人之地位，票據債務人得以對抗背書人之事由，轉而對抗被背書人❺❼，而當然有民法第二百九十九條之適用。換言之，期後背書之被背書人僅不受票據法第十三條切斷人的抗辯之保護，非謂被背書人不得享有票據所表彰之權利，或發票人所得據為免責之依據❺❽。期後背書於此情況下，與發票人所為之禁止背書同，執票人僅得按發票人與背書人間之原因關係，以債權受讓人之身分行使其權利。所謂「非不得享有票據所表彰之權利」，係指票據所表彰之金額可供其行使債權之參考，非指票據金額即為其債權額，或以票據作為其債權之依據。

聯合國國際匯票及國際本票公約關於期後背書之判斷雖與我國現行票據法規定相同，以到期日為準，惟就期後背書之效力，則明定為：票據於到期日後，仍得遵同約第十三條規定，依背書或交付轉讓，惟匯票付款人、承兌人及本票發票人不得為之。就此以論，凡經此三人以外之人背書而取得票據

---

❺❻ （73 年 4 月 10 日）七十三年度第四次民事庭會議決議。

❺❼ 53 臺上 107、70 臺上 1823：「票據法第四十一條第一項規定：到期後之背書，僅有通常債權轉讓之效力，係謂票據債務人得以對抗背書人之事由，轉而對抗被背書人之意，非謂被背書人因此不得享有票據上權利。」70 臺上 1154：「按期後背書，亦具有權利移轉之效力，背書人享有之支票上權利，均移轉於被背書人，此與通常之背書相同，所不同者乃期後背書之被背書人所取得之票據上權利，不受票據抗辯之切斷之保護，因此票據債務人得以對抗背書人之事由，對抗被背書人。」

❺❽ 52 臺上 949；53 臺上 1207；69 臺上 2790。

之人，仍可取得票據上權利❺❾。

(二)支票之期後背書

票據法第一百四十四條明定準用第四十一條之規定，故支票亦有期後背書，惟支票限於「見票即付」，無到期日之記載，又非如見票即付之匯票，以提示日為到期日(參見票66: I)，則支票背書之期前或期後應以何者為決定之依據？關於此點，學說紛紜：有以拒絕付款證書作成日為準者，亦有以票載發票日，提示期間屆滿日，或提示日為準者。依據學者鄭玉波教授之見解，最高法院就支票之期後背書，似仍採前一見解，即以作成拒絕付款證書或作成拒絕付款證書期限經過後之背書，為支票之期後背書❻⓪。但最高法院於七十三年度第四次民事庭會議曾就此議決：支票之期後背書，係指「支票在提示付款後或提示付款期限經過後所為之背書❻❶。」

八、背書之連續

(一)連續之意義

背書之連續，係指匯票上所記載之背書，自受款人以至執票人(亦即最後之被背書人)，在形式上依次銜接，不相間斷。背書之連續，究應自票據正面之受款人抑應自票據背面之第一背書人開始？歷來學者對此有二種不同之見解：有認為應以「受款人」開始者；亦有認為應以「第一背書人」開始者。如下圖所示，A 簽發匯票予 B，B 於背書後將之轉讓與 C，此時 B 因兼具「受款人」與「第一背書人」之身分，則無論持何種見解，對背書之連續要無影響。但若 A 簽發無記名式匯票(即將票面受款人欄保持空白)，交付於 B，B 於背書後轉讓與 C，於此情形，B 僅為第一背書人，而非一般意義之受款人，則背書之連續即因所持理論之不同而受影響。我國票據法學者張茲闓先生曾於《經濟日報》發表專文，於論及背書之連續時指出：如果票據受款人欄空白，而背面有背書之記載時，此票據即屬背書不連續❻❷。反之，多數學者鑑

❺❾　同公約第二十四條。

❻⓪　詳見氏著，〈論票據之期後背書〉，《法令月刊》，卷35，期2，頁37–40。

❻❶　(73 年 4 月 10 日) 七十三年度第四次民事庭會議決議。

於發票人與受款人間僅為發票關係，第一背書人 B 與 CDEFGH 間始為背書關係，乃主張應以「第一背書人」開始，以符合背書關係連續之原義❻。一般言之，於記名式匯票及依記名背書轉讓之場合，除第一背書人為受款人外，第二次以後之背書人，均為各該前一背書之被背書人。因而筆者認為應以第一背書人作為判斷背書連續之準據。

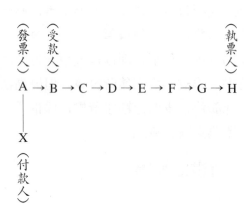

被背書人	背書人
C	B
D	C
E	D
F	E
G	F
H	G

（發票人）（受款人）　　　　　　　（執票人）

A → B → C → D → E → F → G → H

｜

X

（付款人）

(二)連續之判斷

匯票原為無記名式，而受款人或執票人又以交付轉讓者，則不發生背書連續之問題，但票據法第二十五條第二項規定，匯票未載受款人者，執票人得於無記名匯票之空白欄，記載自己或他人為受款人。受款人於取得票據時固得填入自己之姓名，而依背書轉讓；或逕填入受讓人之姓名，以交付轉讓。若受款人於「空白欄內」未為填寫，復以背書轉讓票據，則被背書人於取得票據後不得於該「空白欄內」填入自己或受款人以外之他人姓名，以免影響背書之連續❻。無記名票據經背書轉讓，被背書人被填入「空白欄」內而為受款人者，是否即可認為背書不連續？最高法院曾指出：「發票人將受款人記載於本票時，須由受款人先為背書轉讓，始能認為背書連續；倘由執票人於

❻　《經濟日報》65/4/14 及 28，《聯合報》68/5/18（〈再論「遠期支票」之濫用〉）。

❻　左覺先，〈泛論票據背書之連續性〉，載《法律評論》，卷 43，12、13 期合刊，頁 19。

❻　上註，頁 20。

無記名本票之空白內記載受款人，並將本票背書轉讓與受款人時，則因受款人非自發票人受讓本票之人，即難謂其未在本票先為背書，遽指本票背書不連續 **❻**。」換言之，於此情形，背書之是否連續，仍須按由何人填入加以判斷，並由為有利於己之主張者，負責舉證。

　　據此，於記名式票據，須由受款人先為背書轉讓，始能認為背書之連續。於無記名式票據，執票人得逕依記名背書或空白背書轉讓或於空白處記載自己為受款人，變更為記名票據，再依背書轉讓，或執票人於空白內記載他人為受款人 **❻**，均得自第一背書人以判斷背書人之連續。

(三)連續之確定

　　依聯合國國際匯票及國際本票公約，票據背面有二以上背書時，除有反證外，按其於票背所顯示之順序定其前後手 **❻**。背書有記名背書及空白背書二種，若二者互為羼雜而背書人未必當然遵守自上而下或自左而右之順序，故如何判斷背書之連續，宜予說明者有下列數點：

　　(1)**須各背書在形式上有連續性**：各背書連續之決定，依據學者陳世榮之見解 **❻**，須先決定背書之順位，次判斷背書人與前被背書人之同一性：

　　①順位：在記名背書，得以背書人與前背書之被背書人之同一性，決定其順位。在空白背書，票據法第三十七條第一項但書雖規定：「背書中有空白背書時，其次之背書人視為前空白背書之被背書人」，至於背書人間之順位應

---

❻　69 臺上 1023：惟查本票之發票人應於本票記載受款人之姓名或商號，未載受款人者，以執票人為受款人，無記名本票得依交付轉讓之，執票人得於無記名本票之空白內，記載自己或他人為受款人，變更為記名本票，票據法第一百二十條第一項第三款、第三項，第一百二十四條準用同法第三十條第一項後段及第二十五條第二項分別定有明文，故如由發票人將受款人記載於本票時，須由受款人先為背書轉讓，始能認為背書連續，倘由執票人於無記名本票之空白內記載受款人，並將本票背書轉讓與受款人時，則因受款人並非自發票人受讓本票之人，即難謂其未在本票先為背書，遽指本票背書不連續。

❻　參見 68 臺上 1939。

❻　同公約第二十條。

❻　見前 **❹**，頁 161-162。

如何決定，學者有謂應以背書之場所決定其順位者，但舊票據法僅於其施行細則第三條規定：「背書非於票背已無背書地位時，不得在黏單上為之」，舊法與現行法並未進一步就各背書相關位置為規定。新背書如在舊背書之上方或前方作成，亦無不可，其結果，勢將影響順位之識別；亦有認為應以背書之年月日決定其順位者，但於空白背書，年月日僅為得記載事項，各背書人均不為年月日之記載者，自不易決定其順位。因此，空白背書之各背書人間之順位，僅得參酌上述兩點及其客觀情形而決定之。

②同一性：所謂同一性，係指背書人之表示與前背書之被背書人之表示在形式上須屬同一。在實質上縱屬同一人，而依其表示不能認為同一人時，即屬欠缺背書之連續。因此，票據上受款人經載明為「趙某先生」，而受款人於轉讓票據時所為之背書則為「中興企業股份有限公司大埔製糖廠總經理趙某」，最高法院認為此項背書之背書人為「中興企業股份有限公司」，而由趙某以經理身分所為之代理行為，並非趙某自己個人為背書人，其背書不視為連續 **❻❾**。背書人之表示，雖學者認為無須一字一劃均與前背書之被背書人之表示完全一致，但須注意臺北市銀行公會通過實施之支票背書辦法之規定。該辦法要求支票背書圖章之文字或簽名須與抬頭完全相符，如為英文者，應以英文背書。

⑵須各背書在形式上為有效：各背書間不僅須有連續性，並須在形式上為有效。背書在實質上為無效（例如，偽造之背書或無權代理人所為之背書），而在形式上為有效者，不影響背書之連續。反之，背書在實質上為有效，而在形式上為無效者，則不得謂背書之連續無欠缺。所謂背書在形式上無效，係指背書未具備法定形式而無效之情形而言，例如，委任背書之被背書人所為之轉讓背書或共同受款人中一人所為之背書。無效之背書視為不存在，應就其餘有效之背書，以決定其連續性。

㈣連續之效力

背書之連續，係就轉讓背書之連續而言。轉讓背書如為連續，不因其間有委任背書或設質背書而受影響。或在數空白背書間夾有記名背書者，在表

---

❻❾ 51 臺上 3282。

面上雖不連續，但依票據法第三十七條第一項之規定，仍視為連續。或繼承人繼承被繼承人之執票人之地位，而以「某某繼承人某某」之方式為背書者，亦得認為背書之連續無欠缺❼⓪。背書之連續在票據法上生下列效力：

(1)證明效力：背書之連續即為權利之證明（票 37: I）。背書連續之執票人，無須另行證明，即可行使票據上權利。惟所謂執票人以背書之連續證明其權利云者，係以記名式或指示式之票據執票人為限。於無記名式票據，初無背書連續之問題❼①，執票人得以占有證明其權利❼②。

票據上權利可分為付款請求權與追索權。票據法第三十七條第一項所謂「執票人應以背書之連續證明其權利。」究係僅就執票人對背書人行使之追索權而言？抑兼及對發票人及承兌人行使之付款請求權？票據法第一百四十四條明定準用本項，則對支票發票人行使追索權者，是否亦須以背書之連續為其前提要件？對於前者，應持肯定之見解，最高法院早在民國二十一年即已判決云：「付款人於承兌後應負付款之責，固為票據法第四十九條第一項（改列為現行法第五十二條第一項）所明定，然如執票人不能以背書之連續證明其權利，依同法第三十四條第一項（按即為現行法第三十七條第一項）之規定，仍不得請求付款，縱令該地方有與此項成文法相牴觸之習慣，亦不能認為有法之效力❼③」。對於後者，最高法院雖曾判認票據法第三十七條第一項「係指執票人對背書人行使追索權而言，對於支票發票人因係見票即付，執票人

---

❼⓪　見前❹❹，頁 167。

❼①　70 臺上 3645：「系爭支票並非記名式票據，自始未指定受款人，不生支票背書不連續問題。」53 臺上 498：「執票人應以背書之連續證明其權利，係就記名式之票據而言。」最高法院 61 年臺上字第 353 號判決要旨亦同。惟學者黃虹霞認為：「在無記名票據之場合，亦可能發生背書不連續之情形，比如：甲簽發無記名票據一紙與乙，乙完全背書轉讓票據權利與丙，丙漏未背書，以交付方式轉讓票據權利與丁，此種情形即其適例（丁之前手丙乃為被背書人，丙未在票據背面背書而以交付方式將票據權利讓與丁，背書間斷）。」見氏著，〈背書連續〉，《萬國法律》，期 23，頁 8–9。

❼②　61 臺上 353。

❼③　21 上 2037。

直接對發票人請求清償票據時，自無由其證明背書如何連續之必要 **❼**。」惟此一判決既與同院先前之判決有違 **❼**，亦不為學者所贊同 **❼**。司法院於民國七十四年復臺灣高等法院函中更明白表示：背書不連續，難認執票人已合法受讓該票據，執票人不能以背書之連續證明其權利，自不得對發票人請求付款 **❼**。

(2)**免責效力**：付款人於付款時，依票據法第七十一條第二項規定，對於背書簽名之真偽，及執票人是否票據權利人，不負認定之責。因此，付款人對於背書連續之執票人為付款者，即得據以免責，但付款人於付款時有惡意或重大過失時，則不在此限。

(3)**行使效力**：背書在實質上如為連續，而形式上不連續時，執票人得於證明背書之連續後，行使匯票之權利。背書之不連續，係指各背書在形式上欠缺依次銜接，其情形有二：一為背書中間之不連續，另一為最後執票人之不連續。此種背書之不連續對於執票人之權利究有何種影響？筆者以為背書之不連續，對於該不連續部分固不生權利證明之效力，不連續後之執票人不能僅基於該外形的事實，而對於發票人或不連續前之背書人行使權利 **❼**，但

---

❼ 65 臺上 2832。

❼ 55 臺上 985：第按票據係依背書而轉讓，故執票人行使票據上之權利，應以背書之連續證明之，本件原審對於訟爭支票既已認定最後經賴黃英昭提示被止付，退回支票交給被上訴人取回原款，則被上訴人以執票人之地位請求發票人之上訴人給付票款，即應證明賴黃英昭曾將訟爭支票背書轉讓被上訴人……況查賴黃英昭將訟爭支票退回被上訴人，係在為付款提示不獲兌現之後，縱彼此間已有背書之連續，但能否發生背書效力，而得據以行使票據上之權利，法律上亦有研究之餘地……。

❼ 詳見賴浩敏，〈票據權利應以背書連續證明〉，《萬國法律》，期 11，頁 10–11。

❼ 司法院第一廳 74 年 1 月 9 日(74)廳民一字第 014 號函，載《司法院公報》，卷 27，期 2，頁 66–67。

❼ 見 (51 年 7 月 10 日) 五十一年度第四次民刑庭總會決議(六)：甲出立本票與乙，受款人欄記明乙之姓名，但乙為謀債權鞏固，囑甲商由丙背書與丁，復由丁作空白背書，然後交還乙。嗣甲不能付款，格於乙對丙未有背書，就整張票據論背書不連續，故乙對丙、丁不能行使追索權。

不生絕對否定執票人權利之效力。此何以票據法第七十一條第一項僅規定：「付款人對於背書不連續之匯票而付款者，應自負其責」，並未絕對禁止付款人付款❼❾。換言之，在背書不連續之場合，付款人在執票人證明其權利前為付款，而執票人又非真正權利人時，其付款縱屬善意，亦不得據以免責。

九、背書之塗銷

(一)背書塗銷之意義及方式

背書之塗銷係指匯票執票人故意將背書抹去之情形而言。背書之塗銷非出於執票人之故意，或由執票人以外之人所為者，對於執票人之權利自無影響（票17）。執票人故意塗銷背書之情形有下列四種：

(1)執票人故意之塗銷：依據票據法第三十八條規定：「執票人故意塗銷背書者，其被塗銷之背書人及其被塗銷背書人名次之後，而於未塗銷以前為背書者，均免其責」。如下圖之所示，執票人在匯票轉讓於G以前，故意塗銷C之背書，其結果，在C背書名次之後，而在H塗銷前為背書之DE均告免責，G係在H塗銷後為背書，因此G與H均不得免責。

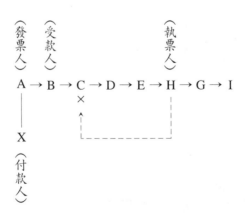

(2)背書人清償時之塗銷：依據票據法第一百條第三項規定：背書人為清償時，得塗銷自己及其後手之背書。如下圖之所示，背書人C對執票人H為

❼❾　見前❹❹，頁168。

清償者，得將其後手 DE 之背書塗銷。

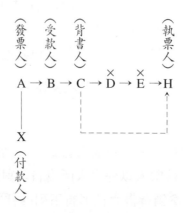

(3)執票人將匯票交付於被背書人時之塗銷：如下圖之所示，執票人作成背書，擬將匯票轉讓於 E，但在將匯票交付於 E 前，予以塗銷，另依背書轉讓於 F。

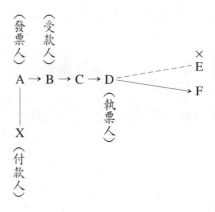

(4)前背書人依回頭背書受讓匯票時之塗銷：如下圖之示，執票人 H 依回頭背書將匯票再轉讓於 C 時，C 得將其自己及其後各背書，即 DEH 塗銷。

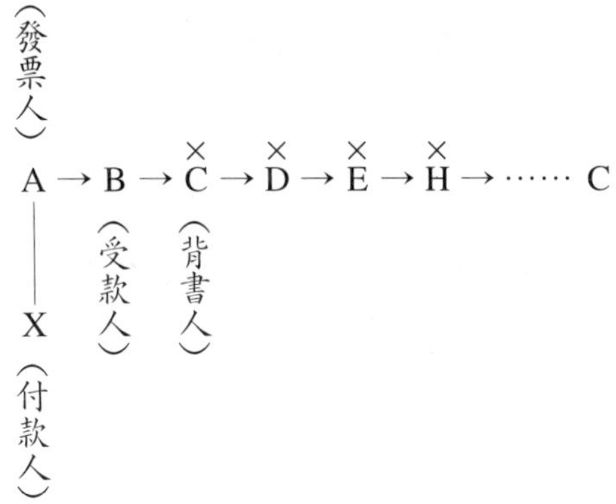

$$
\begin{array}{l}
\text{（發票人）} \\
A \rightarrow B \rightarrow \overset{\times}{C} \rightarrow \overset{\times}{D} \rightarrow \overset{\times}{E} \rightarrow \overset{\times}{H} \rightarrow \cdots\cdots C \\
\text{｜｜｜｜（受款人）（背書人）} \\
X \text{（付款人）}
\end{array}
$$

㈡背書塗銷對背書連續之影響

舊票據法第三十七條第二項規定：「塗銷之背書對於背書之連續，視為無記載」。何謂「視為無記載」？其效力為何？其對背書連續產生何種不良影響？對此一問題之處理是否過份簡化？蓋塗銷之背書，倘逕認為無記載，則原本連續之背書，一經塗銷後，即變為不連續，嗣後之執票人依本項即無從行使其權利，與第三十八條規定，仍得向被塗銷背書人之前手行使權利之意旨，似欠一致，票據法於六十二年修正時，乃參照美國票據法而規定為：「塗銷之背書，不影響背書之連續者，對於背書之連續，視為無記載。塗銷之背書，影響背書之連續者，對於背書之連續，視為未塗銷」。舊法與現行法規定不同，可就圖三及圖四見之。如依舊法第三十七條第二項之規定，塗銷之背書視為無記載，則圖三為連續，而圖四為不連續；依現行法，無論圖三及圖四均為連續。

被背書人	背書人
C	B
D	C
~~F~~	~~D~~
E	D

圖三

被背書人	背書人
C	B
D	C
~~E~~	~~D~~
F	E

圖四

十、委任背書

(一)委任背書之意義

委任背書或委任取款背書係指執票人以委任取款之目的所為之背書。票據法第四十條第一項規定:「執票人以委任取款之目的而為背書時,應於匯票上記載之」。因此,委任背書除依通常之記名背書外,尚須於匯票上載明「委任取款」之目的。惟此一目的應以何種文句表示,票據法則未為規定,依據日內瓦統一支票法第二十三條第一項規定,得使用「價值兌取」(Value in collection)、「託收」(for collection)、「委任」(By Procuration) 或其他含有簡單委任意義之字樣。聯合國國際匯票及國際本票公約除沿用前三者之文字外,規定凡背書載有「存款」(for deposit),「限對銀行付款」(pay any bank) 或其他授權被背書人領取票款涵義類似之文字者,均屬委任取款背書。執票人如僅簽名於匯票之背面,而未為此等字樣之記載,則不生委任背書之效力。我國最高法院曾謂: 票據為文義證券,票據上之權利義務,應依記載於票據之文字而決定其效力,不許票據債務人提出他項證據,以推翻票據之記載。被上訴人雖稱囑託上訴人取款而為背書,然其所為背書,並未依票據法第四十條第一項規定記載於支票上,不能依證人黃某等之證言,而認係委託取款背書,以否認上訴人票據上之權利❽⓿。換言之,若執票人於背書時未記明委任取款之旨者,對於善意受讓人仍生票據權利移轉之效力。但若背書人於背書時明確載有前開各項文字者,其後該票據再經背書轉讓,委任取款背書人對後手不負票據上責任❽①。

(二)委任背書之效力

委任背書之目的僅在授與被背書人以行使票據上權利之資格,而非在轉讓票據上權利,票據法第四十條第二項規定: 委任背書之被背書人得行使匯票上一切之權利,並得以同一目的更為背書,茲就此一規定,申述委任背書之效力如下:

---

❽⓿　51 臺上 2356; 52 臺上 2354 亦持同一見解。

❽①　見聯合國國際匯票及國際本票公約第二十一條第二項。

⑴被背書人依委任背書取得背書人代理人之地位，而有行使匯票上一切權限之權限。此項權限不僅包括票據上權利，票據法上之權利亦包括在內，因此，被背書人得請求承兌及付款、亦得於喪失匯票占有時請求返還匯票、付款人拒絕付款時請求作成拒絕證書（票 86），對怠於追索通知者得為損害賠償請求（票 93）、及提起票據訴訟等，但不及於匯票之轉讓及票據債務之免除，蓋此種處分行為僅匯票權利人（即委任取款背書之背書人）始得為之。此處須予指出者厥為現行支票存款往來約定書第六條規定，銀行對於其客戶存入支票帳戶之票據，若發生退票或其他糾葛，致不能取得票款者，即將票據退還客戶，不負代辦保全票據權利之義務。筆者以為銀行作為委任背書之被背書人，且其設有法務單位，於收取適當費用之條件下，何不為其客戶之利益，行使前述各項委任背書被背書人所得行使之權利？

⑵被背書人係以背書人之代理人而行使匯票上權利，因此，票據法第四十條第四項規定：「票據債務人對於受任人所得提出之抗辯，以得對抗委任人者為限」，不得以對抗受任人之事由為抗辯。

⑶被背書人不得為通常之轉讓背書，但得以委任取款之目的而更為背書。依據票據法第四十條第三項之規定，此種再委任背書之被背書人所得行使之權利，與第一被背書人同。委任背書之第一被背書人將其委任取款之權限轉授與第二被背書人時，是否亦須記載委任取款之意旨？依據陳世榮之見解，認為第一被背書人未附記委任取款之文句而再為委任取款背書者，應解為再委任取款背書❷。

關於委任取款背書之被背書人所得行使之權利，聯合國國際匯票及國際本票公約之規定較為明確，其於第二十一條列舉下列三項：

⒜行使票據上全部權利（當然不包括與委任取款背書原旨相悖之轉讓背書❸）。

⒝為委任取款而在票據上背書。

⒞受對背書人所得提出之請求及抗辯之限制。

---

❷ 見前❹，頁 199。

❸ 此部分為筆者所加。

(三)委任取款代理權之消滅

委任背書係背書人將「行使匯票上一切權利」之權限授與被背書人。此種代理權既係基於背書人之意思而授與，自亦得以背書人撤回之意思表示使其歸於消滅，但背書人撤回委任時，應同時塗銷匯票上之委任背書，否則，票據債務人善意對被背書人為給付者，自得據以免責。此外，一般代理權亦得因本人之死亡或喪失行為能力而消滅，但在委任背書中之代理權，依據日內瓦統一支票法第二十三條第二項之規定，不得以當事人死亡或喪失行為能力為理由而終止。我國票據法雖無此類似之規定，在解釋上亦應持同一之見解。

第三節　承　兌

一、承兌之意義

所謂承兌，係指匯票付款人對於發票人之付款委託表示承諾，負擔付款義務，於匯票票面上所為之附屬票據行為。付款人於承兌前，僅為票據之關係人，對匯票不負付款責任 ❽❹。雖然，付款人之所以為承兌，通常多基於其與發票人間之資金關係，但承兌不以資金關係之存在為前提要件，付款人依其與發票人間之預約而為之者，亦非絕無僅有。承兌固係由付款人承擔發票人之票據債務，但不能與民法第三百條所規定之債務承擔相提並論，前者屬要式之單獨行為；後者屬非要式的契約行為，因而亦不能從債務承擔之角度以論斷承兌之效力。承兌之效力悉依票據法之規定，茲分數點說明如下：

(1)承兌 (acceptance) 為匯票所獨有之制度。票據法第四十二條規定：「執票人於匯票到期日前，得向付款人為承兌之提示。」付款人經承兌後，稱承兌人，成為匯票之主債務人，對於執票人應負付款之義務。即使執票人為發票人，承兌人亦須應發票人之請求而付款，蓋此時發票人所行使者為票據上權利。至承兌人得否基於其與發票人間之資金關係相對抗，則屬另一問題。

❽❹　參見聯合國國際匯票及國際本票公約第四十條第一項。

⑵發票人在匯票上所記載之付款人，是否負付款責任，非執票人所得而知，故票據法容許執票人於到期日前，向付款人請求承兌。就票據法第四十二條規定觀之，承兌之請求為執票人之權利，而非執票人之義務，請求承兌與否，悉由執票人自由。在見票即付之匯票，則無需請求承兌，但在見票後定期付款之匯票或匯票上載有應請求承兌並指定其期限者，執票人必須請求付款人為承兌，並須在所指定之期限內為之，否則，對於為此項記載之發票人及背書人，即喪失追索權（票 104: II）。

二、承兌之提示及期限

㈠承兌自由及限制

執票人請求承兌時，必須提示其票據。所謂承兌之提示，係指執票人向付款人現實的出示其票據之行為。提示本身含有請求票據債務人為一定行為，但與民法上之請求不同：前者非現實出示票據，不生效力；後者不論以口頭或書面表示，均屬有效。前已言之，執票人提示承兌與否，為其自由，此即學者所謂承兌自由之原則。但執票人之承兌自由得因下列情形而受相當限制：

⑴見票後定期付款之匯票：見票後定期付款之匯票須經見票，始能確定其到期日，因此，執票人須為承兌之提示。按票據法第四十五條第一項規定，見票後定期付款之匯票，應自發票日起六個月為承兌之提示。執票人原則上應於法定六個月期間內為承兌之提示，否則，對於其前手喪失追索權（票 104: I）。此項期限，發票人得以特約縮短或延長，但延長之期限不得逾六個月。若經發票人以特約延長或縮短者，執票人應於約定期間為承兌之提示，否則，對於發票人喪失追索權（票 104: II）。

⑵發票人或背書人在匯票上為應請求承兌或禁止請求承兌之記載者：此種記載因有無期限之指定及是否發票人或背書人所為，而不同其效力，茲分別說明如下：

①發票人在匯票上為應請求承兌之記載，並指定其期限者，執票人如不在所指定之期限內為承兌之提示，對於發票人喪失追索權（票 104: II）。但若發票人僅記載「應請求承兌」，而未指定期限者，則執票人於何時提示承兌，

仍有其自由。

②發票人在匯票上為於一定日期前禁止請求承兌之記載者，執票人在所禁止承兌之日期前，不得請求承兌（票 44: II），惟發票人所禁止承兌之日期，不得逾越到期日。聯合國國際匯票及國際本票公約規定發票人得於匯票上載明於特定期日前或特定事故發生前，不得為承兌之提示。除見票後定期付款匯票及以付款人住居所或營業所以外地點為付款地之匯票外，發票人亦得於票上載明不得提示承兌❽。該公約後一規定，於定日付款匯票之場合，與「免除擔保承兌」記載同，均具防免執票人期前追索之效。公約同時規定執票人無視匯票上所為此項記載仍為承兌之提示而遭拒絕者，不構成拒絕承兌❻；但付款人無視匯票上此項記載而仍予承兌者，其承兌為有效❼。

③背書人於背書時為應請求承兌之記載並指定其期限者，執票人如不在所定期限內為承兌之提示，對於該背書人喪失追索權（票 104: II）。但依據票據法第四十四條第三項規定，背書人所定應請求承兌之期限，不得在發票人所定禁止期限之內。

(二)承兌期限及承兌日期記載

(1)承兌期限：於見票後定期付款匯票，其承兌之期限以票上有無請求承兌期限之記載而不同：無記載時，應自發票日起六個月內為承兌之提示；有記載時，應於所記載之期限內為承兌之提示。

於見票即付匯票，則無應否承兌之問題。於定日付款匯票及發票日定期付款匯票，其承兌之期限經票據法第四十二條規定：「執票人於匯票到期日前，得向付款人為承兌之提示。」至於到期日後執票人得否向付款人請求承兌？我國票據法未如聯合國國際匯票及國際本票公約明定承兌得於到期日後為之（詳見後述）。於法理上，執票人既未於到期日及其後二日為付款提示，其對於前手已喪失追索權，所餘下僅為對發票人之利益償還請求權，若付款人於此情況下仍願對匯票為承兌，至多只能認作為發票人之利益而承擔此項利益

---

❽ 同上註第五十條第一項。

❻ 同上註第二項。

❼ 同上註第三項。

償還義務，不能以一般承兌視之。

(2)承兌日期之記載：付款人於承兌時應記載承兌年月日，但承兌年月日之記載，並非承兌行為之效力要件，執票人如確係在上述法定或指定期限內為承兌，而承兌日期未為記載者，則應以上述六個月之末日或所指定承兌期限之末日為承兌日，計算到期日。舉例言之，發票人於六十二年五月十二日簽發見票後四個月付款之匯票，付款人於承兌時未記載承兌年月日者，則以十一月十二日為承兌日，以六十三年三月十二日為到期日。而第四十六條第二項亦於六十二年經修正為：「承兌日期未經記載時，承兌仍屬有效，但執票人得請求作成拒絕證書證明承兌日期；未作成拒絕證書者，以前條所許或發票人指定之承兌期限之末日，為承兌日」。

三、聯合國公約關於承兌之規定

(一)概　說

聯合國國際匯票及國際本票公約就承兌所為之規定，其中部分與我國現行票據法理念未盡相同，茲析論如下：

(1)對於載明為「國際匯票」之空白票據，於發票人簽名前，或補充完成前，付款人得為承兌[88]：按我國票據法學者之共識，承兌為從票據行為，以發票行為有效存在為其前提要件，匯票於發票人簽名前，或空白匯票於經授權之第三人補充完成前尚非為匯票，既非為匯票，何能於其上為承兌，或付款人縱為承兌，此項承兌因無發票行為為之附麗，於法要難認為有效。惟於該公約下，匯票發票人既被容許於票上為免除擔保付款之記載，而此項記載又須另有票據債務人對票據負責為前提要件[89]，則此種由匯票付款人預為承兌之制度設計，遂使免除擔保付款記載得以落實並可行。

(2)匯票得於到期日前、到期日、到期日後、拒絕承兌或拒絕付款後承兌[90]：匯票付款人係基於其與發票人間之資金關係而決定承兌與否，付款人於拒絕

---

[88]　同公約第四十二條第一項。

[89]　見同公約第三十八條第二項。

[90]　同公約第四十二條第二項。

承兌或拒絕付款後及於執票人向前手為追索前，改變初衷，而對執票人為承兌之表示者，自無不許之理。但若執票人於遭拒絕承兌或拒絕付款後即已向前手追索者，付款人之承兌實已不具任何意義。

(3)見票後定期付款或須於一定日期前承兌之匯票，承兌人應於承兌時註明日期；承兌人未註明者，發票人或執票人得加註之❾：此與我國票據法現制不同，付款人於承兌時未註明日期，執票人須作成拒絕證書證明之；若執票人雖未作成拒絕證書，但能證明確係在法定或指定期間內提示承兌者，則以法定期間屆滿之日或指定之日為承兌日，執票人或發票人不得自行加註。

(4)於見票後定期付款匯票，付款人於拒絕承兌後對該匯票為承兌者，執票人有權以拒絕日為承兌日❾：此一規定在使付款人拒絕承兌後所為承兌之效力，溯及拒絕承兌之日，票上所載期間自該日起算，見票後定期付款匯票之到期日得以提前屆至。我國票據法無相同規定，日後修正時自可供借鑑。

(二)關於承兌提示之特別規定

聯合國國際匯票及國際本票公約規定，對下列三種匯票，須為承兌之提示：

(a)發票人於匯票上為應提示承兌之記載者；

(b)見票後定期付款之匯票；或

(c)除見票即付之匯票外，匯票以付款人住居所或營業所以外之地點為付款地者❾。

匯票如須經承兌提示者，則對於應向何人為提示及應於何時為提示，前開公約有如下之規定：

(a)執票人須於營業日之合理時間向付款人提示匯票；

(b)付款人以外之個人或機構依法得為承兌者，得向其為承兌之提示；

(c)定日付款之匯票，應於該日前或該日為承兌之提示；

(d)見票即付或於見票後定期付款之匯票，應於發票日後一年內為承兌之

---

❾　同上註第三項。

❾　同上註第四項。

❾　同公約第四十九條第二項。

提示；

(e)經發票人指定承兌提示期日或期限之匯票，應於指定期日或期限內提示 ❾❹。

㈢關於承兌提示免除之特別規定

前開公約將承兌分為必要承兌提示及任意承兌提示 (necessary or optional presentment for acceptance)。無論何者，若有下列情事之一者，其提示得以免除：

(a)付款人死亡、因破產而喪失處分財產之能力、不存在、或無承擔票據承兌人責任之能力；或

(b)付款人為公司、合夥團體、社團或其他法人，業已終止其存在 ❾❺。

縱經同公約規定須承兌提示之匯票，若有下列情事之一者，其提示得以免除：

(a)定日付款之匯票，因不可抗力或不可歸責於執票人之事由，致不能於該指定期日前或當日為承兌之提示；或

(b)見票後定期付款之匯票，因不可抗力或不可歸責於執票人之事由，致不能於發票日後一年內為承兌之提示 ❾❻。

於上述四款之限制下，必要承兌提示之遲延得以免除，但匯票於發票時載明須於指定期限內為承兌之提示，而其遲延係因不可抗力或不可歸責於執票人之事由所致者，其承兌提示，不得免除。於遲延原因消滅後，仍應適時為承兌之提示 ❾❼。

於未有上述各款免除原因之情況下，須經承兌提示之匯票而執票人未為提示者，發票人、背書人及其保證人得免除匯票上責任，但匯票付款人之保證人，其責任不因匯票未經承兌提示而解除 ❾❽。

---

❾❹　同公約第五十條。

❾❺　同公約第五十二條第一項。

❾❻　同上註第二項。

❾❼　同上註第三項。

❾❽　同公約第五十三條。

四、承兌之款式

承兌應於匯票之正面為之。承兌之款式有正式與略式二種:

(1)正式承兌: 票據法第四十三條規定: 承兌應在匯票正面記載承兌字樣,由付款人簽名。因此,正式承兌除由付款人簽名外,尚須記載「承兌」字樣。至於承兌之年月日,除在見票後定期付款之匯票必須記載外,僅屬得記載事項(票 46: I)。付款人於票面記載「保證兌付」而未加載被保證人者,得視為承兌。

(2)略式承兌: 依據票據法第四十三條第二項規定,付款人僅在票面簽名者,即為略式承兌。

承兌,無論就票據法第四十三條規定之文義觀之,或依學者共通之見解,應記載於匯票之正面。若付款人於承兌時僅簽名或蓋章於匯票之背面,是否亦生承兌之效力? 於荷蘭「斯多克」公司控泰翔公司一案中,泰翔為匯票之付款人,「斯多克」為承兌之提示時,泰翔僅於匯票背面蓋章,「斯多克」主張匯票既經泰翔承兌,泰翔應負絕對付款責任,泰翔則以背面蓋章,僅屬背書性質,不生承兌之效力。「斯多克」訴請泰翔給付,臺北地方法院以承兌須由付款人在匯票正面簽名,判認原告之訴為無理由。原告不服,提起上訴,臺灣高等法院認為不論付款人之簽章係在匯票之正面或背面,均生承兌之效力,乃為原告勝訴之判決。泰翔提起上訴,最高法院維持原判。至於付款人於承兌時究應於匯票之何處簽名始生效力,則未為明確之表示,惟自最高法院為原告有利判決之意旨加以推測,多少足以顯示付款人於承兌時縱在匯票之背面簽名,亦生承兌之效力 [99]。對於最高法院此一判決,學者鄭玉波曾評斷云:「無論就立法上言,抑就學說上言,於票據法第四十三條第二項規定之『票面』,均不宜解為包括票據背面,以免略式承兌與空白背書相混,而引起爭端,影響票據之流通 [100]。」

聯合國國際匯票及國際本票公約關於承兌款式之規定,與我國票據法完

---

[99] 《中央日報》1979/12/9 (三)。

[100] 見氏著,〈論匯票之略式承兌〉,《法律評論》,卷46,期2,頁7。

全相同，得為正式，亦得為略式❿，惟其未如我國票據法第四十三條要求承兌須在匯票正面為之，反而於同公約第四十一條第二項明定：「承兌得於匯票正面或背面為之。」(An acceptance may be written on the front or on the back of the bill.) 因此，於聯合國公約下，對於前述「斯多克」案中泰翔公司於匯票背面之蓋章，自屬構成有效之承兌，類似之訟爭不致發生。

無論正式承兌或略式承兌，付款人於承兌時得於匯票上記載付款處所（票50）及擔當付款人（票 49）。票據法於六十二年修正時於第四十九條增列一項，規定「發票人已指定擔當付款人者，付款人於承兌時，得塗銷或變更之。」

五、非單純承兌

執票人為承兌之請求時，付款人應按匯票之文義而為承兌，不得附加條件❿。付款人如對於票據上所載之文義，加以限制或變更，或附加條件而為承兌者，學者稱非單純承兌，聯合國國際匯票及國際本票公約稱為附條件承兌❿。此種非單純承兌，依據票據法第四十七條規定，其情形有下列二種：

(1)一部承兌：付款人僅承兌匯票金額之一部分者，稱一部承兌。一部承兌，依票據法第四十七條第一項規定，付款人須經執票人同意始得為之。對於未獲承兌部分，執票人應請求作成拒絕證書證明之（舊票 47: IV，但現行法改列為第八十六條第一項），以便向前手為期前之追索❿。至於票據法第四十七條第一項但書所謂「執票人應將其事由通知其前手」，係屬多餘，蓋執票人作成拒絕證書後，依票據法第八十九條第一項規定，應對發票人、背書人及其他匯票債務人為拒絕事由之通知，因此財政部曾提議將之刪除，但未為立法院司法委員會所採納。

(2)附條件承兌：附條件承兌係指付款人於承兌時附以停止條件或解除條件之情形而言。例如，付款人於承兌時附記：「發票人於到期日前提供資金者，

---

❿ 同公約第四十一條第一項。

❿ 見同公約第四十三條第一項。

❿ 同上註。

❿ 同上註第三項。

於到期日付款」，此為附停止條件之承兌。依據票據法第四十七條第二項規定，承兌附條件者，視為承兌之拒絕，執票人即得據以向前手行使追索權，但若執票人不行使追索權，而承兌人於到期日前已自發票人處受領資金者，仍須負付款之責任。聯合國國際匯票及國際本票公約亦有相同之規定 ❶。付款人於承兌時註明於特定處所為付款，若所指定之付款處所位於票載付款地範圍以內者，此項記載不視為就承兌附加條件 ❶。惟同公約規定若匯票於簽發時已有擔當付款人之指定，而付款人於承兌時另行指定擔當付款人者，構成附條件承兌 ❶。此一規定與我國票據法第四十九條之舊規定相同，與現行規定恰好相反，我國票據法於民國六十二年之所以修正為現行規定，實係基於擔當付款人為付款人（即承兌人）之代理人，從而其於承兌時變更或塗銷發票人之原記載，於我國現行票據法下，不足以成為附條件承兌。

六、承兌之延期及塗銷

(1)承兌之延期：匯票經執票人為承兌之提示時，付款人原則上應即決定承兌與否，但票據法第四十八條容許付款人請求執票人延期為之，而以三日為限。此三日期間，學者稱之為「承兌之考慮期間」，俾使付款人與發票人聯繫，以決定承兌與否。

(2)承兌之塗銷：執票人請求承兌時，不僅應現實的出示票據，並須將匯票交由付款人為承兌之記載。付款人於匯票上為承兌之記載後，於付款人將匯票交還於執票人時，承兌始發生完全的效力。票據法第五十一條規定：「付款人雖在匯票上簽名承兌，未將匯票交還執票人以前，仍得撤銷其承兌。但已向執票人或匯票簽名人以書面通知承兌者，不在此限」，明示承兌之意思表示在通知執票人或將匯票交還於執票人前尚未有效成立。因此，學者中有認為本條中「撤銷」實係「撤回」之誤者 ❶；亦有認為係「塗銷」者 ❶。承兌

---

❶ 見公約第四十三條第二項。

❶ 同上註第四項(a)款。

❶ 同上註第四項(b)款。

❶ 鄭玉波，《票據法》，頁 142。

行為係存在於執票人與付款人之間，若付款人僅對發票人預約承兌，於執票人承兌提示時，尚未直接表示承兌之意思者，則難謂為已經承兌，從而亦不生承兌之撤銷與否之問題❿。

七、承兌之效力

匯票付款人，對於執票人所負付款義務，係基於承兌行為而生。因此，付款人一經承兌，若非合法撤銷，即不能拒絕付款。票據法第五十二條第一項明文規定：「付款人於承兌後，應負付款之責」。聯合國國際匯票及國際本票公約明定，承兌人對執票人，或取得並支付票款之人，按承兌條件負付款責任⓫。縱使發票人未提供資金，承兌人亦不得以之為對抗執票人之事由⓬。換言之，付款遂成為承兌人之絕對責任；承兌人到期不付款者，執票人雖係原發票人，亦得就第九十七條及第九十八條所定之金額，直接請求支付（票52: II）。

第四節　參加承兌

一、參加承兌之意義

參加承兌係指於匯票不獲承兌、付款人或承兌人死亡，逃避、受破產宣告，或其他原因無從為承兌或付款提示時，預備付款人或第三人為票據債務人之利益，加入票據關係，以防止執票人行使追索權所為之行為。參加承兌襲自日內瓦統一票據法第八章，為獨特之票據行為，實務上真正使用者不多，為聯合國國際匯票及國際本票公約所不採。美國舊票據法原曾設有參加承兌之制⓭，但於六十年代修訂統一商法典第三條時乃將之排除⓮。茲分數點說

---

❿　梅仲協，《商事法要義》，頁216。

⓾　18上2784。

⓫　同公約第四十條第二項。

⓬　見前❿。

明如下：

(1)執票人於匯票到期日前為承兌之提示，無非在獲得付款人付款之確保。票據法第八十五條第二項並規定執票人請求承兌時，為付款人拒絕，或付款人或承兌人受破產宣告、死亡、逃避、或其他原因無從為承兌或付款之提示者，縱在到期日前亦得向前手追索。此對於執票人與被追索者均屬不便，票據法乃特設參加承兌之制度，以暫時防止執票人在到期日前行使追索權。

(2)參加承兌猶如承兌，須於匯票簽發後、到期日前於票面簽名為之，為附屬票據行為之一種，與承兌同為匯票所獨有之制度，其目的均在負擔票據債務。但就參加承兌之本質而言，其與承兌仍有如下之不同：

①參加承兌僅在防止執票人之期前行使追索權；而承兌則在確定付款人之付款責任。

②參加承兌人並不因參加承兌而成為匯票之主債務人，參加承兌人僅於付款人或擔當付款人拒絕付款時，始負付款之責；反之，承兌人為匯票之主債務人，須負絕對的付款責任。

③參加承兌人對於執票人及被參加人之後手負同等之責任。參加承兌人對於執票人為付款後，被參加人之後手（即下圖所示之 E 及 F）因而免除責任，但票據權利之本身並不消滅。參加承兌人取得執票人之權利，得繼續向被參加人及其前手（即下圖 DCBA）追索；反之，承兌人一經付款，票據上權利即歸於消滅，其對於任何人均無追索權。

⓫ U.N.I.L. §161.

⓬ 見 1990 年以前之 U.C.C. §3–410 Comment。

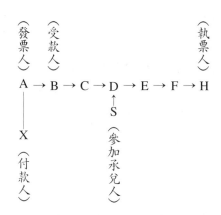

④參加承兌人所負之責任既僅為償還責任，而非絕對責任，因此，執票人如未於法定期限內（票 66; 69）為付款之提示或在法定期間內作成拒絕付款證書（票 87: II）者，參加承兌人因參加承兌所負之責任即歸於消滅；而承兌人之責任，除消滅時效外，並不因上述事由而消滅。

⑤第三人參加承兌時須經執票人同意。參加承兌並須就匯票金額之全部為之，蓋就匯票之一部參加承兌並不能達成防止執票人期前追索之效果。承兌為付款人依據其與發票人間之資金關係，就匯票所為之行為，不發生執票人同意與否之問題。但若付款人僅就匯票金額之一部分為承兌者，則須經執票人之同意（票 47: I）。

二、參加承兌之當事人

參加承兌須於執票人得行使期前追索權時為之。為票據債務人之利益而參加承兌者，稱參加承兌人或參加人，該債務人則稱為被參加人。債務人於匯票上載明免除擔保承兌之責者，因執票人不得對之為期前之追索，無須第三人為其利益參加承兌。參加承兌人依據票據法第五十三條規定，以下列二種人為限：

⑴預備付款人：預備付款人之指定原在預防執票人因匯票之不獲承兌而為追索權之行使，因此，票據法第五十三條第一項規定，執票人於到期日前

得行使追索權時，匯票上指定有預備付款人者，得請求其為參加承兌。我國票據法學者曾認為本條項中「得請求」之「得」，應改為「應」，以符合預備付款人指定之原旨，但此項修正建議並未被採納。

(2)第三人：第三人係指前述預備付款人與票據債務人以外之人。第三人得以票據債務人中之一人為被參加人，而參加承兌。惟第三人為參加承兌時，依票據法第五十三條第二項規定，須經執票人之同意。此與預備付款人之參加承兌有所不同。

第三人參加承兌，有受委託者，亦有未受委託者。如未受委託而自動參加承兌，依票據法第五十五條規定，應於參加後四日內，將參加事由通知被參加人。參加人怠於通知，因而發生損害時，應負賠償之責。至於此項賠償之範圍如何，票據法未為規定，日內瓦統一票據法第五十五條則規定參加人如怠於通知，致使被參加人受有損害者，應於不超過票據金額之限度內，負損害賠償之責。

三、參加承兌之款式

參加承兌依票據法第五十四條規定，應在匯票正面記載①參加承兌之意旨、②被參加人姓名及年月日，並由參加承兌人簽名，茲說明如下：

(1)在四種附屬票據行為中，參加承兌與承兌均須在匯票之正面為之，因此，法律規定參加人於參加承兌時，應在匯票正面記載「參加承兌之意旨」，藉與承兌相區別。參加承兌之意旨與年月日同為參加承兌之絕對必要記載事項。

(2)被參加人姓名之記載係在確定參加承兌人於付款後，其償還請求權所得行使之範圍。如下圖之所示，參加承兌人如為 E 之利益而參加承兌，則僅得向 E 及其前手（即 ABCD）追償。參加承兌人於參加承兌時未記載被參加人之姓名者，視為為發票人參加承兌（票 54: II）。預備付款人為參加承兌時，即使未記載被參加人之姓名，仍應以指定預備付款人之人為被參加人（票 54: III）。

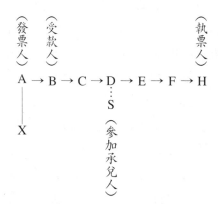

（發票人）（受款人）（執票人）

A → B → C → D → E → F → G → H
⋮
S
（參加承兌人）

A
——X
（付款人）

四、參加承兌之效力

預備付款人或第三人就匯票為參加承兌後，在法律上即生如下之效力：

(1)**期前追索之防止**：票據法第五十六條第一項規定：「執票人允許參加承兌後，不得於到期日前行使追索權」。如下圖之所示，參加承兌人一經為 D 參加承兌，執票人 H 既不得向 EF 追索，亦不得向 ABC 追索。

（發票人）（受款人）（執票人）

A → B → C → D → E → F → H
⋮
S
（參加承兌人）

A
——X

(2)**付款責任之承擔**：票據法第五十六條第二項規定，被參加人（即 D）及其前手（即 ABC）仍得於參加承兌後，向執票人（即 H）支付第九十七條所定金額，請其交出匯票及拒絕證書，但若被參加人及其前手不支付第九十

七條所定之金額，而付款人或擔當付款人亦不於第六十九條及第七十條所定期限內付款者，執票人應向參加承兌人為付款之提示（票 79: I），參加承兌人即應負支付第九十七條所定金額之責任（票 57）。

⑶**債務之免除**：參加承兌人為參加付款後，被參加人之後手（即 EF）對於票據所負之責任，即因而免除。

第五節　保　證

一、保證之意義

保證係指票據債務人以外之第三人，為擔保匯票債務全部或一部之履行，於匯票上所為之行為。茲分數點說明如下：

⑴保證僅匯票及本票有之（票 58: I; 124）；支票則無保證制度。支票雖得由付款人保付，但保付在本質上與保證不同。保證由保證人在匯票或其謄本上記載法定事項，並簽名作成之。

⑵保證之目的係在擔保匯票債務之履行，因此，保證人須為票據債務人以外之第三人。除此之外，對於保證人之資格原則上無任何限制（見票 58: I），得為自然人，亦得為法人，但法律有限制規定者，應從其規定（例如，公司法第十六條規定，公司除依其他法律或公司章程規定，以保證為業務者外，不得為任何保證人）。二人以上同時為保證人時，應連帶負責（票 62）。

⑶被保證人以票據債務人為限，無論主債務人或償還義務人，均得為被保證人。因此，保證人得以發票人、背書人、承兌人或參加承兌人為被保證人，以擔保匯票債務之履行。付款人在為承兌以前，尚未負票據上之責任，因此，保證人不得以付款人為被保證人。關於此點，聯合國票據公約有不同之規定，詳見後述。

⑷保證人得就匯票金額之全部或一部為保證（見票 63）。保證人如以匯票金額之一部為擔保者，則保證人僅以所擔保金額限度內，負匯票上之責任。

⑸匯票之保證，係就整個票據關係為擔保之提供，而不以被保證人個人

所發生之法律關係為限。即使被保證人之債務無效或被保證人不明（見票 61；60），保證行為之效力並不因而受有影響。

　　關於保證人，我國票據法第五十八條第二項明定：「前項保證人，除票據債務人，不問何人，均得為之。」惟聯合國國際匯票及國際本票公約則無此限制，其於第四十六條第一項後段規定：「任何人，不論其是否為票據債務人，均得為保證。」(A guarantee may be given by any person, who may or may not already a party.)

二、保證之款式

　　保證依票據法第五十九條規定，應在匯票或其謄本上為之，由保證人簽名：

　　⑴保證之意旨：聯合國國際匯票及國際本票公約亦容許保證於黏單 (allonge) 上作成❶❶❺，記載下列各款事項，並須記載「保證」(guaranty or aval)、「與保證同」(good as aval) 或同義字樣，由保證人簽名，惟「保證前手背書」(prior endorsements guaranteed) 或同義字樣於公約下不構成保證❶❶❻。

　　⑵被保證人之姓名：被保證人為何人，對於保證人個人及其他票據債務人所負之責任，有極密切之關係，因此，保證人於為保證時，應載明被保證人之姓名。保證人如不為記載時，應依票據法第六十條規定以推定被保證人。即原則上，匯票如經承兌者，視為為承兌人保證；未經承兌者，視為為發票人保證。但若依保證作成之相關位置，得以推知被保證人者，以此一可得知之人為被保證人。前開公約就此規定，被保證人未經記載者，於匯票若經承兌，以承兌人為被保證人；未經承兌，以付款人為被保證人❶❶❼；於本票，以發票人為被保證人，就中關於以匯票付款人為被保證人之推定，於法理似頗值商榷。按匯票付款人於為承兌之前，僅屬票據關係人，非為票據債務人，

---

❶❶❺　同公約第四十六條第二項。

❶❶❻　同上註第三項。按聯合國票據公約兼採二種保證制度：aval 指日內瓦式保證，guarantee 指美式保證，前者保證人所負之保證責任較重於後者，詳見後述。

❶❶❼　同上註第五項。

既非債務人，何能被推定為被保證人？同公約似無此顧慮，其於第四十七條再度肯認此點，詳見後述。

(3)年月日：保證未載年月日者，依票據法第五十九條第二項規定，以發票年月日為年月日。

於我國票據法現制下，以上款式於為保證時原則上應予遵行，惟就中僅「保證之意旨」屬絕對必要記載事項，於任何情況下均不能欠缺。前開公約則規定，保證得於票據正面僅以簽名作成，除匯票發票人或付款人 ⑪⑧ 或本票發票人之簽名外，任何人於票據正面所為之單獨簽名，即為保證 ⑪⑨。

三、保證之效力

保證為附屬票據行為之一種，保證一經作成，在票據法上有如下之效力：

(1)保證人與被保證人負同一責任（票61）⑫⓪。因此，被保證人如為背書人者，執票人得對保證人行使追索權；被保證人如為承兌人者，執票人得對保證人行使付款請求權；被保證人為參加承兌人者，執票人於不獲付款時，得對保證人請求參加付款。但若保證人僅就匯票金額之一部為保證者，則僅以其所保證之限度內，對執票人負其責任。

本票之保證人依票據法第一百二十四條準用同法第六十一條之結果，固應與被保證人負同一責任，惟票據法第一百二十三條既限定執票人向「本票發票人」行使追索權時，得聲請法院裁定後強制執行，則對於本票發票人以外之保證人行使追索權時，即不得類推適用該條之規定，逕請裁定執行 ⑫①。換言之，票據法第一百二十三條僅對於本票發票人有其適用，對於本票發票人之保證人則不適用，此亦屬對票據法第六十一條第一項所規定之原則構成唯一之例外。

前已言及，於我國票據法現制下，匯票付款人不得為被保證人，惟前開

---

⑪⑧ 匯票付款人於匯票正面之簽名為略式承兌。

⑪⑨ 同公約第四十六條第四項。

⑫⓪ 見同公約第四十七條第一項。

⑫① 50 臺抗 188。

公約無此限制，規定被保證人為匯票付款人者，保證人負如下之責任：

　　(a)於匯票到期，對執票人或任何給付票款而受讓匯票之人付款；

　　(b)於定日付款匯票，於拒絕承兌並作成拒絕證書後，對執票人或給付票款而受讓匯票之人付款❷。

　　(2)保證係保證人就整個匯票債務提供擔保，為獨立的票據行為，被保證人之債務縱為無效，保證人仍負擔其義務。但被保證人之債務因款式之欠缺，而為無效者，不在此限（票 61: II）。例如，保證人以發票人為被保證人而為保證時，若發票行為因款式之不備而無效者，保證亦同屬無效。因此，票據法第六十一條第二項前段所謂「無效」，係指實質上無效而言。保證人有二人以上時，應連帶負票據上之責任（票 62）。

　　聯合國國際匯票及國際本票公約規定，保證人經執票人追索支付票款後，被保證人於其所付金額範圍內，免除票據責任 (discharge the party...of his liability on the instrument...)，此係就被保證人對其後手免除責任而言，對於保證人，其應負之票據責任仍然存在。保證人雖係受追索而盡其代償責任，惟其於實質票據關係上與一般依法受讓票據者並無二致，當然承繼追索者之地位，對於被保證人，既得依票據關係為請求，亦得按保證關係為求償❸。

　　(3)保證人清償債務後，得行使執票人對承兌人、被保證人及其前手之追索權（票 64）。換言之，保證人於清償債務後，即承繼執票人之地位，得行使匯票上一切權利。保證人不僅對於被保證人及其前手得行使追索權，匯票如經承兌者，尚得對承兌人行使付款請求權。財政部認為此種經保證人清償之匯票，既經被拒絕承兌或付款，自不宜更以背書為轉讓，因此建議對第六十四條加一「不得以背書更為轉讓」之但書❹，但未為立法當局所採納。惟在解釋上，保證人縱依背書再為轉讓，如在到期日後者，亦不生匯票上權利移轉之效力。

　　保證人是否因保證而應與發票人負連帶責任？關於此點，司法實務上有

---

❷　同公約第四十七條第二項。

❸　同上註第四十八條。

❹　參見立法院司法委員會編印，《審查票據法修正草案參考資料專輯》(61 年 4 月)。

不同之見解，有認為匯票及本票之保證人為票據債務人，對於執票人應依票據法第九十六條之規定與發票人連帶負責；亦有認為依票據法第五十八條第二項之規定，票據保證應由票據債務人以外之人為之，又保證人與被保證人負同一責任，同法第六十一條定有明文，故保證人並非同法第九十六條所指之票據債務人，應無連帶責任可言，保證人與被保證人間僅成立不真正連帶債務❷。

於兩說中，筆者認為以後說較符合票據債務之性質。

⑷被保證人對於執票人存有人的抗辯時，保證人得否援引以為拒絕付款之依據？學者有不同之見解：有持否定說者；亦有持肯定說者❷。我國法院從後說。最高法院曾判決云：「票據法為民法之特別法，故除票據法另有特別規定外，非不得準用民法之規定，主債務人所有之抗辯，保證人得主張之，此為民法第七百四十二條第一項所明定，泰山公司之保證人，執上揭泰山公司所有之抗辯，對抗荷蘭公司，自為法所許❷。但若主債務人所有之抵銷抗辯係本於主債務以外之獨立原因所生，而與主債務之發生、消滅或履行無牽連關係者，則除保證契約另有訂定外，自不在保證人得為主張之列❷」。

---

❷ 載《司法院公報》，卷23，期8，頁80。

❷ 詳見陳世榮，〈票據法第二章匯票第五節保證與第五十八條至第六十四條之概要暨歷年判解等〉，《一銀月刊》，卷27，期2，頁65–76。

❷ 66 臺上 2982。

❷ 42 臺上 1060：保證人於其保證之債務除有民法第七百四十四條及第七百四十五條所定事由，對於債權人得為拒絕清償之抗辯外，就主債務人所有之抗辯，亦得主張之，固為同法第七百四十二條所明定。惟該條所謂保證人得主張所有之抗辯係僅指主債務人所有與主債務自身之發生消滅或履行有牽連關係之抗辯（如主債務人有不法事由或當事人無行為能力等原因而發生，或因清償及其他原因而消滅，或由契約互負債務他方未為對待給付前得拒絕自己給付等抗辯），因其效力當然及於有從屬性之保證債務，故亦得由保證人主張之者而言。若主債務人與債務人互負給付種類相同之債務，關於主債務人所有之抵銷抗辯係本於主債務以外之獨立原因所生，而與主債務之發生消滅或履行並無牽連關係，則除保證契約另有訂定外，自不在保證人得為主張之列。

四、票據保證與民事保證之不同

匯票保證與民法保證雖同為債務提供擔保，但二者在性質上有如下之不同：

⑴匯票保證為要式的單獨行為；而民事保證則為非要式行為，係基於保證契約而成立（民739）。

⑵匯票保證係就整個票據關係為保證；民事保證則係為特定之主債務人保證。

⑶匯票保證之獨立性大於從屬性，不因被保證之債務之無效而無效；而民事保證僅有從屬性，而無獨立性，被保證之債務無效者，保證亦當然歸於無效。

⑷匯票保證人應單獨的對執票人負匯票上責任；而民事保證人得對債權人行使先訴（或檢索）抗辯權（民745）。

五、票據保證與背書之不同

保證與背書雖同為附屬票據行為，並同有擔保票據債務之效果，但二者在適用之範圍及性質上仍有所不同：

⑴票據保證僅匯票與本票有之，支票係為支付證券，而非信用證券，因此，並無保證制度。背書人簽名於支票而為背書者，應依票據法之規定負背書之責任，執票人不得僅憑支票上之背書而主張背書人應負票據法上或民法上之保證責任[129]。但若第三人於支票背面簽名蓋章，並標明連帶保證字樣，是否亦生背書轉讓之效力，抑或其他法律效力？最高法院曾謂：匯票關於保證之規定，對於支票不在準用之列，票據上記載票據法所未規定之事項者，因僅不生票據上之效力，而非絕對不生通常法律上之效力，惟所生通常法律效力之關係如何，應由審理事實之法院調查認定[130]。換言之，是否構成民法上之保證，應依當事人之意思決定之。

---

[129] 48臺上922及62臺上588。

[130] 50臺上1372。

⑵背書人於票據上為背書後，即依票據法第三十九條之規定負擔保責任，此一擔保責任為背書行為之效果，而非目的；至於保證，係就整個匯票或本票債務提供擔保，擔保之提供為保證行為之目的。

⑶在背書，執票人得以背書之連續證明其權利；而保證與背書之連續無關。

⑷背書人依背書所負之擔保承兌與付款之責任，係以票據為對象，其責任係屬固定不變並完全獨立的；而保證人依保證而與被保證人負同一責任，其保證之對象為被保證人，其所負之責任有一定程度之從屬性，並以被保證人為何人而不同：被保證人如為承兌人，保證人所負者為付款責任；被保證人如為背書人，保證人所負者為償還責任❸。

⑸在公司之場合，依據公司法第十六條規定，公司除依其他法律或公司章程規定，以保證為業務者外，不得為票據之保證人；並不「因票據法第五十八條第二項，有不問何人均得為保證之規定，而排斥公司法第十六條適用之餘地（參考最高法院 43 臺上 83 判例）❸。」但公司得為背書人，依背書轉讓票據上權利。背書與保證不同：背書屬轉讓票據權利之行為，背書人按票據文義負其責任；保證係在為他人之債信提供擔保，於主債務人不為履行時，由其承擔履行債務之責任，而承擔票據債務成為保證唯一目的，與公司一般業務之經營通常兩無關連。公司不得就匯票、本票為保證，其理由亦在於此。至於支票，經票據法明定無保證制度，公司於支票上背書既不涉及保證，自屬合法，何況票據之簽發與背書，同為公司經營業務必要之行為。

⑹保證得就票據金額之一部分為之（票 63）；背書不得就票據金額一部分為之，亦不得將票據金額分別轉讓於數人（票 36）。

六、聯合國公約關於保證之特別規定

前曾言及，聯合國國際匯票及國際本票公約對保證有較為複雜之規定。不僅承襲日內瓦式保證 (oval)，並亦納入美式保證 (guaranty)，供票據當事人

---

❸ 參見王紹堉，〈票據背書與保證之區分〉，《法律評論》，卷 34，期 9，頁 9–10。

❸ 參見七十二年五月司法院司法業務研究會第三期研究意見。

選擇採用。雖無論於何者，保證人與被保證人負同一責任之原則不變，同時基於票據保證之獨立性遠超過其從屬性之考量，公約亦明文規定保證人不得以其先於被保證人於票上簽名或於其簽名時尚屬空白票據對抗追索權人❸。惟日內瓦式保證之保證人與美式保證之保證人於所得行使抗辯權之範圍上則有廣狹之別：前者所負之票據責任較重，其對善意執票人所得行使抗辯權之事由經同公約明定限於下列四者：

　　①依據第三十條第一項(b)款被保證人於票據上之簽名係善意執票人以詐欺手段取得者；

　　②依據第五十三條或第五十七條票據未經提示承兌或付款者；

　　③依據第六十三條票據未遵期作成拒絕承兌證書或拒絕付款證書者；

　　④依據第八十四條規定所生之時效抗辯對被保證人已不得再行使者❹。後者，所得主張之抗辯事由不以前開四者為限，凡依據同公約第三十條第一項規定對抗善意執票人之事由❺及第二十八條第一項、第三項及第四項規定對抗惡意執票人之事由❻，保證人均得主張之，但同公約進一步規定，若保證人為銀行或其他金融機構並以簽名表示保證者，其對善意執票人所得主張之抗辯仍以前開四者為限❼。

　　此處尚須附帶指出者，厥為美國統一商法典就 Guaranty 及 Accommodation 分別規定於第 3-415 條及第 3-416 條，但於一九九〇年修正時僅保留後者❽。所謂 Accommodation，係指為票據債務人之利益簽名於票上而負票據責任之行為❾，與我國票據保證類似，惟前者之效力因行為人（即 accommodation party）於票上簽名時是否加載「僅擔保付款，不擔保票據債務之履

---

❸　同公約第四十六條第六項。

❹　同上註第四十七條第四項(c)。

❺　同上註第四十七條第三項。

❻　同上註第四十七條第四項(a)(b)。

❼　同上註第四十七條第四項(e)。

❽　UCC §3-419.

❾　UCC §3-419 (a).

行」而不同。若有此記載者，行為人僅於票據債務人（即被保證人 accommo-dated party）失卻清償能力、經強制執行票據仍不能獲得清償、履行票據債務之催告無從送達、及其他顯然不能獲得付款等情況下，始負給付票款之義務**⓴**。

第六節　到期日

一、到期日之意義與種類

到期日係指匯票債務應為履行之日期。執票人應於到期日或其後二日內為付款之提示（票 69: I），而付款人亦僅於到期日負付款之義務。如為期前付款者，執票人得拒絕之。付款人對於期前付款，並應自負其責。匯票為信用證券，其履行票據債務之到期日，應記載於票上。依票據法第六十五條規定，匯票之到期日，應依下列方式之一定之：

(1)定日付款：匯票上載明以確定之年月日為到期日。

(2)發票日後定期付款：匯票上載明以發票日後一定期間之末日為到期日。

(3)見票即付：依據票據法第六十六條規定，見票即付之匯票以提示日為到期日；執票人並應自發票日起六個月內為付款之提示。惟此一提示期間得由發票人以特約延長或縮短之，延長之期間不得超過六個月。執票人如未在法定或約定之期間內為提示，對於一切前手或約定之前手喪失追索權。

(4)見票後定期付款：見票後定期付款之匯票，依承兌日或拒絕承兌證書作成日，計算到期日（票 67: I），而以承兌日或拒絕證書作成日後，匯票所定期限之屆至為到期日。此種匯票因承兌是否載有年月日，提示期限是否經特約延長或縮短，或曾否作成拒絕證書而不同其到期日之計算日：

①執票人在法定期限內為承兌之提示，並經承兌人記載承兌之年月日者，自承兌日起一定期間之屆至為到期日。例如，匯票上載「見票後二月祈付……」，發票日為一月五日，執票人若在五月五日提示承兌，則以七月五日為

⓴　UCC §3–419 (d)、(e).

到期日。

②執票人雖在法定期限內提示承兌，但未經承兌人記載承兌之年月日者，則依第四十五條規定，以承兌提示期限之末日，計算到期日。因此，在前例，應以七月五日為起算日，以九月五日為到期日。

③發票人或背書人於匯票上為「本匯票應於二個月內提示承兌」之記載者，則應於此一約定期限之末日前為承兌提示，以計算到期日，否則，對於為約定之人喪失追索權（票104: II）。

④承兌如遭拒絕時，應分別依下列情形，計算到期日：

(a)拒絕承兌證書於提示承兌之當日作成者，其到期日之計算與前述承兌日相同。

(b)拒絕承兌證書係在提示承兌期限內作成者（見票87: I），則以拒絕承兌證書真正作成日，計算到期日。

(c)匯票經拒絕承兌，而未作成拒絕承兌證書者，依票據法第四十五條所規定承兌提示期限之末日，計算到期日（票67: II）。

二、到期日計算之方式

關於到期日之計算方式，依據票據法第六十八條規定，其情形有下列三種：

(1)發票日後或見票日後一個月或數個月付款之匯票，以在應付款之月與該日期相當之日為到期日；無相當日者，以該月末日為到期日（票68: I）。例如，發票日後一個月付款之匯票，而發票日為一月五日者，則以二月五日為到期日；或發票日為一月三十一日者，則以二月二十八日或二十九日為到期日。

(2)發票日後或見票日後一個月半或數個月半付款之匯票，應依前項規定計算全月後，加十五日，以其末日為到期日（票68: II）。

(3)票上僅載月初、月中、月底者，謂月之一日、十五日、末日（票68: III）。

三、分期付款

分期付款匯票係指匯票金額之一部有不同之到期日之匯票。票據法雖容許付款人得就匯票金額之一部為承兌（票 47），或就匯票金額之一部為付款（票 73：I），或第三人就匯票金額之一部為保證，惟對於發票人是否得簽發分期付款之匯票，舊票據法則予以禁止，明定：「分期付款之匯票無效」。日內瓦統一票據法第三十三條第二項亦為類似之規定。依據學者之見解，分期付款之匯票因弊多於利，因此不宜採取。但新票據法則為適應事實需要，促進工商業之發展，乃仿照美國舊票據法第二條第二款及一九九〇年以前之統一商法典第 3-106 (1)(a)條，准許簽發分期付款之匯票，惟匯票金額或其利息中任何一期，到期不獲付款時，則未到期部分視為全部到期，付款人就視為到期部分為清償時，得扣減該部分之利息。其有約定利率者，依約定利率扣減，未有約定利率者，依本法第二十八條第二項規定之利率扣減（票施 9），茲錄現行票據法關於分期付款之規定如下：

「分期付款之匯票，其中任何一期，到期不獲付款時，未到期部分，視為全部到期（票 65：II）。

「前項視為到期之匯票金額中所含未到期之利息，於清償時，應扣減之（票 65：III）。

「利息經約定於匯票到期日前分期付款者，任何一期利息到期不獲付款時，全部匯票金額視為均已到期（票 65：IV）。」

從上述規定觀之，現行票據法雖容許發票人簽發分期付款之匯票，但若匯票金額中之任何一期，或其利息中任何一期到期不獲付款，全部匯票金額視為到期，分期付款之利益即告喪失。分期付款匯票，受款人於逐次受領票款及利息時，應分別給予收據，並於票據上記明領取票款之期別、金額及日期（票施 10）。

聯合國國際匯票及國際本票公約第九條第四項(d)亦規定對於分期付款匯票，若其中任何一期不獲付款，未到期之全部票據金額視為均已到期之制，其於第七十二條第四項(c)款為如下規定：

「分期付款之票據，其任一期不獲承兌或不獲付款而由票據債務人（筆者按：此處係指一切前手，包括發票人、背書人及其保證人）付款者，受領該項給付之執票人，應對該債務人出給經證明之票據謄本 (a certified copy of the instrument) 及拒絕證書，該債務人得持以行使票據上權利。」

第七節　付　款

一、付款之意義

付款係指匯票付款人或承兌人，向執票人支付匯票金額之全部或一部之情形而言。茲分數點說明如下：

⑴執票人請求付款時，應向匯票之付款人或承兌人現實的出示票據。匯票上有擔當付款人之記載時，付款之提示應向擔當付款人為之。付款人支付匯票金額時，執票人並應交出匯票。

⑵付款人支付匯票金額之全部時，一切匯票關係即歸於消滅；付款人如僅就匯票金額之一部為付款時，不生全部票據關係消滅之效果，對於其餘部分之票據上權利，仍繼續存在，執票人得向前手追索。

⑶匯票為金錢證券，付款人應以金錢為給付。付款人如堅持以金錢以外之物給付，或拒絕付款者，執票人於向其前手行使追索權前，雖須向參加承兌人或預備付款人請求付款，但參加承兌人及預備付款人之付款，因無消滅全部匯票關係之效果，因此，僅屬廣義之付款，不在本節討論之範圍以內。

二、付款之提示及地點

㈠付款之提示

付款提示係指執票人向付款人現實的提示票據，請求匯票金額之支付而言。執票人之現實出示匯票，為請求付款人付款之前提要件。茲分別說明如下：

⑴付款提示之當事人：提示人為執票人；受提示者為付款人或承兌人。

匯票上有擔當付款人之記載者，應以擔當付款人為受提示人（票 69: II）。執票人為交換票據，向票據交換所提示者，依據票據法第六十九條第三項規定，與付款之提示有同一效力。換言之，票據交換所於此情形，有受提示之資格。

聯合國國際匯票及國際本票公約對於執票人應向何人為付款提示有如下之規定：

(a)除本票另為載明外，二以上發票人簽名之本票，得向其中任何一人為提示；

(b)匯票付款人或承兌人或本票發票人死亡者，須向其繼承人或遺產管理人為提示；

(c)匯票付款人、承兌人、或本票發票人以外之個人或機構依法有支付票款之資格者，得向該人或該機構為付款提示；

(d)票據交換所所在地法律或票據交換所之規章或慣例有規定者，得向票據交換所為付款提示[141]。

(2)**付款提示之期限**：票據法第六十九條第一項規定，執票人應於到期日及其後二日內，為付款之提示。匯票因其到期日記載方式之不同，計有四種，本項規定僅適用於定日匯票、見票後定期付款匯票及發票日後定期付款之匯票。至於見票即付之匯票，以提示日為到期日，付款人應即付款。前開聯合國公約就付款提示之期限為如下之規定：

(a)執票人須於營業時間向匯票付款人、承兌人或本票發票人提示票據，請求付款[142]；

(b)非見票即付之票據，須於到期日或到期日後二營業日內為付款提示[143]。此處須注意者厥為本公約使用二營業日 (two business day)，與我票據法第六十九條所謂到期後二日，在意義與計算上並不相同。舉例言之，票據若於星期五到期，依本公約執票人得於次一星期二以前為付款提示；於我國現制下，執票人受限於民法第一百二十二條規定，須在次

---

[141]　同公約第五十五條(b)、(c)、(d)、(h)款。

[142]　同上註(a)款。

[143]　同上註(e)款。

　　一星期一提示付款；

　　(c)見票即付之票據，須於發票日後一年內為付款提示 ❹。

　　對於見票即付之匯票，現行票據法第六十六條第二項規定為自發票日起六個月，執票人未於此期間為付款提示者，僅對其前手喪失追索權，對於本票發票人之付款請求權，於法定時效期間內，不受任何影響。

　　(3)付款提示之地點：前曾言及，付款地為相對必要記載事項。票據法第二十四條第六項規定：未載付款地者，以付款人之營業所、住所或居所所在地為付款地，執票人須向付款地為付款提示。關於此點，前開聯合國公約為如下之規定：

　　(a)票據上所載之付款地；

　　(b)無付款地之記載者，票據上所載匯票付款人、承兌人或本票發票人之住址；

　　(c)無付款地，亦無匯票付款人、承兌人、或本票發票人之住址之記載者，為匯票付款人、承兌人或本票發票人之主要營業所或居所所在地 ❹。

　　(4)未為付款提示之結果：執票人如未於到期日為付款之提示，對於其權利有何影響？各國票據立法例並不一致：有規定執票人不於到期日為付款之提示，即喪失其票據上權利者；有規定對於執票人之票據上權利不生影響，僅票據債務人因而所受之損害，得向執票人請求賠償者；亦有規定執票人因而喪失其對於前手之追索權者。我國票據法則仿後之立法例，即執票人不於到期日及其後二日內為付款之提示者，喪失對於前手之追索權（票 104: I）。於此情形，匯票如經承兌者，執票人對於承兌人之付款請求權，並不因曾否在上述法定期限內提示付款而受影響。自到期日至未來三年間，執票人仍得隨時請求承兌人付款（票 22: I）。但若匯票未經承兌者，由於付款人對於執票人不負票據上義務，而執票人之前手之償還義務因其未在法定期限內為付款之提示而免除，其結果，執票人僅得對發票人行使利益償還請求權（票 22: VI）。

---

❹　同上註(f)款。

❹　同上註(g)款。

前開聯合國公約就此採取較為簡捷之處理方式，其規定如下：

(a)票據未經付款提示者，匯票發票人、背書人及其保證人均得免責 **⑭**。

(b)票據未提示付款，並不免除承兌人、本票發票人及其保證人、或付款人之保證人之票據責任 **⑭**。

若匯票未經承兌，亦無人為付款人保證，則執票人之未為付款提示，其所得採取之救濟，是否僅得請求匯票發票人償還利益之一途？關於此點，該公約未為進一步規定。

(5)付款提示之免除：執票人原應於到期日及其後二日內，為付款之提示，但若有下列情形之一，執票人之付款提示得以免除，其不為提示，不影響對前手之追索權：

①付款人曾拒絕承兌，並經作成拒絕承兌證書者（票 88 前段）**⑭**。

②不可抗力之事變延至到期日後三十日以外時（票 105：IV）。

③票據喪失經公示催告及除權判決者（票 19）。

前開聯合國公約規定付款提示之遲延係不可抗力所致者，執票人免負遲延責任。於不可抗力之原因消失後，執票人仍須即為付款之提示 **⑭**。惟於下列情況下，付款提示得以免除：

(a)匯票發票人、背書人或保證人為免除付款提示之記載者：發票人為此記載者，其後手同受拘束，執票人得不經付款提示即對其所有前手為追索；發票人以外之債務人（包括背書人及保證人）為此記載者，僅拘束該債務人，執票人得對之不經付款提示而為追索 **⑭**。本公約同時為一特別規定，即票據債務人於票據外為此表示者，僅拘束該債務人，亦唯受表示人始得不經提示而對之為追索 **⑭**；

---

⑭ 同上註第五十七條第一項。

⑭ 同上註第五十七條第二項。

⑭ 同上註(e)款。

⑭ 同上註第五十六條第一項。

⑭ 同上註第二項(a)款(ⅰ)、(ⅱ)目。

⑭ 同上註(a)款(ⅲ)目。

　　⒝於非見票即付之票據，導致提示遲延之不可抗力之事故延續至三十日以外時；於見票即付之票據，此項事故自提示付款期限屆滿日（即自發票日起一年）延續至三十日以外時 ❷；

　　⒞匯票付款人、承兌人或本票付款人因破產而喪失處分能力，或為虛擬之人或無付款能力之人，若其為公司、合夥企業、社團或其他法人，現已解散而終止存在者 ❸；

　　⒟票上無付款地者（見同公約第五十五條⒢款）❹。

㈡付款之地點

　　我國票據法設有擔當付款人制度，而付款人所指定之擔當付款人不限於付款地之第三人，就此意義言，付款人得利用擔當付款人之指定以變更付款地。惟前開聯合國公約不容許變更本公約第五十五條所規定之付款提示地，明定執票人得拒絕於票載付款地以外之地點受領票款。若付款人或承兌人片面更動付款地，或堅持於票據付款地以外地點付款者，視為付款拒絕 ❺。於國際票據之場合，付款地之更動對執票人權益之影響至鉅，本公約作為國際票據之規範而設此法則，至屬允當。

三、付款之日期

　　執票人於匯票到期日提示票據，請求付款者，付款人原則上應即付款。但依票據法第七十條規定，付款人經執票人同意得延期為之，此一延長之期間僅以三日為限。除有此種延長期限之情形外，票據債務當事人絕對的受到期日之拘束。執票人不得於到期日前為付款之請求；付款人亦不得於到期日前預為付款。票據法第七十二條並規定：到期日前之付款，執票人得拒絕之。付款人於到期日前付款者，應自負其責；於見票即付票據，付款人於票載發票日前為付款者，亦同 ❻。至於法定付款提示期間經過後或拒絕付款證書作

---

❷　同上註⒝、⒞款。

❸　同上註⒟款。

❹　同上註⒠款。

❺　同上註第七十四條。

成後，付款人對執票人付款者，是否生清償票據債務之效力？應以付款人是否為承兌人而定。付款人經承兌後，負絕對付款之義務，其付款自生清償之效力，票據法第七十六條並規定，執票人在第六十九條所定期限內不為付款之提示時，票據債務人（即承兌人）得將匯票金額依法提存，以免除其債務。關於提存之費用，由執票人負擔之。付款人如未為承兌者，因非票據債務人，其對於執票人之支付匯票金額，不構成依發票人之委託而付款；此就執票人而言，則屬無法律上原因而受利益。但若執票人曾在法定期限內為付款之提示，並作成拒絕付款證書者，因其已保全對前手（包括發票人）之追索權，付款人如為付款者，應解為為發票人之利益而付款，使生追索權消滅之效果。

四、付款人之責任

付款人對執票人為付款前，負如下之責任：

⑴匯票之審查：執票人提示票據，請求付款時，付款人對於匯票款式之是否具備及匯票上背書之是否連續應負審查之責。付款人對於欠缺形式要件之匯票或對於背書不連續之匯票而付款者，應自負其責（票 71：I）。依票據法第七十一條第二項規定，付款人對於背書簽名之真偽，及執票人是否票據權利人，不負認定之責，但有惡意或重大過失時，不在此限。換言之，付款人對於已具備法定款式及背書在形式上連續之匯票為付款，而其付款出乎善意者，背書簽名縱經偽造，或執票人非票據真正權利人，仍生付款之效力。

⑵按匯票所表示之貨幣付款：付款人應按匯票所表示之貨幣為給付。但若表示匯票金額之貨幣為付款地所不通用者，得依付款日行市，以付款地通用之貨幣支付之；當事人另有特約者，則依特約之所定（見票 75：I）。表示匯票金額之貨幣，如在發票地與付款地名同而價異者，推定其為付款地之貨幣（票 75：II）。

各國貨幣有幣名同而幣值不同，亦有幣名不同幣值亦不同，而貨幣與貨幣間之匯率，猶若股票，悉視發行貨幣國家之經濟情況而定，因而對於涉及二國以上之國際票據應以何種貨幣付款，自不若我國票據法前述規定之單純。

⑯　參見 UCC §3-113⒜。

前開聯合國公約不得不於「票據應以表示金額之貨幣付款❺」這一原則下，另行增列如下之規定：

⒜票據金額以貨幣計價單位 (monetary unit of account) 表示，若此項貨幣計價單位得於付款人與受款人間轉讓，除非票據另有付款貨幣之指定，付款應以貨幣計價單位之轉讓為之；若此項貨幣計價單位不能於付款人與受讓人間轉讓者，付款應以票上指定之付款地之貨幣為之；無此指定者，則以付款地之貨幣為之❺；

⒝匯票發票人或本票發票人於票上指定應以表示金額之貨幣以外之貨幣付款者，票據應以指定之貨幣付款；其兌換率經指定者，按所指定之兌換率計算；無指定者，按到期日見票即付之匯率或合理之既定匯率計算❺；

⒞票據遭拒絕承兌或拒絕付款，執票人據以向前手追索，而票據上又有匯率之記載者，其應付金額按指定匯率計算；無指定者，按到期日或實際付款日核定匯率計算之，二者中，由執票人擇定❺；

⒟前述某日之核定匯率，得為票據提示付款地或實際付款地之核定匯率，二者中由執票人擇定❺；

⒠非以付款地貨幣簽發之票據，又須以當地貨幣支付者，票據之應付金額以提示付款地提示日之見票即付匯票之匯率或適當確立之匯率計算之；票據經拒絕承兌或拒絕付款者，其應付金額按拒絕日或提示日或實際付款日之匯率折算，二者中，由執票人擇定❺。

---

❺　上註第七十五條第一項。
❺　上註第二項。
❺　上註第三項(a)、(b)款。
❺　上註(c)、(d)款。
❺　上註第七十五條第五項。
❺　上註第七十六條第二項。

五、付款人之權利

付款人之權利如下：

⑴付款人僅就匯票金額之一部為付款者，執票人不得拒絕（票 73），執票人並應在票上記載所收金額，另給收據（票 74: II）。執票人對於部分付款如為拒絕，就該部分之金額，即生喪失追索權之效果。執票人於獲一部分付款後，對於未獲付款部分，應請求作成拒絕證書證明之（票 86: I）。

前開聯合國公約就此設有不同規範，明定執票人無須接受部分付款。執票人不接受部分付款者，票據即屬拒絕付款。執票人若接受部分付款，同公約之規定與我國票據法前述規定同，即於執票人所受領票據金額範圍內，付款人、承兌人及其保證人得解除其票據上責任；至未獲付款部分，視為拒絕付款，執票人於作成拒絕證書後得向前手追索。被追索人一經就餘額部分為償付，執票人應對其交出票據及拒絕證書，俾其就所償付部分再向前手追索❶❻❸。

⑵付款人付款時，得要求執票人記載收訖字樣，簽名為證，並交出匯票（票 74: I）。於實務上，付款人於付款時僅要求受款人於票據背面簽名，而不進一步指示受款人記載收訖字樣，此項簽名有時不免與一般背書相混淆，對受款人至為不利。因此，近時使用之票據，於票背印有「請收款人填寫姓名」等字樣，最高法院認為支票背面經付款人印有「請收款人填寫姓名」等字樣，於法本非無據，執票人對準收款人項下簽名，而不在其他背面處所簽名，應屬票據法第七十四條第一項受領匯票付款之證明，不得視為背書❶❻❹。於無記名票據之場合，為保護付款人之權利，學者中曾有人主張，付款人應請「執票人填入自己為受款人，然後收帳」❶❻❺，此點似無必要，無記名票據如經背書轉讓，則被背書人或執票人之將自己填入為受款人，不僅影響背書之連續，

---

❶❻❸　上註第七十三條。

❶❻❹　48 臺上 1784 及 50/6/6 最高法院民庭總會決議。

❶❻❺　左覺先，〈泛論票據背書之連續性〉，載《法律評論》，卷 43，期 11、12 合刊，頁 21。

並將使票據關係更行複雜。

六、付款與責任解除

前曾言及,匯票付款人或承兌人須於票載到期日及其後對執票人付款者,使票據關係完全歸於消滅。付款人或承兌人於到期日前所為之付款,或執票人不獲承兌或不獲付款而向前手追索,前手對執票人所為之票款償付,不生相同之效果,僅發生為清償票款者得否解除其票據責任之問題。關於此點,前開聯合國公約特為如下之規定:

(a)票據債務人除非因匯票不獲承兌而受期前追索所為之票款償付,其於到期日前所為之付款,除對受領票款之人外,不足以解除其票據上責任❶⑥⑥;

(b)票據債務人對惡意執票人,或受讓票據時明知讓與人以竊盜或偽造受款人或被背書人之簽名,或參與此項竊盜或偽造之人所為之付款,不得解除其票據上責任❶⑥⑦;

(c)付款人以外之票據債務人於付款後未取回票據者,其所獲得之票據責任之解除,不足以對抗其後受讓票據之善意執票人❶⑥⑧。

第八節　參加付款

一、參加付款之意義

參加付款係指付款人或承兌人拒絕承兌或拒絕付款時,由付款人或擔當付款人以外之人,為特定票據債務人之利益,對執票人付款,以防止執票人行使追索權之行為。茲分數點說明如下:

(1)參加付款之目的係在保全票據債務人之信用,防止執票人之行使追索

---

❶⑥⑥　同公約第七十二條第二項。

❶⑥⑦　上註第三項。

❶⑥⑧　上註第四項(e)款。

權，因此，票據法第七十七條前段規定：「參加付款應於執票人得行使追索權時為之」。執票人於付款人拒絕承兌時得為期前追索，於付款人拒絕付款時得為到期追索，本條自係指此二種情形而言。換言之，無論於拒絕承兌時或拒絕付款時，均得參加付款，並不以拒絕付款時為限。學者中雖有認為參加付款主要係為到期追索之情形而設❿，惟筆者不以為然，甚而認為應刪除參加承兌之規定，以參加付款為之替代。

⑵參加付款既僅在防止追索權之行使，匯票上之權義，不因參加付款而歸於消滅。參加付款人如以背書人為被參加人者，於付款後，對於承兌人、被參加人及其前手，取得執票人之權利，惟被參加人之後手，得因而免除其匯票上之債務。

⑶參加付款人係為特定票據債務人之利益而參加付款，因此，必有被參加人。參加付款通常以發票人或背書人為被參加人。在例外場合，亦得以保證人、參加承兌人或承兌人為被參加人。參加付款人如為承兌人之利益而參加付款者，則參加付款人僅得向承兌人行使票據上之權利，其他票據債務人均因而免責。

⑷參加付款與付款不同，前已言之，參加付款僅在防止追索權之行使，除被參加人之後手得因而免責外，並無使票據關係歸於消滅之效果；反之，付款則使整個票據關係歸於消滅。

⑸參加付款與參加承兌雖同在防止追索權之行使，但二者仍有如下之不同：

①參加付款，不問何人，均得為之（票 78: I）；而參加承兌如由第三人（而非由預備付款人）為之者，須經執票人之同意。

②執票人拒絕參加付款者，對於被參加人及其後手喪失追索權（票 78: II）；反之，執票人縱使拒絕預備付款人之參加承兌，亦不生同一效果。

③參加承兌為票據行為之一種，須由票據債務人以外之第三人為之；參加付款則否。

---

❿　鄭玉波，《票據法》，頁 172。

二、參加付款人

除付款人及**擔當付款人**外，無論何人，均得為參加付款人。票據債務人以外之第三人固得為參加付款人；票據債務人，例如，發票人、背書人或保證人亦得為參加付款人。此點與參加承兌之限於票據債務人以外之第三人為參加承兌人者不同。

參加付款雖任何人均得為之，但須注意下列之特別規定：

⑴付款人或擔當付款人不於第六十九條及第七十條所定期限內付款者，有參加承兌人時，執票人應向參加承兌人為付款之提示；無參加承兌人而有預備付款人時，應向預備付款人為付款之提示（票 79: I）。參加承兌人或預備付款人，不於付款提示時為清償者，執票人應請作成拒絕付款證書之機關，於拒絕證書上載明之（票 79: II）。執票人如未向參加承兌人或預備付款人為付款之提示，或未請求拒絕證書作成機關於拒絕證書上載明參加承兌人或預備付款人拒絕付款之事實者，對於被參加人與指定預備付款人之人及其後手，喪失追索權（票 79: III）。

⑵匯票上雖無預備付款人之記載，亦無參加承兌人，但若第三人對執票人表示參加付款者，執票人不得拒絕。依據票據法第七十八條第二項規定，執票人拒絕參加付款者，對於被參加人及其後手喪失追索權。如下圖之所示，P 對執票人 H 表示為 E 之利益參加付款，H 如予拒絕，則對 EFG 即喪失追索權。第三人為參加付款後，應於四日內將參加事由通知被參加人（即 E），參加付款人怠於為此項通知，因而發生損害時，應負賠償之責（票 82: IV; 55）。

```
（發票人）  （受款人）              （被參加人）
    A →  B →  C →  D →  E →  F →  G →  H
    |                    ⋮
    |                    P
    X                 （參加付款人）
（付款人）
```

(3)請求為參加付款者有數人時，其能免除最多數之債務者，有優先權（票80: I）。如下圖之所示，P_1, P_2, P_3 各為 CEG 之利益參加付款，則應以 P_1 優先，蓋 P_1 參加付款之結果，DEFG 均得因而免責。P_3 如故意違反此一優先原則，而為付款之參加者，對於因而未能免除債務之人，即 DEFG，喪失追索權。但若能免除最多數之債務者有數人時，例如，同圖 $P_1P_2P_3$ 同時表示以 C 之利益參加付款，應由受被參加人 C 之委託者參加之（票80: II, III）。在 $P_1P_2P_3$ 三人中，如 P_2 為受委託參加付款之人，則應以 P_2 為付款之參加。

```
（發票人）  （受款人）
    A →  B →  C →  D →  E →  F →  G →  H
    |         ⋮         ⋮              ⋮
    |         P_1        P_2             P_3
    X      （第        （第            （第
（付款人）   一         二              三
             參         參              參
             加         加              加
             付         付              付
             款         款              款
             人）        人）             人）
```

三、參加付款之時期

票據法第七十七條規定,參加付款應於執票人得行使追索權時為之,但至遲不得逾拒絕證書作成期限之末日。由於追索權之行使有期前及期後之分,參加付款之時期亦因而不同:

(1)執票人得因票據法第八十五條第二項所列舉情形之一,於到期日前行使追索權。但執票人行使期前追索前,應作成拒絕承兌證書(票 86: I),並應於承兌期限內作成之(票 87: I),因此,參加付款亦應於提示承兌期限之末日為之。

(2)執票人於匯票到期不獲付款時,得在票據法第八十七條第二項所定拒絕付款日或其後五日,或延期之末日或其後五日內作成拒絕付款證書後,行使追索權(票 85: I)。因此,參加付款亦應於拒絕付款日或其後五日內,或延期之末日或其後五日內為之。

四、參加付款之款式

參加付款並非前述五種票據行為之一種,因此票據法並未訂定其所須具備之款式,僅於第八十二條第一項規定,參加付款應於拒絕付款證書內記載之。本項所謂拒絕付款證書,在解釋上應兼指拒絕承兌證書,即因拒絕承兌而參加付款者,參加付款應於拒絕承兌證書內記載之。如免除作成拒絕證書者,則參照票據法第八十二條第三項,參加付款應於匯票上記載之❿。關於參加付款所須記載之事項,得比照參加承兌,即應記載:①參加付款之意旨、②被參加付款人之姓名、及③參加付款之年月日,並由參加付款人簽名。由於被參加人為何人,與參加人所得對於票據債務人行使權利之人數有極密切之關係,票據法對於被參加人之確定特為如下之規定:

(1)參加承兌人付款,以被參加承兌人為被參加付款人;預備付款人參加付款,以指定預備付款人之人為被參加付款人(票 82: II)。

(2)無參加承兌人或預備付款人,而匯票上又未記載被參加付款人者,以

---

❿ 見前註,頁 177。

發票人為被參加付款人（票 82: III）。

第三人未受委託而參加付款者，應於參加後四日內，將參加事由，通知被參加人。參加付款人怠於通知，因而發生損害時，應負賠償之責（票 82: IV 準用 55）。

五、參加付款之效力

參加付款既在防止追索權之行使，因此，應就被參加人所應支付金額之全部為之（票 81）。此與參加承兌之情形相同，而與承兌、保證及付款之得就匯票金額一部為之不同。參加付款人對執票人支付全部匯票金額後，執票人對於匯票所有之權利應即移轉於參加付款人，並應將匯票及收款清單，交付參加付款人，有拒絕證書者，亦應一併交付之（票 83: I）；執票人不為交付時，對於參加付款人，應負損害賠償之責（票 83: II）。參加付款人因執票人之交付票據及移轉權利，對於承兌人、被參加付款人及其前手，取得執票人之權利，但不得以背書更為轉讓（票 84: I）。至於被參加付款人之後手，即因參加付款而免責，參加付款人對之不得行使追索權。參加付款人之取得執票人之權利，係依票據關係而取得，票據債務人不得以對抗執票人之事由，對抗參加付款人。

第九節　追索權

一、追索權之意義

追索權係指執票人於匯票不獲承兌、不獲付款、或因其他法定原因無從為承兌或付款之提示時，對於其前手請求償還匯票金額、利息及其他費用之權利。茲分數點說明如下：

⑴追索有期前追索及到期追索二種。依據票據法第八十五條規定，追索權行使之原因有四：①匯票到期不獲付款；②匯票不獲承兌；③付款人或承兌人死亡、逃避及其他原因無從為付款或承兌之提示；及④付款人或承兌人

受破產宣告。就中所謂不獲承兌，依據聯合國國際匯票及國際本票公約，包括付款人明白表示拒絕承兌、經執票人適當努力仍不能獲得承兌、執票人不能獲得基於本公約有權獲得之承兌及因依同公約第五十二條規定之原因而生之承兌免除❿。但見票即付之匯票經提示承兌而遭拒絕者，不得視為拒絕承兌❷。所謂不獲付款，同公約亦規定，包括票據經提示遭拒絕付款、執票人不能獲得基於本公約有權獲得之付款、及付款提示經本公約規定免除之票據，於到期日未獲付款❸。追索權以到期行使為原則，但匯票如有②至④任一情事存在時，縱在到期日前，執票人仍得對其前手即背書人、發票人及其保證人行使追索權❹。

(2)追索為票據特有之制度。不僅匯票有之，本票及支票亦有之。票據債務人不論其為發票人、承兌人、背書人、保證人或參加承兌人，因其簽名於票上而須依票據之文義負擔保承兌及付款之責任。此一擔保不僅及於直接後手，並亦及於一切票據權利人。因此，執票人行使追索權時，不以直接前手為限，得向任何前手行使之，無須依前手負責之先後。

(3)票據債務人對於執票人所負之責任為非真正連帶責任。執票人得對票據債務人中一人、數人或全體行使追索權，不受其前手間之順位或先後次序之限制。償付票款並取得票據之被追索之人，對於應負票據責任之前手，得以相同方式行使追索權。換言之，執票人因向前手追索而受清償者，該為清償之前手得向自己之前手請求償還。如此逐一追索，及於發票人，發票人為最後之償還義務人。因此，執票人如直接向發票人追索而受清償者，發票人之一切後手及其他票據債務人均因而免責，惟匯票如經承兌者，發票人仍得對承兌人行使追索權。

(4)追索權之行使受手續及期限上之限制。執票人須於法定期限內為行使或保全匯票上權利之行為後，始得對於背書人、發票人及匯票上其他債務人

---

❿　同公約第五十四條第一項。

❷　同上註第三項。

❸　同公約第五十八條第一項。

❹　同上註第二項(a)、(b)款。

行使追索權；否則，其追索權即告喪失。若期限經約定者，而執票人不於此一約定期限內為行使或保全其匯票上權利之行為，對於該約定之前手喪失追索權（票 104）。

此處須特別加以指出者厥為前開聯合國公約容許以匯票付款人為被保證人成立保證（見第四十六條第一項），故於第五十四條第二項(c)款進一步規定，匯票不獲承兌者，執票人得於作成拒絕證書後，請求付款人之保證人付款 (If a bill is dishonoured by non-acceptance..., the holder may claim payment from the guarantor of the drawer upon any necessary protest.)。本款所謂請求付款，自非指一般意義之付款，而係在創設向付款人之保證人追索之一種特別規定。

二、追索權行使之當事人

執票人為票據之唯一權利人，因此，最初之追索，以執票人為追索權利人，而以執票人之前手及其他票據債務人（即保證人及參加承兌人）為追索義務人。被追索者於為清償後取得執票人之權利（見票 96: VI），得再向其前手追索，從而成為再追索權利人。於此場合，票據債務人不得藉詞再追索權利人係於退票後惡意取得票據，以其自己與再追索權人之前手間所存之抗辯事由相對抗[175]。前已言之，被追索者如為發票人，因其為最後之償還義務人，

---

[175]　66 臺上 483：原審斟酌調查證據之結果，以系爭支票係上訴人向訴外人裕眾公司購買特多龍胚布所交付，不僅經裕眾公司業務經理李俊英證實，亦為上訴人所自承。該公司業務經理李俊英再以系爭支票向被上訴人法定代理人陳金水調換現款。陳金水為被上訴人背書後轉向訴外人林憲三調款等情，不僅有原支票可憑，及據被上訴人陳明，並經證人李俊英、林憲三供證屬實。參以上訴人亦復自陳：「系爭支票上訴人交給裕眾公司，該公司當時交給何人我不知道，到本件訴訟時我才知道裕眾公司交給陳金水，陳金水交給林憲三云云」。及上訴人控訴陳金水共同詐欺又經刑事法院判決無罪在案，則被上訴人取得系爭支票，非出於惡意，了無疑義。至上訴人提出之刑事判決書，不能證明被上訴人惡意取得系爭支票。嗣因林憲三屆期提示系爭支票而遭退票後，轉向被上訴人追索，被上訴人乃以客票償付林憲三，取回系爭支票等情，亦有被上訴人提出之其法定代理人陳金水臺北市第十信用合作社第一〇五三號帳戶帳卡影本可證，被上訴人持有系爭支票

《票據法論——兼析聯合國國際票據公約》 勘誤表

頁次	錯誤	正確
14頁3行	（即前述guarantee,aval）	（即前述aval,guarantee）
14頁10-11行	視為較強類型之保證，即guarantee：若簽名者非為銀行或金融業者，視為較弱類型之保證，即aval❹。	視為較強類型之保證，即aval：若簽名者非為銀行或金融業者，視為較弱類型之保證，即guarantee❹。

在通常情形，發票人不得再繼續追索。但若匯票經付款人承兌者，票據法不僅規定承兌人應與其他票據債務人對執票人負連帶責任（票 96: I），並容許發票人於其為執票人時，得繼續向承兌人追償票據法第九十七條或第九十八條所規定之金額（票 98: II）。其結果，發票人亦得為追索權利人，而承兌人為追索義務人。此種容許發票人向承兌人追償之規定，根據學者鄭玉波之見解，有如下之實益：

⑴追索權之時效雖較付款請求權之時效為短（見票 22），但若有多數背書人時，追索權累積之時效期間往往反較付款請求權之時效期間為長，執票人對於承兌人之付款請求權因罹於時效消滅時，仍可能對承兌人繼續行使追索權。

⑵發票人依據票據法第九十七條及第九十八條所可求償之金額較行使利益償還請求權所能取得者為多❿。

三、追索權行使之要件

追索權之行使必須具備下列要件：

⑴須於法定或約定期限內為承兌或付款之提示：執票人須於法定或約定期限內為承兌（票 44; 45）或付款（票 66; 69; 79: I, II）之提示。匯票上雖有免除作成拒絕證書之記載，執票人仍應於所定期限內為承兌或付款之提示（票 95）。執票人之遵期提示，應以拒絕證書證明之。但若匯票上有免除作成拒絕證書之記載者，應由主張執票人未遵期提示之一方，負舉證之責（票 95 但）。

顯係背書人受執票人林憲三行使票據追索權，於清償後，再持有系爭支票，依票據法第九十六條第四項規定：「被追索者已為清償時，與執票人有同一權利」。則上訴人抗辯：系爭支票由林憲三提示後交與被上訴人，被上訴人非票據上之債權人，不能向上訴人求償，僅為普通債權讓與云云，亦非可取。上訴人既不能舉證證明被上訴人取得系爭支票係出於惡意，則被上訴人依票據法第九十六條第四項之規定行使追索權，依同法第十三條規定，上訴人即不得以其自己與被上訴人之前手裕眾公司之間所存抗辯之事由，對抗被上訴人。因而將第一審所為不利於上訴人之判決，判予維持。經核尚無不合。

❿　鄭玉波，《票據法》，頁 182–183。

執票人以遵期提示為原則。但若有下列情事之一者，則遵期提示得以免除：

①執票人於法定或約定期限內為承兌之提示，遭付款人拒絕，經作成拒絕承兌證書者，無須再為付款之提示（票88）。

②執票人因不可抗力之事變，不能於所定期限內為承兌或付款之提示，而此一不可抗力之事變延至到期日後三十日以外時，執票人得逕行追索，無須再為提示（票105: III）。

③付款人受破產宣告時，因其已失卻支付能力，執票人無須為承兌或付款之提示（票105: III）。

(2)須作成拒絕證書：執票人於上述法定或約定期限內為承兌或付款之提示，依票據法第八十六條第一項規定，如匯票全部或一部不獲承兌或付款，或無從為承兌或付款提示時，執票人應請求作成拒絕證書證明之。拒絕證書，由執票人請求拒絕承兌或拒絕付款地之法院公證處、商會、或銀行公會作成之（票106），並記載票據法第一百零七條所列舉之各款事項。付款人或承兌人在匯票上記載提示日期及全部或一部承兌或付款之拒絕，經其簽名後，與作成拒絕證書有同一效力（票86: II），此稱為略式拒絕證書。略式拒絕付款證書習見於支票。

拒絕證書可分為拒絕承兌證書及拒絕付款證書二種。本票及支票因無承兌制度，因此，亦無所謂拒絕承兌證書。但在本票有拒絕見票證書，而支票僅有拒絕付款證書。拒絕承兌證書應於提示承兌期限內作成之（票87: I）；匯票之拒絕付款證書，應於拒絕付款日或其後五日內作成之。但執票人允許延期付款時，應於延期之末日，或其後五日內作成之（票87: II）。執票人因付款人或承兌人之死亡、逃避或其他原因無從為承兌或付款提示時，亦應作成無從為承兌或付款提示之拒絕證書（票86: I）。無從為承兌提示之證書應在承兌提示期限內作成之；無從為付款提示之證書，則應於到期日前作成之。

執票人於不獲承兌或不獲付款時，以作成拒絕證書為原則，但有下列情事之一時，拒絕證書之作成得以免除：

①匯票不獲承兌，執票人於拒絕承兌證書作成後，無須再為付款之提示，

亦無須再請求作成付款拒絕證書（票88）。

②付款人或承兌人破產者，以宣告破產裁定之正本或節本證明之，無須另行作成拒絕證書（票86: III）。

③發票人或背書人得在匯票上為免除作成拒絕證書之記載（票94: I）。發票人為此一記載時，對於其一切之後手，均生效力，執票人得不請求作成拒絕證書，而行使追索權。但若執票人仍請求作成拒絕證書時，應自行負擔其費用（票94: II）。背書人為此一記載時，僅對於該背書人發生效力（票94: III前）。換言之，執票人僅對於為記載之背書人免除作成拒絕證書，對於其他票據債務人，仍須於作成拒絕證書後，始得行使追索權。執票人作成拒絕證書者，亦得向其他票據債務人，要求償還其費用（票94: III後）。

④不可抗力之事變延至到期日後三十日以外時，執票人無須提示或作成拒絕證書，而得逕行行使追索權（票105: III）。

四、拒絕事由之通知

為使追索義務人得為償還之準備，票據法第八十九條第一項規定，執票人應於拒絕證書作成後四日內，對於背書人、發票人及其他匯票上債務人，為拒絕事由之通知。此為執票人所負之拒絕事由之通知義務。茲分數點說明如下：

⑴**通知之性質**：執票人於行使追索權前，固須於法定期限內將拒絕事由通知其前手及其他匯票上債務人。但此一通知，並非追索權行使之要件。執票人如怠於通知者，僅於其怠於通知發生損害時，依票據法第九十三條規定負損害賠償之責，當事人應另行解決❼，對於其追索權之行使要無影響。最

---

❼ 57 臺上 2967：本件被上訴人以伊持有第一審共同被告劉宗陣簽發由上訴人背書之支票二紙，計彰化商業銀行付款五十七年二月二十六日期面額四千五百六十元，又同行付款五十七年二月二十日期面額四千八百元，經伊分別於五十七年三月五日及五十七年二月二十日提示，均遭退票等情，求為命上訴人與劉宗陣連帶清償該票款本息之判決，已據提出支票附退票理由單二紙為證，上訴人雖謂被上訴人於領不到票款時，如即對伊通知，則伊不難立向發票人追索，乃不是之務，

高法院曾謂:「縱令被上訴人未於票據法第八十九條所定期間內,將拒絕付款事由,以書面通知上訴人,僅係怠於通知,是否發生損害之問題,仍非不得依票據法第九十七條向上訴人行使追索權**❿**。」

(2)通知之期限及次序:執票人在通常情形下,應於拒絕證書作成後四日內,通知發票人、背書人及其他票據債務人,但若匯票上有免除作成拒絕證書之記載時,應於拒絕承兌或拒絕付款後四日內為拒絕事由之通知(票 89:II)。背書人亦應於收到此項通知後四日內,通知其前手(票 89: IV)。背書人未於票據上記載住所,或雖有記載而記載不明時,拒絕事由之通知得對背書人之前手為之(票 89: VI)。

聯合國國際匯票及國際本票公約就拒絕事由通知期限定為二營業日,亦即凡須作成拒絕證書者,執票人須自作成日後二營業日為通知;無須作成拒絕證書者,自拒絕承兌日或拒絕付款日後二營業日為通知,受執票人通知之前手及其保證人,自受領通知日後二營業日為通知**❿**。

前開公約關於通知之次序,其規定似較我國票據法前述規定簡明合理,可供日後修正票據法之參考,茲臚陳如下:

(a)票據不獲承兌或不獲付款者,執票人原則上僅須通知發票人及最後背書人(通常為執票人之直接前手),於票載資料所得確認地址之情況下,始須通知此等載有地址之其他背書人及其保證人**❿**。按無論於背書或保證,地址僅屬任意記載事項,若背書人於背書時或保證人於保證時並未記載地址,而法律又強令執票人對其為通知,則執票人自須煞費

致發票人已告破產,衡情應請被上訴人先向發票人執行,俟執行無效果時,始由伊付款云云,資為抗辯。惟查發票人及背書人依法對於執票人應負連帶付款之責,執票人不於拒絕證書作成後四月內,對於背書人為通知者,仍得行使追索權,但因其怠於通知發生損害時,應負賠償之責,票據法第一百四十四條、第九十三條、第九十六條定有明文,是上訴人縱因被上訴人怠於通知,而受有損害,亦應另行解決,殊無上訴人拒絕連帶給付票款本息之餘地。

❿ 63 臺上 771。

❿ 同公約第六十六條。

❿ 上註第六十四條第一項。

周章，此豈行使票據上權利之道？

(b)收到通知之背書人及保證人，須通知應負票據責任之直接前手[181]。

前開公約特別強調執票人、背書人或保證人依本公約規定所為拒絕事由之通知，其效力及於一切對被通知人享有票據上追索權之債務人[182]。

(3)**通知之方法**：關於拒絕事由通知之方法，票據法明定得用任何方法為之（票 91: I 前）。因此，執票人以言詞、書面、郵電或其他方法為通知者，均無不可。惟主張於法定期限內為通知者，應負舉證之責（票 91: I）。執票人以郵遞方式所為之通知，如能證明其於信封封面所記被通知人之住所真實無誤，不問此項通知之郵件是否送達被通知人，法律上視為已經通知（票 91: II）。如因不可抗力不能於第八十九條所定期限內將通知發出者，應於障礙中止後四日內為之（票 92: I）。執票人如能證明於第八十九條所規定之期限內，已將通知發出者，則不問此項通知曾否送達被通知人，在法律上認為已遵守通知之期限，而生通知之效力（票 92: II）。

前開聯合國公約相關規定幾與我國票據法同，惟有如下二點宜予於此敘明：

(a)該公約所謂「退回票據連同不獲承兌或不獲付款之說明，構成充分之通知 (sufficient notice)[183]。」此在我國現行票據法制下並不可行，事實上亦無人願以此方式為通知。依據前述分析，通知僅為執票人行使追索權前所盡之法定義務，而追索權之行使以執有票據為前提要件，一旦將票據退回，則執票人如何對其前手行使此項追索權？

(b)該公約規定：「拒絕事由之通知按當時情況以適當方式對被通知人為傳送或投遞者，不論其收到與否，視為已適當為之[184]。」此一規定為我國票據法所無，或可供日後修正之參考。

(4)**通知之免除**：執票人於通常情形下須為拒絕事由之通知，不因匯票上

---

[181] 上註第二項。

[182] 上註第三項。

[183] 上註第六十五條第一項。

[184] 上註第二項。

有免除作成拒絕證書之記載，而免除其通知之義務，但若有下列情事之一時，執票人則無須為通知：

①執票人以付款人業經破產宣告為理由而追索者。因破產法第六十五條規定，法院為破產宣告時，應就破產裁定、破產宣告年月日及其他有關事項予以公告，因此，執票人對於其前手及其他票據債務人無另為通知之必要。

②發票人、背書人及匯票上其他債務人於第八十九條所定通知期限內，表示免除執票人之通知義務者，執票人無須再為通知（票 90）。根據鄭玉波之見解，此項通知由發票人或背書人於發票時或背書時，預為免除者，亦無妨有效 [185]；並認為通知之免除，須於第八十九條所定通知期限屆滿前為之，否則即失其意義，應屬不可 [186]。然作者以為發票人、背書人或其他票據債務人於第八十九條所定通知期限後，為通知之「免除」者，或可視為第九十三條所規定之損害賠償請求權之拋棄。

前開聯合國公約就此有較為周詳之規範，明定通知人因不可抗力或不可歸責於己之事由，致通知遲延者，得免負遲延責任；遲延原因消滅時，須即行為通知 [187]。但若當時有下列情事存在時，拒絕事由之通知得以免除：

(a)經適當努力，通知仍無以送達者 [188]；

(b)發票人於票上為拋棄通知之表示，拘束其一切後手，執票人得不經通知，逕行對前手及發票人追索 [189]；

(c)發票人以外之債務人，包括背書人及保證人，於票上為拋棄者，僅拘束該債務人，執票人亦僅對該債務人得不經通知，逕行追索 [190]；

(d)票據債務人於票據外為拋棄之表示，僅對為此表示之債務人發生拘束力，亦唯接受此表示之執票人始得不經通知而對其逕行追索 [191]；

[185] 見前 [168]，頁 191。
[186] 同上註。
[187] 同公約第六十七條第一項。
[188] 上註第二項(a)款。
[189] 上註(b)(i)款。
[190] 上註(b)(ii)款。

⒠匯票之發票人與付款人或承兌人為同一人者❷。

(5)**怠於通知之效果**：票據法第九十三條規定，不於第八十九條所定期限內為通知者，仍得行使追索權，但因其怠於通知發生損害時，應負賠償之責。其賠償金額，不得超過匯票金額。本條所謂「不於第八十九條所定期限內為通知者」，係指執票人縱於期限經過後為通知，仍有本條但書之適用❸。前已言之，拒絕事由之通知並非追索權行使之效力要件，執票人縱不為通知，仍得行使追索權，僅對於因此所致於票據債務人之損害，負賠償之責。此項賠償額，並經本條明定以匯票金額為限。最高法院認為票據法第九十三條損害賠償權之成立，必須已有損害之發生，非謂票據債務人自己清償票據債務後，將來對於發票人或其他票據債務人，無法求償或難以求償者，即係已發生之損害❹。前開聯合國公約亦規定，依公約負有通知義務之人而未為通知者，應對有權受領通知之人因未收到通知所受之損害負賠償責任，但賠償額不得超過同公約第七十條或第七十一條所規定之票據金額、利息及費用❺。

五、追索權行使之效力

票據法第九十六條第一項規定：發票人、承兌人、背書人及其他票據債務人，對於執票人連帶負責。其結果，執票人於行使追索權時，得不依負擔債務之先後，對於此等債務人中之一人或數人或全體行使追索權（票 96: II）。縱使執票人對於此等債務人之一人或數人已為追索者，在受匯票金額及有關費用之償還以前，對於其他票據債務人，仍得繼續追索（票 96: III）。由於此等債務人中任何一人對於執票人均負償還匯票金額及費用之責任，因而若甲以乙為受款人所簽發之匯票，已由乙依空白背書轉讓於丙，復由丙轉讓於丁，則丁對甲依法行使追索權時，甲不得主張對丁不負責任，亦不得以乙有函止

---

❶　上註(b)(ⅲ)款。

❷　上註(c)款。

❸　參見 25 院 1492。

❹　52 臺上 1813。

❺　同公約第八十六條。

兌，否認追索權之行使❶。執票人行使追索權時固得對於此等票據債務人為之，亦僅以此等票據債務人為限。但若匯票背面，並未蓋有轉讓票據之商號圖記，足以認為由該商號以背書轉讓，即難憑空指認該商號為背書人，而對該商號行使追索權❷。

執票人對於第九十六條第一項所列舉之票據債務人行使追索權時，在票據法上即生如下之效力：

⑴被追索者已為清償時，與執票人有同一權利（票 96: VI）。所謂「與執票人有同一權利」，係指被追索者對於其前手、承兌人及其他票據債務人得行使與執票人同一之追索權，但不包括執票人對於被追索者之後手之追索權。被追索者之後手，因被追索者之償還而免責，票據法第一百條第三項乃規定，背書人為清償時，得塗銷自己及其後手之背書❸。

⑵匯票之最後執票人向其前手所為之追索，稱最初追索；被追索者向其前手所為之追索，稱再追索。最初追索權人向其前手所得追償之金額與再追索權人所得追償之金額不同。最初追索權人依票據法第九十七條規定，得請求下列金額：

①被拒絕承兌或付款之匯票金額，如有約定利息者，其利息。但若票據債務人於到期日前付款者，自付款日至到期日之利息，應由匯票金額內扣除；無約定利率者，依年利六釐計算。

②自到期日起之利息，如無約定利率者，依年利六釐計算。

③作成拒絕證書與通知及其他必要費用。

前開聯合國公約除容許執票人於行使追索權時，得請求票據金額、利息及作成拒絕證書與送發通知之費用❹外，特別規定執票人因遲延獲得付款而遭受其他損害者，不禁止法院判令被追索人對之為賠償或補償❺。所謂其他

---

❶　25 院 1443。

❷　21 上 1409。

❸　詳見本章第二節㈨。

❹　同公約第七十條第一項。

❺　上註第三項。

損害，依據同公約規定，包括匯率變動損失❷⓪❶。

　　再追索權人向其前手行使追索權時，得依票據法第九十八條之規定，求償下列金額：

　　①依第九十七條之規定所支付之總金額。

　　②前款金額之利息。

　　③所支出之必要費用。

　　前已言之，匯票如經承兌者，執票人縱為發票人，亦得繼續向承兌人追索。因此，票據法第九十八條第二項乃規定，發票人為第九十七條之清償者，向承兌人所得要求之金額與一般追索權人同。

　　(3)匯票債務人為清償時，執票人應交出匯票，有拒絕證書時，應一併交出（票 100: I），如另有利息及費用者，亦應出具收據及償還計算書（票 100: II），以便追索義務人行使追索權時，向其前手請求償還。但若執票人已獲一部承兌或一部付款，僅就其餘部分向前手追索者，應分別情形，遵照下列規定：

　　①匯票金額如已獲一部分承兌者，票據債務人就未獲承兌部分為清償時，得要求執票人在匯票上記載其事由，另行出具收據，並交出匯票之謄本及拒絕承兌證書（票 101）。換言之，執票人就未獲承兌部分行使追索權，於受清償時應對為清償之票據債務人出具清償之收據，交出匯票之謄本及拒絕承兌證書，並於匯票上為受部分清償事由之記載，但執票人得保留匯票，俾於到期日向承兌人請求承兌部分之付款。

　　②匯票金額如已獲一部分付款者，因執票人依票據法第七十四條第二項規定，僅須對付款人出給收據，仍繼續保有匯票，因此執票人就未獲付款部分行使追索權，於受清償時應向為給付之票據債務人，交出匯票。

六、回頭匯票

(一)意　義

　　執票人於匯票不獲承兌或不獲付款時，對於其前手、發票人及其他票據

---

❷⓪❶　上註第七十五條第四項。

債務人固得行使追索權，但若追索者與被追索者兩地相隔甚遠，追索權之行使對於雙方當事人均屬不便。票據法乃容許執票人得不行使追索權，而以此等票據債務人中之一人為付款人，發行回頭匯票，俾持向執票人所在地之銀行貼現，換取現款，或以之清償債務，達成行使追索權同一之效果。因此，所謂回頭匯票，即由有追索權之執票人，以發票人或背書人中之一人，或其他票據債務人為付款人，向其住所所在地，簽發見票即付之匯票。但若當事人有相反之約定時，則不在此限（票102: I）。

㈡要　件

回頭匯票之發行，須具備下列要件：

⑴須以有追索權之執票人為發票人。執票人在通常情形下，以自己為受款人，但亦得以其他第三人為受款人。

⑵須以追索義務人為付款人。所謂追索義務人，即指發票人，背書人及其他票據債務人。

⑶須為見票即付之匯票。

⑷須以被追索者之住所所在地為匯票之付款地。

⑸回頭匯票之金額以票據法第一百零二條第二項所規定者為限。

㈢金額之算定

票據法第一百零二條第二項規定，回頭匯票之金額，除第九十七條及第九十八條所列者外，得加經紀費及印花稅。所謂經紀費，係指發行回頭匯票之手續費而言。由於回頭匯票之付款地與原匯票之付款地不同，兩地對於匯票之貼現市價亦未必相同。因此，上述金額尚須按貼現價格加以換算，始能決定回頭匯票之金額。此亦何以票據法第一百零三條規定，執票人依第一百零二條之規定發回頭匯票，其金額依原匯票付款地匯往前手所在地之見票即付匯票之市價定之[202]。再追索權人依第一百零二條之規定發回頭匯票時，其金額依其所在地匯往前手所在地之見票即付匯票之市價定之。此處所謂市價，

---

[202] 假設原匯票之金額為 50,000 元；回頭匯票發票地之貼現率（即原匯票付款地匯往前手所在地之見票即付匯票之市價）為 98%；簽發回頭匯票之全部費用（包括印花稅及經紀費等）為 500 元；則回頭匯票之金額 = (50,000+500)×100/98。

以回頭匯票發票日之市價為準。如回頭匯票於發票地之市價較付款地為低者，此項匯兌上之損失，自應由回頭匯票之付款人負擔之。

七、追索權之喪失

執票人如不於法定或約定期限內行使匯票上權利，並為保全行為，其對於前手及其他票據債務人之追索權，即歸於喪失。依據票據法第一百零四條規定，其情形有二：

(1)執票人不於本法所定期限內為行使或保全匯票上權利之行為者，對於前手喪失追索權（票 104: I）。本項係指執票人不於法定期限內為承兌之提示（見票 45: I; 48）、不於法定期限內為付款之提示（見票 66: I; 69; 70）、不於法定期限內作成拒絕承兌證書（見票 87: I）、或不於法定期限內作成拒絕付款證書（見票 87: II）而言。

(2)執票人不於約定期限內為行使或保全匯票上權利之行為者，對於該約定之前手，喪失追索權（票 104: II）。本項係指執票人不於發票人或背書人所指定之應請求承兌之期限內為承兌之提示（票 44: I）、或不於經發票人延長或縮短之期限內為承兌之提示（票 45: II; 66）而言。

執票人因不可抗力之事變，不能於上述法定或約定期限內為承兌或付款之提示者，應依票據法第一百零五條之規定，將其事由從速通知發票人、背書人及其他票據債務人。關於此種因不可抗力之事變不能為提示之通知，準用票據法第八十九條至第九十三條關於拒絕事由通知之規定。執票人於事變終止後，應即為承兌或付款之提示，如遭拒絕，應即作成拒絕證書。執票人於事變終止後不為提示或不作成拒絕證書者，仍生喪失追索權之效果。但若事變延至到期日後三十日以外時，執票人得免為此等行為，而逕行追索。此三十日期限，在見票即付匯票及見票後定期付款匯票，自執票人通知前手之日起算（票 105: IV）。

第十節　拒絕證書

一、拒絕證書之意義

拒絕證書係指為證明執票人曾依法行使或保全票據上權利而未獲結果，或執票人無從行使票據上權利，由法定機關所作成之一種要式證書。茲就此一定義，說明如下：

⑴拒絕證書須由法定機關作成，並記載法定事項，其目的係在證明執票人不獲承兌，不獲付款，或無從為付款或承兌提示之事實。

⑵前已言之，執票人所得行使之權利有二：一為付款請求權；另一為追索權。除非發票人或背書人有免除作成拒絕證書之記載，執票人非先有不獲承兌或不獲付款之事實，並予以證明，不得行使追索權。拒絕證書之作成為執票人行使追索權之前提要件。

⑶拒絕證書在本質上屬於證明文書，票據法之所以予拒絕證書以特別效力，「不外使拒絕事實明確，立證程序簡捷而已，惟其事實明確，程序簡捷，而後①執票人可迅速行使追索，易於滿足；②被追索人亦可安心履行義務，不虞詐偽」❷⁰³。

⑷拒絕證書應按法定款式作成為原則，但票據法有例外規定者，從其規定。例如，第八十六條第二項規定，付款人或承兌人在匯票上記載提示日期及承兌或付款之拒絕，經其簽名後，與作成拒絕證書有同一效力，此即所謂略式拒絕證書。又若付款人或承兌人破產，得以破產宣告裁定之正本或節本以代拒絕證書，執票人無須另行請求作成拒絕證書（票 86: II）。聯合國國際匯票及國際本票公約亦規定，除非經票據載明須由法定授權機關作成拒絕證書，拒絕證書得由匯票付款人、承兌人或本票發票人於票據上作成聲明並簽名、註明日期為之；於票上經載明由特定人付款之票據，得由該特定人為之，此項聲明經載明承兌或付款遭拒絕之事實者，與法定授權機關作成之拒絕證

---

❷⁰³　見票據法草案說明，轉錄自張國鍵，《商事法（票據）》，頁 142。

書同其效力❷。

二、拒絕證書之作成

拒絕證書既為證明執票人行使或保全票據上權利未獲結果之證明書，其較常見者，為拒絕承兌證書及拒絕付款證書。如僅匯票金額之一部不獲承兌或不獲付款，又有一部拒絕證書（票86: I）。此外尚有拒絕交還複本證書（票117: III），拒絕交還原本證書（票119: III）。拒絕交還複本證書與拒絕承兌證書，為匯票所獨有。拒絕交還原本證書，除匯票外，本票亦有之。在見票後定期付款之本票，又有拒絕見票證書（票122: III）。

㈠作成之機關

票據法第一百零六條規定，拒絕證書，由執票人請求拒絕承兌地或拒絕付款地之法院公證處、商會或銀行公會作成之。自民國八十八年起尚包括民間公證人。作成拒絕證書之機關，應將證書原本交於執票人，並就證書另作抄本，存於作成人事務所（票施12），以備原本滅失時之用（票113: I）。抄本應備載匯票全文（票施12），與原本有同一效力（票113: II）。

前開聯合國公約規定，拒絕證書於票據遭拒絕承兌地或遭拒絕付款地作成，由經當地法律授權之人員簽署並註明作成之日期❷。就此規定言，上述我國票據法所規定之機關及民間公證人應均得為國際匯票及國際本票作成拒絕證書。

㈡款　式

依票據法第一百零七條規定，拒絕證書應記載下列各款事項，由作成人簽名，並蓋作成機關之印章：

⑴拒絕者及被拒絕者之姓名或商號：前者指付款人或擔當付款人；後者則指執票人。

⑵對於拒絕者，雖為請求，未得允許之意旨，或不能會晤拒絕者之事由，或其營業所、住所或居所不明之情形：財政部原提之修正案曾建議就第一百

---

❷　同公約第六十條第三、四項。

❷　同公約第六十條第一項。

零七條增列第二項，要求有製作拒絕證書權限者，於受作成拒絕證書之請求時，應就前項第二款之拒絕事由，即時為必要之調查。立法院認為作成拒絕證書之機關，就本款事項作必要之調查為當然之事理。且第二十條後段已有類似規定，乃予以刪除。但財政部又於施行細則中將此一規定恢復（票施 11）。

(3)為前款請求或不能為前款請求之地及其年、月、日：本款係指對拒絕者為請求之地或不能為請求之地及為請求之實際年月日。

(4)於法定處所外作成拒絕證書時，當事人之合意。執票人應請求拒絕承兌地、拒絕付款地或第二十條第二項後段之法定機關作成之。拒絕證書如由此等法定處所外之機關作成者，須經當事人同意。

(5)有參加承兌時或參加付款時，參加之種類及參加人，及被參加人之姓名或商號。

(6)拒絕證書作成之處所及其年月日。

前開聯合國公約規定，拒絕證書應載明下列事項：

(a)要求就票據作成拒絕證書者之姓名；

(b)拒絕證書之作成地；

(c)請求承兌或付款及其回覆、或匯票付款人、承兌人或本票發票人行蹤不明之事實❷⁰⁶。

(三)作成之方式

拒絕證書因其種類之不同，而異其作成之方式：

(1)**拒絕付款證書**：拒絕付款證書應在匯票或其黏單上作成之（票 108: I）。匯票有複本或謄本者，於提示時僅須在複本之一份或原本或其黏單上作成之。但可能時，應在其他複本之各份或謄本上記載已作拒絕證書之事由（票 108: II）。

(2)**拒絕付款證書以外之拒絕證書**：拒絕付款證書以外之拒絕證書，應照匯票或其謄本作成抄本，在該抄本或其黏單上作成之（票 109）。所謂拒絕付款證書以外之拒絕證書，係指拒絕承兌證書，拒絕交還複本證書及拒絕交還原本證書等。惟拒絕交還原本證書，應在謄本或其黏單上作成之（票 110）。

---

❷⁰⁶ 同上註。

　　無論何種拒絕證書，均應接續匯票上、複本上或謄本上原有之最後記載作成之（票 111: I）。如在黏單上作成者，並應於騎縫處簽名（票 111: II）。前已言之，拒絕證書之作成為行使追索權之效力要件，而執票人得向票據債務人中之一人或數人同時行使追索權，但拒絕證書之作成則以一份為限（票 112），無須作成數份。

　　前開聯合國公約亦規定，拒絕證書得以下列方式作成：

　　⒜在票據或其黏單上；或

　　⒝作成單獨文件，但須指明未獲承兌或未獲付款之票據❷⁰⁷。

㈣作成之期限

　　拒絕證書應在法定期限內作成之。票據法明定，拒絕承兌證書應於提示承兌期限內作成之（票 87: I）。拒絕付款證書應於拒絕付款日或其後五日內作成之，但執票人如允許延期付款者，應於延期之末日及其後五日內作成之。至於拒絕交還原本證書及拒絕交還複本證書，其作成之期限，法律無特別規定。前開聯合國公約規定，拒絕付款證書及拒絕承兌證書，須於拒絕日或其後四營業日作成之❷⁰⁸。

㈤未作成拒絕證書之後果

　　執票人對付款人提示承兌、見票或付款遭到拒絕，應於法定期間內作成拒絕證書，不僅為保全其向前手行使追索權之要件，亦為提起追索之訴時之最佳舉證方式。若執票人應作成拒絕證書而未為之者，即生喪失追索權之效果。關於此點，前開聯合國公約亦規定：須作成拒絕承兌證書或拒絕付款證書之票據而未作成者，匯票發票人、背書人及其保證人得免除其票據責任。但承兌人、本票發票人及其保證人或匯票付款人之保證人，不因無拒絕證書之作成而免除其票據上責任❷⁰⁹。

---

❷⁰⁷　上註第二項。

❷⁰⁸　同上註第六十一條。

❷⁰⁹　上註第六十三條。

三、拒絕證書之免除

拒絕證書之作成為行使追索權之前提要件，但若票據上有「免除作成拒絕證書」之記載者，執票人無須作成拒絕證書，即得逕行向前手追索。因此，「免除作成拒絕證書」之記載，其在實質上之意義即在免除執票人就其是否遵期為承兌之提示或付款之提示負舉證責任，若前手中有以執票人未遵期為承兌之提示或付款之提示相抗辯者，應由該前手反證。在其為反證前，執票人獲得遵期為承兌或付款提示之推定，法院得據以為有利於執票人之判決。

「免除作成拒絕證書」之記載，按前述分析，唯追索義務人始得為之。所謂追索義務人，此處係指匯票及支票之發票人、背書人及保證人。匯票之承兌人為主債務人，非追索義務人，要無為此項免除記載之權。本票發票人既同為主債務人，是否與承兌人處於同一地位，而不得為上述免除之記載？依據我國票據法學者張龍文之分析，歷來有採否定說者，亦有採肯定說者，我國最高法院則持後之見解❷⓪。惟筆者以為宜採否定說。按本票付款人既自行承擔付款及見票，於其拒絕見票或付款時，若要求執票人須另作成拒絕證書，始得向其追索，豈非多此一舉，蓋執票人之不獲見票或付款本身，即足以證明此點。若認本票發票人所為「免除作成拒絕證書」之記載得以比照匯票發票人，對其一切後手發生拘束力，不僅無視本票發票人與匯票發票人所負票據責任在本質上之不同，同時無異容許本票發票人以一己之意思加重其後手於面對執票人之追索時之舉證責任。此亦何以前開聯合國公約於匯票發票人與付款人或承兌人為同一人者，容許執票人免於作成拒絕證書而逕行向前手追索❷①。此點詳見後述。

前開聯合國公約就執票人應否作成拒絕證書，作出較為周詳之規定：「執票人因不可抗力致遲延作成拒絕證書者，其遲延責任得以免除。遲延之原因消滅時，須即作成拒絕證書❷②。」但若有下列情事之一時，拒絕證書之作成得

❷⓪ 58 臺抗 38；並詳見張龍文著，〈免除作成拒絕證書若干問題〉，載《律師天地》，期 3（69 年 3 月 15 日）。

❷① 見同公約第六十二條第二項(c)款。

以免除：

(a)匯票發票人於票上為「免除作成拒絕證書」之記載者，其記載拘束一切後手，執票人得免作成拒絕證書而向一切前手追索❷⓭；

(b)匯票發票人以外之債務人，包括背書人及保證人，為「免除作成拒絕證書」之記載者，僅拘束為記載之債務人，執票人亦僅對該債務人無須作成拒絕證書，逕行追索❷⓮；

(c)票據債務人於票據外為「免除作成拒絕證書」之表示者，僅拘束為此表示之債務人，亦唯受此表示之執票人對該債務人得不作成拒絕證書而逕行追索❷⓯；

(d)遲延作成拒絕證書之不可抗力之事由延續至拒絕後三十日以上者❷⓰；

(e)承兌提示或付款提示依本公約第五十二條或第五十六條第二項予以免除者❷⓱；

(f)匯票發票人與付款人或承兌人為同一人者❷⓲。

第十一節　複　本

一、複本之意義

複本係指就單一匯票關係所發行之數份票據證券，有預防匯票之遺失及助長匯票之流通之功效❷⓳。茲分數點說明如下：

(1)複本為匯票之複製，各自具備匯票之款式，以三份為限（票 114: II），

---

❷⓬　上註第一項。

❷⓭　上註第二項(a)(ⅰ)款。

❷⓮　上註(a)(ⅱ)款。

❷⓯　上註(a)(ⅲ)款。

❷⓰　上註(b)款。

❷⓱　上註(d)款。

❷⓲　上註(c)款。

❷⓳　梅仲協，《商事法要義》，頁 237。

均為正本，但須標明「複本」字樣，並編列號數，否則，視為數份獨立之匯票（票115）。

(2)複本與複本間在法律上處於同一地位，不生正副主從之關係，得獨立流通，並發生同等之效力，此何以複本有助長匯票流通之功效。但數份複本，僅有一個票據關係。換言之，「票據債務人僅負一個票據上之義務，而票據債權人，亦僅得行使一次票據上之權利」❷⓿。

(3)數份複本因僅有一票據關係，因此，付款人或承兌人就其中一份已為付款，其他各份複本均應失效，但若複本中之一份遺失或被竊盜而喪失匯票之占有時，執票人得依據其他複本而行使其票據上權利❷①，此何以複本有預防票據喪失之功效。

二、複本之發行

票據法第一百十四條第一項規定，匯票之受款人，得自行負擔其費用，請求發票人發行複本。茲就複本之發行說明如下：

(1)複本發行之當事人：複本之發行人為發票人；請求發行複本者或為受款人，或為受款人以外之執票人。如為受款人，得直接向發票人請求發行複本；如為其他執票人，須依次經由其前手請求之（票114:I中）。如下圖之所示，H如欲請求發行複本時，須依次經由EDCB而後向A為請求，因各複本在形式上須完全同一，執票人之前手，即EDCB，應在各複本上為同樣之背書（票114:I後）。

---

❷⓿　同上註。

❷①　張國鍵，《商事法（票據）》，頁148。

$$\begin{array}{c} \overset{\text{（發票人）}}{\overset{\text{（受款人）}}{}} \qquad\qquad \overset{\text{（執票人）}}{} \\ A \rightarrow B \rightarrow C \rightarrow D \rightarrow E \rightarrow H \\ | \\ X \\ \text{（付款人）} \end{array}$$

(2)複本之款式：複本應記載同一文句，標明複本字樣，並編列號數，未經標明複本字樣，並編列號數者，視為獨立之匯票（票 115）。

三、複本之效力

關於複本之效力，可分三點說明如下：

(1)就複本之一付款時，其他複本失其效力，但對於此一原則，有如下之例外：

①付款人曾於各份複本上為承兌，於付款時未將全部複本收回者，則對於經其承兌而未收回之複本，仍應負付款之責任（票 116: I 但），蓋付款人對於數份複本中僅須就其中之一為承兌，如竟就各複本均為承兌之表示，則為保護善意執票人起見，應認為付款人對於經其承兌之各複本，分別負票據上之責任。

②背書人將複本分別轉讓於二人以上時，對於經其背書而未收回之複本應負其責（票 116: II）。蓋數份複本中任何一份，均得以之單獨轉讓，背書人依背書轉讓匯票上權利時，應將數份複本一併轉讓於同一被背書人。但若背書人就數份複本均為背書，並分別轉讓於數人者，自應各就其背書而負匯票上之責任。如下圖之所示，B 將複本轉讓於 C，僅負一個票據上之責任，如 C 將三份複本分別依背書轉讓於 D_1、D_2 及 D_3，C 應個別對 D_1、D_2 及 D_3 負匯票上之責任。如 D_1 向 X 為付款之提示而獲得支付時，對於 A 及 B 而言，

票據關係已告消滅，其他複本即失其效力，但對 C 而言，仍對 D_2、D_3 負償還之責。

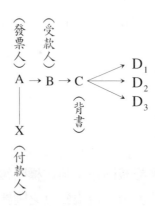

　　(2)背書人將複本各份背書轉讓於同一人者，於其償還時，得請求執票人交出複本之各份，但執票人已立保證或提供擔保者，不在此限（票 116: III）。

　　(3)為提示承兌送出複本之一者，應於其他各份複本上載明接收人之姓名或商號及其地址（票 117: I）。匯票上有此項記載時，執票人得請求接收人交還其所接收之複本（票 117: II）。接收人如拒絕交還，執票人應作成拒絕交還複本證書，證明：①曾向接收人請求交還此項複本而未經其交還、及②以他複本為承兌或付款之提示，而不獲承兌或付款，始得行使追索權（票 117: III）。

第十二節　謄　本

一、謄本之意義

　　謄本係指執票人依照匯票所作成之謄寫本[222]。謄本僅為匯票原本之補充，其本身在法律上不發生票據上之效力。茲與複本比較，分數點說明如下：

　　(1)謄本係依匯票原本謄寫而成，謄本為原本之對稱；複本為匯票之複製，

---

[222]　張國鍵，《商事法（票據）》，頁154。

均為正本，複本中任何一份均不稱為原本。

⑵謄本由執票人作成（票 118: I），其費用由執票人自行負擔；複本則由發票人作成，其費用由為請求之受款人或執票人負擔。

⑶謄本應標明謄本字樣，謄寫原本上之一切事項，並註明迄於何處為謄寫部分（票 118: II），藉與原本相區別；而複本除標明複本字樣外，並須編號數。

⑷謄本之份數，票據法未設限制；而複本則以三份為限。

⑸謄本無獨立性質，除得於其上為背書及保證外，不能以之為承兌或付款之提示；而複本之各份均有獨立之效用。

二、謄本之作成

謄本由執票人作成之（票 118: I），於謄本上應標明其為謄本之字樣，謄寫原本上之一切事項，並註明迄於何處為謄寫部分（票 118: II）。執票人就匯票作成謄本時，應將已作成謄本之旨，記載於原本（票 118: III）。

三、謄本之效力

關於謄本之效力，可分二點加以說明：

⑴在謄本上得為背書與保證，其效力與在原本上所為者相同，但依背書受讓票據上權利而取得謄本之人，非請求讓與人交付原本，不能行使匯票上權利。

⑵為提示承兌送出原本者，應於謄本上載明原本接收人之姓名或商號及其地址（票 119: I）。匯票上有此項記載時，執票人得請求接收人交還原本（票 119: II）。接收人拒絕交還時，執票人於作成拒絕交還原本證書，證明曾向接收人請求交還原本，而未經交還之事由後，即得行使追索權（票 119: III）。無須如複本更以其他複本為承兌或付款之提示，如不獲承兌或付款者，尚須再作成拒絕承兌或付款證書，或於拒絕交還複本證書上為此等拒絕承兌或拒絕付款事由之證明後，始得行使追索權。

第四章 本 票

第一節 本票之意義

本票係指發票人簽發一定之金額，於指定之到期日，由自己無條件支付與受款人或執票人之票據，與匯票同屬信用證券。茲分數點說明如下：

(1)本票當事人僅有二人，即發票人及受款人，在資格上無任何限制。發票人須自負付款之責，其情形與匯票承兌人相同，為票據之主債務人。

(2)本票之發票人因發票行為之完成而自負付款之責任，執票人無須請求其承兌，票據法關於匯票承兌之制度，並不準用於本票。

(3)本票得為記名式、指示式或無記名式；其在到期日指定之方式上，亦有所謂定日付款本票，發票後定期付款本票，見票即付本票及見票後定期付款四種，其情形與匯票相同，但對於見票即付並不記載受款人之本票，其金額須在五百元以上（票 120: Ⅵ）。

(4)由於本票無承兌制度，因此，在見票後定期付款本票乃設有見票制度，以見票日計算到期日。如發票人經執票人見票之提示而拒絕簽名於本票上者，執票人應作成拒絕見票證書（票 122: Ⅲ）。

(5)票據法除就本票之發票、見票之提示及追索權之行使有特別規定外，其餘如背書、保證、到期日、付款、參加付款、追索權、拒絕證書及謄本等，均分別準用匯票之規定。本票因無複本及指定預備付款人之制度，自不準用匯票有關規定。

本票之使用，通常並無金融業者之加入，因此，其提示付款，不若支票之便捷。財政部為增強本票之信用，並廣為社會大眾所接受，乃有甲存本票之創設。甲存本票與大陸票據法所規定之「銀行本票」❶不同：後者係指

---

❶ 第七十三條。

Cashiers order，發票人以銀行為限，且其資格尚須經中國人民銀行審定❷；前者則係強化本票兌現性以替代遠期支票之特殊背景下之產物，茲說明如下：

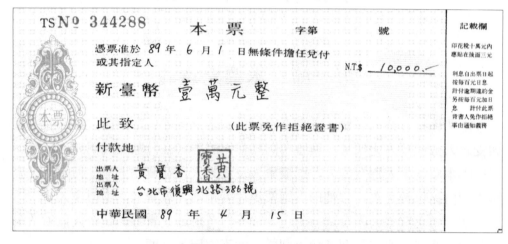

本票 (PROMISORY NOTE)

(1)甲存本票之意義

依據財政部公布之「銀行受託為本票擔當付款人辦理要點」之規定，凡經各行庫及信用合作社核准開戶之甲種活期存款戶，均得委託各行社為其所簽發本票之擔當付款人，就其甲種活期存款戶內，逕行代為付款（第一點）。所謂甲存本票，係指甲種活期存款戶，委託其往來之行庫擔當付款，而簽發之本票。甲存空白本票，其格式如插圖之所示，由行庫印製，存戶可向行庫領用（第二點）。甲存本票與一般本票所不同者在於前者由行庫擔當付款，而後者由發票人自己無條件支付票款。行庫接受委託，擔當付款時，須發票人之甲種活期存款戶內有足夠之存款，如發票人並無充足之存款，行庫應即退票。

(2)甲存本票之實益

甲存本票有如下之實益：

①票據交換：一般本票因由發票人自己到期付款，執票人雖得委託其銀

---

❷　第七十五條。

行代收，但不得存入行庫作票據交換，因此權利行使不便；甲存本票因指定行庫為擔當付款人，執票人得於本票到期日，存入行庫帳戶，提出交換，在權利行使上自較便利。

　　②信用增強：一般本票之發票人，其信用如何，不易知悉，而甲存本票，則以下列方法增強發票人之信用，使相對人樂於接受：

　　⒜發票人須為甲種活期存款戶，並須有充足之存款以備兌付。

　　⒝甲存空白本票由行庫發給發票人使用，行庫在許可開戶並發給空白本票前，必對發票人之信用經過相當之調查（參見支票存款戶處理辦法）。

　　⒞列入票信管理：支票存款約定書補充條款規定，甲存本票因存款不足、發票人簽章不符，擅自指定金融業者為擔當付款人或於提示期限經過前撤銷付款委託，經執票人提示所發生之退票，未辦妥清償贖回、提存備付或重提付訖之註記，一年內達三張時，自票據交換所通報日起算，終止擔當付款三年❸。所謂終止擔當付款與支票退票之拒絕往來相當，且二者得合併計算，作為拒絕往來之依據並加以註記❹。

第二節　本票之發票

一、發票之意義

　　本票之發票係指於本票之用紙上記載票據法第一百二十條第一項所列舉之各款事項，由發票人簽名，並將之交付於受款人或執票人之行為。關於本票之用紙，票據法並無特別規定，有由私人印製者，亦有由行庫印製者，後者尤以甲存本票為然。甲存本票與一般本票之不同，僅在前者於票面加載「擔當付款人」，由擔當付款人以發票人之代理人之身分，代為付款。至於在票據之效力上，除前述拒絕往來及註記外，完全一致，本票發票人或擔當付款人不為付款時，執票人得聲請法院裁定後，對發票人強制執行，同有票據法第

---

❸　第八條及第七條。

❹　第三條及第五條。

一百二十三條之適用。

二、發票之款式

本票依據票據法第一百二十條第一項規定，應記載下列各款事項，由發票人簽名：

(1)**表明其為本票之文字**：標明本票之字樣必須記載，其目的在明示票據之性質，俾易與他種票據相辨別。發票人未載本票或同一意義之文字，不能認為有票據之效力❺。

(2)**一定之金額**：本票上關於金額之記載必須明確而一定。對於票據上之金額得否變更改寫，學者中雖曾有不同之見解❻，但現行法第十一條第三項則明定「票據上之記載，除金額外，得由原記載人於交付前改寫之，但應於改寫處簽名」。發票人亦得於空白本票上蓋妥印章，授權第三人代填金額。前述表見代理於本票亦同有其適用。最高法院曾謂：「上訴人等既將已蓋妥印章之空白本票，交與某甲，授權其代填金額，以辦理借款手續，則縱使曾限制其填寫金額一萬元，但此項代理權之限制，上訴人未據舉證證明為被上訴人所明知或因過失而不知之事實，依民法第一百零七條之規定，無從對抗善意之被上訴人，從而某甲逾越權限，多填票面金額為六萬八千元，雖經刑事法院判處罪刑在案，亦屬對上訴人應否負侵權行為損害賠償責任之別一法律問題，上訴人自不得執是而免除其發票人應付票款之責任❼」。惟於二年前同院曾就同一問題作成另一判例，認為「支票之背書如確係他人逾越權限之行為，按之票據法第十條第二項之規定，就權限外部分，即應由無權代理人自負票據上責任，此乃特別規定優先於一般規定而適用之當然法理，殊無適用民法第一百零七條之餘地❽。」自此以後，遂引發票據法第十條第二項與民法第一百零七條究為排斥關係抑競合關係之爭議。臺北律師公會於民國九十一年以

---

❺　27 院 1147。

❻　見陳世榮，〈本票之發行〉，《一銀月刊》，卷18，期6，頁6-20。

❼　52 臺上 3529。

❽　50 臺上 1060。

前開票據法責令越權代理人就其權限外部分負票據上責任之規定，僅於民法第一百零七條但書本人不負責任之情況下始有其適用，乃建議將後則判例不再援用，最高法院民庭會議於初審時決議前開二則判例似存有矛盾，但複審時仍將後則判例予以維持❾，故前述爭議至今仍乏解決之道。筆者以為票據法第十條第二項與民法第一百零七條間屬競合關係，執票人得就二者擇一主張。換言之，空白票據行為人對於惡意執票人僅須就授權部分負其票據上責任；對於善意執票人，應依民法第一百零七條規定就票據金額全部負其責任，不得援引票據法第十條第二項對越權部分主張免責。關於本票金額之記載，尚須注意第一百二十條第六項之規定，即見票即付並不記載受款人之本票，其金額須在五百元以上。

⑶**受款人之姓名或商號**：受款人為本票之最初權利人，其姓名或商號應記載於本票。本票上如為此項記載者，為記名式；未為記載者，為無記名式，以執票人為受款人（票 120: III）。受款人之姓名下記載「或其指定人」固為指示式，但若僅記載「或其來人」，應視為記名式❿。原為無記名式本票，因現行法第一百二十四條明定得準用第二十五條第二項之規定，因此執票人得填入自己或他人之姓名，使之成為記名式本票。至於本票發票人是否得以自己為受款人？本票既無準用第二十五條第一項之規定，學者認為發票人以自己為受款人之本票，應為無效⓫。但筆者以為甲存本票之付款方式與支票同，發票人須簽發本票始得自其甲種活期存款帳戶中提領，甲存本票之發票人因而應被容許以自己為受款人。

⑷**無條件擔任支付**：發票人擔任支付票面金額之意思表示不得附以條件或加以限制。票面上所用「憑票」字樣，不視為條件。蓋票據為繳回證券，執票人非交還票據，不得受領票據金額之支付。

⑸**發票地**：發票地係指本票在形式上所記載之簽發地。本票上未載發票地者，以發票人之營業所、住所或居所所在地為發票地（票 120: IV）。

---

❾　（91 年 9 月 3 日）九十一年度第十次民庭會議決議。

❿　參見 33 院 2752。

⓫　張龍文，〈論本票之記載事項〉，《律師通訊》，期 22。

(6)**發票年月日**：發票日之記載與發票人之行為能力、代理人之代理權之決定及到期日之計算有密切關係，因此，其記載須為單一，不得為複數之記載。如本票上所記載之發票日為曆法上所不存在者，例如，二月三十日，應視為二月之末日，而認為本票有效。

(7)**付款地**：付款地係指本票金額所應支付之地。本票未載付款地者，以發票地為付款地（票 120: V）。在匯票之場合，發票人尚得記載付款之處所，本票因不準用第二十七條之規定，因此學者認為不得記載 ❷。惟筆者以為於一般本票，其付款由發票人自行為之，付款處所記載與否，無礙於受款人或執票人行使付款請求權；於甲存本票，發票人委由金融事業者付款，類同他付證券，若無付款處所之記載，勢將增加付款提示之不便，就此而言，票據法第一百二十四條不準用第二十七條之規定，顯係未顧及甲存本票而發生之疏漏。

(8)**到期日**：本票關於到期日之記載方式與匯票相同，計有四種，即定日付款、發票日後定期付款、見票即付及見票後定期付款。本票上未載到期日者，視為見票即付（票 120: II）。分期付款本票原在禁止之列，但現行票據法就第六十五條已為修正，分期付款匯票既在容許之列，本票因準用第六十五條之規定，發票人自得作成分期付款之本票。

在通常情形，本票之到期日均在發票日後，若到期日與發票日顛倒時，其效力如何？屏東地方法院於其司法座談會中曾提出如下之意見：

「甲說：無效。

「乙說：有效。因本票上具備發票日及到期日，其應載事項並無欠缺。故為有效本票。惟應推測當事人之真意，以票載發票日為到期日，票載到期日為發票日。

「丙說：有效。惟理由與乙說不同。認為票據法所定之到期日只有四種，即：定日付款、發票日後定期付款、見票即付、見票後定期付款。但無到期日在發票日之前者，故此種本票關於到期日之記載為票據法以外之記載，依該法第十二條之規定應視為無記載。從而，此本票僅有發票日，而無到期日，

---

❷　同上註。

依同法第一百二十條第三項規定，應視為『見票即付』之本票。」

最後議決採乙說。惟函報司法行政部後，該部卻採丙說，並附帶說明：司法行政部對各地方法院座談會的審核意見僅供各地方法院之參考，無法律上拘束力，至於銀行對此種本票付款與否，銀行可自行斟酌之。其結果，在銀行實務上，本票之發票日與到期日顛倒者，則予以退票（見支票存款往來約定書第 17 條）。

中國比較法學會曾就此邀請學者專家研討，多數認為應屬有效，僅所持之理由各有不同而已 ❸。聯合國公約就此未有規定；美國統一商法典第 3–113 (a)條規定，票據之日期得為倒填之日期 (antedated) 或遠期 (post-dated)，亦即票據悉按票上所載之日期發生效力。筆者以為現行票據法既無相同規定，宜採丙說，且唯於此說下，不論到期日與發票日間所顛倒之期間有多長、執票人能否依票據法第六十九條第一項遵期為付款提示及其對前手之追索權是否業已喪失等問題均得以避免。

在上述八款事項中，(1)、(2)、(4)及(6)等四項為絕對必要記載事項，如欠缺其一，本票即屬無效。其餘四項，則為相對必要記載事項。此外，發票人尚得於本票上記載擔當付款人（票 124/26: I）、利息及利率（票 124/28）、禁止背書轉讓（票 124/30: I），見票提示期限之延長或縮短（票 122: I/45）、付款提示期限之延長或縮短（票 124/66: II）、須以外國貨幣支付（票 124/75: I）、免除拒絕事由之通知（票 124/90）、免除拒絕證書（票 124/94: I）、及禁發回頭匯票（票 124/102: I 但）等事項。至於當事人間曾約定因票款支付遲延，應支付一定違約金，並記載於本票者，是否有效？學者中雖有認為此種特約於執票人較為有利，不妨解為在發票人與全部執票人間，發生票據上之效力 ❹，但此見究與票據法第十二條規定之意旨有所齟齬，至多僅生民法上之拘束力。

聯合國國際匯票及國際本票公約第三條規定，國際本票須記載下列四款事項：

(a)發票人對受款人或指定人給付一定金額之無條件承擔；

---

❸　《中國比較法學會票據法問題研討座談會會議記錄》（69 年 9 月）。

❹　見前 ❶。

　　(b)見票即付或定日付款；

　　(c)發票日；

　　(d)發票人簽名。

　　所謂本票，該公約第五條(a)界定為票上載有「國際本票或類似文字之票據，且其發票地、付款地或發票人、受款人及付款人簽名或名稱旁所示之地址，位於二以上政治主體者❶，始足當之。」表明為「國際本票」或同類文字與前開四款同為絕對必要記載事項，就款式言，我國票據法之規定與該公約不存任何差異。

　　無論於一般本票或甲存本票，發票人均須自行擔負付款責任。前開公約特別規定，本票發票人不得於票上為免除或限制付款責任之記載。有此記載者，其記載無效❶。

三、發票之效力

　　發票人完成發票行為後，其所負之責任，與匯票承兌人同（票121），對於執票人，當然負到期付款之義務❶。即使執票人不於法定或約定期限內為付款或見票之提示，或不於法定期限內作成拒絕證書者，不過對於發票人以外之前手喪失追索權，其對發票人之付款請求權，要不因而同時喪失❶，此點詳申於後。在第二十二條第一項所定三年時效完成前，發票人對於執票人仍負付款之責任。執票人除得向發票人行使付款請求權外，尚得依據票據法第一百二十三條規定行使追索權。

---

❶　見同公約第一條及第二條。

❶　同公約第三十九條第二項。

❶　20 上 1178。

❶　49 臺上 850。

第三節 第一百二十三條

一、本條創設之理由

票據法第一百二十三條規定:「執票人向本票發票人行使追索權時,得聲請法院裁定後強制執行。」

本條為票據法於民國四十九年修正時所增訂,亦為我國財金主管機關與立法院所獨創,在今世各先進國家之票據法中,並無同類條文。對於本條之創設,票據法修正草案總說明特申其理由如下:

「按空頭之泛濫,類多係因簽發遠期支票,到期調度不及所致。而國人之所以樂於接受遠期支票,而不喜本票,要係感於遠期支票,對發票人之拘束力較本票為大。蓋遠期支票,倘到期不獲付現,執票人向發票人行使追索權時,發票人,除須償付款額外,尚須課處罰金,即等於須負擔雙倍之償付,而本票到期不獲償付致涉訟解決時,則對發票人並無罰金之處分,發票人對於拖延償付,可不致如遠期支票之有所顧慮。故為便利本票之流通,必須加強本票之索償性,爰經增列本票執票人行使追索權時,得聲請強制執行之規定,以保障本票持票人之權益。」

本條是否確具有加強本票兌現性之功能,學者中不僅持懷疑之態度,並指出本條規定之不當云:「本票得強制執行之規定,非但對於本票之信用毫無補益,相反地卻可替本票發票人開一匿產避債的方便之門。蓋依現行法律,執行名義的取得,有一定之程序,非一朝一夕所能取得。然而簽發本票,頃刻完成,立即具有執行名義。法院明知其偽,亦須執行不誤,則債務人於債權人尚未取得或已取得執行名義時,串通親友,開發鉅額本票乙紙或數紙,可搶先請求法院執行或聲請參加分配,將財產藏匿淨盡,使真正債權人飽受訟累,一無所得,安能加強本票的獲償性? 值得參考❶。」

---

❶ 陳世榮,〈票據法第一二三條之概要暨歷年來判解等〉,載《東吳法律學報》,期24,頁23–24。

　　嚴格言之，票據上權利僅為票據所表彰之金錢債權，債權為對人之請求權，對於債權之實現賦與物權之效果或人身執行之效果，均非近代法理思想所能接受。本條雖在強制執行前須經法院裁定，但裁定僅為非訟事件，發票人無申辯之餘地，其結果，本條所可能導致發票人損害之機會遠較所可能對執票人提供保護之機會為多。按債權之能否獲得清償，完全繫於債務人本身所具之債信責任感，不在於債權人得否逕就債務人之財產強制執行。票據制度原不能存在於「言而無信」之社會，因此，本條之創設對本票之作為支付工具並無積極功效可言。我國財金主管機關及立法院似未能洞察此點，對於本票不從強化票據債信加以規範，而竟假助強制執行制度以期增強本票功能，此舉既混淆債權與物權在法理上之分際，使票據債權擔保物權化❷，亦偏離票據制度設計之常規。

二、本條裁定之管轄法院

　　非訟事件法於九十四年修正前原規定：「票據法第一百二十三條所定執票人就本票聲請法院裁定執行事件，由付款地之法院管轄。」若發票人或其所指定之擔當付款人均為複數時，則應如何定其管轄法院？對於此一問題，臺灣臺北地方法院板橋分院，依其研究結果，認為：「為便於聲請本票強制執行，宜認共同發票人任何一人之住居所地管轄法院，對該聲請本票強制執行，均有管轄權，不必一一向各發票人住居所地之管轄法院均提出聲請❷。」故本法於九十四年修正時增訂第二項，明定：「二人以上為發票人之本票，未載付款地，以其發票地為付款地，而發票地不在一法院管轄區域內者，各該發票地之法院俱有管轄權。」筆者以為本條規定其妥當性頗為可議：按於一般本票，發票人由其自行負付款責任，因而既為主債務人，亦為最後被追索之人，於簽發本票時，通常無付款地之特別記載，乃適用票據法第一百二十條第五項，以發票地為付款請求權及追索權之行使地，自應以發票地之法院管轄較符合

<hr />

❷　於我國現制下，唯擔保權人得經由裁定強制執行，見強制執行法第四條第一項第五款。

❷　載《司法院公報》，卷 24，期 7，頁 71。

本票權利行使之慣例；於甲存本票，發票人指定其往來銀行為擔當付款人，以銀行所在地為付款地，而發票人與銀行未必在同一地，若經提示付款遭到拒絕，執票人為向本票發票人行使追索權而聲請強制執行，則依該條規定須以付款地之法院管轄，勢將奔走發票地與票載付款地之間，憑增不便，亦與本票為自付證券之制度設計有悖。

三、本條裁定之性質

依據前開非訟事件法為裁定之法院僅就本票作形式上之審查。換言之，法院僅就本票形式上要件是否具備予以審查❷❷，法院應否為准予強制執行之裁定，當視本票之執票人可否向發票人行使追索權以為斷❷❸。執票人依本條規定就本票發票人之財產，聲請法院裁定許可強制執行時，發票人縱對於簽章之真正有所爭執，法院仍應准許強制執行之裁定❷❹。發票人基於實質上之法律關係所提之抗辯，例如，本票債務業已因清償而消滅，或本票之偽造或變造等，應依訴訟程序另謀解決，殊不容於裁定程序中為此爭執❷❺，以影響強制執行程序之進行。最高法院對此曾謂：「對於本票聲請裁定許可強制執行，乃屬非訟事件。按非訟事件之裁定，並無確定實體法上法律關係存否之效力。主張本票偽造、變造之發票名義人，欲確定其實體上之法律關係存否，應另行提確認之訴以求解決❷❻。」此種非訟事件程序因係一審終結，容易使債權人獲得滿足，且省時省錢，對於執票人固極有利，然對於發票人之保護究屬欠周。因此，非訟事件法於六十一年增訂第一百零一條，規定：「發票人主張本票係偽造或變造者，應於接到裁定後二十日不變期間內，對執票人向裁定法院提起確認之訴（第一項）。發票人證明已依前項規定提起訴訟時，執行法院應停止強制執行，但得依執票人聲請，許其提供相當擔保，繼續強制執行，

❷❷　56 臺抗 714。

❷❸　51 臺抗 147。

❷❹　52 臺上 163；（50 年 6 月 6 日）五十年度第三次民、刑庭總會決議㈡。

❷❺　56 臺抗 714。

❷❻　64 臺抗 243。

亦得依發票人聲請，許其提供擔保，停止強制執行（第二項）。」發票人除按本條規定提起確認之訴外，是否亦得以其他消滅債權之事由獲取勝訴判決，以停止強制執行？最高法院曾就此判決云：「……發票人以本票依偽造變造為由依非訟事件法第一百零一條第一項規定提起確認債權不存在之訴，如已證明提起訴訟時，依同條第二項規定固有使執行法院停止強制執行之特別效力，然究不能因而謂發票人除主張本票係偽造變造外，不得重疊的主張其他足以消滅債權之事由，以期獲得勝訴之判決。原審謂被上訴人在前案除主張本票係偽造變造外，不得為其他主張，縱經提出法院，亦不得審認。其法律之見解，自非允當 ❷。」非訟事件法於九十四年再度修正，除將前開第一百零一條改列為第一百九十五條外，並增訂第三項，規定：「發票人主張本票債權不存在而提起確認之訴不合於第一項之規定者，法院依發票人聲請，得許其提供相當並確實之擔保，停止強制執行。」亦即本票發票人於現制下得主張本票偽造、變造或本票債權不存在提起確認之訴，以停止強制執行。

四、本條裁定之效力

本票執票人依據本條聲請法院為准許強制執行之裁定後，而將本票債權讓與者，則受讓人是否亦得以該裁定為執行名義，聲請對於票據債務人為強制執行？關於此點，最高法院曾議決如下：

「關於確定裁定，並無準用民事訴訟法第四百零一條第一項之規定。本票執票人依非訟事件法聲請法院為准許強制執行之裁定後，將本票債權轉讓與第三人時，該准許強制執行裁定之效力，並不當然及於第三人。該第三人不得以該裁定為執行名義，聲請對於票據債務人為強制執行。惟本票執票人聲請法院為准許強制執行之裁定後死亡者，其繼承人得以該裁定為執行名義聲請強制執行，此乃基於繼承之法則，並非基於民事訴訟法第四百零一條之理論 ❷。」

前開決議明白顯示本票執票人向發票人行使追索權，於依照票據法第一

---

❷　68 臺上 1043。

❷　（75 年 1 月 28 日）七十五年度第二次民事庭會決議。

百二十三條聲請法院裁定強制執行後，雖非不得將本票債權轉讓他人，但受讓人為概括繼受人者，不得再以同一本票聲請法院裁定強制執行，否則就同一債權即有兩個執行名義存在，顯非法之所許❷。亦即依據票據法第一百二十三條所為之裁定，其效力僅及於概括繼受人，不及於特定繼受人。民國八十五年強制執行法修正時增訂第四條之二，規定執行名義為確定終局判決者，除當事人外，對於訴訟繫屬後為當事人之繼受人及為當事人或其繼受人占有請求之標的物者，亦有效力。此處所謂之繼受人，兼指概括繼受人與特定繼受人，但須繼受發生於訴訟繫屬後並以確定終局判決為執行名義者，始有本條之適用，因而對於前開最高法院決議不具變更之效果。

　　本票發票人於執票人聲請法院裁定強制執行後，如依非訟事件法第一百九十五條第一項規定起訴，其所獲確定勝訴判決，有無消滅法院所為准予強制執行裁定執行力之效力？最高法院之判決中雖有不同之見解，但最後於民事庭庭推總會中議決：「發票人證明已依非訟事件法第一百零一條第一項（即現行第一百九十五條第一項）提起訴訟時，依同條第二項規定，執行法院應即停止強制執行，此項立法目的，即在於可否強制執行應待實體上訴訟終結以定其債權之存否，今既已判決，應認其本票債權不存在確定，則前准許強制執行之裁定，其執行力即因而消滅。否則，如認為該判決並無消滅裁定執行力之效力，則雖已勝訴，執行程序仍須進行，關於訴訟中停止執行之規定，即屬毫無意義，顯非立法之本意❸。」

五、本票偽造之舉證

　　本票發票人為達成停止強制執行之目的，主張本票係偽造，依據非訟事件法第一百九十五條第一項規定，對執票人提起確認之訴者，究應由發票人就本票偽造之事實負舉證責任？抑應由執票人就本票為真正之事實負舉證責任？關於此點，最高法院於六十五年度第六次民庭庭推總會中有如下之決議：「本票本身是否真實，即是否為發票人所作成，應由執票人負證明之責，

---

❷　（75 年 1 月 28 日）七十五年度第二次民庭會議決議。

❸　（68 年 7 月 17 日）六十八年度第十次民事庭庭推總會。

故發票人主張本票係偽造，依非訟事件法第一百零一條第一項（即現行第一百九十五條第一項）規定，對執票人提起確認本票係偽造或本票債權不存在之訴者，應由執票人就本票為真正之事實，先負舉證責任 **❸**。」

對於上項決議，學者陳榮宗曾評斷云：「將本票偽造之舉證責任分配問題，利用更實質之觀點為分析綜合研究結果，個人認為本票偽造之舉證責任，應在解釋上歸由發票人負擔，不應歸由執票人負責。……我國最高法院，對於此種必須借助判例及解釋方法，始能為補充法律無明文之舉證責任分配問題，必須創出更實質之分配標準，以更充分之理由為基礎，始有堅強之說服力 **❸**。」

關於此點，美國票據法規定票上之簽名或授權，除非為抗辯狀所特別否認，自認為真正。簽名之效力經否認者，應由主張其為有效之一方負舉證責任，但除非於訴訟進行中原告所訴請應負票據責任之簽名人死亡或失卻行為能力，其在票上之簽名仍得推定為真正或經授權 **❸**。被告於此場合若不能以反證推翻，仍須對原告負票據上責任。

第四節　見票之提示

在見票後定期付款之匯票，由於匯票有承兌制度，執票人可向付款人為承兌之提示，以確定到期日之計算。本票無承兌制度，因此在見票後定期付款之本票，應由執票人向發票人為見票之提示（票 122：I 前）。所謂見票之提示，係指發票人因執票人為確定見票後定期付款本票之到期日所為之提示，於本票上記載見票字樣及日期，並簽名之行為。見票為本票所特有之制度，與匯票之承兌制度不同，蓋承兌由付款人為之，而見票則由發票人為之；承兌之目的在確定付款人之付款責任，而見票不在確定發票人之責任，但二者均有確定到期日起算日之功效。茲就見票之提示，分數點說明如下：

(1)執票人向發票人為見票之提示時，應請發票人簽名，並記載見票字樣

---

❸　《最高法院民刑事庭會議決議錄類編（17 年～71 年）》，頁 234。

❸　見氏著，〈本票偽造之舉證責任分配〉，《法令月刊》，卷 30，期 1，頁 9–11。

❸　UCC §3–308 (a).

及日期（票 122: I 中）。

　　(2)見票提示之期限，準用第四十五條規定，即自發票日起六個月。但此項期限得由發票人以特約延長或縮短，延長之期限不得超過六個月（票 122: I 後）。

　　(3)發票人於見票時未載日期者，應以上述法定或約定提示期限之末日為見票日（票 122: II）。

　　(4)發票人於提示見票時，拒絕簽名者，執票人應於提示期限內，請求作成拒絕證書（票 122: III），此即所謂拒絕見票證書，以拒絕見票證書作成日計算到期日。執票人於作成拒絕見票證書後，無須再為付款之提示；亦無須再作成拒絕付款證書（票 122: IV），即得行使追索權。

　　(5)執票人不於第四十五條所定期限內為見票之提示，或作成拒絕見票證書，發票人在第二十二條第一項所定時效期間內，雖仍負付款之責任，但執票人對於發票人以外之前手喪失追索權（票 122: V）。

第五節　付款之提示

　　票據法第一百二十四條規定：第六十九條應準用於本票，即本票執票人應於票載到期日或其後二日內，向發票人為付款之提示。於我國現行實務，除票據法第一百二十條所規定之本票外，尚有主管機關所創設之甲存本票，二者之不同乃在於後者依其制度設計應另有擔當付款人之記載，其付款由擔當付款人為之，發票人不再自行付款。若甲存本票之執票人未向擔當付款人為付款之提示，而逕向發票人為之，經發票人拒絕，並作成拒絕付款證書者，執票人得否向發票人及背書人追索？換言之，甲存本票執票人得否無視票上擔當付款人之記載而逕向發票人請求付款？對於此點，筆者以為可從二種不同之角度加以論析：一為本票依據現行票據法之規定係由發票人自行承擔付款，且其資格不受任何限制，而甲存本票則由銀行擔當付款，由自付轉變成類似支票之他付證券，並將之列入與支票相同之票信管理，涉及票據制度設計之範疇，而票據制度設計屬法律保留事項，不容由行政命令為之。雖然匯

票關於擔當付款人之規定，經票據法第一百二十四條明定得準用於本票，但此項準用不足以使甲存本票合法化，從而限縮執票人逕向發票人為付款提示之權利。另一為仍視甲存本票為一般本票，發票人於簽發票據時既有擔當付款人之記載，則不論就票據行為採契約說抑單獨行為說，執票人之收受票據，應受票上所載事項之約束。於此二說中，實務從後說，臺灣高等法院花蓮分院曾提出如下之研究結論：

「本票上載有擔當付款人者，其付款之提示應向擔當付款人為之，票據法第一百二十四條、第六十九條第二項定有明文，執票人逕向付款人之發票人提示，自屬於法不合，不生提示期限內合法提示之效力，對於背書人喪失追索權❸❹。」

於見票後定期付款之甲存本票，執票人應向發票人抑擔當付款人為見票之提示，票據法未有規定，鑑於擔當付款人僅係代發票人給付票款，不及其他，而見票提示則在決定到期日之計算，因而見票之提示仍須向發票人為之。若執票人向擔當付款人為見票之提示而遭到拒絕，既不得於作成拒絕見票證書後免為付款之提示，亦不得據以對前手為期前追索。

本票執票人未在提示期限內為付款之提示者，對於發票人是否喪失追索權？按票據法第一百二十四條有準用第一百零四條之明文，而後者規定執票人「對於前手喪失追索權」。所謂前手，當指一切前手，則發票人是否包括在內？臺南地方法院曾就此加以研討，最後認為執票人對發票人並不喪失追索權❸❺。惟細加分析，本票發票人處於付款人與最後償還義務人（被追索者）

---

❸❹ 《司法院公報》，卷 26，期 6，頁 58。

❸❺ 臺南地方法院所持之理由為：

①發票人是本票之主債務人，且絕對的負擔票據金額支付之義務，故執票人怠於行使保全票據上之權利時，發票人之債務原則上並不因之而消滅。

②票據法第二十二條第一項係規定本票執票人對發票人追索權之時效，第二項係規定本票執票人對前手追索權之時效，其將發票人與前手分別併列，足見「前手」係指發票人以外之其他票據債務人當無足置疑，是票據法第一百零四條所謂前手當然不包括本票之發票人。

③目前實務上見解認為票據法第一百零四條所稱前手並不包括匯票承兌人在內

之雙重身分，於此意義下，前開法條中之「前手」，縱將發票人包括在內，執票人對於發票人所得行使之付款請求權並不因而受有影響。票據法第一百二十三條雖規定「執票人向本票發票人行使追索權時，得聲請法院裁定後強制執行。」就中所謂「行使追索權」云云，當係指付款請求權而言（參見票 22: I），非指對一般背書人所得行使之追索權，自不因時效之經過或手續之不備而受影響。

於見票即付之本票（即未載到期日之本票），執票人如逾發票日起六個月期間始為付款之提示而遭拒絕者，得否援引票據法第一百二十三條之規定，對發票人裁定後強制執行？司法實務上多持肯定之見解，其理由為：

(1)本票發票人所負之付款責任屬絕對責任，執票人縱令不於付款提示期間內為付款之提示，發票人仍不免其付款之責。

(2)本票無須經提示承兌，自無準用匯票提示承兌須自發票日起六個月內為之規定，執票人縱未在發票日起六個月內為付款之提示，其所受影響者僅為對發票人以外之前手之追索權。

(3)法院依據票據法第一百二十三條應否為准予強制執行之裁定，應審查本票之執票人對於發票人是否有追索權。見票即付之本票既仍有三年之時效，則執票人在時效消滅前，對發票人聲請裁定強制執行者，應予准許❸。

（最高法院六十六年臺上字第六七○號判例參照），而本票之發票人與匯票之承兌人均同屬票據之主債務人，依同一法理，該條所謂前手自不包括本票之發票人。

對於上述理由，司法院第一廳曾評斷云：「本題研討結論，採乙說，核無不合。惟乙說理由第二項所稱票據法第二十二條第一項係規定本票執票人對於發票人追索之時效，非屬的論。按依票據法第二十二條有關本票時效之規定，第一項係對本票發票人付款請求權消滅時效之規定，而第二項則係執票人對其前手行使票據上追索權消滅時效之規定，故第一項之請求權曰『票據上之權利』，以與第二項之『追索權』相區別。乙說理由謂第一項係規定本票執票人對發票人『追索權』之時效，與法條用語不合。」《司法院公報》，卷 26，期 8，頁 68。

❸ 詳見《司法院公報》，卷 26，期 9，頁 42–43。

第六節　本票之保證

一、本票保證之意義

　　保證本票之債務，依票據法第一百二十四條準用第五十九條第一項之規定，應由保證人在本票上簽名。此項簽名依第六條之規定，雖得以蓋章代之，然必其蓋章確係出於保證人意思而為之，始生代簽名之效力，若圖章為他人所盜用，即難謂已由保證人以蓋章代簽名，從而不生保證本票債務之效力❸❼。

　　保證人為發票人之利益，於本票上為保證行為後，應與發票人負同一責任。前已言之，執票人對發票人之付款請求權，不因未於法定期限內為付款之提示或作成拒絕證書而受影響，則保證人亦不得以執票人未在法定期限內為付款之提示，或執票人容許發票人延期十一個月之久而不為提示，或未為拒絕事由之通知為理由，拒絕負保證責任❸❽。

二、保證人之責任

　　票據法第一百二十三條規定，執票人向本票發票人行使追索權時，得聲請法院裁定後強制執行。保證人既與本票發票人負同一責任，則執票人對本票發票人之保證人行使追索權時，是否亦得就保證人之財產聲請法院裁定後強制執行？依據法院之見解，第一百二十三條之規定嚴格的限於本票發票人，不及於保證人及背書人。茲錄法院之見解如下：

　　⑴本票之保證人，依票據法第一百二十四條準用同法第六十一條之結果，固應與被保證人負同一責任，惟同法第一百二十三條既限定執票人向「本票發票人」行使追索權時，得聲請法院裁定後強制執行，則對於本票發票人以外之保證人行使追索權時，即不得類推適用該條之規定，逕請裁定執行，殊無疑義❸❾。

---

❸❼　43 臺上 1160。

❸❽　49 臺上 850。

⑵執票人向本票發票人甲連帶保證人乙行使追索權，得否以甲乙連帶負責，聲請法院裁定強制執行？按執票人向本票發票人行使追索權時，得聲請法院裁定後強制執行，票據法第一百二十三條定有明文。該條既僅列本票發票人，自不包括保證人在內 **❹**。

因此，學者中曾建議為鞏固保證責任之效力，及確保保證人償還義務之履行，應要求保證人與本票發票人連署，而為共同發票人 **❹**。此亦何以銀行所印行之貸款本票用紙上故意不印「連帶保證人」五字，其目的無非在使不知情之保證人成為共同發票人，對之適用票據法第一百二十三條之規定。據此，應本票發票人之請而在本票上為保證者，應於簽名時註明為「保證人」或「連帶保證人」，縱為後者，依前引最高法院之決議及司法實務，亦不與發票人處於同一地位，而逕受裁定後強制執行。

三、「見證」與保證之不同

「見證」非票據法上之用語，若簽名於本票之人加載「見證人」字樣，究應負何種責任？關於此點，臺灣基隆地方法院曾以「甲、乙二人共同於本票發票人欄簽名蓋章，惟乙於姓名之上另書有『見證人』三字，嗣甲、乙二人共同持該本票向乙之友人丙調借現金，丙與甲雖屬不識，但丙與乙則係舊交，丙乃基於對乙之信任貸以現金，嗣該本票於到期日提示，未獲付款，丙訴請甲、乙二人應負發票人之責任，除甲部分外，乙是否應負發票人之責任。」為題加以研討，多數持如下之見解：

「『在票據上簽名者，依票上所載文義負責。二人以上共同簽名時，應連帶負責』。『票據上記載本法所不規定之事項者，不生票據上之效力。』票據法第五條第一、二項、第十二條定有明文。乙既於發票人欄與甲共同簽名，自應負發票人之責，至其另於姓名上書寫「見證人」三字，依票據法第十二條

---

❸ 50 臺上 188；（50 年 8 月 8 日）五十年度第四次民、刑庭總會決議㈢；74 年臺抗 316 亦持相同之見解。

❹ 臺中地院五十年三月份司法座談會。

❹ 向全福，〈談本票之特質及其實際運用〉，《一銀月刊》，卷 14，期 9，頁 67–72。

規定，應不生票據上之效力。故甲、乙二人應依票據法第五條第二項規定連帶負責❷。」

於本票背面簽名之人，於簽名時加載「立會人」字樣者，經最高法院判認其含義與「見證」同，為票據法所不規定之事項，不生票據上之效力，該簽名之人應負背書責任❸。

第七節　關於匯票規定之準用

票據法第一百二十四條規定，匯票關於背書、保證、到期日、付款、參加付款、追索權，拒絕證書及謄本之規定，均準用於本票。茲分數點說明如下：

(一)預備付款人

票據法第三十五條規定，匯票背書人得記載在付款地之一人為預備付款人，但本條經第一百二十四條明定，不得準用於本票。換言之，在本票，發票人固不得為預備付款人之記載，背書人亦不得為預備付款人之記載，此觀票據法第一百二十四條未準用第二十六條第二項不難自明。但學者中有認為此一規定似有欠斟酌❹。惟筆者以為匯票之所以有預備付款人制度之設，實係由於我國現行票據法未如聯合國票據公約容許付款人於發票前預為承兌，因而發票人及承兌前之背書人加載預備付款人，具有於付款人拒絕承兌或拒絕付款時防免逕受追索之實益。於本票之場合，發票人於發票時即已成為主

---

❷ 載《司法院公報》，卷 24，期 4，頁 41。

❸ 70 臺上 982：被上訴人既於系爭本票之背面簽名，即係票據上之背書，雖被上訴人於簽名外更書有「立會人」字樣，在其書寫時內心可能係見證之意思，然票據係票式行為，票據上記載本法所不規定之事項者，不生票據上之效力，票據法第十二條定有明文，第一審只就被上訴人簽名於系爭本票背面，命其負責背書人之清償責任，於法並無違背，原審既認定系爭本票背面之被上訴人簽名為真正，乃竟以其上冠有「立會人」三字，即謂被上訴人非背書人，不負清償票款責任，其適用法律不無違誤。

❹ 鄭玉波，《票據法》，頁 221。

債務人，負絕對付款責任，若另設預備付款人，無異預行否定自己之債信。至背書人所負之責任，僅於發票人拒絕付款或見票時，執票人對之為追索❹，於此情況下，應否比照匯票背書人，容許其加載預備付款人，則屬立法裁量之問題。

⑵參加付款

本票無參加承兌之制度，但匯票關於參加付款之規定，除第七十九條及第八十二條第二項外，準用於本票。在準用第八十二條第三項規定時，本票上未記載被參加付款人者，學者認為應以第一背書人（即受款人）為被參加付款人，而不以發票人為被參加人❹。

⑶拒絕證書

在本票，所謂拒絕證書，係指拒絕見票證書及拒絕付款證書。執票人於本票到期，向發票人為付款之提示，而不獲付款時，應請求作成拒絕付款證書，並將發票人拒絕之事由，通知前手及其他票據債務人（票 124/89）。若執票人不請求作成拒絕付款證書，即不得對前手行使追索權（票 124/104）❹。執票人不於第八十九條所定期限內為通知者，雖不影響追索權之行使，但其怠於通知所致之損害，應負賠償之責，其賠償金額，不得超過本票金額（票 124/93）。在見票後定期付款之本票，執票人為見票之提示，發票人拒絕簽名者，應請求作成拒絕見票證書，否則，對於發票人以外之前手喪失追索權（票 122: V）。

⑷追索權

匯票之追索權有到期及期前二種。匯票關於追索權之規定，除第八十七條第一項，第八十八條及第一百零一條外，均得準用於本票，因此本票發票人如死亡、逃避、受破產宣告或其他原因無從為見票或付款之提示，或執票人為見票之提示而遭拒絕時，執票人得向其前手為期前追索（票 124/85: II），但執票人向背書人為追索時，不得援引第一百二十三條之規定。

---

❹　見 18 上 2266。

❹　前❷，頁 225。

❹　並見 18 上 34；18 上 304。

第五章 支 票

第一節 概 說

一、支票之意義

支票，係指發票人簽發一定之金額，委託金融業者於見票時，無條件支付與受款人或執票人之票據。茲分數點說明如下：

⑴支票之當事人有三：即發票人、受款人及付款人，與匯票同。但支票之付款人，絕對的以金融業者為限。所謂金融業者，係指經財政部核准辦理支票存款業務之銀行、信用合作社、農會及漁會（票 127; 4）。

⑵匯票與本票多為信用證券，因此票據上除記載發票日外，尚有到期日，且以遠期者最為習見，現行票據法並容許發票人以分期付款方式作成之；而支票為支付證券，限於見票即付（票 128: I），既無到期日及其計算之問題，亦不得分期付款，從而亦不生約定利息之問題。

⑶支票無承兌制度。支票付款人僅受發票人之委託而付款，發票人如在付款人處無充足之存款，付款人自得拒絕付款，退回支票。支票付款人與承兌前之匯票付款人同，自始至終處於關係人之地位。至支票發票人，除負被追索之責任外，是否尚以主債務人之身分負付款責任？筆者持否定之見解，詳後述。

⑷支票關於權利人指定之方法亦有三種，即記名式，指示式及無記名式。但若支票正面經發票人、背書人或執票人畫平行線二道者，付款人僅對金融業者支付票據金額（票 139: I）。平行線支票為美國統一商法典所不採。

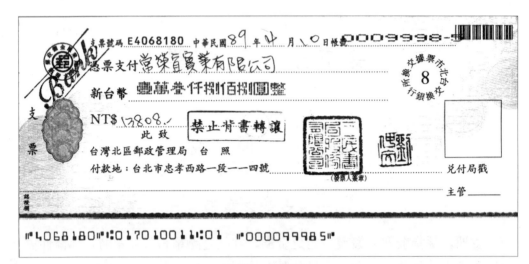

支票 (CHECK)

二、空白支票之領用

票據法雖僅規定，支票之作成須以書面為之，記載法定事項，由發票人簽名即可，而發票人亦無須於付款人處預先開戶，最高法院曾謂：「支票為文義證券，不以發票人與付款人間有付款委託及領用支票為要件❶。」發票人如簽名於支票者，應負發票人之責任。惟於通常情形，空白支票均由金融業者印製，客戶於開戶申請獲准後予以領用。財政部訂有「支票存款戶處理辦法」，規定個人或公司行號，須具備該辦法第三條至第五條所列舉之資格，始得申請開戶。銀行經徵信調查後，認為申請人確符合規定者，即與之訂立「支票存款往來約定書」及「支票存款約定書補充條款」，並准申請人領用空白支票。

空白支票用紙之領用在張數上原設有限制，民國七十年，財政部基於二嚴一寬❷之政策，已於上述處理辦法中廢除關於支票張數收回率之規定❸，容許營業單位主管就客戶往來及存款實情自行決定。

---

❶ 69 臺上 725。

❷ 即開戶從嚴，處罰從嚴及領票從寬，載《工商時報》(70 年 1 月 28 日)。

❸ 原規定為 70%，後改為 60%。

惟支票存款戶有下列情形之一者，前開處理辦法第十一條，金融業者仍應嚴格限制發給空白支票用紙：

⑴已發生存款不足退票，或經常於退票後再予清償，經註記在案者；

⑵行使支票或本票有其他不正常情形者❹。

早期對於支票存款之開戶申請限制極嚴，銀行業為因應社會大眾之需要，乃對於特定對象，於民國六十五年創設「限額支票」，於六十八年增創「限額保證支票」，但成效不彰，中央銀行遂修正「金融業辦理限額支票及限額保證支票存款業務辦法」，明定其施行期間至八十九年十二月三十一日止，自翌年二日起原使用此等支票之存戶轉為一般支票存款戶或結清銷戶。

第二節　發　票

支票，依據票據法第一百二十五條規定，應記載下列各款事項，由發票人簽名：

⑴**表明其為支票之文字**：表明其為支票之文字，得以本國文字表示之，亦得以外國文字表示之，且不以「支票」二字為限，凡足以表示支票性質之文句均可。司法院曾謂：「票據載明祈付即期洋若干之字樣，即足以證明支票之性質者，雖未記明支票二字，亦應認有支票之效力」❺。

⑵**一定之金額**：金額得以本國貨幣或外國貨幣表示之，其數額必須一定，並不得變更改寫（票 11: III）。金額一經誤寫，支票應予作廢。關於金額文字之填寫，經「使用支票辦法」第三條規定：『務須在金額欄內緊接幣別之名稱，逐字密接以通用楷書大寫，例如『〇』『另』字樣應書為『零』字，『一』『壹』字樣應書為『壹』字，『二三四五六七八九十百千萬』，應書為『貳叄肆伍陸柒捌玖拾佰仟萬』，並於數尾加一整字，又如『壹拾萬元』或『壹拾元』，均不得略去『壹』字，『壹仟零壹元』或『壹佰元伍角』，不得寫成『壹仟零零壹元』，或『壹佰元零零伍角』。否則構成金額文字不清而得退票。』於現制下，

---

❹　詳見支票存款戶處理辦法第十條。

❺　25 院 1422。

票據金額一律以「元」為單位，四捨五入，不再使用「角」、「分」。

(3)付款人之商號：支票之付款人以經財政部核准辦理支票存款業務之銀行、信用合作社、農會及漁會為限，此為票據法第一百二十七條所明定。支票上所記載之付款人如非經財政部核准辦理支票存款業務之銀行、信用合作社、農會及漁會，即不能適用票據法關於支票之規定，應認為民法債編所稱之指示證券❻。所謂銀行依據舊施行細則第二條規定，係指依法令規定向主管機關辦理銀行設立登記並經許可為他人簽發之支票擔任付款人之金融機構。依其他法令經主管機關核准辦理銀行業務並為支票之付款人者，視為票據法所稱之銀錢業。除銀行及舊時之錢莊外，尚包括合作金庫，郵政儲金匯業局及中央信託局❼。所謂信用合作社，係指依據信用合作社管理辦法成立並登記為信用合作社者為限，不僅專營信用合作社，即兼營信用部之合作社，亦包括在內❽。至於兼營信用部之農會及公庫，在六十六年七月以前之舊票據法下，因並不將之視為銀錢業者或信用合作社，以農會或公庫為付款人之支票，則非票據法上之支票❾。但立法院鑑於「農會辦理支票業務，自日據時代迄臺灣光復以至於今，已有數十年之歷史，據內政部代表報告本省現有農會三百零五所，而農會信用部辦理支票存款業者，多達二百七十五單位，因此農會信用部對於活潑農村金融，發展農村經濟，改進農村建設及便利農民資金調度具有多種功能。農會支票實際上既已行之多年，而迄今仍無法律地位，尚未納入票據法予以有效管理，對於農民財產，缺乏有效保障，殊失公平。且農會法於六十三年六月經本院修正公布後，其第五條第三項規定『農會辦理會員金融事業，應設立信用部並視同銀行業務管理……。』又依農會信用部管理辦法第七條規定『農會信用部已辦理甲種活期存款業務者,由省(市)財政廳（局）派員查核，如其業務經營優良合於左列各款查核標準者，得專

---

❻ 49 臺上 2424, 72 臺上 4484：公庫支票非票據法上之支票，僅為指示證券之一種。同時見（61 年 8 月 22 日）六十一年度第一次民庭總會決議㈠。

❼ 財政部⑷臺財錢發 3979 號令（43 年 7 月 26 日）。

❽ 陳世榮，《支票法論》，頁 18–19。

❾ 49 臺上 2424 及 60 臺上 1548。

案報請財政部暫准繼續辦理❿……。』是即有法律依據⓫。」遂認為行政院於六十六年所提票據法修正案將行之已久之農會支票納入票據法中，至為妥適，於票據法第四條增列「經財政部核准辦理支票存款業務之農會」字樣，明定農會為票據法上之支票付款人，俾與其他行庫支票同有合法之地位與管理。財政部並頒訂「農會信用部管理辦法⓬」一種，以資遵行。漁會與農會類似，漁會亦設有信用部，財政部於七十五年修正票據法時乃一併予以列入。至於公庫支票，仍非票據法上之支票。

　　(4)受款人之姓名或商號：受款人在通常情形，為發票人與付款人以外之第三人，支票上無受款人之記載者，以執票人為受款人。惟所謂無記名式支票，以未載受款人者為限。支票於受款人姓名下載有「或來人」字樣者，既

---

❿　「農會信用部管理辦法」第七條，規定農會信用部具有下列條件，經層報財政部核准者，得辦理支票存款業務：

①農會無累積虧損，且信用部連續三年獲有盈餘者。

②信用部會計獨立，設有專任會計，出納人員者。

③逾期放款占放款總額比率在百分之五以下者。

④存放款比率符合規定者。

⑤內部透支符合規定，並按規定計收利息者。

⑥事業基金按規定提足者。

（《中國時報》66年5月5日）。

⓫　《立法院公報》，卷66，期53，頁24–25，院會紀錄。

⓬　為配合銀行法及票據法之修正並因應實際需要，於六十七年修正「農會信用部管理辦法」部分條文，增列從嚴審核農會辦理支票存款之規定，其修正之重點為：

①明定非會員存款係指會員本人及其同戶家屬以外的存款。

②規定農會不得辦理非會員的支票存款，並規定財政部得視農會業務經營情形及農民會員的多寡，核定其存款種類。

③規定農會信用部所吸收各種存款，應依照銀行法的規定提存各項準備金。

④配合銀行法取銷對金融機構存放比率的限制，授權財政部視市場銀根鬆緊及營運情形，對存放比率作機動的調整。

⑤對經營不善、結構不健全，經輔導改善無效，或違背法令規定情節重大者，除原定處理辦法外，準用銀行法有關規定處以罰鍰。

上述修正於同年四月六日公布施行（《聯合報》67年4月7日第1版）。

非未載受款人，即不得謂為無記名式支票。其所載「或來人」字樣，只能解為或其被背書人之義。此種形式之支票，立法例中有特以明文視為無記名式者，我國票據法並無此項特別規定，自不能於解釋上認有同一之效果 **⑬**。發票人亦得以自己或付款人為受款人，例如，甲為乙銀行之甲種活期存款戶，甲簽發支票向乙銀行提款或清償對乙銀行之債務。前者稱己受支票；後者稱付受支票。支票發票人，亦得以自己為付款人，是為己付支票，於此情形，發票人須為金融業者。

(5)**無條件支付之委託**：支票上須記載無條件支付之委託，通常多以「憑票祈付」字樣表示之。

(6)**發票地**：發票地係指發票人在支票上所記載發行支票之地。支票上未載發票地者，以發票人之營業所、住所或居所為發票地（票 125: III）。

(7)**發票年月日**：支票之發票日以票載日期為準。支票因係見票即付（票 128: I），因此，舊票據法曾規定：「執票人於票載日期前提示付款時，應即付款」。其結果，執票人之提示付款，不受票載發票日之拘束，其提示在前者，以提示日為發票日，但若執票人對於發票人所簽發之遠期支票仍按照票載日期或票載日期以後為付款之提示者，則票載日期當然為發票日，不能以實際收到支票之日期為發票日 **⑭**，或於票據以外以當事人所證明之實際發票日期為發票日 **⑮**。現行票據法則明文規定：「支票在票載發票日前，執票人不得為付款之提示」。關於其修正之理由，於本章第九節中再行討論。

發票年月日為票據法所規定應記載事項之一，若發票人未為記載，或僅記載年，未記載月及日，或僅記載年及月，而未記載日者，支票應屬無效 **⑯**。

發票人將未載發票年月日之支票交付丙，囑丙按預定日期填入，丙乃轉囑乙完成，發票人其後是否得以未記載發票日而主張無效？最高法院認為於此場合，丙與乙僅為發票人之機關，乙所為之填載與發票人自行為之者無異，

---

⑬　33 院 2752。

⑭　50 臺上 1046。

⑮　52 臺上 2365。

⑯　59 臺上 2334。

發票人不得主張無效**❶**。

　　⑻**付款地**：付款地係指支票金額支付之地，並為支票提示期限決定之依據。支票關於付款地之記載必須單一，不得為二個以上之記載**❶**。

　　以上八款事項中，以⑴⑵⑶⑸⑺⑻等六項為絕對必要記載事項，如欠缺其一，支票無效。至於⑷⑹二項，因票據法有補充之規定，縱不為記載，亦不影響支票之效力，故為相對必要記載事項。惟學者張茲闓認為⑷為「應記載事項」，而票據法第一百二十五條第二項「未載受款人者，以執票人為受款人」之規定，僅能視作例外，而受款人之記載，依氏之見解，有防止遠期支票濫用之功效**❶**。反之，多數學者認為「受款人」之記載與否，悉任發票人自由，縱為記載，亦無防止票據遺失、盜竊及保護票據權利之效益**❷**。「使用支票辦法」第二條甲則規定：「為避免支票遺失被人冒領及保護雙方權益起見，存戶開發支票時儘量在『憑票支付』字樣下端載明受款人姓名或商號名稱，如係領取現款時，請載明『現金』字樣。」

　　此外，支票上尚得記載禁止背書、不許以付款地通用貨幣支付之特約、免除拒絕事由之通知、免除拒絕證書及禁發回頭匯票等事項。支票上有此等事項之記載者，亦生票據法上之效力。

　　票據法第一百二十五條第一項僅規定支票之作成，除記載上述各款事項外，尚須由發票人簽名。至於簽名之位置，票據法則未為規定。慣例上，支票如為直式，簽名或蓋章於支票上所載阿拉伯數字金額及號碼之左方平排處為之；支票如為橫式，則在支票所載文字金額之右下方。若行為人在支票之其他位置簽名或蓋章者，是否亦生發票之效力？我國法院就此有如下之見解：

　　⑴**於金額上蓋章**：發票人於金額之上方或下方蓋章或簽名蓋章者，是否須負票據上責任？最高法院對此曾謂：發票人在支票上之簽名或蓋章，須在

---

❶　（70 年 7 月 7 日）七十年度第十八次民庭總會決議。

❶　33 院 2772。

❶　張茲闓，〈再論遠期支票之濫用〉，載《聯合報》（68 年 5 月 18 日）。

❷　左覺先，〈泛論票據背書之連續性〉，載《法律評論》，卷 43，期 11、 12 合刊，頁 20。

支票應行記載事項以外之其他適當處所為之，方得認為發票行為。行為人於支票記載之金額上加蓋印章，法院基於中央銀行前曾通令各銀錢業者，為防止塗改，支票上之金額應用毛筆書寫，並應加蓋印章，銀錢業固均予遵照，一般非銀錢業者之支票發票人，亦有於金額上加蓋印章者，遂判認係屬防止塗改作用，當難認為發票行為[21]。但票據法學者陳世榮則認為：「票據法並未規定發票人必須在票據何處簽章，苟發票人已在支票正面上簽章，即可發生簽章之效力，支票之發票人雖在支票金額之上方或下方簽章，仍應認為發票人之簽章，即已完成發票行為[22]。」二者中，筆者從後之見解。

　　(2)於銀行專用欄內蓋章：按我國現行支票，其上均載有①會計，②記帳，③出納，④驗印等銀行專用欄，於付款銀行設有甲種存款帳戶之人於此欄內簽章者，自須負支票發票人之責任。若與付款銀行間並無往來之人於此欄內簽名或蓋章者，是否亦應負發票人之責任？最高法院持肯定之見解，於判決中指出：支票為文義證券，不以發票人與付款人間有付款委託及領用支票為要件，被上訴人（即行為人）既蓋章於支票上，若非與另一發票人共負發票人責任，則無何意義[23]。

第三節　發票人之責任

一、發票人非為主債務人

　　前曾言及，支票發票人既不若匯票付款人經由承兌而成為主債務人，亦

---

[21]　68 臺上 1751：第查票據法第一百二十五條第一項雖未規定發票人在支票上簽名或蓋章之位置，但必須在支票應行記載事實以外之其他適當處所為之，方得視為發票行為。上訴人於訟爭支票記載之金額上加蓋印章，在社會通常觀念，係屬防止塗改作用，似非發票行為，原審遽認其為發票行為，尚嫌率斷。

[22]　見氏著，〈票據上簽名，蓋章及公司，其他法人之票據能力〉，《軍法專刊》，卷29，期7，頁2–9。

[23]　參見 69 臺上 725。

不若本票發票人，於其簽發本票之同時自行擔負付款責任而成為當然之主債務人。支票依其制度設計，於發票人簽發後應由金融業者付款（票 127），雖於實務上發票人與付款人間無不存有委任關係，訂有支票存款往來契約，但支票之簽發不以此項關係之存在為前提要件，而執票人須向票載之付款金融業者為付款提示，除付款人受破產宣告外，執票人不得跳脫付款人而逕向發票人請求付款，此經最高法院決議在案 ❷。於此意義下，支票發票人僅為償還義務人。票據法第一百二十六條規定：「發票人應照支票文義擔保支票之支付。」即係指其負有被追索之責任。惟學者中有認支票發票人應被視為主債務人者 ❷，其所持之理由如下：

⑴支票付款人係受發票人委託而付款，除非票據法有特別規定（例如票 138; 143），於通常情形不負付款責任，付款人因存款不足而拒絕付款者，發票人即成為最後給付票款之人，成為實質上之主債務人。

⑵支票付款人係基於其與發票人間之委任關係而為付款，僅屬發票人之受託人或代理人，執票人依支票之制度設計雖須向付款人提示付款，此際付款人無非為發票人代受提示，進而從發票人於付款人處所設之帳戶存款中就支票為付款，故真正之付款人應為發票人，而非付款人。

⑶支票發票人若僅負被追索之責任，則執票人未遵期為付款提示者，依票據法第一百四十四條準用第一百零四條之結果，對發票人喪失追索權，但票據法第一百三十二條明定：「執票人不於第一百三十條所定期間內為付款之提示，或不於拒絕付款日或其後五日內請求作成拒絕證書者，對於發票人以外之前手，喪失追索權。」司法院亦曾為如是之解釋 ❷。此無異間接確認執票人對發票人所得行使之權利，實質上等同付款請求權。

⑷票據上權利由付款請求權與追索權二者組成，所謂票據上權利當然包含付款請求權，此不難從票據法第二十二條關於消滅時效之規定見之。該條第一項將對支票發票人所得行使票據上權利之時效與匯票承兌人、本票發票

---

❷　（71 年 5 月 4 日）七十一年度第八次民庭會議決議㈡。

❷　例如鄭玉波、陳世榮等。

❷　25 院 1492。

人並立,足徵此項對支票發票人所得行使之票據上權利具付款請求權之性質。

以上所論雖非完全無據,惟就中(1)、(2)僅在說明支票發票人於付款人未在支票上為任何行為之情況下擔負付款之責任;(3)、(4)係票據法就支票支付之最終責任之歸屬所為之特別規定,惟均不足以肯認支票發票人處於與匯票承兌人及本票發票人相同之地位,遂須對受款人或執票人負付款責任。

二、發票人之責任

支票為支付證券,與匯票、本票之為信用證券有所不同。發票人依票據法第一百二十五條規定作成支票,並將之交予於受款人後,其因而所負之責任亦較匯票及本票之發票人為重。發票人不僅須按票據法之規定負其責任,支票如經執票人提示,付款人因發票人無充足存款而拒絕付款者,於民國七十五年底以前,尚須按舊票據法第一百四十一條及第一百四十二條,受刑事上之處罰。此項刑事處罰雖自民國七十六年元月一日起廢除,但支票發票人於簽發支票後不為付款者,在其債信上仍受嚴重之影響,此點可參見「支票存款戶處理辦法」關於拒絕往來之規定自明。本節僅就支票發票人之票據責任加以分析。

(1)擔保付款: 支票之發票人,因其發票之行為,對於受款人及其後手,應照支票文義,擔保支票之支付(票126)。發票人對執票人之此項擔保責任不因發票人未在付款行庫局社開戶,或其開戶之日期如何而受影響❷。所謂擔保支票之支付,係指於支票不獲付款人支付時,發票人應負償還支票金額之責任。因此,支票發票人為票款之最後清償人。

(2)遲受追索: 票據上權利包括付款請求權及追索權。一般言之,對於主債務人得行使付款請求權;對於從債務人(或稱償還義務人)僅得行使追索權。支票無主債務人,付款人僅係受發票人之委託而為付款,付款人因存款不足而退票時,執票人得向其前手追索,而發票人遂成為最後償還義務人。執票人對發票人行使此項追索權時,是否應受保全程序之限制?亦即應否①遵期為付款之提示,②作成拒絕證書,③遵守時效?抑執票人得不經向付款

---

❷　61 臺再 30。

人為付款之提示，而得逕向法院訴請發票人償付票款及利息？關於此點，最高法院於有如下之決議：

「按支票之性質為提示證券，依票據法第一百三十條規定，支票之執票人應於該條所定期限內為付款之提示。同法第一百三十一條第一項亦規定：『執票人於第一百三十條所定提示期限內，為付款之提示而被拒絕時，對於前手得行使追索權……』，均明示其應為付款之提示，及為付款之提示而被拒絕時，始得對前手行使追索權。再依票據法第一百四十四條準用同法第九十五條規定：『匯票上雖有免除作成拒絕證書之記載，執票人仍應於所定期限內為承兌或付款之提示……』尤明定支票應為付款之提示。同法第一百三十三條復規定：『執票人向支票債務人行使追索權時，得請求自為付款提示日起之利息……』，亦明示利息之起算日為付款提示日，如不為付款之提示，利息之起算，亦無所據。又發票人簽發支票交付受款人（執票人），實含有請其向銀錢業者兌領款項之意，而受款人受領支票自亦含有願向該銀錢業者提示付款之默示存在，從而其不為付款之提示，自係違背提示付款之義務，依誠信原則，當不得逕向發票人請求給付票款❷。」

(3)**不得撤銷付款**：舊票據法第一百三十五條原曾規定：「發票人於第一百三十條所定期限內，不得撤銷付款之委託，但支票遺失或被盜，以惡意或重大過失取得時，不在此限」。現行票據法乃將本條但書刪除，其理由為：「支票無論遺失或被盜，均可依本法第十八條規定辦理，無須依第一百三十條期限內撤銷付款委託之必要。至於以惡意或重大過失取得支票者，依本法第十四條已不得享有票據上權利，此時亦祇可由原執票人聲請對該取得人為假處分，以資解決，自不宜由發票人撤銷付款之委託，否則，票據為流通證券，對以後因善意取得票據之執票人將失保障❷。」其結果，發票人僅於支票提示期限經過後始得為付款委託之撤銷，其在法定提示期限前縱為撤銷付款委託之申請，亦須至第一百三十條所規定提示期間屆滿後始行發生效力。

---

❷ （71年5月4日）七十一年度第八次民事庭會議決議㈡。

❷ 《立法院公報》，卷66，期53，頁22。

第四節　付款委託之撤銷

一、撤銷付款委託之意義

　　金融業者於接受支票發票人之開戶申請時，必與之訂立「支票存款往來約定書」以為雙方權義之依據，發票人並授權金融業者於其存款項下，按其指示而為付款。發票人之簽發支票，即為指示金融業者對執票人或受款人付款之一種授權，而所謂「付款委託之撤銷」，係指發票人就其所簽發之某一特定支票撤回其授權之一種意思表示，以禁止付款人（即金融業者）執行付款事務。因此，學者中有人主張此處所使用「撤銷」一詞，實係「撤回」之意[30]。

　　關於撤銷付款之委託 (stop payment)，各國票據法之規定並不一致：英美不認支票發票人與付款人銀行間之關係有任何不同於匯票發票人與付款人間之關係，憑以付款之資金既係支票發票人所提供，付款銀行自須聽命於發票人而為付款與否，因而支票發票人得任意為撤銷付款委託，不受任何限制。法國因採意思主義之立法，支票上權利與資金上權利同時移轉[31]，不容許發票人撤銷付款之委託。我國現行票據法則仿日內瓦統一支票法，於第一百三十五條規定：發票人於第一百三十條所定期限內不得撤銷付款之委託。就本條反面解釋，則於法定提示期限經過後，發票人自得為付款委託之撤銷，但發票人之死亡或受破產宣告，縱其發生於法定提示期限以內，亦生撤銷付款委託同一之效力。

二、撤銷付款委託之要件

　　付款委託之撤銷，除受前述票據法第一百三十條提示期間之限制外，是否尚須具備其他要件？按撤銷付款委託本質上屬發票人對付款人撤回授權，具有形成效力之一種意思表示，只要此項意思表示送達付款人即行發生效力。

---

[30]　詳見沈英明，〈論付款委託之撤銷〉，《華銀月刊》，卷 24，期 6，頁 33。

[31]　詳見後述。

惟銀行業一則於心態上認為支票發票人之撤銷付款委託徒增其處理支票付款之困擾，再則對撤銷付款委託之處理無完善之配套措施，乃於實務上採取消極不合作之態度，故意增加手續上困難，間接阻撓撤銷付款委託之提出，因而於實務上，支票發票人若欲辦理撤銷付款委託者，須以下列方式為之❸❷：

(1)**須由發票人申請**：不若票據喪失後之止付通知由票據權利人為之，撤銷付款委託須由發票人提出，付款人之動用發票人帳戶中之資金而就特定支票為付款既由於發票人之授權，亦唯發票人始得撤回此項授權。

(2)**須已逾越法定提示期限**：對於仍在法定提示期限內之支票，縱為付款委託之撤銷，亦屬無效，付款人不受拘束。現行金融業者於實務上所採用之「撤銷付款委託申請書」，其上均載有：「該支票確已逾法定提示期限，如將來該支票提示時，付款銀行發現票載日期並未超過提示期限，仍得付款，其一切責任，由申請撤銷人自負。」

(3)**須以書面為之**：臺北市銀行公會曾於五十年第二屆第十次理事會議決印製「撤銷付款委託申請書」一種，自票據法於六十二年修正後，該申請書亦隨之修正，其格式如附圖。發票人可逕向其往來銀行索取備用，惟據筆者所詢及之銀行負責人表示，發票人為付款委託之撤銷時，無須填寫此項表格，如以其他書面為之，亦無不可。至銀行能否立即提供附圖表格以及未具備表格所載事項之書面能否為銀行所接受，似視銀行而定。

---

❸❷　參見上❸⓪，頁 34–35。

撤銷付款委託申請書					
票 據 種 類	帳　　　號	發票人戶名	票 據 號 碼	發 票 日 期	金　　　額
				年　月　日	新　臺　幣

上列票據確已逾票據法第一百三十條所規定之法定提示期限請准予撤銷付款委託，嗣後該項票據於提示時　貴行倘發現票面記載日期並未超過上開法定期限者，貴行得依法付款，其一切責任皆由保證人及申請人連帶負責概與　貴行無涉。

此　致

臺北市銀行　　　　　　　申　請　人　　　　　　　　　　具(簽章)
　　　　　　　　　　　　（發票人）
　　　　　　　　　　　　住　　　　址
　　　　　　　　　　　　國民身分證
　　　　　　　　　　　　保　證　人　　　　　　　　　　具(簽章)
　　　　　　　　　　　　住　　　　址
　　　　　　　　　　　　國民身分證

中　華　民　國　　　　　年　　　　月　　　　日

　　⑷須未另為止付通知：發票人如已為止付通知，而其程序尚在進行中者，依據票據法施行細則第五條規定，付款人應將止付金額留存。此時，發票人不得為規避其資金之被留存，再行撤銷付款委託。因此，學者中有人建議於現行金融業者所採用「撤銷付款委託申請書」上宜加載「凡經掛失止付之支票，票據法對真正可享票據權利之人，已有救濟條款，發票人不需再行使撤銷付款之委託❸」或其他含義類同之文句。一般言之，止付通知與撤銷付款委託不得兼辦，但若止付通知已依票據法第十八條第二項及施行細則第七條之規定失其效力者，發票人自得為付款委託之撤銷。臺北市銀行公會曾函示：

---

❸　蔡森雄，〈淺論銀行受理掛失止付後，可否再接受撤銷付款之委託〉，《華銀月刊》，卷 24，期 4，頁 11。

經止付之支票，於五日內支票之發票人兼權利人未提出已為聲請公示催告之證明，而第六日及第七日執票人均未提示，如發票人於第八日（即提示期限經過後）撤銷付款之委託，付款行庫應予受理❸。

(5)**須非付款人已付款之支票**：撤銷付款委託以支票有效存在為前提，支票若業經付款人付款，票據關係歸於消滅，支票已不復存在，發票人自亦不能對之辦理撤銷付款委託。此參酌票據法施行細則第六條，應為事理之當然。

(6)**須非保付支票**：支票經保付後，付款人成為主債務人，對執票人負絕對付款責任，執票人對支票資金取得請求權，發票人對保付支票不再負票據上責任。簡言之，發票人自付款人為保付之時起，對支票存款中相當於保付支票所表彰之金額部份即已喪失掌控之權，從而就該保付支票亦不再有權辦理撤銷付款委託。

至於「足夠之金額」是否為撤銷付款委託之要件？學者之見解不一：學者中有認為：「撤銷付款委託係發票人之權利，其於提示期限內或撤銷申請時有無足夠支付之金額固不足為得否撤銷付款委託之基準，且於撤銷付款委託後執票人始提示付款時，有無足夠之金額亦不堪為撤銷付款委託有效成立之要件，否則，執票人既怠於提示期限內為付款之提示，而發票人依法為付款委託之撤銷後，執票人何時提示付款實不得而知，如仍要求發票人隨時存有足夠之金額或提示時備有足夠之存款，則其撤銷付款委託尚有若何實益？❸」遂予否定。筆者以為撤銷付款委託既僅在就特定支票對付款人撤回授權，與支票資金是否足夠無關，無須如止付通知為保護善意第三人以留存充足資金為要件。

付款委託之撤銷是否非以書面為之不可？筆者以為付款人僅為發票人之受託人，應嚴格遵照發票人之指示。而票據法及付款人與發票人間所簽訂之約定書既未明文規定發票人撤銷付款委託時應以書面為之，自無理由將之列為要件之一，以加重發票人之負擔。換言之，發票人如已就特定支票口頭表示撤銷付款之委託者，付款人不得以其未完成書面而拒絕遵照，付款人如忽

---

❸　(63)會業字 0144。

❸　同上❸，頁 35。

視發票人之口頭撤銷而為付款者，其效力應不及於發票人；發票人如因而受有損害時，尚得訴請付款人賠償。

撤銷付款於現制之下既須受票據法第一百三十條提示期間之限制，則支票發票人得否於發票時將發票日期倒填，即以業已經過之日期或以實際發票日前之日期為發票日 (ante-dated check)，藉以為撤銷付款委託預留空間？基於票據法第一百三十五條設此期限之立法政策考量，宜在禁止之列。若一方面容許發票人倒填發票日，另一方面又得以提示期限業已經過為理由而撤銷付款委託，對於受款人或執票人無異構成詐欺。

三、撤銷付款委託與止付通知之不同

付款委託之撤銷與止付通知雖均同在禁止付款人付款，但二者於性質、效用及手續上均有所不同：撤銷付款之委託，其手續較為簡便，得以書面或口頭為之；反之，發票人申請票據掛失止付者，依據「票據掛失止付處理準則」第三條之規定，票據權利人應填具掛失止付通知書，載明①票據喪失經過，②喪失票據之類別，帳號，號碼、受款人及金額及③通知止付人之姓名、年齡、住所，通知付款行庫。為防止發票人之偽報，中央銀行又訂定「偽報票據遺失防止辦法」一種，自五十七年五月十四日起實施，規定支票發票人向付款人為止付通知時，除填具「票據掛失止付申請書」（見附載之格式）外，並應同時填具「遺失票據申報書」，報請票據交換所轉請申報人住所所在地警察機關協助偵查。

票據掛失止付通知書　　（登記掛失止付號碼　字第　號）

票 據 種 類	帳 號	發票人戶名	票 據 號 碼	金 額
				新臺幣

受 款 人		發 票 日 期（或到期日）	民國　年　月　日	備
票 據 掛 失 止 付 實 際 緣 由 載 明 日 期 及 地 點				註

一、茲因喪失上列票據爰特通知掛失止付並願依照票據掛失止付處理準則之有關規定辦理。

二、倘因通知此項票據之掛失止付而發生損害或糾紛時，通知人願擔負一切責任概與貴行無涉。

　　　　　通知人：　　　　　　　　　　　　（簽章）

　　　　　年　齡：

　此　致　　職　業：

　銀行　分行　　住　址：

　　　　　國民身分證統一編號：

附註：㈠通知人（票據權利人）為發票人時，應使用原留印鑑。

　　　㈡通知人為機關、團體、公司、行號者，除加蓋正式印信或印章外，均請負責人簽章。

中　華　民　國　　　　　年　　　　　月　　　　　日

　　茲就二者之不同進一步分析如下：

　⑴付款委託之撤銷係屬意思表示，於到達付款人或為付款人所了解時，即發生效力；而止付通知則為觀念通知，雖亦於到達付款人時發生效力，但權利人應於提出止付通知後五日內，向付款人提出已為聲請公示催告之證明，否則，其效力即告喪失。

　⑵付款委託之撤銷為支票喪失時之補救方法，僅發票人始得為之，而止付通知為各種票據喪失時一般的補救辦法，得由權利人逕行為之。但若支票為發票人以外之人所執有遭遺失或被竊時，該權利人除為止付之通知外，亦

得透過發票人，對於付款人為付款委託之撤銷❸。

　　⑶付款委託之撤銷僅在就發票人所簽發之特定支票，禁止付款人依支票存款往來約定書執行付款事務而已，並不使支票本身因此歸於無效，執票人對於發票人之票據上權利亦不受影響；而為止付通知之票據權利人，得經由公示催告程序，聲請除權判決，以宣告票據無效❸。

　　⑷止付通知受「一事不再理」原則之限制，止付通知因①五日內未提出已為聲請公示催告之證明，②公示催告聲請被駁回，③撤回公示催告聲請，④除權判決聲請被駁回，⑤撤回除權判決聲請及⑥逾期未聲請除權判決而失效者，依據施行細則第七條第二項之規定，發票人不得對同一票據再為止付之通知。反之，撤銷付款之委託不受同一限制，止付通知失效後，仍得為付款委託之撤銷。

　　⑸止付通知時須有充足之存款，對無存款又未經允許墊借票據之止付通知，應不予受理（票施 5: II）。經止付之金額應由付款人留存，在除權判決確定或經票據占有人之同意前，發票人不得動用；反之，撤銷付款委託無類似之限制。

　　⑹付款委託之撤銷須於法定提示期限經過後始得為之，提示期限內所為之付款委託之撤銷，於法絕對無效。反之，止付通知則不受相同之限制，無論何時，均得為止付通知。

　　⑺付款委託之撤銷係對付款人就原已授予之付款委託予以撤回之一種意思表示，因此，發票人無須陳明原因，而付款人亦不負查詢之責。止付通知經票據法第十八條限於「票據喪失時」，所謂喪失，係指遺失、被盜及其他毀損滅失而言，止付人於止付通知書上應陳明「緣由」。

　　於此，尚值得注意者厥為一般金融業者較願接受止付通知；對於發票人之撤銷付款委託，不僅不予合作，有時故予刁難。究其原因，不外下列數端：

　　⑴金融業者有鑑於票據法第一百四十三條之規定，恐受執票人直接訴追之困擾❸。此純係出於誤解，按第一百四十三條所規定之直接訴權，須執票

----

❸　陳世榮，《支票法論》，頁 233。

❸　同上❸。

人於第一百三十條所規定期間內之提示付款遭到拒絕，而付款人之拒絕又無合法理由時，始得行使；撤銷付款委託則須至第一百三十條規定期間屆滿後始得為之，二者在制度設計上兩無扞格。

(2)撤銷付款委託不若止付通知之有公示催告及除權判決可憑，以避免不必要之糾紛。

(3)接受付款委託之撤銷後，如承辦人員警覺不夠而仍為付款，其後又無從追回票款者，金融業者勢將自負其責❸。

筆者以為金融業者既係發票人之受託人，自應以發票人之利益作最優先之考慮。如何對發票人提供最佳之服務，應為業者之職責。於此一理念下，金融業者對發票人之撤銷付款委託宜予適當之從寬，不得於手續上作出過當之要求，只要發票人確有撤銷之意思，即應予以遵辦❹。至於執票人或受款人與發票人間可能發生之糾紛，可留由發票人自行解決。

四、撤銷付款委託之效果

據上分析，付款委託之撤銷，係指發票人就其所簽發之某一特定支票撤回其授權之一種意思表示，以禁止付款人按雙方所簽訂之「支票存款往來約定書」執行付款事務。因此，付款委託之撤銷，綜言之，有如下之效果：

(1)付款委託之撤銷僅在禁止付款人就發票人所簽發之特定支票為付款，對於發票人與付款人間委託付款契約之繼續存在，要無任何影響。

(2)特定支票經撤銷付款委託後，付款人不得再為付款，其縱為付款，亦不得將付款之效果及於發票人。至於付款人得否依不當得利之規定請求發票人返還，應以其付款在實質上是否使發票人受惠為決定之依據❹。最高法院

---

❸　詳見後述及張龍文，〈票據法第一四三條所定直接訴權諸問題〉，《彰銀月刊》，期9，頁4-5。

❸　此項損失業已可由保險轉嫁。

❹　美國銀行實務上僅有 Stop payment 一種制度，可由發票人以電話為之。

❹　若付款人之付款使支票發票人在實質上受惠者，付款人仍得依民法不當得利之規定請求償還。最高法院於 28 臺上 1872 曾判決云：「被上訴人為上訴人清償債務，

於甲存本票則持肯定之見解 ❷ 。

(3)付款人基於付款委託之撤銷而拒絕付款者，執票人不得因付款人之不為付款而援引票據法第一百四十三條之規定，對之行使直接訴權。

(4)特定支票不因發票人之撤銷付款委託而變為無效，於此場合，執票人仍可對其前手及發票人行使追索權。最高法院曾謂：上訴人撤銷付款之委託，為上訴人與付款人間之問題，上訴人既經簽名於支票為發票人，依票據法第五條第一項，第一百二十六條規定，自應照支票文義擔保支票之支付，並不因撤銷付款之委託而受影響 ❸ 。

(5)撤銷付款委託須於票據法第一百三十條所規定之提示期限經過後始得為之，提示期間內所為之付款委託撤銷雖不生效力，但依學者之見解，於提示期限經過後，仍可生撤銷之效力 ❹ 。

五、撤銷付款委託於甲存本票之準用

㈠不受提示期間之限制

甲存本票係財政部將匯票關於擔當付款人之規定（票 26: I）準用於本票所創設，其目的係在經由金融業者之加入以加強本票之信用，使之廣為社會

縱非基於上訴人之委任，上訴人既因被上訴人之為清償，受有債務消滅之利益，上訴人又非有受此利益之法律上原因，自不得謂被上訴人無不當得利之返還請求權。」此外，學者吳啟賓亦謂：「付款人如違背發票人撤銷付款委託之通知，仍就該支票為付款，雖不得將付款之效果歸之於發票人，惟亦不得請求執票人返還該付款。但發票人對其所簽發之支票依法本應負擔保支付之義務，則付款人之付款，雖已非受發票人之付款委託，惟既發生清償該支票債務之效力，而使發票人對該支票債務之責任消滅，自屬受有利益，而付款人因代為清償而受有損害，兩者間復有因果關係，發票人自屬不當得利，付款人可請求其返還所受之利益。至非正當之執票人本無受領權限，付款人得對之請求返還，自不待言。」見吳啟賓，〈支票發票人與付款人之關係〉，載《法令月刊》，卷34，期3，頁76-78。

❷ 69 臺上 3965。

❸ 69 臺上 2803。

❹ 上 ❸，頁 36。

大眾所接受。於此制之下，甲存本票發票人雖係利用同一甲種活期存款帳戶，授權金融業者動用其所存資金就其所簽發之本票代為付款，其與金融業者間之關係，在外觀上與支票發票人與金融業者間之關係完全相同，但筆者以為二者在法理上不能等量齊觀：前者僅屬主管機關為提增本票之被接受度所為一種變通或權宜，後者則屬基於支票為支付證券之特質所為之制度設計。甲存本票既不能因委託金融業者付款而得視為支票之一種，從而票據法為保障支票之兌現性就撤銷付款委託所設之限制規定，自亦不能當然適用於甲存本票。主管機關雖曾核釋票據法第一百三十五條關於撤銷付款委託之規定，可類推適用於甲存本票❹。惟問題之關鍵在於未逾越提示期限本票之撤銷付款委託是否亦在容許之列？亦即甲存本票之發票人得否於票載到期日及其後二日前辦理撤銷付款委託？票據法學者多持肯定之見解❻，筆者亦從之。基於首開理由，本票發票人與擔當付款人間既僅屬委任關係，後者就特定本票是否代為付款繫於前者之授權，前者於法律無禁止規定下得隨時撤回授權，不應受任何限制。矧甲存本票仍為信用證券，其與支票有別。本票之提示期限為到期日及其後二日，與票據法第一百三十條所規定者亦有不同：前者係為執票人行使票據權利而在期限上給予一定彈性而為之規定；後者則屬制度設計，於支票權利上被賦予一定之效果與意義（參見後述）。使甲存支票之撤銷付款委託受與支票同一限制，既不切實際，亦無必要，撤銷付款委託無論於已逾越或未逾越提示期限之甲存本票，宜應一體有其適用。因此，財政部於六十五年對臺北市銀行公會再度函示：「關於貴公會所作決議，行庫擔當付款之本票，發票人申請撤銷付款，行庫可以受理，無須俟到期日或本票提示期限過後等時間之限制乙節，准予備查❼。」至此，甲存本票發票人得於發票後得隨時撤銷付款，不受任何限制，已成定論。惟自九十年七月一日起將票據信用管理制度由原來之行政監督式管理改為契約式管理，亦即由中央銀行以行政指導方式，輔導各票據交換所與金融業者間簽訂「辦理退票及拒絕往來

---

❹ 財政部 61.2.22 臺財錢第 12256 號函。

❻ 見上註❸及陳世榮，《支票法論》，頁 235。

❼ 財政部(65)臺財錢 13870 函。

相關事項約定書」，及金融業者與客戶間簽訂「支票存款約定書補充條款」，以約束客戶、金融業者及票據交換所，就中補充約款第七條規定：

「甲方在各地金融業者所開立之支票存款戶，因簽發以金融業者為擔當付款人之本票，於提示期限經過前撤銷付款委託，經執票人提示所發生之退票，未辦妥清償贖回、提存備付、或重提付訖之註記，一年內達三張時，乙方得自票據交換所通報日，予以終止為甲方擔當付款人之委託三年。」

前開規定乃將支票提示期間之理念移用於甲存本票，並將甲存本票於提示期限經過前之撤銷付款委託提升至支票因存款不足之退票，條款中雖以「終止為甲方擔當付款人」加以虛飾，其在實質上與支票退票後之拒絕往來並無二致。其結果，金融業者無異基於其業務處理上之方便及一己之私，嚴重限縮甲存本票發票人之撤銷權之行使。據此，前開條款能否通過消保法第十二條及民法第二百四十七條之一規定之檢驗，筆者至表懷疑。

(二)撤銷後付款之效果

前已言及，付款人於支票發票人撤銷付款委託後仍為付款者，其付款之效果不及於發票人。但於甲存本票之場合，本票發票人為主債務人，對於票據債務負絕對付款義務，付款人於本票發票人撤銷付款委託後如為付款者，是否因而使發票人受益，而得按民法不當得利之規定，訴請發票人償還其所受之利益？關於此點，最高法院曾判決云：

「本票發票人之責任，與匯票之承兌人同，票據法第一百二十條定有明文，故對本票負有付款之義務者，縱令擔當付款人未為付款，發票人對其簽發之本票，仍應付款。本件上訴人經指定被上訴人為擔當付款人，嗣於到期日前撤銷付款之委託，被上訴人職員雖未予注意而為付款，然上訴人既不能證明執票人中聯公司取得系爭本票，係出於惡意，而有不得行使票據權利之情形，上訴人依票據法之規定，對於其簽發之本票即負有付款之義務，則被上訴人代上訴人付款，雖已非受上訴人之付款委託，但既發生清償本件本票債務之效力，而使上訴人對系爭本票債務責任消滅，自屬受有利益，且被上訴人因代為清償而受有損害，兩者間復有因果關係，上訴人自屬不當得利，被上訴人請求返還不當得利，即無不合❹。」

第五節　付款之提示

一、提示之意義

　　不論支票執票人基於何種原因關係而取得支票，若欲獲得現實的滿足，須對付款人為付款之提示。所謂付款之提示，係指執票人為獲得支票之兌現，向付款人現實的出示票據而言。付款之提示須於付款人之營業日及營業時間內，由支票執票人親自為之，亦得委託其往來之金融業者代為。受任人（即委任取款背書之被背書人）於後一情形，對委任人（即委任取款背書人）負有遵期為付款提示之義務。若其未盡善良管理人之注意（見民 535）致支票因未遵期提示而不獲付款者，應對委任人負損害賠償責任。

　　支票之付款提示，執票人雖得於票載發票日起一年內為之，但若執票人欲保全其對前手之追索權者，應於票據法第一百三十條所規定之提示期間內，向付款人為之。若執票人將支票存入其往來之行庫，或於劃線支票之場合，託交行庫轉提交換者，如當地有二以上行庫可資交收，應自行庫受任而實際上轉提交換時起，發生提示之效力。故存戶託交劃線支票於行庫時，雖在法定提示期限內，但如行庫受任轉提交換而為付款之提示時已逾法定提示期限者，依票據法第一百三十二條之規定，執票人對於發票人以外之前手，仍喪失追索權❹。

二、提示之期間

　　依據票據法第一百三十條規定：支票執票人，應於下列期限內，為付款之提示：①發票地與付款地在同一省（市）區內者，發票日後七日內；②發票地與付款地不在同一省（市）區內者，發票日後十五日內；③發票地在國外，付款地在國內者，發票日後二個月內。本條係根據實際情況加以修正，

---

❹　69 臺上 3965。

❹　74 臺上 116。

不僅縮短舊法所定之期限，並將同地或異地改以省（市）為準，茲分數點說明如下：

(1)本條所規定之提示期間因發票地與付款地是否在同一地而有不同。在舊法之下，因未規定應以何種區域為準，在實務上以縣市為準❺。現行票據法則規定以省（市）為準，條文中之（市），是否包括省區內之院轄市？在解釋上仍不免發生困難。為此，臺北市銀行公會曾轉達財政部如下之釋示：

「原條文經立法院修改後於解釋上確有問題，但在未再修改前，仍應照法律文字規定辦理，同意臺銀原擬解決辦法，即以院轄市與省分別為發票地及付款地之支票，非屬在同一省（市）區內，其提示期限應依第一百三十條第二款規定為發票日後十五日內，例如以臺灣省與臺北市各為發票地與付款地，則發票地與付款地不在同一省（市）區內，發票日後十五日內應為付款之提示❺。」

此一釋示，對執票人自較為有利，使其有較長之期間為付款之提示，但亦嚴重扭曲本條於六十二年修正時基於臺灣地區交通改善，法院以縣市為同異地判斷依據之地理面積過小，致撤銷付款委託無從行使，乃特予放寬之原意，蓋縱就法條文字之表面意義而言，「省」之「市」，使用括號加以限縮，而不用「或」，當然係指位於省區內之院轄市，非指省轄市，省轄市原隸屬於省，若括號內之市係指省轄市，豈非多此一舉。從而前開財政部之釋示，因其限縮支票發票人撤銷付款委託權之行使，應不具任何拘束力。

(2)提示期間完全以發票地與付款地是否同一為決定之依據，因此，發票地與付款地在同一省區內之支票，經轉讓於其他省區之第三人者，例如，發票地與付款地同在臺灣省之支票，轉讓於金門之第三人，是否仍應適用本條第一款之七日期限？舊法因以縣市為準，同地支票為異地之第三人持有時，乃採肯定說❺。現行法似宜持同一見解。

(3)關於本條所規定期限之計算，應依民法之規定，即支票票載發票日不

---

❺　臺南地檢處 50 年七月份司法座談會議決；52 臺上 3221；59 臺上 2926。

❺　(63)會業字第 1600 號。

❺　前❻，頁 288。

算入（民 120: II），而自發票日之次日起算。如期限之末日為星期假日或公定
休息日，以次日代之（民 122），但期限中之休息日則計入期限之內。

(4)本條所規定之期限為法律之強制規定，不得由發票人任意縮短或限制，
發票人如於支票之正面或背面為「本支票限於某年某月某日以前領取，逾期
即停止支付」之記載者，其記載為無效❸。雖然票據法第一百零四條第二項
規定，執票人不於約定期限內為行使或保全票據上權利之行為者，對於該約
定之前手喪失追索權，並經票據法第一百四十四條規定於支票同得以準用，
惟須於此特別指出者厥為票據債務人於票據上所為任何約定，均不得與票據
法之強制規定相牴觸，因而發票人不得援引前開法條而片面限縮票據法第一
百三十條所定之提示期間。

三、提示期間遵守之效果

支票之提示期間，為票據法基於政策上之考慮所規定之不變期間（即除
斥期間），非一般之時效期間，得因債務人之承認而中斷❸。票據法第一百三
十條所規定之提示期間不同於匯票本票之付款提示期間，其在法律上具有如
下之積極效果：

(1)**不得撤銷付款委託**：在本條所定期限內，發票人不得撤銷付款之委託
（票 135），其縱為撤銷，亦屬無效。但若發票人於發票行為後受破產宣告或
死亡，其受破產宣告或死亡縱在本條所定期限以內，付款人亦不得再行付款。
最高法院曾謂：「行庫接受存戶開戶後，其與存戶間固已成立一種委任關係，
此項關係於接獲該存戶死亡通知時即告消滅，觀民法第五百五十條之規定自
明，故該存戶生前所開即期支票（指發票日期載為死亡日期以前），而執票人
未於死亡日期以前向行庫為付款之提示者，該行庫即無從根據已消滅之委任
關係予以付款❺。」其結果，發票人之受破產宣告或死亡成為提示期間內不得
撤銷付款委託之少數例外。

---

❸　參見臺灣省政府 42 年府財四字第 116550 號。

❸　69 臺上 3202。

❺　最高法院 49.3.3 ⑷臺文第 0040 號函復司法行政部㈠。

⑵**保全追索權**：執票人所取得之票據權利，包括付款請求權及追索權，若執票人欲保全其對前手之追索權，須在本條所規定之期間內為付款之提示。執票人如不在此法定期間為提示，其在未來一年間固仍得對付款人請求付款，或對發票人請求償還票款，但其對前手之追索權即告喪失。

⑶**直接訴權**：支票付款人原非票據債務人，執票人對付款人應無請求權，但我國票據法於第一百四十三條特別容許執票人如其在法定期間為付款之提示，而付款人之拒絕付款無合法理由時，得對付款人直接追訴，此項直接訴權得因執票人未遵期提示而喪失。

⑷**免除刑責**：支票經提示不獲支付者，於舊票據法下，發票人應受刑事處罰。舊法復於第一百四十一條特設一例外規定，發票人如在法定期間內於付款人之帳戶中有充足之存款，則執票人於法定期間經過後為提示而不獲支付者，發票人得免於舊票據法第一百四十一條所規定之刑罰。惟該條與第一百四十二條，於七十五年十二月三十一日施行終止，則此處所論僅在說明支票提示期間曾被賦予阻卻刑責之特別效果。

四、提示之效力

執票人於票據法第一百三十條所定提示期限內，為付款之提示而被拒絕時，對於前手得行使追索權（票131）。因此，遵期提示為保全對前手行使追索權之前提要件，執票人不於法定期限為付款之提示，對於發票人以外之前手，即生喪失追索權之效果（票132），此點已論之如前。執票人對於前手之追索權是否確已喪失，以其是否能提示而不提示為決定之依據。執票人因不可抗力之事變，不能於所定期限內為付款之提示者，則無須提示而得逕行行使追索權。惟檢察官之扣押系爭支票，要非票據法第一百零五條所規定之不可抗力之事變，執票人之不為提示，仍生喪失追索權之效果❺❻。法定提示期間經過後發票人更改發票日，原背書人如未再行背書而為轉讓，其僅另行立具切結書，表示願意負責，最高法院雖曾判認背書人僅負民法上之保證責任，要不負背書人責任，從而執票人亦不得對之為追索❺❼，但此項判決似與票據

---

❺❻　70 臺上 3163。

法第十六條第二項之意旨未合。

執票人逾此法定期限而為付款提示者，則此一提示在法律上有何種效力？依最高法院於五十六年所為之判決，仍應視為執票人行使請求權之意思通知，具有中斷時效之效力 ❺❽。但票據法學者及最高法院於其民國六十三年之判決中，則持不同之見解，認為付款之提示並非民法第一百二十九條第一項所謂之請求，不具有中斷時效之效力 ❺❾。最高法院曾謂：「支票執票人對發票人之追索權一年間不行使，即因時效而消滅，而行使追索權與行使付款請求權，二者原非一事，不能以付款之提示視同向發票人行使追索權 ❻⓿。」又謂：「發票人與付款人在法律上地位不同，除有特殊情形外，人格各別。發票人依票據法第一百二十六條規定固應照支票文義擔保支票之支付，而付款人在委託付款期間內得依發票人之指示付款，但尚難據此即謂付款人有代發票人受領執票人（或票據權利人）對發票人其他有關票據權利行使之意思表示或意思通知之權利，從而執票人如於支票提示期限內遭付款人拒絕付款或於提示期限屆滿後，欲對發票人行使權利，自應向發票人為之。本件上訴人就系爭支票四紙均係在支票提示期限後始向付款人提示而遭拒絕，其提示行為雖可解為權利之行使，但既非向發票人為給付之請求，自難認有中斷對發票人請求權消滅時效之效力 ❻❶。」票據法學者張欽雄就此詳加申論云：「執票人於法定期限內，向付款人為付款之提示者，對背書人發生已履踐追索權之保全程序之效果；但在提示期限經過後，執票人縱向付款人為付款之提示，不僅無從認為與法定期限內之付款提示相同，而有保全權利之效力，亦不能視同對發

---

❺❼　同上註。於簡文文一案中，最高法院判決云：「被上訴人於支票背書後，他人變更其原載發票年月日，延後兩個月，既未獲得被上訴人同意。依票據法第十六條規定，被上訴人僅依原有文義負責。茲上訴人既未於原載發票年月日後法定期限七日內為付款之提示，依票據法第一百三十二條規定，即不得再對被上訴人行使追索權。」（69 臺上 3689）。

❺❽　56 臺上 2474。

❺❾　63 臺上 2226。

❻⓿　57 臺上 2494。

❻❶　70 臺上 2604。

票人行使追索。提示期間經過後，直接向發票人提示支票而請求者，應解為發票人負遲延責任，且支票執票人對發票人之追索權，不以保全權利為要件，故執票人對付款人之提示，不能視同執票人對發票人或背書人行使追索權之意思通知，亦無中斷時效之效力 ❷。」但最高法院於民國七十年對於同一問題則作出如此之判決：「支票執票人所為之提示雖已逾票據法所規定之提示期限，但此項提示仍應視為執票人行使請求權之意思通知，具有中斷時效之效力（參見本院五十六年臺上字第二四七四號判例）。系爭支票發票日為六十八年五月二十九日，被上訴人於六十九年五月二十一日為付款之提示時，尚未逾一年，其提示應生中斷時效之效力，時效應自中斷之事由終止時重新起算。被上訴人已於六十九年十月一日提起本件訴訟，其起訴時時效顯尚未完成，上訴人抗辯被上訴人之請求權已罹於時效自無足取 ❸。」筆者以為支票付款人係受發票人委託而付款，其在法律上處於發票人同一地位，而執票人之向付款人為付款提示，係制度設計使然，此項提示與逕向發票人提示相同，應生相同之時效中斷效力。

---

❷　張欽雄，〈由票據法第一百三十六條第二款論起〉，《一銀月刊》，卷 20，期 11，頁 24。

❸　70 臺上 2119。臺南地方法院亦以：「某甲執有某乙所簽發之支票一紙，票載日期為七十年一月三十日，某甲於七十一年一月二十五日為付款之提示，嗣於七十一年六月一日向某乙起訴請求給付票款，某乙抗辯某甲之請求權已罹於時效，某乙之抗辯是否有理由？」為題加以研討，獲致相同之結論：「支票執票人所為之付款提示，雖已逾票據法所規定之提示期限，但此項提示仍應視為執票人行使請求權之意思通知，具有中斷時效之效力（最高法院七十年臺上字第二一一九號判決參照）。本件支票發票日為七十年一月三十日，某甲於七十一年一月二十五日為付款之提示時，尚未逾一年，其提示應生中斷時效之效力，時效應自中斷事由終止時重新起算，某甲於七十一年六月一日提起本件訴訟，其起訴時時效尚未完成，某乙抗辯某甲之請求權已罹於時效，自無理由。」載《司法院公報》，卷 25，期 1，頁 61。

第六節　付款人之責任

一、概　說

支票與匯票雖同為他付證券，但支票無承兌制度，支票付款人僅為票據關係人，而非票據債務人。支票付款人對於發票人所簽發之支票是否付款，完全繫於發票人於其帳戶中是否有充足之存款。於此一理念下，除非票據法有特別規定，付款人對執票人不負任何責任。至於付款人對於發票人，因發票人向付款人申請開戶時，曾與之簽訂「支票存款往來約定書」及「支票存款約定書補充條款」，故當事人間成立契約關係，付款人對於發票人究應負何種責任，應視「支票存款往來約定書」及「支票存款約定書補充條款」之內容為決定之依據。本節及第七、第八兩節，即係依據票據法及「支票存款往來約定書」及「支票存款約定書補充條款」之規定，以分析並探究付款人負責之範圍。

二、票據法之一般規定

為使支票發揮其支付證券之功能，票據法明文規定付款人於執票人為付款提示時負付款責任。此項付款責任就現行票據法規定觀之，可分下列三個階段：

(1)應付款：票據法第一百四十三條規定：「付款人於發票人之存款或信用契約所約定之數足敷支付支票金額時，應負支付之責，但收到發票人受破產宣告之通知者，不在此限」。換言之，執票人如於票據法第一百三十條所定期限內為付款之提示，而發票人在付款人之甲種活期存款或信用契約所約定之數額足以支付支票金額時，付款人應即付款，如付款人無正當理由而拒絕付款者，執票人得訴請法院判令其付款。

(2)得付款：執票人於票據法第一百三十條所規定之提示期限經過後始為付款提示者，依據票據法第一百三十六條規定，付款人仍得付款。就第一百

三十六條立法意旨而言，付款人對於逾法定提示期限之支票是否付款，有自由斟酌之權，但付款人之不為付款，要不得以其個人之利害而須以發票人之利益為考量。在實務上，付款人於發票人之存款或信用契約所定之數額足以支付支票金額時，付款人均為付款，除非付款人於付款當時明知其付款顯將對發票人造成不利，通常無須別為斟酌。

(3)**不得付款**：依據票據法第一百三十六條但書規定，對於發票人所簽發之支票如有下列情事之一者，付款人不得付款：

①發票人業已撤銷付款委託者。發票人之死亡或受破產宣告，與撤銷付款之委託生同一效力，付款人亦不得付款。

②發行滿一年者。付款人於支票發行滿一年後，仍對執票人付款者，此一付款之效果不及於發票人，應由付款人自負其責，但若逾期付款經發票人承認者，則不能指為無效❻。

三、票據法之特別規定

㈠審查義務

由於票據法第一百四十四條有準用第七十一條之規定，付款人對於支票上背書簽名之真偽及執票人是否本人不負認定之責，但支票之發票人於付款人留有簽名或印鑑單，付款人於付款前，須核對發票人在支票上之簽名或印鑑是否與簽名單上之簽名或印鑑單上之印鑑相符，並審查支票之背書在形式上是否連續。付款人對於發票人之簽名或印鑑不符之支票或背書不連續之支票而為付款者，應自負其責。此係基於付款銀行與其客戶間所簽訂之「支票存款往來約定書」及「支票存款約定書補充條款」，依最高法院之決議❻，屬消費寄託與委任之混合契約。民法第五百三十五條規定：「受任人處理委任事務，應依委任人之指示，並與處理自己事務為同一之注意。其受有報酬者，應以善良管理人之注意為之。」按付款銀行對客戶之支票存款不支給任何利息，而動用此項存款所獲得之收益則悉數由其取得，於此意義下，付款人銀

---

❻　53 臺上 1875；54 臺上 699。

❻　(73 年 9 月 11 日) 七十三年度第十次民庭會議決議。

行係收受報酬以處理支票付款事務，因而當然有本條後段之適用。付款人若係就與發票人原留簽名或印鑑不符之支票為付款，其效果當然不能及於發票人。此時，付款人唯一救濟之道乃向非票據權利人（即付款相對人）追回票款或由保險轉嫁。若付款人就背書不連續之支票為付款，致發票人遭真正票據權利人追索者，發票人自得以付款人違背前開契約，按其所受之損害，請求付款人賠償。至付款人得否依前開民法後段規定主張免責，繫於能否舉證證明其於付款時是否已盡其善良管理人之注意，最高法院於七十三年九月十一日第十次民庭會議中就此有至為深入之論述，詳見本章第八節。

㈡支付通用貨幣

付款人應以付款地通用貨幣支付票面金額，此僅為原則。自臺灣加入世貿組織以後，對於國外簽發之票據是否須以新臺幣付款已不再列管，而前述聯合國國際匯票及國際本票公約之相關規定，自可供參考。付款人亦得以支票轉帳或抵銷，其轉帳或抵銷視為支票之支付（票129），但以支票轉帳或為抵銷者，須以發票人之存款足以支付票面金額為限，否則，無從視為支票之支付。

付款人付款時，得要求執票人記載收訖字樣簽名為證，並交出支票（票144/74: I）。支票背面印有「請收款人填寫姓名」之字樣，執票人如對準該字樣而為簽名，即為受領票款之證明，不生背書之效力，從而亦不負背書人之責任❻。

㈢一部付款

票據法第一百三十七條規定，付款人於發票人之存款或信用契約所約定之數不敷支付支票金額時，得就一部支付之。付款人為一部支付時，得要求執票人出給收據，並於支票上記明實收之數目。但現行銀行實務對此有不同之規定，詳見後述。

---

❻　48 臺上 1784。

四、第一百三十六條一年期間之起算及性質

㈠一年期間之起算

票據法第一百三十六條第二款所謂「發行滿一年」，不僅涉及付款人之付款責任，於舊法之下，尚涉及發票人之刑事責任，因而究應自票載發票日起算？抑應依民法第一百二十二條規定始日不算入，延至發票日之翌日起算？關及當事人之權益至深且鉅。票據法學者中多從後者，惟亦有認本條所謂發行，與簽發同義，發行滿一年，亦即簽發滿一年，因而主張從前者❻。最高法院於判決中則將本條與第二十二條第一項支票時效期間相提並論，認為時效期間於法律無特別規定起算日之情況下，其始日既不算入，本條自亦應採相同之計算方式❻。同院於民庭庭推總會中更以「票據法第一百三十六條第二款規定，支票發行滿一年後，付款人不得付款，如甲於民國六十四年九月五日簽發支票，執票人於民國六十五年九月五日提示，付款人可否付款？」為題提出討論並作成決議：「付款人應予付款，票據法第一百三十六條第二款既未特別規定其起算日，當依民法之規定，即應自六十四年九月六日起至六十

---

❻ 李海淵，〈支票「發行滿一年時」計算方法之商榷〉，《司法通訊》，期 801，版 2（66 年 4 月 22 日）。

❻ 65 臺非 79：本院按票據上之權利，對支票發票人自發票日起算，一年間不行使，始因時效而消滅。又付款人於提示期限經過後，於支票發行未滿一年時，仍得付款，此觀票據法第二十二條第一項，及第一百三十六條第二款規定而自明。又於年定期間者，其始日不算入，而期間不以年之始日計算者，以最後之年與起算日相當日之前一日為期間之末日，此亦為民法第一百二十條第二項及第一百二十一條第二項前段所明定。本件依原判決認定之事實，被告游頌炎明知其在臺灣土地銀行花蓮分行已無存款餘額，又未經付款人允許墊借，而簽發六十四年一月九日第一四九二七四號面額新臺幣一萬元之支票一張，經執票人提示不獲支付，由花蓮縣票據交換所函送臺灣花蓮地方法院檢察處與其他部分一併偵查起訴，經同院審理結果，竟以被告簽發之是項支票，其發票日期為六十四年一月九日，則一年時效期間之末日應為六十五年一月八日，而執票人遲至同年月九日始為付款之提示，已逾一年之時效期間，被告應不負票據上刑事責任，爰就此部分諭知被告無罪，顯屬違背法令。案經確定，非常上訴意旨，執以指摘，洵有理由。

五年九月五日最後終止時為期間之終❻。」換言之，本條一年期間應自發票日之翌日起算，成為審判實務上之共識。司法行政部（現改為法務部）於追訴支票刑案時原持與最高法院相同之見解❼，但至民國六十五年，認為對本條一年期間確存有二種計算方式，基於「罪疑從輕」之法理，遂為如下之令示：

「查票據法第二十二條第一項對於票據之權利，既有「對支票發票人自發票日起算，一年間不行使，因時效而消滅，」之特別規定，則同法第一百三十六條但書第二款所謂『發行滿一年』云云，似應以發票日為期限之始日，以免前後兩歧，徒增紛擾❼。」

前途見解之紛歧縱於支票刑罰廢除以後仍然存在。筆者以為關於票據法第二十二條之時效期間既經最高法院於九十一年度第十次民庭會議決議自發票日起算，為免對支票當事人行使權利、履行義務帶來不必要之困擾，則不論本條之一年期間與第二十二條之時效期間在性質上是否相同，應類推適用最高法院對後者之決議，均自發票日起算。

㈡一年期間之性質

票據法第一百三十六條所定之「發行滿一年」期間，究為法定期限？抑為與票據法第二十二條第一項所定之期間同其性質，為消滅時效期間？此對於票據上權利之行使至關重要。舉例言之，甲於八十五年二月一日簽發支票一紙予乙，乙於同月五日提示，因經甲止付而遭退票，乙乃訴請付款，並獲勝訴判決，乙遂持同原支票於八十六年二月四日再為付款之提示，乙能否獲得付款，完全繫於票據法第一百三十六條所定期間之性質而定。實務上確認本條為法定期間，並非時效期間❼，因而無民法第一百二十九條及第一百二十八條之適用，本條法定期間一經屆滿，付款人即不負付款責任❼。就上例

---

❻　（66 年 6 月 11 日）六十六年度第五次民庭庭推總會決議。

❼　司法行政部臺⑷函參字第 5933 號。

❼　司法行政部臺⒂函參字第 03867 號。

❼　司法行政部臺⑷函參字第 5933 號。

❼　張欽雄，〈由票據法第一百三十六條第二款論起〉，《一銀月刊》，卷 20，期 11，頁 20–21。

而言，乙既遲至八十六年二月四日再為付款提示，付款人自不得對乙為付款。至乙得否向甲追索則屬另一問題。

第七節　執票人之直接訴權

一、概　說

前已言之，所謂票據債務人，係以在票據上簽名或蓋章為要件，根本未簽名或蓋章者，自無發生票據債務之可言 **❼**。付款非票據行為，付款人無須簽名於票據，因此，非票據債務人，從而不負票據上之責任。但票據法第一百四十三條則規定：「付款人於發票人之存款與信用契約所約定之數足敷支付支票金額時，應負支付之責。」似構成上述原則之例外。

前開法條究係就付款人對發票人所負之責任而為規定，抑就付款人對執票人所負之責任而為規定？歷來學者之見解並不一致。若就本條與第一百三十六條加以比較，不難發現後者係基於制度設計，責令付款人為發票人盡其付款責任；前者則顯然在責令付款人直接對執票人負其付款責任，因而通說及實例 **❼** 均認為本條係仿法國立法例，執票人得直接訴請付款人支付。按法國支票法規定，發票人簽發支票時須有資金存在，支票依背書轉讓時，支票上權利及支票資金上權利連同移轉，其結果，不僅執票人對付款人持有直接訴權，並就資金得享有排他的權利，不因發票人之受破產宣告而受影響。如與我國票據法第一百四十三條之規定相比較，縱通說認為本條仿法國法例，亦僅以「直接訴權」為限 **❼**，支票之交付不生將支票存款隨同移轉於受款人之效力，此亦為採形式主義立法下當然之解釋。聯合國國際匯票及國際本票公約第三十七條就匯票亦有同類之規定。

---

❼　51 臺上 2353。

❼　55 臺上 1646。

❼　張龍文，〈票據法第一百四十三條所定直接訴權諸問題〉，《彰銀月刊》，卷 17，期 2，頁 4-5（57 年 2 月 29 日）。

二、直接訴權之要件

執票人依據票據法第一百四十三條規定，直接對付款人訴請付款時，須具備下列要件：

⑴須發票人之存款或信用契約所約定之數足敷支付支票金額。發票人於付款人處有無充足之存款，應以票載發票日為準？抑應以提示日為準？票據法於六十二年修正時，由無存款而為發票行為予以處罰，改為對支票不能兌現之結果予以處罰。現行法雖已將支票刑罰廢除，但仍宜以提示日為準，並應由執票人負舉證責任。

⑵須未收到發票人受破產宣告之通知。發票人受破產宣告後，對於其在付款人處之存款即喪失處分能力，該項存款應列入破產財團，由全體債權人分享。我國票據法既未如法國立法例認為執票人於取得支票時即取得支票資金，執票人於發票人受破產宣告後，自亦不能再對付款人行使直接訴權。

⑶須執票人於提示期限內為付款之提示而被拒。執票人於付款提示期限經過後始為付款之提示者，依票據法第一百三十六條之規定，付款人仍得付款。所謂仍得付款，係指付款人得斟酌情形而決定對執票人付款與否。按發票人所簽發之支票，屬其依委任關係而對付款人所為之一種指示，此項指示並不因票據法第一百三十條所規定之提示期間經過後即行失效，於提示期間經過後，自票載發票日起至未來一年間，除非發票人撤銷，依然有其存在，付款人對該項指示之處理，仍應盡其善良管理人之注意（民535）。因此，付款人對提示期間經過之支票決定是否付款，應充分考量發票人之利益，按當時情況，若不為付款符合發票人之最大利益者，付款人自得拒絕付款，執票人亦不得訴請法院強令其付款。若付款人之拒絕付款，顯出於其本身利益之考量，或顯無合法理由存在，或有違發票人委任之原旨，付款人對於發票人因而所遭受之損害，應依民法第五百四十四條規定，負賠償責任。雖然學者中有認為提示期間經過後為付款之提示而遭拒絕時，如尚未經付款委託之撤銷者，執票人仍能取得直接訴權[77]，惟筆者以為於現行票據法下，似非可能。

---

[77] 同上註。

鑑於執票人於提示付款遭到拒絕時可逕向發票人追索，因而亦無此必要。何況本條立法係意思主義下之產物，除法國外，其他各國並無類似規定，對於本條之適用，實不宜將之過分擴張，徒增付款人之困擾與負擔。

(4)須付款人無正當理由而拒絕。所謂正當理由，於現行法下僅指付款人業已與發票人終止往來、真正權利人之止付通知並已申請公示催告、發票人業已死亡、執票人未於法定期限內為付款之提示及上述(2)之情形（即付款人已收到發票人受破產宣告之通知）；亦以此等事由為限。按付款人與存戶間為一種委任關係，此種委任關係於接獲存戶死亡之通知時即告消滅❼⃝。此時發票人於付款人處縱有充足之存款，亦應列為遺產，付款人不得對執票人為支付。至支票發票人縱主張支票遺失或竊盜或執票人之取得支票出乎惡意或重大過失，在其依法採取保全措施前，付款人不得以之為拒絕付款之理由❼⃝。

按票據法第一百四十三條所規定之直接訴權是否於執票人為付款提示之日即告成立，票據法未為進一步規定，支票之付款提示有由執票人逕向付款人為之者；亦有經由自己往來之銀行向票據交換所提示者（見票 69）。於前一情形，直接訴權自得於當日即告成立；於後一情形，票據交換所固有受提示之資格，但能否使直接訴權於提出交換之時即行成立？學者中有主張：「應以收款銀行交換員將支票交換通知書送交付款銀行之交換員時為已有提示。❽⃝」惟筆者以為本條所規定之直接訴權，於執票人於法定提示期間內為提示即告成立，不因受提示者為付款人本人或票據交換所而有異。

三、直接訴權之行使

執票人因付款人之拒絕付款，依據票據法第一百四十三條規定行使直接訴權時，係處於發票人與付款人間所簽訂之委託付款契約之受益人之地位，因此，得按債務不履行請求給付票款及因遲延給付所生之損害賠償❽⃝。至付

---

❼⃝ 49 臺上 0040。

❼⃝ 參見陳世榮，《支票法論》，頁 253–254。

❽⃝ 張欽雄，〈論票據法第一百四十三條與付款人之關係〉，《一銀月刊》，卷 25，期 10，頁 36–40。

款人之拒絕付款得否視為侵權行為？學界與實務各有所見。學者中有認為付款人與執票人無契約之存在，付款人之拒為付款不構成違約，縱對執票人造成損害，亦無須負賠償責任。惟票據法第一百四十三條及第一百三十六條既在責令付款人負付款義務（前者屬絕對強制；後者屬相對強制），亦在保護受款人及不特定執票人，因而付款人之拒絕付款，應為違反保護他人法律之行為，依民法第一百八十四條第二項規定，負侵權行為之損害賠償責任 **❷**。而最高法院於石順勇 **❸** 一案中，對支票執票人就付款人基於支票非用墨筆或墨水筆填寫拒絕付款所提起之侵權之訴則予以駁回，並申述其理由云：「支票，為發票人簽發一定之金額，委託銀錢業者或信用合作社，於見票時無條件支付與受款人或執票人之票據，其性質為民法第二百六十九條第一項向第三人為給付之契約，且依票據法第一百三十五條規定，在一定期限以內，發票人不得撤銷付款之委託，而排除民法第二百六十九條第二項之適用。支票之受款人或執票人雖係委託付款契約之第三人，但亦係依該項契約關係而為付款之請求，付款人之被上訴人無故拒絕付款，自僅負債務不履行之責任，尚不能謂係對於支票執票人之上訴人一種侵權行為，上訴人以侵權行為之損害賠償請求權為其訴訟標的，請求被上訴人賠償，於法尚屬無據。」於以上二者中，筆者從前一見解，此尤於付款人之拒絕付款出於惡意者為然 **❹**。

四、直接訴權之性質與時效

執票人因付款人無正當理由拒絕付款而對之所得行使之直接請求權，雖係基於票據法第一百四十三條所作之特別規定，但在本質上不屬於票據上權利，自亦無票據法第二十二條短期時效之適用，則此項請求權之時效究應如

---

❶　（67 年 2 月 21 日）六十七年度第二次民庭總會決議。

❷　參見曾世雄、曾陳明汝、曾宛如合著，《票據法論》，頁 292 (1998)。

❸　65 臺上 2164。

❹　英美法上有將故意或惡意背約 (Wilful and Malicious Breach of Contract) 視為侵權行為，於此情形，債權人得就背約與侵權行為間作較有利於己者之選擇。見筆者博士論文摘要，載拙著《保險法論文第一輯》。

何？學者有不同之見解：有認為「票據債權人之直接訴權應解為自付款人拒絕付款之翌日起，一年間不行使者，因時效而消滅」[85]；亦有認為支票付款人依據第一百四十三條所負之債務非票據債務，其無理拒絕給付，成為給付遲延，執票人因而取得之損害賠償請求權，應適用民法第一百二十五條所定之十五年之消滅時效[86]。最高法院民庭總會就此議決云：「支票付款人依票據法第一百四十三條前段規定所負之債務，非票據債務，其因違反該項規定拒絕付款成為給付遲延所負之損害賠償債務，亦應適用民法第一百二十五條所定十五年之消滅時效[87]。」

第八節　銀行依約定書或委任所負之責任

銀行除依票據法之規定而負其責任外，尚因容許其客戶設立甲種活期存款帳戶而與之簽訂「支票存款往來約定書」，或接受其客戶委託，代其向支票付款銀行提示付款，而成為委任取款被背書人或提示付款之代理人。銀行於此情況下對於支票發票、受款人、執票人、委任取款背書人、甚而其他與支票直接或間接關係之第三人應負何種責任，實有按現行「支票存款往來約定書」、「支票存款約定書補充條款」及委任取款之性質加以釐清之必要。

一、約定書之性質

於通常情形，發票人於簽發支票前，均按「支票存款戶處理辦法」之規定，向金融業者申請開戶。金融業者於核准其申請時，即與之簽訂「支票存款往來約定書」及「支票存款約定書補充條款」，作為雙方權義之依據。此項約定書均由金融業者預行擬就，為典型的定型（或附合）契約，約款中難免特多用語含混及偏惠金融業者之規定。至於此種支票存款往來約定書之性質

---

[85] 張欽雄，〈由票據法第一百三十六條第二款論起〉，《一銀月刊》，卷 20，期 11，頁 22–23。

[86] 劉鴻坤，〈票據法問題研究十六則〉，《法學叢刊》，期 97，頁 13。

[87] （67 年 2 月 21 日）六十七年度第二次民庭總會決議。

如何？多數學者認為係以支票資金、支票使用與交互計算為內容之混合契約 **❸**；最高法院於其決議中則認係消費寄託與委任之混合契約 **❸**。由於前者係從不同角度以闡釋發票人與付款人依約定書與其他相關約定所發生之關係，對支票制度實際運作之了解頗具裨益，茲簡述如下：

(1)**支票資金契約**：發票人與付款人簽訂「支票存款往來約定書」及「支票存款約定書補充條款」後，應將現金存入其帳戶，或與付款人訂立活期透支契約（票據法第一百三十七條及第一百四十三條亦稱信用契約），因而產生支票資金契約，發票人得據此簽發支票，以處分其帳戶中之資金。付款人乃遵照發票人之委託，在其存款或允許墊借之限額內就支票為付款。

(2)**支票使用**：所謂支票使用，係指發票人與付款人間就前者得依支票處分其帳戶中之資金，以及後者同意在存款限額內負付款義務之一種約定。事實上，「支票存款往來約定書」及「支票存款約定書補充條款」均載明，金融業應發給存戶支票簿以憑取款，而存戶簽發支票取款時，應以票面金額不超過存款額為限。發票人依據支票契約委託付款人付款時，其於票上所載之支付委託，須不附任何條件。

(3)**交互計算契約**：發票人與付款人簽訂之「支票存款往來約定書」及「支票存款約定書補充條款」，其主要目的在委託付款人就其所簽發之支票為付款。據此，付款人因而所為之付款，即屬因處理委任事務而支出之金額，自得請求發票人償還（民 546: I）。按發票人在簽發支票前已與付款人建立資金關係，付款人得逕自發票人之存款中扣除，而後按約定期間（通常為一月），就發票人之存款餘額作成對帳單，送交發票人核對。惟付款人就發票人之存款所為之抵銷，以其按支票契約所為之付款額為限，不及於交互計算契約範圍以外之債務，此點詳見後述。

---

❸　詳見陳世榮，《支票法論》，頁 102–111（61 年初版）；吳啟賓，〈支票發票人與付款人之關係〉，《法令月刊》，卷 34，期 3，頁 76–78；荊正華，〈付款行與客戶間之法律關係〉，《市銀月刊》，頁 59–66（69 年 6 月）。

❸　（73 年 9 月 11 日）七十三年度第十次民庭會議。

二、存款戶與金融業者間法律關係確認之演變

存款戶遵照「支票存款往來約定書」及「支票存款約定書補充條款」將金錢存入其帳戶後，在法律上究生何種關係？以及付款人對於支票存款之處理應盡何種注意義務？於最高法院就此於七十三年作成決議前，司法實務界有如下之二種見解：

(1)**消費寄託關係**：金融業者依據約定書之規定收受存款後，其與存款戶間產生金錢寄託或消費寄託之法律關係❾⓪。最高法院於其判決中曾確認：「銀行與其存款戶間之甲種存款契約，具有消費寄託之性質❾①。」

(2)**委任關係**：存款戶依據約定書之規定，存入金錢，而後簽發支票，委託銀行於見票時無條件付款者，我國法院有認為存款戶與銀行間發生委任關係❾②。最高法院曾判決云：「支票帳戶設立人與銀行訂立支票存款往來約定書，開立支票存款（甲種活期存款）帳戶，將款存入，約定由帳戶設立人簽發支票，委託銀行於見票時無條件付款與受款人或執票人。核其性質為委託付款，應屬於委任契約。參照票據法第四條、第一百二十五條第一項第五款、第一百三十五條有關支票委託付款之規定，甚為顯然。此與金融機關與客戶間之乙種活期存款契約具有消費寄託之性質，客戶得隨時請求返還寄託物之情形有間❾③。」

法院就約定書之性質所持見解之不同，遂影響其對雙方當事人權義之確認，其最顯著者，有下列數者：

(1)**存款之請求返還**：存款戶將金錢存入支票帳戶後，在終止往來前得否向付款人請求返還？在持消費寄託關係說之法院，似可命付款人返還寄託物（金錢）。惟最高法院於此場合均持委任關係說，而作如下判決：

---

❾⓪ 見 34 院 2885; 34 院解 3018; 55 臺上 3018; 57 臺上 2965; 68 臺上 1318; 66 臺上 3802。

❾① 66 臺上 3802。

❾② 65 臺上 1253; 65 臺上 2375; 69 臺上 211; 69 臺上 600。

❾③ 69 臺上 211。

「按支票帳戶設立人與銀錢業者（包括信用合作社）訂立甲種活期存款往來約定書，設立甲種活期存款帳戶，將款存入，約定由帳戶設立人簽發支票，交付受款人，向銀錢業者提示支票，請求付款，銀錢業者則為之兌付，即帳戶設立人如欲取款，亦應簽發指己支票（己受支票）或無記名支票，向銀錢業者提示，而請求付款，核其契約性質，應為委任契約（卷存兩造訂立之甲種活期存款往來約定書併參照）。本件上訴人在被上訴人所屬三民分社設立甲種活期存款往來帳戶，將款存入，而委託該分社對持其所簽發支票之人付款，其間自係存有委任契約，而為委任之法律關係，上訴人本於消費寄託之法律關係，請求被上訴人返還二十萬八千一百六十五元，自有未合❾❹。」

　　⑵注意義務：在美國法上，將寄託關係分為①為寄託人之利益而成立之寄託 (bailment for bailor's benefit)，②為雙方利益而成立之寄託 (bailment for mutual benefit)，及③為受寄人之利益而成立之寄託 (bailment for bailee's benefit)。寄託關係之屬類不同，受寄人所須盡之注意亦有輕重之別。我國民法亦復如此，於第五百三十三條及第五百九十條規定，受任人處理委任事務或受寄人保管寄託物，應與處理自己事務為同一之注意。其受有報酬者，應以善良管理人之注意為之。前曾論及，付款人銀行對支票存款之處理並非不受報酬，故其應盡善良管理人之注意。惟最高法院於判決中曾認為於委任之場合，輕過失責任未始不得免除，此點見後述。

　　⑶損失承擔：依民法第六百零三條規定，寄託物為金錢時，推定其為消費寄託。於消費寄託，自受寄人受領該寄託之金錢時起，即準用關於消費借貸之規定，該金錢之所有權已移轉於受寄人，其利益與危險，當然移轉於受寄人。若付款人就發票人簽發之支票發生錯誤付款，此項錯誤付款之損失應由付款人承擔。但最高法院於判決中有將約定書視為委任契約，認為金融業者既於約定書中訂明：支票經偽造或塗改，其偽造、變造或塗改因非普通眼力所能辨認，付款人為之付款者，此項錯誤付款應由發票人自行承擔，此項約定應非無效，詳見後述。

---

❾❹　　65臺上2375。

三、免責規定及其效力

㈠免責之範圍

舊「支票存款往來約定書」原曾於第九條規定:「經本行核對支票,認為與存戶原留印鑑相符而憑票支付之後,存戶如有因印鑑、支票偽造、變造或塗改而非普通眼力所能辨認者及因被盜竊、詐騙、遺失等情事而發生之損失,本行概不負責。」本約款至少有下列二點極易引發爭議,宜先予釐清:

⑴本約款中因被盜竊、詐騙或遺失所導致之損失,基於票據為流通證券,應由發票人自行負責,乃屬當然之事理,但若支票經偽造、變造或塗改而非普通眼力所能辨認者須由發票人負責,則此項約款是否過分苛刻而有失公平?

⑵所謂「非普通眼力所能辨認」云云,究在免除付款人之輕過失責任?抑免除其一般過失責任? 無論何者,豈非經由此項約款以減輕其於法理上應盡之注意義務?

對於前開約款應如何詮釋以確定付款人之免責範圍,歷來爭議不斷,於七十三年作成決議前並無定論。雖有學者認為:「付款人對偽造之支票能認定而不認定,或未盡相當之注意致不知其為偽造而為付款時,縱有免責之特約,付款人仍應自負其損失❾❺。」所謂「相當之注意」,係指「與處理自己事務為同一之注意抑善良管理人之注意? 其意並不明確。最高法院就此曾為如下之認定:

⑴按債務人因欠缺善良管理人之注意而發生之輕過失責任,依民法第二百二十二條反面解釋,非不得由當事人依特約予以免除,存戶與銀行間既於約定書中訂明因普通眼力不能辨認而生之損害不負責任,自應受此約款拘束,存戶不能以銀行欠缺善良管理人之注意而令負責任❾❻。

⑵金融機關每日出入支票甚多,若顯無可疑,則於通常程序核對印鑑真偽及票上文字及數字是否塗改外,勢難逐票另為其他處理。因此,為使付款人盡速處理其票據,則於其盡一定注意之情況下,自有使其受免責效果之

---

❾❺ 荊正華,〈付款行與客戶間之法律關係〉,《市銀月刊》,頁 59–66 (69 年 6 月)。

❾❻ 61 臺再 62。

必要 ❼。

　　顯然，法院將約款中「普通眼力所能辨認」一詞解為「一般注意義務」，其程度低於「善良管理人之注意」。至於於何種情形下始足以認為付款人已盡其注意義務，按最高法院之見解，以肉眼能否辨認為唯一決定之依據：若支票之偽造、變造或塗改，其外觀上並不顯明 ❽，或須使用紫外線，精密投影機，顯微鏡放大及化學藥劑處理方得發現者，即屬肉眼所難辨認，付款人因而所為之付款，得援引約款之規定以免責 ❾。最高法院此類判決，不僅曲解約款用語，偏惠金融業者，亦屬罔顧金融業屬於以專知為營運基礎之事業以及金融業在其保管客戶之存款範圍內具有信託關係之本質。將普通眼力判認為一般肉眼，則與金融業往來之社會大眾何能對其感到安心？產生信賴？獲取應有之保障？最高法院所持此種過分保守之見解，曾廣受學者之批評，及社會大眾之指摘。

(二)免責約款之不當

　　上述免責約款如採最高法院之見解，不僅與票據法之基本法理相牴觸，亦與支票資金契約之本質有違。茲分析如下：

---

❼　見 62 臺上 4790。

❽　59 臺上 933：該支票經鑑定結果，以票面金額一萬四千五百元之變造痕跡，非能以普通眼力所得辨認，此有另案所附司法行政部調查局鑑定書可憑，是被上訴人之抗辯，即非不合採取，至票面下方阿拉伯數字，原子筆顏色雖稍有深淺不同，但並不顯明，既核對印鑑及辨認金額文字無疑問，自不能認其有未盡注意之過失，上訴人雖又謂該支票未如上訴人往例在每個金額大寫數字上蓋章，被上訴人未加注意云云，惟此非雙方約定，即非被上訴人所應注意之事項。

❾　61 臺再 62；60 臺上 4790。並參見 65 臺上 2778；58 臺上 2344；59 臺上 1859。最高法院於 60 臺上 4790 判決云：「系爭支票被人塗改變造之處，係經鑑定機關臺北市警察局及司法行政部調查局先後使用紫外線及精密投影機顯微鏡放大及經化學藥劑處理，方得發現，而且兩機關之鑑定結果，亦非全同，自屬肉眼難辨認。何況被上訴人金融機關，出入支票甚多，既無顯然可疑，則於通常程度核對印鑑真偽，有無存款及數字是否塗改外，勢難逐票另為其他之處理，被上訴人就此既有免責之特約，亦不能謂寄託金錢之危險已經移轉及被上訴人係有過失，上訴人執消費寄託與侵權行為以為請求，即非有據。」

⑴前已言及，支票付款人原非票據債務人，其係受發票人之委託而為付款。付款人於付款後之所以得以免責，在法理上應以受發票人之付款委託（即發票人簽發特定支票）而負付款義務為前提要件，若支票經偽造、變造或塗改者，則不發生此種付款委託關係，付款人因而所為之付款，何能得以免責？

⑵依據票據法之規定，票據經偽造者，被偽造人對之不負責任；票據經變造者，簽名在變造前者，僅依票上原有文義負責。若付款人得將其就經偽造或變造支票所為錯誤付款之效果歸諸發票人，豈非以契約條款變更票據法之規定？

⑶我國民法就注意義務分為三類，其中以善良管理人之注意義務在法律上所負之責任為最重。就存戶與金融業者間之關係而言，存戶係將金錢交付於金融業者，而後委託其付款，金融業者就此項存款之保管與處分（即付款），嚴格言之，非止於一種委託關係，而係一種信託關係，此亦何以美國法院均責令銀行業就客戶之存款盡善良管理人之注意義務（reasonably prudent man care，現行統一商法典第三條雖改用 ordinary care，其涵義並不因而有異）。上述約款中所謂「非普通眼力所能辨認」，並非民法上用語，因此其涵義如何？應從支票資金契約之本質加以探求，任意延伸或類推，必然損及支票原具之功能及支票制度之運作。

㈢免責約款與損失承擔

對於支票資金之處理，最高法院雖偶於判決中責令付款人盡善良管理人之注意義務，例如於 65 臺上 2778 判決：「上訴人銀行受支票付款之委託，應盡善良管理人之注意義務，尚難以業務繁忙，而得減輕其注意義務。 ⑩⑩」於 59 臺上 1859 判決：「上訴人合作社於處理上開支票，確未盡到善良管理人之注意，自不得謂無過失。」⑩⑪惟最高法院於多數場合，均因受民法關於委任規

---

⑩⑩ 65 臺上 2778。

⑩⑪ 59 臺上 1859：系爭支票由面額三千七百九十八元六角改為三十七萬八千六百元，經臺灣省刑事警察大隊鑑定結果，認為係被塗改後而使用之支票，其上尚有未被退除之筆劃痕跡，於普通光線之下，肉眼皆能發現，如「參」字之底及「陸」字「拾」字附近均可看到，而且本件支票被領收之款項面額達數十萬元，在一般從

定之限制，判認金融業者於「支票存款往來約定書」中減免其輕過失責任並無不當。在民國七十三年以前，最高法院既未就「非普通眼力所能辨認」作明確之解釋，亦未就金融業者於處理支票資金時應盡何種注意義務作積極之確認。其結果，金融業者若為錯誤或不當付款者，則此項付款損失應由金融業者抑發票人承擔？從無一定之法則得持以為決定之依據。法院就此類訟爭之審理，亦因主審推事個人之法理意識而有不同之判決，對支票存款戶之權益自有極不良之影響。筆者以為無論基於存款戶與銀行間之實質關係、票據法之法理或他國成例，法院應一方面提高銀行業之注意義務，另一方面與其將錯誤付款之損失由存款戶承擔，毋寧責令銀行承擔，其理由如下：

⑴銀行對於甲種存款，名義上雖屬保管，實質上則得自由運用，謀取利潤，此項利潤由銀行獨享，銀行在實質上屬民法第五百三十五條及第五百九十條受有報酬之受任人或受寄人，因而責令銀行負較重之責任應不為過。

⑵支票係委託付款人付款，付款人成為唯一有機會鑑定支票是否經偽造、變造或塗改之人，且按我國銀行實務，銀行就已付款之支票自行保留，不將之寄還發票人，因此，支票是否為經偽造或變造，發票人不易發現。

⑶銀行業為一專業，從事印鑑或簽名核對及票上記載事項審核之人應受有專業訓練，具有從事鑑定及審核之特殊能力。

⑷免責約款之最大不當，即將偽造、變造、塗改與被盜竊、詐騙、遺失相提並論。後三者基於權利外觀原則，付款人善意付款後，將付款之效果歸諸發票人，自無不當。至前三者，發票人對此等事由之發生容有出於其過失者，但付款人不得因而減免其應盡之注意義務。

⑸對何人給付票款，惟銀行知之最詳，由其逕向受領人追回票款，亦最為便捷。縱令追回不成，銀行亦得將錯誤付款所可能導致之損失經由保險轉嫁。

㈣最高法院對免責約款所為之決議

經過數十年之猶豫不決，及學界對免責約款之一再指摘，最高法院終於

事銀錢業者，必定謹慎詳查後，始肯將款付出。即可知上訴人合作社對於處理上開支票，確未盡到善良管理人之注意，自不得謂無過失。

於民國七十三年九月十一日第十次民庭會議中，由院長提出如下之議題：

「當事人約定甲方以印鑑留存於乙方之印章，縱令係被他人盜用或偽造使用，如乙方認為與印鑑相符，甲方願負一切責任。此項約定是否違背公共秩序或善良風俗，而為無效？」

最高法院首先承認依其歷來判決所持見解，有如下之甲、乙相異之二說：

「甲說：民法第七十二條所謂法律行為，有背於公共秩序或善良風俗者，乃指法律行為有背於國家社會之一般要求或利益，或社會一般道德觀念之情形而言。本件被上訴人（立約人）立交上訴人（銀行）之約定書，記載：「即使有印鑑被盜用情形，仍願負責」，僅在加重被上訴人之責任，既與國家社會之一般的要求或利益無違，亦與社會一般道德觀念無背，此項約定，尚難認其違背公共秩序或善良風俗，而為無效（七十三年度臺上字第一九三〇號）。

「乙說：留存印鑑聲明書（約定書）雖記載「上訴人（聲明人）之印鑑縱有被盜用情形，上訴人亦應負一切責任」，惟此項約定顯有縱容他人盜用印章，鼓勵犯罪之不法，而有背於公共秩序「或善良風俗」，難謂有效（七十三年度臺上字第一六三一號）。」

在討論之前，先由楊秉鉞、鄭有田及孫森焱三位民庭推事提出研究報告。鑑於此項報告對付款銀行責任之確立具有關鍵意義，並為前述議題之決議提供法理基礎，茲摘錄如下：

「⑴金融機關與客戶間訂立之合約書，類多以定型化契約約定：凡票據、借據及其他文書蓋有客戶名義之印章者，金融機關以肉眼辨認，與客戶留存之印鑑相符而為交易時，縱令該印文係被盜用或偽造，客戶均承認其效力並負擔因此發生之一切責任。

以上約定，可分以客戶名義書立之文書（包括有價證券）係經偽造、變造；及客戶名義所蓋之印章係經偽造、盜用各種情形。惟無論何者，客戶均應對於金融機關負責。

「⑵關於此項約定，首應探討者，為文書所蓋客戶名義之印文，須由金融機關以肉眼辨認，與客戶留存之印鑑相符者，客戶始應對之負責。金融機關以肉眼辨認時，應負注意義務之程度如何，並無特別約定，依通常情形應

解為負善良管理人之注意義務。故金融機關之辨認，苟有過失，即不得憑此約定，責令客戶就偽造之印文亦負契約責任。

「(3)依本院六十五年臺上字第一二五三號判例意旨，存款戶與金融機關之間係發生委任關係。受任人即有依照委任人之指示，處理委任事務之義務。如果金融機關憑以付款之支票係經第三人盜用存款戶之印章而偽造者，除為金融機關所明知者外，金融機關憑留存印鑑付款，與委任意旨無違，即使無特別約定，支票存款戶亦應自負其責。若支票所蓋印章係第三人偽造印章而偽造，或支票係經變造者，依票據法第十五條及第十六條規定意旨，存款戶原不負票據責任。就金融機關言，其收受活期存款係屬民法第五百四十五條所定委任人預付處理委任事務之必要費用。其利益及危險自收受以後即移轉於受任人。此項存款如經第三人執偽造或變造之支票冒領者，金融機關本應自負其責，惟金融機關於付款時，苟已盡善良管理人之注意義務，依特約仍歸存款戶自行負責時，似難指此特約為無效。有疑義者，如依特約免除金融機關之抽象過失責任或具體過失責任時，其效力如何？就個案言，此類特約初非民法第二百二十二條規定所禁止，自非無效。惟就金融機關之業務言，因以定型化契約全面的為此約定，致執業人員之注意義務普遍降低，其因執行業務疏懈發生之危險，全由存款戶負擔，與公共秩序殊難謂無違背，當以解釋其約定為無效為是。」

民庭會議於聽取上述研究報告後，遂達成決議：「甲種活期存款戶與金融機關之關係，為消費寄託與委任之混合契約。第三人盜蓋存款戶在金融機關留存印鑑之印章而偽造支票，向金融機關支領款項，除金融機關明知其為盜蓋印章而仍予付款之情形外，其憑留存印鑑之印文而付款，與委任意旨並無違背，金融機關應不負損害賠償責任。若第三人偽造存款戶該項印章蓋於支票持向金融機關支領款項，金融機關如已盡其善良管理人之注意義務，仍不能辨認蓋於支票上之印章係偽造時，即不能認其處理委任事務有過失，金融機關亦不負損害賠償責任。金融機關執業人員有未盡善良管理人之注意義務，應就個案認定。至金融機關如以定型化契約約定其不負善良管理人注意之義務，免除其抽象的輕過失責任，即應認此項特約違背公共秩序，應解為無效。」

(五)最高法院決議所確立之原則

若就前開決議細加分析，最高法院就支票付款人應盡之注意義務，意在確立如下之四大原則，惟由於決議中未明確肯認支票付款人為受有報酬之受任人或受寄人，其於持論上未盡一貫，竟而對付款人核對偽造支票應盡之注意義務作了不當之減免：

(1)支票存款戶與金融業者間之關係，為消費寄託與委任之混合契約。按信託法至八十五年始行公布施行，若時空轉移，最高法院可能跳脫傳統民商合一理念之制約，而逕行確認此項關係為信託。

(2)第三人盜蓋存款戶原留印鑑之印章而偽造支票，除非為金融業者所明知，其所為之錯誤付款，不負賠償責任。此點似與民法第五百三十五條及第五百九十條之立法意旨不符，尤其付款人銀行於實質上受有報酬之情況下，何能將其對支票存款處理應行承擔之責任降至「明知」之程度？筆者以為支票縱係盜蓋發票人原留印鑑所偽造，付款人對於支票之核對仍須盡善良管理人之注意義務。若就付款當時之狀況足以引起對領款人是否為真正之票據權利人之合理懷疑而竟仍為之付款者，付款人不得以「未明知」而據以免責。

(3)對偽刻印章而作成之支票，金融業者如已盡善良管理人之注意而仍不能辨認所為之錯誤付款，不負賠償責任。決議雖僅提及偽造，在法理上，本原則對支票之變造、塗改應同有其適用。

(4)以定型化契約免除輕過失責任者，無效。觀乎消費者保護法第十二條及民法第二百四十七條之一規定，此為法理之當然，此亦為本決議中所確立之最佳之原則。

(六)最高法院決議之效力

決議與判例不同：判例為命令，當然有其拘束力，各審法院對於相同事實之審理，無不持以為判決之依據；決議雖僅在供法官從事審判時之參考，並無類同判例之拘束，主審法官採用與否，悉任其斟酌，其不予採行，亦不構成審判之違法，惟決議之作成，無不經反覆研討，博引旁徵，其嚴謹之程度絕不亞於判例之作成。此何以最高法院之決議於學界普受尊重，引為持論之準則；於司法實務上亦一再為各審法院法官引為判決之依據，故其權威性

實與判例無分軒輊。據此，大法官於論斷決議得否為違憲審查之對象時，乃於釋字第三七四號解釋理由書指出：司法機關在具體個案之外，表示其適用法律之見解者，依現行制度有判例及決議二種。判例經人民指摘違憲者，視同命令予以審查，已行之有年，最高法院之決議原僅供院內法官辦案之參考，並無必然之拘束力，與判例雖不能等量齊觀，惟決議之製作既有法令依據，又為代表最高法院之法律見解，如經法官於裁判上援用時，自亦應認與命令相當。

㈦現行約定書第十條規定之欠當

八十三年公布施行之消費者保護法於及民法又於八十八年修正時增訂第二百四十七條之一，相繼就附合契約確立保護消費者或他方當事人之解釋原則，財政部金融局有鑑於此，乃參酌前述最高法院民庭決議，就首開約定書第九條提出如下之修正：

「第三人偽造、變造或塗改印鑑或支票，銀行若已盡善良管理人注意義務，仍不能辨認時，銀行不負賠償責任。若立約人的支票遺失、被竊，除銀行明知其情事而仍付款外，銀行不負賠償之責。」

經公聽後乃將之改列為現行支票存款約定書第十條，其規定為：「本行若已盡善良管理人注意義務，核對票據及存戶原留印鑑，憑票支付後，縱因印鑑、票據之偽造、變造、塗改或因竊盜、詐騙、遺失情事，而發生之損失，除本行有惡意或重大過失外，不負賠償之責。」若就前述最高法院民庭決議、金融局修正案與本條對照，其間存有如下之差異：

⑴前述決議認為金融機關僅於「明知」支票係盜蓋存款戶印章偽造而仍予付款之情形下始負賠償責任，至支票係他人仿冒簽名、或偽刻印章而偽造或支票係遭遺失、盜竊者，金融機關應盡何種注意義務，決議中未予提及。縱使僅就盜蓋印章而言，決議既已指出支票存款關係為消費寄託與委任之混合契約，而金融機關又係受有報酬之受寄人與受任人，依據民法第五百九十條及第五百三十五條，於任何情況下均須盡其善良管理人之注意義務，不知此一決議依據何種法理得出「明知」始行負責之結論？前述約款中減免銀行注意義務之規定，即係受此決議影響之結果。

⑵金融局之修正案雖對支票、印鑑之偽造、變造或塗改責令付款銀行盡其善良管理人之注意義務，但又同時容許銀行對於支票遺失或被竊，僅於知情而仍付款始負賠償責任，其在法理上犯有前述決議相同之謬誤。

⑶前述約定書第十條雖遵民法第五百三十五條及第五百九十條將付款人銀行之注意義務一律訂定為善良管理人之注意，則何以又謂僅惡意或重大過失始行負賠償責任？豈非使「盡善良管理人注意義務」一語成為粉飾之辭，完全喪失其實質意義？筆者以為銀行既受有報酬之受寄人與受任人，無論於印鑑、票據之偽造、變造、塗改或票據竊盜、詐欺或遺失，對支票付款之處理，均須盡善良管理人之注意義務。嚴格言之，該條後段之免責約定，違反民法第二百四十七條之一第一款及消保法第十二條第一項，應屬無效。

四、約定書及其他有關規定

前已言及，支票存款往來約定書為存戶與銀行間權義之依據。約定書除載有上述免責約款外，尚規定銀行就同一日內提示之數張支票，其付款順序之安排有斟酌之權。此外，存戶於約定書下須受銀行其他規定之約束，茲就其對存戶權義有重要影響者分析如下：

㈠對帳單之規定

一般言之，美國銀行均按月將支票存款對帳單連同業已付款之全部支票原件郵寄存戶，存戶應於對帳單所定期限內仔細核對。若發現原件中有經偽造或變造者，應即通知銀行更正；若存戶未為核對或雖核對而未發見者，視為默認對帳單記載之正確[102]。所謂「應即」，非指即刻，而係指「合理期間」。存戶所提之更正請求是否在合理期間以內，由法官按當時情況為之判斷。我國現行支票存款約定書第二十五條規定：「本存款於次月初寄發存款餘額對帳

---

[102] 見 1990 年修正前 UCC §4-406⑴銀行出於善意，依據實際出帳 (debit entries) 將支票存款帳 (Bank Statement) 郵寄存戶，存戶於接到對帳單後應盡相當注意，迅即予以核對。如查察有偽造或變造情事，應即通知銀行。UCC §4-406⑵(a)亦規定如經銀行證明，存戶之未盡前項之注意義務致銀行於損害者，存戶不得以支票業經偽造或變造而對銀行有所主張。

單，請即核對。如有不符，請於文到之日起一星期內來行查明，存戶有權要求本行出示已付款之票據，逾期推定以本行帳單為準。」對於該項約款，其唯一問題乃在於付款銀行於未將已付款之支票原件與對帳單一併寄送之情況下，單方面所訂定之一星期之核對期間是否合理？是否具有限制存戶核對權行使之意涵？法院宜按民法第二百四十七條之一或消保法第十二條規定之意旨予以檢驗。

㈡支付順序之排定

若於同一日內經提示之支票非止一張，而發票人之存款不足以支付全部支票時，銀行是否有權全部拒絕付款？或應於存款限額內予以支付，及至竭盡存款而後已？現行支票存款往來約定書第十一條規定：「本行對於票據憑票付款，不論發票日先後，概按執票人提示先後順序支付，倘同時提示多張支票，本行得排定支付順序。」本約款與舊約定書第十條明顯不同在於後者規定：「凡已屆發票日期者，不論提示先後，其支付程序得由本行排定。」美國於一九九〇年修正前之統一商法典亦有類似規定 ⑩。我國於七十五年十二月三十一日以前，凡面額三十萬元以上之支票經執票人提示不獲付款，涉及刑罰之科處，因而，為顧及發票人之利益，銀行通常對其中金額較高而又在存款範圍內之支票先行付款。惟於現行約款下，付款人對支票程序之排定已受有一定之限制，除非多張支票係同時提出，付款人得為防免發票人遭拒絕往來而就金額較小之支票先行付款，而將其中金額較高之一張或二張退票者外，付款人不可能故違前開約定書第十一條，將提示在先之支票，於支付程序上予以延後，致該支票因無充足存款而不獲付款，否則，其作為即構成票據法第一百四十三條規定之違反，執票人因而所遭受之損害，得依民法第一百八十四條第二項規定，請求付款人賠償。

㈢部分支付

票據法雖於第一百三十七條規定：付款人於發票人之存款或信用契約所

---

⑩　參見 UCC §4–303⑵及 Comment 6；Reinisch v. Consolidated National Bank, 45 Pa. Super. 236 (1911)。美國立法例亦承認銀行對於支票先後次序之排定有完全斟酌之權。

約定之數不敷支付支票金額時，得就一部分支付之。付款人遵此規定為一部付款者，執票人應於支票上證明實收之數目。惟本條中所使用者為「得」字，付款人是否為一部付款，因而有斟酌之權。現行支票存款約定書第九條規定：「存戶除與本行訂有透支契約者外，不得簽發超過存款餘額之票據。倘存款不足，本行無通知存戶之義務，逕予以退票處理。」明示付款銀行保有拒為一部付款之權利。臺北市銀行公會曾就此議決：「票據法第一百三十七條規定，存戶開發支票，餘額不敷支付時，經執票人之同意得就一部分支付，茲為避免處理上之困難，各行庫一律不辦理部分支付 ⑩。」最高法院亦認為票據法第一百三十七條所定付款人於發票人之存款不敷支付支票金額時，就一部分支付之，為付款人之權利，而非其義務，乃判認銀行公會此一決議為有效，銀行之拒絕為部分付款，亦不構成對存戶權益之侵害 ⑩。遵此，票面金額與存款間縱屬僅有細微之差，銀行仍得以「存款不足」退票，而無須負任何責任 ⑩。但我國票據法學者鄭洋一曾批評上項決議不僅否定第一百三十七條之存在，有違該條立法之本旨，並亦將嚴重損及執票人及發票人之權益 ⑩。舉例言之，發票人於付款人處存有四十九萬元，而簽發面額五十萬元之支票予執票人，若執票人為付款之提示，付款人在存款範圍內為部分付款，支票就未獲支付部分而言，雖仍構成退票，但於通常情形，執票人不致為此戔戔之數，向檢察官告發，使發票人於舊票據法下受刑事處罰。若付款人按銀行公會之決議拒絕為部分付款，而發票人復於付款人拒付後受破產宣告，則執票人勢必以普通債權人之身分，向破產管理人申報其債權，按債權總額之比例受清償，

---

⑩ 臺北市銀行公會第二屆第十九次會議決議（42 年 4 月 17 日）。

⑩ 51 臺上 475：票據法第一百三十七條所定付款人於發票人之存款不敷支付支票金額時，就一部分支付之，為付款人之權利，而非其義務，被上訴人以臺北市銀行公會有「各行庫一律不辦理部分支付」之決議，而拒絕上訴人請求為一部分之支付，不過消極的不行使其就支票為一部分支付之權利而已，自難謂係侵害上訴人之權益。

⑩ 支票存款往來約定書第九條：「存戶除與本行訂有透支契約者外，不得簽發超過存款餘額之票據。倘存款不足，本行無通知存戶之義務，逕予以退票處理。」

⑩ 見氏著，《票據法之理論與實務》，頁 294–295（67 年 6 版）。

執票人最後能自破產財團獲得之金額必少於部分付款。據此分析，付款人之拒絕為部分付款對執票人固屬不利，而最高法院所謂不構成對存戶權益之侵害，顯未就發票人於舊票據法不可能遭受刑事處罰及退票對發票人可能造成信譽損害作周全之思考。於最高法院所持之見解下，本條已形同具文，失卻其應有之規範意義。

五、抵銷之限制

民法第三百三十四條規定：二人互負債務而其給付之種類相同，並均屆清償期者，各得以其債務與他方之債務，互相抵銷。設若存戶曾向銀行貸款，銀行於債權已屆清償期而未受清償者，是否得逕就該存戶之支票存款行使抵銷權？對此最高法院民庭總會曾議決云：「甲種存款戶對銀錢業雖負有債務，但在存戶終止其與銀錢業所訂之甲種活期存款往來契約前，銀錢業對該存戶並無返還存款之義務，即與民法第三百三十四條得為抵銷之要件不合，並不能依預定抵銷之特約，主張與存款抵銷，庶支票制度之安全與信用，均得以確保❶⓿❽。」臺北市銀行公會並遵此函示：「就銀錢業對於貸款戶在各該行庫設有甲種存戶者，得否依據民法第三百三十四條抵銷之規定或貸款契約內有關約定抵銷之條款，就已到期而未受償之債務與債務人之存款，予以抵銷一案，奉財政部令轉民刑庭總會五十七年度第一次會議紀錄，結果採用甲說，即此情與民法第三百三十四條得為抵銷之要件不合，亦不能依預定抵銷之特約，主張與存款抵銷❶⓿❾。」函中所謂「預定抵銷之特約」，通常見於貸款約定書，例如合作金庫貸款約定書第二十二條規定：「……立約人存於貴庫之各項存款……貴庫認為必要時，不問債權債務之期限如何，均得認作已經到期，毋須另行通知，可任意抵充或處分之……。」惟於支票存款以外之場合，最高法院曾肯定此項預約之效力：「抵銷契約之成立及其效力，除法律另有規定外，無須受民法第三百三十四條所定抵銷要件之限制，即給付種類縱不相同，或主張抵銷之主動債權已屆清償期，而被抵銷之被動債權雖未屆清償期，惟債務

---

❽　（57 年 3 月 12 日）五十七年度第一次民、刑庭總會會議。

❾　臺北市銀行公會 57.12.12 ⑸⑺法字第 537 號函。

人就其所負擔之債務有期前清償之權利，亦得於期前主張抵銷之**⑩**。」

就銀行與存戶所簽訂之「支票存款往來約定書」觀之，銀行係以「受託人」之身分保管存款，非一般意義之債務人，因此，上述民庭決議之持論極為正確，銀行在終止委託付款契約前，不得擅行就存款主張抵銷。銀行與存戶間縱有「預定抵銷特約」之存在，在委託付款契約終止以前，亦不得為有利於己之援引。銀行之擅行抵銷而致損害於存戶者，應負賠償之責任。

六、支票存款戶之求償權

(一)求償之依據

付款人銀行既與發票人訂有委託付款契約，銀行自應嚴格遵照發票人之指示而忠實履行其義務。銀行若因過失、記帳錯誤、故意或惡意違背發票人之指示而拒絕付款、或疏於注意就經偽造、變造、塗改、遺失或盜竊之支票為付款致存款戶受有損害者，其在法律上應負何種責任？票據法與銀行法對此均無特別規定。由於我國採民商合一制，銀行如有上述違約情事，似應按民法關於債務不履行之規定，以確定其責任。民法第一百四十八條第二項規定：「行使權利，履行債務，應依誠實及信用方法。」債務人就其故意或過失之行為，應負責任。最高法院對於付款人所為之錯誤付款，究應適用民法何種規定以責令付款人償還存款或賠償，有如下之見解：

(1)**依委任關係請求賠償**：最高法院於判決中曾謂：「甲種存戶，簽發支票，委託銀行於見票時無條件付款與受款人或執票人者，則存戶與銀行之間即發生委任關係，視票據法第四條、第一百二十五條第一項第五款、第一百三十五條等規定自明，既為委任關係，受任人即有遵照委任人之指示處理委任事務之義務，否則如因其過失或越權行為所生之損害，對於委任人應負賠償之責**⑪**。」

(2)**依消費寄託請求返還**：最高法院認為銀行與其存款戶間之甲種存款契約，具有消費寄託之性質，寄託發生效力時，寄託物之利益及危險已移轉於

---

⑩ 50 臺上 1852。

⑪ 65 臺上 1253；65 臺上 2778。

受寄人，若存款確係銀行之疏於注意而為他人所冒領，銀行不得援引約定書中之免責規定以推卸責任，存款戶自得請求返還寄託物[112]。

(3)依侵權行為求償：若存款之減少或存款戶所受之其他損害經證明確係出於銀行之故意或過失者，我國最高法院尚容許存款戶逕依侵權行為法則訴請賠償[113]。付款人此種侵權責任於其對票據所載事項之審查未盡其應盡之注意義務，最易構成。舉凡付款人對於背書不連續之支票而為付款、對劃平行線支票而逕對執票人付款，或對載有「禁止背書轉讓」之劃平行線支票，經由第三人帳戶為付款提示，付款人未遵中央銀行服務局（七三）臺央業字第一八〇〇號函及（七四）臺央業字第一一四五號函之釋字，對①受款人於金融業是否未設立帳戶、②受款人於票據背面是否載有「委託受任人（即第三人）取款」之文句及③受款人與受任領款人是否於票據背面簽名，並經提示之金融業者簽章證明加以審查，而逕行為之付款，付款人因而所致於發票人之損失，均須依民法第一百八十四條規定，負賠償責任[114]。

依據美國成例，銀行因記帳錯誤或存款扣減不當而不為付款所致於存款戶之損害，亦須負侵權責任。舉例言之，於 Loucks[115] 一案中，原告為一合夥組織，以合夥名義向被告銀行開戶，其中某一合夥人積欠被告 402 美元，被告擅將該款自合夥帳戶之存款中扣除。原告於獲悉上情後，即向被告提出抗議，並簽發總額 210.80 美元之支票九張，要求被告付款，被告以存款不足退票。法院判令被告銀行對於因而所致於原告之損害按侵權行為負賠償責任。

(二)求償之範圍

銀行因故意或過失致損害於存款戶，依據前述分析，我國法院或視為債務不履行或視為侵權行為，惟無論基於何者，其所得求償之範圍，依據民法第二百十六條規定，以「填補債權人所受損害及所失利益為限。」但若將支票存款往來約定視為消費寄託關係，則存款戶僅得請求返還寄託物（即存款本

---

[112] 66 臺上 3802；68 臺上 1318。

[113] 59 臺上 1859。

[114] 參見 93 臺上 1909；92 臺上 373。

[115] Loucks v. Albuquerque National Bank, 418 p.2d 191 (N.M. 1966).

身)，最高法院曾就此判決云:「銀行接受無償存款，其與存戶間，乃屬金錢寄託關係，按寄託為金錢時，推定受寄人無返還原物之義務，僅須返還同一數額。又受寄人僅須返還同一數額者，寄託物之利益及危險，於該物交付時移轉於受寄人，為民法第六百零三條第一項及第二項所明定，本件存款倘確係被第三人所冒領，則受損害者乃上訴人銀行，被上訴人對於銀行仍非不得行使寄託物返還請求權。 ⑯ 」於美國立法例上，銀行之非法拒絕付款，既可視為違約，亦可視為侵權行為。尤於銀行之拒絕付款出於故意或惡意之場合，法院均視之侵權行為⑰。而存戶之求償範圍，亦因其所提起者為違約之訴抑侵權之訴而不同。若提起侵權之訴，存戶除得求償實際損害外，尚得求償精神損害及懲罰性賠償 (Punitive damages) ⑱。昔時美國法院尚認為若存戶適為商人，則銀行之非法拒絕付款即構成對其信譽之誹謗，存戶無須提出任何證明，即可獲得相當賠償。但此一法則為統一商法典所拒採，而使全部存戶，不論其為商人或非商人，均處於同一地位⑲。統一商法典規定，付款人如非法拒絕付款，對於因而所致於存戶之損害，應負賠償之責;拒絕付款如係出於錯誤而發生者，其責任以所證明之損害為限。此項損害包括存戶因受拘捕或刑事控訴而生之損害或附帶損害 (Consequential damages) ⑳。Kentucky 最高法院亦謂:若銀行之不為付款非出於惡意、動機不善、或存心欺壓 (malice, bad motive or oppression)，其所負之責任僅以填補存戶所受之損害為限，精神損害及懲罰性賠償均不在容許之列 ㉑。

七、付款人對執票人之責任

(一)執票人於提示期間經過後得否訴請付款人付款?

---

⑯　55 臺上 3018。

⑰　10 Am. Jur, 2d, Bank §567 at 537–538.

⑱　詳見拙著，*Punitive Damage in Breach of Contract*，載《保險法論文第一集》。

⑲　見 1990 年修正前 U.C.C. §4–402 Comment 3。

⑳　見 1990 年修正前 U.C.C. §4–402。

㉑　American Nat. Bank v. Morey, 63 N.Y.S. 764 (APP. Div.).

付款人對於執票人，除受前述票據法第一百四十三條之直接追訴外，不負其他票據上責任。雖然依據票據法第一百三十六條規定付款人於提示期限經過後，仍得付款，但本條並不賦予執票人訴請付款人付款之權利。縱使付款人拒為付款不具合法之理由，亦僅其是否有違其與發票人間之委任約定，從而對發票人應否負損害賠償責任之問題。關於此點，由於美國於昔時普通法下，認支票一經交付，發票人之存款於票面金額範圍內即讓與執票人[122]，執票人因而得逕行訴請銀行給付。此制備增銀行作業上之不便：若發票人同時簽發數張支票而其存款僅足以支付其中一張，付款人應對何張為付款？未獲付款者得否訴請付款人給付？或發票人先後簽發數張支票並經編號者，則對編號在後之支票付款後，對於編號在先之支票是否仍須付款？有鑑及此，美國其後制定之統一票據法（即舊法）及統一商法典均拒予採納。前者規定，除非支票業經銀行保付，銀行對執票人不負任何責任[123]；後者規定，支票本身不生資金讓與效力 (A check does not of itself operate as an assignment of any funds)，付款人在為保付前，對支票不負任何責任[124]。於此一理念下，執票人之提示付款為付款人拒絕者，除非另有下列情事存在，其唯一救濟之道厥為向前手行使追索權：

(1)發票人於簽發支票後與付款人就資金訂立第三人利益契約 (third party beneficiary contract)，明定契約之利益歸屬於執票人，或就資金訂立信託契約，指定執票人為受益人[125]。

(2)發票人於交付支票時，如與執票人約定將存於付款人處之資金之全部或一部讓與執票人，固屬資金之有效讓與。即使當事人間無此約定，發票人僅表示支票應由特定之資金中支付，依據美國法院之見解，亦構成衡平法上之讓與 (equitable assignment)[126]，使執票人得逕行訴請銀行支付。至於當事人

---

[122]　Farnsworth, Commercial Paper, 60 (1968).

[123]　U.N.I.L. §127.

[124]　見 1990 年修正前 U.C.C. §3–409。

[125]　Britton, 500–502.

[126]　Hawkland, Bills & Notes, 381 (1956).

間是否有資金之讓與，Aiqler 教授認為應取決於下列各點：

①發票人於簽發支票時曾否出示存款證明？

②票面金額是否適為存款額？

③受款人之收受支票是否作為現金之交付 [127]？

讓與契約應存在於債權人（即發票人）與受讓人（即受款人或執票人）之間，若讓與契約係由債權人與債務人（即付款人）訂立者，僅得視為上述第三人利益契約，而非此處所謂之讓與契約。於美國銀行實務上，銀行為存戶之方便備有櫃臺支票 (Counter Check) [128]，供存戶領取現金。於此場合，銀行為取得受讓人之地位，特於櫃臺支票上載明：「茲聲明本人於簽發本支票時，於本行存有票面所表示之金額，本人將保持此項存款，俾於本支票提示時供付款之用。」或「基於業已受領之金額，本人茲聲明於本行存款中相當於票面金額部分用以支付本支票，並轉讓與受款人銀行。」依據美國法院之見解，此等條款足以構成資金之有效轉讓 [129]。

除上述情事外，執票人對於付款銀行之拒絕付款，不論其拒絕是否出於故意或過失，不得提起侵權之訴，請求賠償。但若支票經合法提示，銀行為相當期間之留置，而其遲延退票顯然出於惡意或過失，並因而致執票人損害者，銀行應負賠償之責 [130]。統一商法典規定：支票經合法提示，付款人如無有效抗辯事由，竟將之留置，遲延至該日 (the banking day of receipt) 午夜始予退還者，應就票面金額負付款責任 [131]。

對於過期支票，付款人縱拒絕付款，亦不負任何責任。所謂過期支票，係指自發票日起經過一年之支票。至於保付支票，現行票據法係採無時效說，但支票存款往來約定書則規定：自「發票日起算滿三年不予付款。」如執票人於三年期間經過後始為提示，付款人是否得援引上述規定拒絕付款？似仍有

---

[127] Ibid, 382.

[128] 銀行應存戶之請求，於櫃臺上臨時供應之一種空白支票。

[129] Farnsworth, Commercial Paper, 66 (1968).

[130] 10 Am. Jur 2d, Bank. §568 at 539.

[131] 見 1990 年修正前 U.C.C. §4–302。

研究之餘地。

㈡執票人對付款人之不當付款得否訴請賠償？

付款人於付款時因對票上所載事項之審查疏於注意，將票款付予非票據權利人，致受款人（即票據真正權利人，此處亦稱執票人）因而遭受損害者，執票人得否訴請付款人賠償？最高法院持肯定見解。於藝術達興業公司**❶**一案中，原告自其客戶收得以原告為受款人，劃有平行線並加載「禁止背書轉讓」之支票，於票背蓋原告公司之直條塑膠章後為其所僱用之會計李金蘭所侵占，後者乃經由其於被告新竹第十信用合作社所設之帳戶予以兌領，原告以被告顯有過失訴請其負侵權行為之損害賠償。最高法院於廢棄臺灣高等法院所為有利於被告之判決時指出：

「記載受款人名稱並禁止背書轉讓且劃有平行線之支票應於受款人之帳戶提示付款，不得背書轉讓，此觀票據法第一百四十四條、第三十條第二項之規定即明。發票人簽發此種票據之目的，除為保留其對執票人之抗辯權外，並為防止遺失，或免為他人盜領，使受款人必可領取該票款。倘若可由第三人加蓋受款人之印章而於第三人之帳戶內提示付款，則發票人之目的，無由達成，亦與立法本旨相背。況依上開中央銀行業務局（七三）臺央業字第一八〇〇號及（七四）臺央業字第一一四五號函釋示，此種禁止背書轉讓之票據，如委任背書取款，須符合下列條件：①受款人在金融業未設立帳戶、②受款人與受任領款人均於票據背書簽名，並經提示之金融業者簽章證明、③應由受款人於票據背面記載『委託受任人取款』等委託文句。系爭支票未載明委任取款之字樣，且李金蘭並未受上訴人公司委任取款或取得票據權利轉讓之背書，被上訴人為金融業者，乃竟未為查察，率以系爭支票背面蓋有上訴人公司之直條塑膠章印文，即認定上訴人將附表編號三支票之權利背書轉讓與李金蘭，其餘九紙支票有委任李金蘭取款之情事，遽對李金蘭付款，致該票款為李金蘭領取侵占入己，依首開說明及中央銀行業務局函釋意旨，能否謂被上訴人無過失，不應負侵權行為損害賠償責任？」

對於前開判決至少有下列數點值得進一步深思：

---

❶　92 臺上 373。

⑴票上載有「禁止背書轉讓」者，僅在禁止受款人為轉讓背書，不禁止其為委任取款背書（票30），亦不禁止委任取款被背書人於其未為金融業者或雖為金融業者但非為當地票據交換所會員之情況下再為委任取款背書。雖然委任取款背書依票據法第四十條規定應於票上記載之，惟應以何種字樣表達，同條未為規定。由於現行票據法就支票設有劃平行線之制度，限制受領票款人之資格，受款人若非為金融業者，於支票經劃平行線並加載「禁止背書轉讓」之情況下，其於票背所為任何簽章均應視為委任取款背書，則法院持以為判決依據之前開中央銀行業務局函釋③之規定，其限制是否過當而有違前述法理？

⑵本案被告無論係處於委任取款被背書人之地位，抑兼為付款人之地位，其對支票記載事項所應盡之注意義務應以委任取款背書人或支票發票人為對象。對於受款人或執票人，僅須依票據法第七十一條規定，於轉帳或付款時核對背書是否連續為已足，何況本條係就付款人於付款後得否免責所為之保障規定，非在責令付款人對受款人或執票人盡其審查之注意義務。就本案而言，系爭支票之背面相繼由受款人及李金蘭簽章，經由後者設於被告之帳戶提示，則被告基於前背書為委任取款背書者，後一背書當然為委任取款背書之法理，而對後者為轉帳或付款，何過失或疏於注意之有？法院強將前開中央銀行業務局函釋所為之限制規定加諸被告，進而責令被告負侵權責任，是否有欠合理？

⑶票據法第七十一條第二項規定：「付款人對於背書簽名之真偽，及執票人是否票據權利人，不負認定之責。但有惡意或重大過失責任時，不在此限。」按前開中央銀行業務局函釋頒訂於七十三年及七十四年，時在威權時代，對於票據信用之管理採行政監督制，金融業對票據之處理受主管機關行政命令之約束，但行政程序法自八十八年公布施行後，法院對於前開函釋之性質為何？以及其所設之限制是否與現行票據法有關規定牴觸？自應加以審酌，不能以此項函釋尚未經主管機關廢止，即得援引以為判決之依據。關於此點，臺灣高等法院於本案中不僅加以審酌，並以如下之理由為原告敗訴之宣告：

「依同法（即票據法）第七十一條第二項規定，上訴人（即被告）並不

負認定其背書是否真正之責；況上開行政函令內容明顯增加同法第四十條第一項所無規定之方式，有違同法第十二條及第七十一條第二項規定，大幅加重金融業者辦理此等支票業務之責任，與憲法第一百七十二條及現代法治國家一切行政行為均需依法行政之法律優位原則相牴觸，尚不得執該行政函令遽認定上訴人未符合上開函令規定之行為係屬侵害被上訴人之行為。」

　　法院就命令有違法審查權，最高法院於前述判決中對於高等法院所表示之見解何以未加回應？而逕執中央銀行業務局之函釋為判決之依據，其在說理上是否有所不備？

　　⑷於委任取款背書之被背書人適為金融業者，主管機關若有意加重其注意義務，經由前關函釋以確立受任之金融業者於接受委任、提示支票及領取票款時所應遵循之程序，使此項注意義務具體化，其用意不能謂不善，對支票發票人及受款人權益之保護尤具積極之效益，惟注意義務屬法律保留事項，於法無明文，亦無明確授權之情況下，主管機關不得率以行政規則之方式為之規定。就本件而言，除非法院確認前開函釋之程序屬金融業共通遵行之慣例，或其未為遵循構成善良管理人注意義務之未盡，法院似不宜逕據此函示而為被告敗訴之判決。

八、付款人對第三人之責任

　　付款人對於存戶及執票人以外之第三人不負任何責任。美國法院雖於早期判例中曾認為經理人因公司支票遭付款人非法拒付而受之損害，得訴請付款人賠償[133]，但於 Loucks [134] 一案中，合夥人因合夥支票遭銀行非法拒付，以致罹患腸炎，乃向銀行訴請賠償，法院判決云：銀行僅對存戶負責。本案存戶為合夥組織，而非合夥人本人，因此，合夥人所受之損害不在銀行預期之範圍以內，遂駁回合夥人之訴。

---

[133]　Macrum v. Security Trust and Savings Co., 129 So. 74 (Ala. 1930).

[134]　見前[115]。

九、受委任取款之銀行對支票發票人之責任

前曾論及，委任取款被背書人為委任取款背書人之受任人或代理人，處於背書人同一之位置，除與委任取款之性質相牴觸者外，得行使票據上一切權利（票 40: II）。委任取款被背書人對於受委任之事務之處理縱有故意或過失，亦僅對委任取款背書人應否負損害賠償責任之問題。前已言及，除非法律另有特別規定，不因委任取款被背書人適為金融業者而負加重責任，責令其為發票人之利益就所委任票據記載事項盡其審查義務。於新光人壽保險公司❸一案中，原告簽發以臺新或合庫為付款人之記名式支票七紙，票上載有「禁止背書轉讓」，命其職員林文環轉交客戶，林乃偽造委任取款背書，以自己為受託人，存入其設於被告中興銀行之帳戶，委由後者提示獲領票款。原告援引民法第一百八十四條第二項規定，訴請被告損害賠償。最高法院雖以「記載受款人名稱並禁止背書轉讓且劃有平行線之支票，應於受款人之帳戶提示付款，不得轉讓，此觀票據法第一百四十四條、第三十條第二項、第一百三十九條第三項之規定即明。發票人簽發此種票據之目的，除為保留其對執票人之抗辯權外，並藉以避免與受款人以外之人發生票據關係，使受款人必可領取該票款。倘可由第三人加蓋受款人之印章而於第三人之帳戶內提示付款，則發票人記載禁止背書轉讓之目的，無由達成，顯與立法之本旨相違。況依中央銀行業務局（七三）臺央業字第一八〇〇號及（七四）臺央業字第一一四五號函釋示，此種禁止背書轉讓之票據，如委任背書取款，須符合受款人在金融業未設立帳戶，受款人與受任領款人均於票據背書簽名，並經提示之金融業者證明，及應由受款人於票據背面記載『委託受任人』取款等委託文句。原審雖認定附表編號四至七號支票，形式上符合委任取款背書之要件，惟原審並未審查受款人是否在金融業未設立帳戶？」為理由廢棄原判，發回臺灣高等法院。對於本件判決，至少有如下二點宜予探究：

⑴民法第一百八十四條第二項規定：「違反保護他人之法律，致損害於他人者，負賠償責任。」原告依本條訴請賠償者，須舉證：①於事故發生之當時，

---

❸　93 臺上 1909。

確有保護其權益之法律有效存在、②原告為該法律所保護之對象、③被告於
該法律下對原告負有遵守該法律之義務、及④被告之違反該法律與原告之遭
受損害間有因果關係之存在。就本件而言，此等要件並不齊備，就中所謂「法
律」，自行政程序法公布施行以後，容或兼及法規命令，但應不及於行政規則。
最高法院持以為判決依據之中央銀行業務局函釋，筆者以為充其量僅為行政
規則，不屬首開條項中之法律。臺灣高等法院就本件所為之判決中亦曾指明：
「該等函示均屬中央銀行業務局對金融業者就經註明禁止背書轉讓之劃平行
線支票，受款人在金融業未設立帳戶，經委任取款背書時應如何辦理，所為
之函示，非屬保護他人之法律。」

　　(2)縱使前述函釋屬民法第一百八十四條第二項之法律，被告作為委任取
款被背書人，亦即受林文環委託代為提示付款之人，是否負有遵照前開函釋
而就系爭支票記載事項為實質審查之義務？中央銀行業務局曾對臺灣高等法
院提出如下之答覆：

　　「所詢關於付款行及提示行就『受款人於票據背面書明票據金額委託受
任領款人代為取款之文字及親自簽章，及受任領款人親自簽章』等要件之審
查義務如何歸屬乙節，查提示行就委任取款之票據，其背面是否記載委任取
款之意旨、有無經受款人及受任領款人簽章及受任領款人是否為該行之存款
戶等要件，應為形式上之審查；付款行則依票據法第七十一條負其責任❸。」

　　明示前開函釋係針對付款行，亦即支票之付款銀行，而非受委任之提示
銀行予以訂定，亦唯付款銀行始負實質審查責任。簡言之，受委任取款之金
融業者對其為委任取款之客戶所負之責任僅為①就「委任取款背書」是否完
備為形式審查；②進而遵客戶之委託為付款提示，並將票款存入其客戶帳戶，
不及其他❸。前開函釋中所謂「經提示之金融業者簽章證明」云云，充其量
僅指提示行就委任取款背書已符形式要件為認可，至該項背書是否確由受款
人所為，不負實質上查證之責。聯合國國際票據公約亦規定委任取款之被背
書人於對背書人付款，已受領票款或已就受領票款對背書人為通知時，不知

---

❸　中央銀行業務局(90)臺央業字第 020021293 號函，全文載 93 臺上 1909。

❸　參見 UCC §3–206。

委任取款背書之偽造，而其不知非由於善意或注意義務之未盡者，應不負責任 [138]。

第九節　遠期支票

一、遠期支票之意義

支票為支付證券，有見票即付性。支票上僅有發票日之記載，並無到期日之問題，票據法第一百二十八條第一項規定：「支票限於見票即付，有相反之記載者，其記載無效」。為貫徹支票之見票即付性，舊票據法於第一百二十八條第二項及第一百二十五條第五項進一步規定：執票人於票載發票日前為付款之提示時，付款人應即付款，並以執票人之實際提示付款日，視為發票日。因此，在舊票據法下，不論其形式上所記載之發票日是否在實際簽發日期之後，執票人均得視之為即期支票，而為付款之提示。

所謂遠期支票，係指票載發票日以前簽發之支票或以未屆至日期為發票日之支票，例如，發票人於六十二年二月三日簽發支票時，不載該日為發票日，而預記六十二年六月三日為發票日。遠期支票並非票據法上之名稱，僅係與即期支票對稱而來，但遠期支票一詞已為票據法學者及法院所接受 [139]。現行票據法因明定支票在票載發票日前，執票人不得為付款之提示（票 128：II），無異確認發票人預開支票之事實。

二、遠期支票存在之原因

舊票據法雖不承認遠期支票之效力，但遠期支票不僅存在，且幾已代替匯票與本票而為信用交易、遠期支付或金錢借貸證明之工具。究其存在原因，實由於我國票據制度沿革過程中，支票能為受款人或執票人提供較匯票、本

---

[138]　詳見同公約第二十五條第二項；第二十六條第二項。

[139]　52 臺上 2365；52 臺上 3684 及姚嘉文，〈論遠期支票之問題〉，《臺大法學論叢》，卷 1，期 2，頁 491–503。

票為多之保障與方便：

(1)支票發票人於簽發支票時如無充足之存款備兌，或其支票經執票人提示未為支付者，於舊票據法下須受刑事處罰（見民國四十九年之票據法第一百四十一條及六十二年、六十六年之票據法第一百四十一條）；反之，票據法對匯票、本票從無處罰之規定。

(2)支票經退票三次以上者，金融業者即拒絕與發票人往來；反之，匯票、本票（甲存本票除外）之發票人，不論退票之次數，不受同類之信用制裁。

(3)支票於提示期間經過前，不得撤銷付款委託，執票人對於付款人尚得行使直接訴權；反之，票據法對匯票、本票未為相同之規定。

(4)支票之付款人為金融業者，其在接受發票人之開戶前，對於發票人之信用均為相當之調查，而支票之不獲付款時，有退票理由單可供證明，不必另行作成拒絕證書（票 131: II）。反之，匯票之付款人及本票之發票人在資格上並無限制，其信用如何，亦不易為人所知，而其拒絕付款時又須作成拒絕證書，手續至為繁瑣❹，不若支票於遭拒絕付款時均以退票理由單替代。

據此，無論貨物之出賣人或金錢之貸予人多要求買受人或債務人簽發支票。其結果，形成遠期支票之氾濫，而致本票則不為人所使用。為發揮本票之功能，財政部乃一方面減免本票之印花稅，另一方面頒訂「銀行受託為本票擔當付款人辦理要點」，期使本票兼具支票類似之效益，但時至今日，甲存本票並未能有效代替遠期支票。

三、票據法關於遠期支票之規定與修正

遠期支票之使用始自民國四十年間，其情況隨經濟發展而日益惡化。票據法於民國四十九年修正時，其所以增訂支票刑罰及容許執票人得在票載發票日前提前為付款提示之規定，其主要目的即在遏制遠期支票之使用所引起空頭支票氾濫之問題。但此種情形自民國四十九年以後不僅未見改善，卻因自由刑之增訂而更形嚴重。財政部經詳加研究後，認為遠期支票之氾濫，係

❹ 詳見前述姚嘉文，〈論遠期支票之問題〉一文，上❸。至於該文中所謂印花稅上之差異，現已不再存在，無論支票、匯票、本票，均不再按票面金額貼用印花稅。

因其對執票人有各種保障與利益，如將此等保障與利益予以刪除，必減少債權人收受之興趣，而遠期支票所引起之空頭問題亦得以解決，遂於六十一年擬定三項修改原則，即①遠期支票不得提前提示、②遠期支票退票時不予處罰、及③發票人於票載發票日前，得撤銷付款之委託，並根據此等原則，就票據法有關規定，提出如下之修正案：

(1)第一百二十五條：其第五項關於「依本法第一百二十八條第二項提示付款者，其提示日視為發票日」之規定予以刪除。

(2)第一百二十八條：將第二項修正為：「支票以未屆至日期為發票日者，執票人於票載發票日屆至前，不得提示請求付款」。並增列第三項，規定「執票人於票載發票日屆至後，提示請求付款，經付款人以發票人已依第一百三十五條第二項規定撤銷付款委託而拒絕付款者，除得行使追索權外，並得依民法規定請求賠償因債務不履行所生之損害。」

(3)第一百三十五條：增列第二項，規定「以未屆至日期為發票日之支票，發票人於票載發票日屆至前，得撤銷付款之委託」。

(4)第一百四十一條：增列第五項，規定「以未屆至日期為發票日之支票，屆期提示不獲支付款者，不適用本條有關處罰之規定。」

財政部並申述其修正理由如下：

「按支票原為支付證券，開發支票即代表現金之支付，與匯票、本票之為信用證券者不同，故支票限於見票即付，現行票據法第一百二十八條亦同此規定，並明定有相反之記載者，其記載無效。民國四十九年修正本法時，又參照日內瓦統一票據法增設第二項，規定執票人於票載日期前提示付款時應即付款，以貫徹支票見票即付之原則，防止遠期支票之發生。然施行以來，期前提示付款者並不多見，而對遠期支票之防遏仍乏效果，推其原故，實因本法第一百四十一條就不能兌現支票設有處罰規定，債權人無不樂於接受遠期支票以代替其他信用證券，不惟於到期時可藉刑罰以加強對其債權之保障，甚至於到期前亦可提示，以要脅債務人履行債務，而債務人於急需信用周轉時，亦不免利用支票作為其個人獲得信用融通之工具。此種遠期支票之流通，及現行法規定，所生之主要弊端：㈠支票原為支付證券者，遂變為信用證券，

而因開發當時授受雙方均明知無存款可供支應，必賴債務人於期前籌款存入銀行，始能支付，一時籌款不及，即遭退票，此為空頭支票增加之主要原因，不惟影響票據之信用與流通，抑且有礙經濟發展。㈡又因第一百四十一條僅以『明知無存款』及『開發支票』為犯罪構成要件，故遠期支票一經開出，債務人已構成犯罪，債權人期前提示，固可致債務人於刑罰，甚至不經提示，亦可直接訴求予債務人以刑罰，債務人實因融通信用而犯罪，並非因到期無款履行債務而受罰，與刑罰以惡性為處罰目標之原則完全違背。㈢雙方於授受支票之時，既均預期於票載日付款，今乃以法律明文許執票人得背約提前行使權利，亦與我國數千年來一貫以信用立業之善良風俗有背。且因提前提示請求付款之故，為發票人所不及預見，尤易增加發票人周轉困難，造成嚴重之後果。茲經權衡得失，擬參照國際貨幣基金專家之建議，並從英美立法例，以明文規定執票人於票載發票日屆至前，不得提示請求付款。如此，一方面固可糾正准許提前提示有違誠信之弊，另一方面則因此項規定旨在限制執票人期前提示，不使銀行有『見票』機會，亦不致支票與見票即付之原則有背。並於第一百三十五條第二項另增規定，許簽發支票之人，得於票載發票日前撤銷其付款之委託，於第一百四十一條增設第五項，規定凡遠期支票屆期經提示不獲支付者，不受本法第一百四十一條處罰規定之適用，如此修改，雖似有承認遠期支票為信用證券之嫌，但事實上因發票人可免受刑事處罰，勢將減少債權收受遠期支票之興趣，遠期支票之流通可期減少，又發票人固不因撤銷付款委託而免除票據責任，但債權人使用本票可有逕行強制執行之便利，本票可望取代遠期支票，票據流通之情形亦可望正常❶。』

惜上述財政部所提之修正案並未完全為立法院所採納。立法院於通過票據法之修正案時，僅同意刪除前述第一百二十五條第五項以及將第一百二十八條第二項修正為：「支票在票載發票日，執票人不得為付款之提示」，以承認遠期支票之效力，對於第一百三十五條及第一百四十一條之修正，均不予接受。票據法於民國六十六年再行修正，其時已將支票刑罰由六十二年所規定之二年增至三年，自由刑之增加更激發貨物出賣人及債權人收受遠期支票

❶　立法院司法委員會，《審查票據法修正草案參考資料專輯》(61 年 4 月)。

之興趣，致票據犯罪之人數超過二十萬；票據法不得不於七十六年廢除支票刑罰之規定。其結果，於現行票據法下，遠期支票已儼若甲存本票，惟其較甲存本票更易為大眾所接受仍依舊如故，成為非常規之變則支票。

四、遠期支票之性質

(一)合法性

前已言及，遠期支票之使用為臺灣地區票據交易行為中公然存在之事實，此處所須探究者厥為票據法第一百二十八條第二項是否在承認遠期支票之效力？使其獨立於匯票、本票、支票以外成為另一種票據？學者就此頗多爭論。一般言之，多持否定之見解，茲綜結其理由如下：

(1)我國票據法沿襲德國法系，因此票據法第一百二十八條第一項規定：「支票限於見票即付，有相反之記載者，其記載無效。」民國六十二年增訂第二項，規定「支票在票載發票日前，不得為付款之提示。」無非在容許發票人預開支票，並非承認「遠期」支票 ❷。

(2)所謂「遠期」，係指票據上另有「到期日」記載之情形而言，但於遠期支票，僅有發票日，而無到期日。若將遠期之「發票日」視為「到期日」，則與第一百二十八條第一項之規定相違背而無效 ❸。

(3)舊票據法為貫徹支票見票即付之特性，乃規定「執票人於票載日期時前為付款之提示時，應即付款」，而使遠期支票發生效力，現行法則適為其反，依據前述第二項立法之原旨，發票人雖得預行簽發支票，但在票載發票日屆至前，該支票在實質上尚未發生效力 ❹。

(4)所謂遠期支票在票載發票日前不得為付款之提示，僅在限制其付款提示，對其見票即付性並無影響，亦不因而使之成為匯票及本票外另一種信用證券 ❺。

---

❷ 　詳見鄭玉波，〈論遠期支票、空白支票與空頭支票〉，《法令月刊》，卷32，期8，頁3-5。

❸ 　同上註。

❹ 　同上❷。

(二)屬　類

依據前述分析，現行法雖未完全使遠期支票合法，但遠期支票並非絕對無效，其理由如下：

(1)支票為文義證券，依票據外觀解釋之原則，支票之發票日只要形式上記載為已足，與實際發票日是否相符在所不問。支票上所記載之發票日縱屬尚未屆至之日期，亦不足以影響其成為支票。

(2)發票人因簽發遠期支票所負之票據債務究應於實際發票日抑票載發票日成立？原多有爭議，最高法院於七十四年作成判例，認為票據債務應於發票人將遠期支票交付於受款人時即告成立，至票載發票日僅屬行使票據權利之限制耳 ❿。

(3)遠期支票執票人依現行票據法規定既不得在票載日前提示，付款人無見票可能。既無於票載日前見票之可能，見票即付之情形自不會發生，遠期支票因而亦不致有違見票即付之特性 ❼。

遠期支票一方面在法律上並無獨立之存在，在另一方面，實務上又承認其效力，則遠期支票在票據上究處於何種地位？學者中有認為遠期支票在票載日期屆至前，或許可稱之為「屬類未定之支票」(check in abeyance) ❽；亦有認為經由立法程序，按遠期支票之特性，於票據法中另列專章或另行制定特別法，使遠期支票合法存在 ❾。筆者以為就遠期支票為任何歸類或使之合法獨立存在，似均無助於解決其為票據制度所帶來之混淆，觀乎近世各國票據立法，從未出現類似我國票據法第一百二十八條第二項之規定。美國雖於票據法理上將支票視為他付證券 (draft) 之一種，惟於實務上從未肯認支票得予遠期化或容許支票發票人得以尚未屆至之日期為發票日，美國統一商法典

---

❹　參見鄭增祥，〈「遠期支票」合法化論〉，《法學叢刊》，期 36，頁 35–38。

❻　74 臺上 804。

❼　謝在全，〈中美遠期支票之比較研究〉，《法學叢刊》，期 96，頁 46–58。

❽　同上註。

❾　同上 ❹，並參見徐啟鵬，〈規範「遠期支票」之商榷〉，《法學叢刊》，期 39，頁 22–26。

第三條更明文規定支票限於見票即付 ⑮。我國票據法似不宜繼續自外於各國所接受之票據體例。

五、遠期支票之效力

據上分析,遠期支票之存在已為實務所確認,因此,其效力在本質上是否應與一般支票無甚差異?由於遠期支票係以尚未屆至之日期為發票日,及票據法明定執票人在票載發票日前,不得為付款之提示,下列數點遂有進一步研討之必要:

(1)前已言及,遠期支票人之票據債務於發票人交付遠期支票於受款人時即告成立,非以票載發票為票據債務成立日 ⑮,故遠期支票之受款人或執票人所取得者僅為附有行使期限之票據上權利。

(2)背書係以發票為前提,遠期支票若在票載發票日前曾依背書轉讓者,此項背書之效力如何?學者及司法實務均認為凡在實際發票日後所為之背書,應屬有效 ⑮。

(3)對於遠期支票,發票人雖不得撤銷付款之委託,但若發票人於票載發票日前死亡者,發票人與付款人銀行間之委託付款契約即歸於消滅,銀行自不得依據業已消滅之委託關係予以付款。於此場合,執票人唯一救濟之道厥為得否對前手援引民事訴訟法第二百四十六條規定提起將來給付之訴 ⑮ 或行

---

⑮　UCC §3-104(f).

⑮　(67年6月6日)六十七年度第六次民庭總會決議(二)。

⑮　鄭洋一,《票據法之理論與實務》,頁279-280(67年6版)。

⑮　司法實務上就此一問題持否定之見解,彰化地方法院曾以「某甲執有某乙簽發之支票二紙。其中一紙五萬元,屆期經提示,因『存款不足』未獲付款。另一紙三萬元因其發票(到期)日,尚未屆至,未經提示。甲訴請乙給付五萬元,並訴請將來給付三萬元。法院應如何判決?又五萬元部分,如其退票理由單載為『退票三次以上,拒絕往來戶』時,法院又應如何判決?」為題加以討論,多數持「應予准許」之說,惟司法院第一廳則評斷云:依票據法第一百四十四條準用同法第八十五條第一項規定之結果,支票不獲付款時,執票人於行使或保全支票上權利之行為後,始能對票據債務人行使追索權,故支票經向付款人提示而不獲付款,

使期前追索。

⑷於匯票及本票，票據法有期前追索之規定，支票因係見票即付，在執票人之付款提示遭到拒絕前，不得為追索，從而不發生期前追索之問題。對於遠期支票得否準用匯票及本票期前追索之規定，學者歷有不同之見解：持肯定說之學者認為票據法第一百二十八條第二項屬同條第一項之例外規定，為保護執票人之利益，維護支票原理，於發票人已遭付款行社拒絕往來，宣告破產或死亡等情況下，應容許執票人行使期前追索[154]。亦有學者持否定說者，認為於遠期支票之場合，發票人於票載發票日前縱已為銀行拒絕往來，但為貫徹票據法第一百二十八條第二項立法之意旨，執票人亦不得據以為期前追索[155]。於二說中，筆者從後者。

六、遠期支票是否為空頭支票

票據法第一百四十一條有關支票刑罰之規定雖經廢除，但空頭支票這一理念仍將繼續存在。空頭支票係指發票人就其所簽發之支票因無存款或存款不足以備付款或無從付款者而言。發票人於付款人處有無存款或存款是否不足，民國四十九年之舊法以發票時為準：發票人於簽發支票時明知無存款或存款不足，或雖有充足之存款，但於法定提示期限內故意提回其存款之全部或一部，使支票不獲支付者，同屬無充足之存款，其所簽發之支票視為空頭支票，並於此一基礎上科處罰金及自由刑。票據法於六十二年修正後，改以提示付款之時為準，須執票人提示付款而不獲兌現，始構成空頭支票。二者中，以後一規定較為合理。

為行使追索權之前提要件（七十年臺上字第四三五九號判決參照）。本件某甲就五萬元部分，經如期提示，因存款不足，未獲付款，法院自應為原告甲勝訴之判決，就三萬元部分，既尚未為付款之提示，自不能逕對發票人乙行使追索權，是不論五萬元支票之退票理由單記載「存款不足」或「退票三次以上，拒絕往來戶」，法院均應駁回某甲將來給付之訴（73.9.19.⑺廳民一字第725號函復臺高院）。

[154] 見梁宇賢，《票據法新論》，頁387（92年修訂版）。

[155] 同[152]，頁280。

詳言之，所謂空頭支票，在現行法下，係指下列三種情形而言：

(1)發票人無存款餘額又未經付款人允許墊借而簽發支票，致支票不獲支付者。

(2)發票人簽發支票時，故意將金額超過其存款數或超過付款人允許墊借之金額，致支票不獲支付者。

(3)發票人於法定提示期限內，故意提回其存款之全部或一部，或以其他不正當方法，致支票不獲支付者。

事實顯示，於票據信用管理不夠嚴密之年代，遠期支票於通常多成為空頭支票，因而學者中有認為我國空頭支票之泛濫，實以遠期支票為「禍首」，若欲消滅「空頭」，應以禁止「遠期」為手段❺。無可諱言，遠期支票確為國人取巧並玩忽法律下之產物，其對票據制度構成嚴重之破壞，憑增法理上無謂之紛爭，而現行票據法第一百二十八條第二項則為未能堅持原則，屈從國人不良之玩法習性下之從權。至遠期支票與空頭支票是否當然有其因果關係，則亦未必盡然。若支票發票人於票載發票日屆至前能提足其存款，遠期支票何能成為空頭支票？若支票發票人自始至終無意提足存款，遠期支票當然成為空頭支票，即期支票又何獨不然？惟於後一情形，發票人之作為於刑法上可能構成詐欺罪。

七、遠期支票之融資

前已言及，遠期支票在票載發票日前得以背書轉讓，被背書人於受讓時如符合票據法第十四條之規定者，即取得票據上權利。昔時財政部曾頒有「銀行辦理票據承兌、保證及貼現業務辦法」，明定貼現以匯票及本票為限❺。自行政程序法公布施行後，該辦法由於欠缺母法之授權而遭廢止，改以「中華民國銀行商業同業公會全國聯合會會員授信準則」替代，容許會員受讓借款人持有之未到期承兌匯票或本票，以預收利息方式先予墊付。前開準則並未提及遠期支票，惟鑑於遠期支票同屬將來可以提示付款之票據，筆者以為遠

---

❺ 見徐啟鵬，〈規範「遠期支票」之商榷〉，《法學叢刊》，期 39，頁 22-26。

❺ ⑥臺財錢字第 1154 號（62 年 2 月 2 日）。

期支票執票人持以向銀行貼現，若銀行於貼現當時不知有抗辯事由存在，並給付對價或相當對價，依票據法之規定而受讓票據，則不因其為貼現而致其效力異於背書轉讓。遠期支票之執票人，若不為一般之轉讓或貼現，僅以遠期支票為擔保以融資者，則為融資之債權人得否以善意執票人主張其權利？悉視當事人間採行何種融資方式及執票人為何種背書而定：

(一)以遠期支票設質而為背書

聯合國國際匯票及國際本票公約與美國統一商法典第三條均有設質背書之設，我國票據法就此則未有規定，依通說於我國現制下無所謂設質背書，遠期支票執票人於背書時加載「設質」字樣，因其非為票據法所規定之事項，應屬無效。基於民法第九百零二條規定，權利質權之設定應依關於其權利讓與之規定為之，此項設質背書仍應視為轉讓背書，從事融資之被背書人得否成為善意執票人，應得依票據法第十四條規定為斷。若融資人出於善意並給付相當對價，其於票據上所得享之權利，應與善意執票人並無二致。

(二)以遠期支票融資而為委任取款背書

遠期支票執票人以遠期支票為擔保而向人融資，不論其與融資人間合約如何訂定，若執票人於將遠期支票交付於融資人收執之前僅於「請收款人填寫姓名」處簽章，非在「轉讓背書」欄內為背書者，曾經臺北地方法院士林分院判認此僅為委任取款背書，融資人，亦即委任取款被背書人，處於執票人同一地位，凡遠期支票之發票人所得對抗執票人之事由，亦得對抗融資人，融資人於此情況下不得主張其為善意執票人❶⃝⃝。

第十節　票據信用管理及退票處分

支票能否發揮其支付證券之功能，甲存本票能否達成其替代遠期支票之原設計目的，不在於其退票時對發票人如何予以重罰，而在於票據信用管理如何力求其健全。關於臺灣地區之票據信用管理及退票處分，其演進可分為

---

❶⃝⃝　見臺北地院士林分院 73 訴 246 及顧立雄，〈客票融資之票據關係〉，《萬國法律》，期 14，頁 18–19。

三個時期。

一、自律期（四十九年以前）

　　由參與票據交換之金融業者相關之同業公會訂定自律公約，並由各地票據交換所訂定章程，就票據信用加以管理。凡經提示之票據因存款不足而遭退票者，由票據交換所列入紀錄。若支票存款戶之票據信用經證實顯著不良者，即由金融業者列為拒絕往來戶。舊（民國四十九年以前）票據法第一百三十六條並規定：「明知已無存款，又未經付款人允許墊借而對之發支票者，應科以罰金，但罰金不得超過支票金額（第一項）。發支票時，故意將金額超過其存數或超過付款人允許墊借之金額者，應科以罰金，但罰金不得逾超過支票金額（第二項）。發票人於第一百二十六條所定之期限內，故意提回其存款之全部或一部，使支票不獲支付者，準用前二項之規定（第三項）。」整體而言，於此時期之票據信用管理制度並不完備。

二、行政監督與刑罰期（四十九年至九十年）

　　民國四十九年以後，臺灣經濟快速成長，農業改革成功，使臺灣地區得有餘力促進工業之發展，票據之使用亦因工商業繁榮而日益普遍。於三種票據中，本票為信用證券，其發票人之資格不受任何限制，本票用紙亦由一般書局印售，無金融業之介入，本票發票人之信用如何無從查知，其兌現性欠缺保障，嚴重影響其於交易行為中之接受度與重要性，因而於三種票據僅屬聊備一格，幾淪為另一種款式之債權證書。惟於交易頻繁之工商社會中，除支票外，另一種更為便捷之信用授受及支付工具自有必要，於是本乎國人長期養成鑽法律漏洞之不良習性，乃將支票遠期化，亦即將應記載支票簽發當日之發票日改以尚未屆至之日期為發票日，替代本票使之成為信用證券。遠期支票因於多數場合不能獲得兌現而於當事人間引發紛爭，支票之濫用及空頭支票之泛濫於四十九年至七十五年間成為臺灣嚴重之社會問題❸，不僅使

---

❸　支票犯罪人數於七十四年高達二十餘萬人，政府從支票罰金一項之收入，多達四十三億元。至七十五年（即支票刑罰廢止前一年），其情形更行惡化。

票據制度為之破壞，票據信用受損，金融秩序亦同受影響。於是，主管機關不得不為加強票信管理及退票處分，改弦易轍，數管齊下，一方面由金融業者之自律改為公權力之介入，對票據交換所與金融業者間，金融業者與其支票存款戶間之關係積極加以規範與干預；另一方面基於「亂世用重典」之傳統理念，於票據法中增訂支票刑罰之規定，茲就此二者分析如下：

(一)行政監督式管理

金融業主管機關先則頒訂「銀行業及信用合作社甲種活期存款戶處理準則」，其後將之修正為「支票存款戶處理辦法」，就金融業者辦理退票及拒絕往來應注意事項加以規定。而銀行主管機關則訂定「中央銀行管理票據交換業務辦法」、「支票存款戶存款不足退票處理辦法」及「偽報票據遺失防止辦法」等行政命令，就票據交換所及各參加票據交換行庫辦理退票及拒絕往來應行遵守事項為規範。此外，向金融業申請開立甲種存款帳戶時，尚須與業者訂立「支票存款往來約定書」，除當事人權義事項外，並備載前開法令有關票信管理之重要規定，其中尤以業者基於本身利益考量所為減免其責任之片面約定❿，最為支票存款戶大眾所詬病。要言之，前開命令及約定書就票信管理之規定可歸納為下列數點：

(1)拒絕往來事由：支票存戶因下列情事之一所發生之退票，未辦妥清償贖回，提存備付或重提付訖註記，一年內合計達三張，或因使用票據涉及犯罪經判刑確定者，銀行得自票據交換所通報日起算，拒絕往來三年：

①存款不足。

②發票人簽章不符。

(2)拒絕往來期間：第一次，三年；第二次，六年；第三次，永久，均自票據交換所公告之日起算。

(3)票據註銷期間：退票後七個營業日內清償者，可由票據交換所註銷其記錄。對已註銷之退票記錄，不提供查詢。

(4)退票備付款保留期間：一年，自退票日起算。一年內動用者，列入拒絕往來張數計算。

---

❿　詳見本書第五章第八節。

(5)回復往來：拒絕往來期間屆滿，主動解除，得申請回復往來。

(6)拒絕往來通知及查詢：拒絕往來資料登載於經中央銀行核定之日報；查詢須以書面為之。

(7)查詢內容：包括①有無拒絕往來；及②最近一年未經註銷之退票張數。

至於金融主管機構與銀行主管機關何以能為前述規範？其法理依據為何？是否與憲法保障人民權利之意旨相齟齬？因當時臺灣仍處在威權時代，行政權獨大，無人敢從法理角度提出質疑。

㈡刑事處罰

1.四十九年增列自由刑規定

為遏制空頭支票之氾濫，立法機關乃採取票據制度發展過程中史無前例之劇烈手段，於票據法增訂如下之規定：

第一百四十一條：「明知已無存款，又未經付款人允許墊借而對之簽發支票者，處一年以下有期徒刑、拘役或科或併科該支票面額以下之罰金。發支票時故意將金額超過其存數或超過付款人允許墊借之金額者，處一年以下有期徒刑、拘役或科或併科該超過金額以下之罰金。發票人於第一百三十條所定之期限內，故意提回其存款之全部或一部，使支票不獲支付者，準用前二項之規定。」

第一百四十二條：「依前條規定處罰之案件，不適用刑法第五十六條之規定。」

對前開規定，值得注意者有如下數點：

(1)處罰發票行為：只要發票人於簽發支票時有法律所列舉三種情事之一者，即構成犯罪，至發票人有無犯意 (mens rea)，要非所問。

(2)除罰金外，增訂一年以下之自由刑。

(3)確立一退票一罪，排斥刑法第五十六條「連續數行為而犯同一罪名者，以一罪論」原則之適用，致累計最高自由刑可達二十年。

於增訂前述刑罰規定之同時，立法機關為維護票據制度之正常運作，乃一方面強化支票之見票即付性，於第一百二十八條規定：「支票限於見票即付，有相反之記載者，其記載無效。」藉以遏阻發票人輕易簽發遠期支票；另一方

面，又為改善本票之兌現性與接受度，於第一百二十三條規定：「執票人向本票發票人行使追索權時，得聲請法院裁定後強制執行。」開創就債權得經裁定而為強制執行之立法先例 **⑯**。主管機關並創設以銀行為擔當付款人之甲存本票，其退票得與支票退票合計，作為應否拒絕往來之準據。

2.六十二年修正並加重自由刑

前述處罰規定與相關措施並未達成預期效果，反而使空頭支票氾濫之情形更行嚴重，於是立法機關就前開第一百四十一條再為修正，其要點如下：

⑴改以「經提示不獲支付」為支票刑罰之認定依據。

⑵自由刑增為二年以下。

⑶增訂第四項，規定「犯第一項至第三項之罪，而於辯論終結前清償支票金額之一部或全部者，減輕或免除其刑。」

前開第四項之增訂其用意不能謂不佳，欲以減免其刑以促使發票人儘速清償票款。惟該項似係不諳訴訟程序之產物，蓋依當時程序體制，一、二審均為事實審而行言詞辯論，所謂「辯論終結」，因而乃有二解：即一審辯論終結及二審辯論終結，於此情況下須採取有利於被告之解釋。空頭支票之發票乃得利用上訴拖欠，進而於此期間運用票款獲取額外利益，同時又能於二審辯論終結前清償票款獲得刑罰減免、兩蒙其惠，而本條亦成為專為嘉惠空頭支票發票人而設之荒唐立法。

3.六十六年修正並再度加重自由刑

由於支票使用失序，未見任何改善，立法機關乃將前開第四項減免規定刪除，同時又將自由刑提增至三年以下。其結果，因觸犯本條規定而獲重刑之人數大幅增加，多少家庭為之破碎，空頭支票成為嚴重社會問題，究其原因，實係本條之制度設計及其相關之處分方式具有如下之缺失：

⑴就支票不為付款，除非發票人心存詐欺，僅屬債務不履行，何能構成犯罪，並以重刑相繩？

---

⑯ 票據所表彰者為金錢債權，與物權不同，於現行法制，僅就擔保物權得經法院裁定後強制執行，對於債權，須以確定判決為執行名義，本條立法無異將本票債權予以擔保物權化。

⑵於人頭支票之場合（即夫利用妻簽發支票），無辜者被判處重刑，狡黠者反而得逍遙法外。

⑶存心利用空頭支票詐財者，司法實務上竟容許其自首減輕其刑責。

⑷法院僅按票據金額自行作成量刑標準，即金額在三十萬元以下，僅處拘役或科或併科罰金；三十萬元以上者，處自由刑或科或併科罰金。罰金以票面金額三成為原則，惡性重大者為五成，情有可原者可減為二成；自由刑以三十萬元為三個月，每增十萬元，加處一個月，以二十年為上限。

⑸以支票退票之事實為定罪之唯一依據，不及於其他，因而審判僅屬形式，判決書之作成則屬表格之填寫，於此情況下，何能使被定罪者心服？

⑹支票之所以退票，多數係由於發票人之經濟狀況發生變化所致，法院竟又對其加科高額罰金，必然使其快速走向破產，而執票人亦將一無所獲，國庫成為唯一受惠者。

對於前述如此不合理、不符比例原則之處罰規定，大法官於釋字第二〇四號解釋竟以其未逾立法裁量之範圍，肯認其合憲❶。此項宣告無異使原已失控之空頭支票更行氾濫，原已積聚之民怨雪上加霜。其時威權統治已走向末期，政府施政已多少能顧及並反映民意，二個半月以後，立法機關乃在行政院之提案下，決定對支票之使用回歸對票據行為人信用管理之基本面，增訂「落日條款」，規定前開第一百四十一條及第一百四十二條施行至當年年底屆滿，並申述其理由如下：

「按支票為支付工具，發票人簽發支票本係以代替現金之支付，而國內

---

❶　75年釋字第204號解釋：「票據法第一百四十一條第二項有關刑罰之規定，旨在防止發票人濫行簽發支票，確保支票之流通與支付功能，施行以來，已有被利用以不當擴張信用之缺失，唯僅係該項規定是否妥善問題，仍未逾立法裁量之範圍，與憲法第十五條及第二十二條尚無牴觸。」

對於此項解釋，大法官楊與齡，張特生及鄭健才曾提出不同意見：「發票人簽發之支票，經執票人提示不獲支付者，固應負民事責任，但以刑罰迫使其履行債務，則非維持社會秩序或增進公共利益所必要，票據法第一百四十一條第二項之規定，應迅為適當之修正，以符憲法第二十二條及第二十三條保障人民自由權利，非有必要不得限制之本旨。」

商場卻普遍以遠期支票代替匯票、本票之使用，與支票之本質不符。探本究源，我國遠期支票之所以流行，實由於現行票據法對簽發空頭支票者有處刑之規定，使一般民眾產生以刑事制裁為債權保障之依賴心理，捨匯票、本票不用而收受遠期支票。一般民眾亦於急需資金周轉時，利用支票作為其個人信用之融資工具，倘在經濟上遭遇意外即導致退票之情事，遂有刑罰愈重，遠期支票愈流行，違反票據法案件亦相對增加之惡性循環現象。

「為減少大量違反票據法案件對社會經濟所造成不良影響，同時兼顧工商業之營運與資金調度，經多方研商與審酌實情，宜將現行法第一百四十一條與第一百四十二條有關未獲支付支票科處刑罰之規定予以廢除，期能正本清源，釐清民刑事責任，其有詐欺之犯意者，則按刑法論罪❶❻❸。」

實施長達二十六年之支票刑罰終告廢止，當時雖有部分保守人士質疑此舉是否明智，但事後證明臺灣地區自一九八七年以後支票退票張數逐年減少，票據制度之運作得以回復正常。

三、定型化契約期（九十年以後）

臺灣地區自二十世紀九十年代起，政治大環境有了重大改變，人民之自主性與權利意識顯著遞增，司法機關邁出歷受行政機關掌控之陰影，扮演憲法所賦予公平、獨立審判之角色。大法官於其解釋中引進了法治國原則，對行政機關所頒訂之命令作出明確之審查標準，命令若係基於母法之授權而訂定者，其授權範圍及內容須具體、明確、特定，命令須完全符合母法之意旨，任何變更母法意旨或增加母法所無之限制之規定，均屬無效。行政機關為執行其職務之必要固得訂定命令，但其內容須嚴格限於執行職務之技術性與細節性，逾越此項界限之規則或辦法，均屬無效。於此理念下，行政、立法、司法相互制衡，行政權獨大遂告結束，而憲法非僅為表達人民政治理想與目的之一紙文書，而是真正落實於人民生活之根本大法。於八十八年為深化依法行政之理念，乃有行政程序法之頒行。該法遵大法官解釋之意旨，就法規命令及行政規有如下之明確規定：

---

❶❻❸　立法院議案關係文書，院總第 86 號。

　　法規命令係指行政機關基於法律授權，對多數不特定人民就一般事項所作抽象之對外發生法律效果之規定。法規命令之內容應明列其法律授權之依據，並不得逾越法律授權之範圍與立法精神（行政程序法第一百五十條）。

　　行政規則係指上級機關對下級機關，或長官對屬官，依其職權或權限，為規範機關內部秩序及運作，所為非直接對外發生法規範效力之一般、抽象之規定（行政程序法第一百五十九條）。

　　面對此種法制環境之重大變遷，並為因應臺灣金融業國際化、自由化之趨勢，前述作為票信管理基礎之各項命令，因係主管機關對人民使用票據所設單方面之限制，自亦無由通過司法機關之合法性與合憲性之檢驗。於是中央銀行組成「改進票信管理制度」業務改革小組，期從人民自覺意識上對票據信用形成更合理之約束。經反覆研商後決定廢棄行政監督之管理制度，改由中央銀行以行政指導方式，輔導各票據交換所與金融業者間簽訂「辦理退票及拒絕往來相關事項約定書」，及金融業者與客戶間除原簽之「支票存款往來約定書」外，加簽「支票存款約定書補充條款」之方式，加以規範。茲述此等契約中就票信管理新制所為重要約定如下：

　　(1)拒絕往來事由：除原「支票存款往來約定書」約定之存款不足、簽章不符外，增列如下二項：

　　①擅指金融業者為本票之擔當付款人。

　　②本票提示期限經過前撤銷付款委託❶❻❹。

　　(2)拒絕往來期間：自票據交換所通報日起一律三年。

　　(3)退票註記：廢除「註銷」規定，約定退票後三年內清償者，均可由票據交換所註記其日期，此項註記，可供查詢。

　　(4)退票備付款保留期間：由一年增為三年❶❻❺。

　　(5)回復往來：除原規定拒絕往來期間屆滿外，增訂將構成拒絕往來及其後發生之退票全部辦妥清償註記，主動解除，得申請回復往來。

---

❶❻❹　支票存款約定書補充條款第七條，所謂終止受託為擔當付款人，其實質意義與終止往來同，其不合理已析論於前。

❶❻❺　此係針對本票之時效為三年而為之約定，若準用於支票，顯欠公平。

(6)拒絕往來通知及查詢：載於網站，可經由書面、語音、網站查詢。

(7)票信查詢內容：除原規定之二項外，尚提供①被查詢者三年內列管的退票資料；及②清償註記及退票明細。

細究以上契約，其約款仍不乏出於金融業者本身利益考量所為之片面約定，雖經公平交易委員會及消費者保護委員會審查通過，但是否完全符合民法第二百四十七條之一及消費者保護法第十二條關於附合契約應力求公平之意旨，仍有待進一步之檢驗。

第十一節　保付支票

一、保付支票之意義與性質

保付支票係指付款人於支票上記載「照付」或「保付」或其他同義字樣，並由其簽名之支票。支票之請求保付得由支票執票人為之，而辦理保付之人以付款人為限。付款人於支票上為保付行為後，其因而所負之付款責任與匯票承兌人同（票 138：I 後）。所謂「與匯票承兌人同」，係指保付人因而負絕對付款之責任，非指保付與承兌在票據法上有相同之功效。如二者比較，保付與承兌有如下之不同：

(1)支票之保付須發票人與付款人間有資金關係存在。付款人超過存款或信用契約所約定之數額而為保付者，應科以罰鍰；匯票付款人之承兌，不以其與發票人間有資金關係存在為前提要件。

(2)經保付之支票不受法定提示期限之限制，縱其發行滿一年或支票發票人撤銷付款之委託時，仍得為付款之提示；而匯票經承兌後，仍須於到期日或其後二日內為付款之提示，否則，即生對前手喪失追索權之效果。

(3)支票發票人僅擔保付款，不及保付，付款人拒絕保付，不構成拒絕付款 **⑯**，執票人不得據以追索；匯票發票人應擔保承兌及付款，付款人拒絕承兌者，執票人即得向發票人及其他前手為期前追索。

---

⑯ 見 UCC §409 (d)。

(4)支票經保付後，發票人及背書人均免除其責任，縱使保付人於保付後拒絕付款，執票人亦不得對其前手行使追索權❿；而匯票之承兌並不生發票人及背書人免責之效果，執票人於承兌人拒絕付款時，仍得向前手追索。

(5)支票經保付後與貨幣無異，因此執票人喪失保付支票時，不得依據票據法第十八條規定為止付通知，僅得依公示催告程序為除權判決（票 138: II）；經承兌之匯票喪失後，自得援引第十八條及第十九條之規定，以謀救濟。

(6)保付支票無時效之規定（見立法院對第二十二條之修正理由）；經承兌之匯票仍適用第二十二條所規定之短期時效。

支票之保付在效力上不僅與匯票之承兌不同，亦與匯票、本票之保證有別，茲分析如下：

(1)保證制度僅信用證券有之；支票為支付證券，不適用保證之規定。支票上所載之保證與匯票本票上所載之保付同，均不生票據上之效力。昔時票據實務上有所謂「限額保證支票」，其在實質意義上應為「限額保付支票」，「保證」一詞係屬誤用。

(2)保付須由付款人為之；保證得由票據債務人以外之第三人為之。

(3)保付人須就支票金額之全部為保付；而保證得就票據金額一部為之。

(4)保付人之付款，即生支票上權利消滅之效果；而保證人於付款後，得向承兌人、被保證人及其前手行使追索權。

二、保付支票之效力

支票經保付後，在票據法上發生如下之效力：

(1)保付人為保付後，其付款責任與匯票承兌人同（票 138: I 後），對執票人同負絕對付款責任，惟保付人因保付而成為支票之唯一主債務人。

(2)支票經保付後，發票人及背書人均因而免除其責任（票 138: II），保付人縱拒絕付款，執票人亦不得對發票人及背書人再行使追索權。

(3)支票經保付後，執票人即取得對支票資金之請求權，不受付款委託之

---

❿　美國票據法就此則規定保付支票經背書者，背書人仍須負背書人責任，見 UCC §3–310 (a)。

撤銷、法定提示期限及時效期間之限制（票 138: IV）。

⑷付款人僅於發票人之存款或信用契約所規定之數額內為保付，付款人超過存款或信用契約所約定之數額而為保付者，應科以罰鍰，但罰鍰不得超過支票金額（票 138: III），藉以鞏固保付支票之信用。

⑸支票經保付後，與貨幣無異，如有喪失，不得為止付之通知，但得經由公示催告程序申請除權判決。舊票據法施行法第八條原規定保付支票不適用第十八條及第十九條之規定，現行票據法於六十二年修正時，將該條改列為第一百三十八條之第四項，而將「不適用第十九條」字樣刪除，其理由為：「支票雖保付，倘早已滅失，而又不許依公示催告程序為除權判決，則銀行帳目將無法清除，而正當權利人又無法領取款項，非立法當初之本旨，因予修正，以資補救❶❻❽。」

三、保付支票之時效

舊票據法第二十二條對於保付支票之時效未為規定，因此，對於保付支票之時效如何，遂有三種不同之學說：有認為保付支票為支票之一種，應依據票據法第二十二條之規定，視為一年；有認為保付人之責任既與匯票承兌人同，應準用對承兌人同一之時效（即三年）；亦有主張保付支票無時效者，其理由為「①保付支票之發票人及背書人，均因保付而免責，②付款人不得為超過存款或信用契約所約定數額以外之保付，③保付支票之執票人不受付款提示期限之限制，即使發行滿一年，仍得請求付款，且執票人遺失保付支票時，不得為止付通知及④票據法無明文規定其時效期間❶❻❾。」財政部於六十二年提出票據法修正案時，曾增訂對支票保付人之時效期間為三年（詳見前述），但為立法院所刪除，並詳申其理由為：「蓋因保付支票一經保付，則付款人即成為絕對的票據債務人，且本法第一百三十八條規定：①支票經保付後，其付款責任與匯票承兌人同；②支票經保付後，發票人及背書人均免除

---

❶❻❽　立法院司法委員會，《審查票據法修正草案參考資料專輯》（61 年 4 月）。

❶❻❾　孟祥路，〈修正「保付支票」法條之我見〉，《現代經濟金融》，卷 1，期 7，頁 24–37。

其責任；③支票經保付後，不適用止付通知及公示催告❼，以及不受提示期限之限制，於提示期間經過一年或發票人撤銷付款之委託時，仍得付款，故保付支票不應規定消滅時效之期間，故予以刪除❼。」嚴格言之，保付支票能否獲得付款，取決於保付人之清償能力，於立法理由中所舉各點，與時效之有無及長短兩無關連。就票據法制度設計本身言，保付人於保付後，既經第一百三十八條第一項明定「與匯票承兌人同」，前開財政部之修正建議，於法理上較為一貫，亦較可採。惟立法機關對時效之設定有自由形成空間，其既於立法理由中表達如此明確，自已不容有任何討論空間，故現行票據法對於保付支票係採無時效說。至現行銀行與存戶間所簽訂之「支票存款往來約定書」，其第十二條第二項規定：「保付支票自發票日起滿三年不予付款。」此項約定不在就保付支票設定時效，充其量僅於銀行與客戶間發生拘束力，若執票人訴請銀行付款者，銀行不得持以為抗辯。

第十二節　平行線支票

一、平行線支票之意義

平行線支票亦稱橫線支票或劃線支票，係指在支票正面劃平行線二道之支票。支票經在正面劃平行線二道者，付款人僅得對金融業者支付票據金額（票 139: I）。茲分數點說明如下：

(1)支票限於見票即付，有高度之流通性，支票縱遺失或被竊盜，拾得者與盜竊者如提示付款，付款人除非知情或因過失而不知，於收到止付通知前，不得拒絕付款。支票劃線之目的僅在限制支票金額受領人之資格，從而防止冒領，並保護執票人之權利，不具與「禁止背書轉讓」記載同一之效力。

(2)平行線二道須劃於支票正面，其劃線之相關位置不加限制。財政部原

---

❼ 保付支票既經修正後適用票據法第十九條之規定，此處所謂不適用「公示催告」云云，顯屬筆誤。問號為筆者所加標。

❼ 同上❻。

建議劃於支票正面左上角，但立法院認為「劃線已行之甚久，如硬性規定左上角，倘劃在右上角是否無效，不無疑問，乃不予採納❷」。支票正面所劃之線應為二道，如僅劃一道或劃線不清者，不能視為平行線支票❸。

(3)平行線因線內是否有特定金融業者名稱之記載而可分普通平行線及特別平行線二種。無論發票人，背書人或執票人，均有劃平行線之權。發票人已於支票上劃平行線者，背書人或執票人僅得加重對支票金額受領人資格之限制（即由普通平行線變更為特別平行線），但不得塗銷。

(4)票據法僅對於支票設有劃平行線之規定，對於匯票、本票無類似規定，亦不得類推適用。因此，在匯票、本票上劃平行線二道，或於其線內記載特定金融業者之名稱，應不生票據上之效力❹。

二、平行線支票之種類

日內瓦統一支票法仿德制，就劃線支票及轉帳支票設有專章，就中對前者又分為普通平行線及特別平行線，規定於第三十七條及第三十八條。我國票據法同襲德制，因而就支票劃線亦分為普通平行線及特別平行線二種。

㈠普通平行線

普通平行線係指於支票正面所劃之平行線二道，其間並無其他文字之記載者而言。舊票據法規定在平行線內記載銀行、公司或其他同義之文字，亦為普通平行線，但在實務上，通常僅劃平行線二道，並不進一步為此等文字之記載，故現行法乃予修正（見票 139: I）。

㈡特別平行線

特別平行線係指平行線內有特定金融業者名稱之記載而言（票 139: II）。特別平行線對於支票金額受領人資格之限制較普通平行線為嚴。支票經發票人劃普通平行線後，背書人或執票人得將之變更為特別平行線，但若發票人所劃者為特別平行線，背書人或執票人不得將平行線內所載金融業者名稱之

---

❷ 立法院司法委員會，《審查票據法修正草案參考資料專輯》(61 年 4 月)。

❸ 陳世榮，《支票法論》，頁 89。

❹ 34 院 2830。

文字塗銷，以變更為普通平行線❺。

三、平行線支票之效力

前已言之，平行線支票旨在限制支票金額受領人之資格，付款人僅得對經財政部核准辦理支票存款業務之金融業者支付，執票人如非票據法第四條第二項所規定之金融業者，則不得為付款之提示，須委由其往來之銀行代為取款，而銀行亦僅接受其往來客戶之取款委託。茲就平行線支票之效力，分數點說明如下：

(1)劃平行線支票之執票人，如非經財政部核准辦理支票存款業務之金融業者，應將該項支票存入其在金融業者之帳戶，委託其代為取款（票 139: III）。執票人不得逕對付款人為付款之提示，縱為提示，亦不生效力。惟平行線支票倘遇當地並無其他行庫或行庫本身恰為付款人時，則行庫受委託後，一面居於提示銀行之地位，向其本身為提示，一面將支票予以進帳，或因空頭不能進帳時，則居於付款銀行之地位，而為拒絕付款之證明，俾便追索權之行使❻。

(2)支票平行線內，記載特定金融業者之名稱者，應存入其在該特定金融業者之帳戶，委託其代為取款（票 139: IV），付款人亦僅得對該特定金融業者，支付票據金額。但該特定金融業者為執票人時，得以其他金融業者為被背書人，背書後委託其取款（票 139: II）。換言之，支票經劃特別平行線者，僅得對平行線內所載之特定金融業者支付之，即亦僅得由該特定金融業者提示請求付款。該特定金融業者如委託其他金融業者取款，必須由該特定金融業者背書始可❼。

---

❺　前❸，頁 99。

❻　51 臺上 581；（50 年 8 月 8 日）五十年度第四次民、刑庭總會會議決議。

❼　62 臺上 330：惟查：本件支票，既經參加人劃線，並記載：「臺灣省合作金庫收訖」字樣，依票據法第一百三十九條第二項規定，僅得對於參加人支付之，即亦僅得由參加人提示請求付款，參加人如委託其他銀錢業者取款，必須由參加人背書後始可。朱欽城既非銀錢業者，亦非代理參加人，何能取得該支票而以背書轉

(3)劃平行線並不等同禁止背書轉讓，劃線支票上受款人或執票人仍得背書或交付轉讓，但不得逕向付款人提示付款，請求給付現金，僅得存入其往來銀行之帳戶，委任後者代其向付款人為付款提示，提示銀行於此場合成為委任取款之被背書人。由於票據法第四十條對「委任取款」應以何種文字為表達未為進一步規定，凡足以表示此項意思之任何記載均足當之。因此，支票背面若為空白，表明以「受款人」身分而簽名於其上者，或支票背面經分「背書轉讓」及「受領票款」二欄，而於後一欄內簽章或於「請收款人填寫姓名」處簽章者，即應認定為「委任取款背書」，而非「轉讓背書」❽。

(4)平行線支票並經加載「禁止背書轉讓」者，由於此類支票均為記名式，受款人若於金融業未設有帳戶，其唯一行使票據上權利之道厥為由於金融業設有帳戶之人，再由後者將該支票存入其帳戶，委任其往來之金融業者代為付款提示，此即所謂雙重委任取款背書。於此情況下受委任之提示銀行，其所負之責任與一般委任取款被背書是否有所不同？中央銀行業務局曾函示：提示銀行應就①受款人在金融業未設立帳戶、②受款人於支票背面記載「委託受任人」、③由受款人及受任領款人（即委任取款之第一被背書人）簽名、及④受任領款人是否為其存款戶等四項為形式上審查並證明❽。前曾言及，此僅為銀行主管機關所頒訂之行政規則，能否對提示銀行發生拘束力，似有待商榷。

(5)平行線支票之付款人應依據平行線之性質，對金融業者支付。付款人如違反此一規定而為付款者，依據第一百四十條規定，對於支票真正權利人或發票人應負賠償損害之責，但賠償金額不得超過支票金額。本條規定僅對付款銀行有其適用，對於提示銀行能否責令其負相同責任，似有待立法為之

讓，此與被上訴人取得支票有無惡意或重大過失有關，且朱欽城非該支票之被背書人，又自承為盜取而來，是否有權處分該支票，亦非無疑問，此與被上訴人取得系爭支票，是否由有處分權人之手受讓有關，原審未注意及此，遽以上開理由，為上訴人敗訴之判決，已有未合。

❽　見本章第九節「七」(二)及臺北地院士林分院 73 訴 246。

❽　中央銀行業務局(90)臺央業字第 020021293 號，載 93 臺上 1909。

釐清[180]。

四、平行線之撤銷

票據法第一百三十九條第五項規定：劃平行線之支票，得由發票人於平行線內記載照付現款或同義字樣，由發票人簽名或蓋章於其旁，支票上有此記載者，視為平行線之撤銷。但支票經背書轉讓者，不在此限。依據學者陳世榮之見解，本項規定，「係對平行線內並無記載特定金融業者之商號，即普通平行線之場合而言；如特別平行線，則無該條適用之餘地。蓋平行線內，既已記載特定金融業者之商號，依本法第一百三十九條之規定，僅得對於該特定金融業者支付，如再由發票人記載照付現款，或同義字樣時，該支票付款人，勢將難於判斷應向何者為付款也，如有此項情形，則應解為付款人應拒絕憑該支票付款[181]。」現行「支票使用辦法」對於平行線之撤銷則規定為：「須由存戶親於線內加註『請付現款』，或『取銷橫線』等字樣，並在橫線旁邊簽蓋原留印鑑，方屬有效[182]。」據此以觀，若僅簽名或蓋章而未於線內記載「照付現款」或其他同義字樣，因與法定要件不符，不生撤銷之效力。最高法院曾就此判決云：「雖系爭支票正面所劃平行線二道，曾經發票人林某於其內加蓋印章，但並未於平行線內記載照付現款或同義字樣，顯與票據法施行法第十條規定之撤銷要件不相符合，自不生平行線撤銷問題。[183]」

第十三節　追索權

一、追索權行使之要件

票據法第一百四十四條規定，匯票關於追索權之規定，除第八十五條第

---

[180] 參見本章第八節「七」及「九」。

[181] 前[173]，頁 100。

[182] 使用支票辦法(二)。

[183] 50 臺上 1661。

二項第一款、第二款、第八十八條、第九十七條第一項第二款、第二項及第一百零一條外，均準用於支票。支票無承兌制度，不發生因承兌拒絕而行使追索權之問題，而支票付款人又以經財政部核准辦理支票存款業務之銀行、信用合作社、農會及漁會為限，因此執票人僅於第一百三十條所定提示期限內為付款之提示而被拒絕時（票 131：I 前），及付款人受破產宣告時（票 144/85：II ③），始得對於前手行使追索權。但執票人在行使追索權前，須就其支票上權利為下列保全行為：

(一)遵期提示

執票人不於第一百三十條所定期限內為付款之提示，對於發票人以外之前手喪失追索權（票 132）。對於發票人，執票人得否未經付款之提示而逕行訴請發票人給付？歷有二種不同之見解：有持肯定說者，認為票據法第一百三十四條既明定：「發票人雖於提示期限經過後，對於執票人仍負責任，但執票人怠於提示，致使發票人受有損失時應負賠償之責」，因此，執票人是否為付款之提示，僅影響其是否對發票人負賠償責任，並非不得逕行向發票人求償；有持否定說者，認為「支票為提示證券，發票人既已將票面金額存入其於付款人處所開立之支票存款帳戶，執票人基於誠信，亦應向付款人為提示，且票據法第一百三十四條中所謂『怠於提示』，並非『不予提示』，而係指『遲延提示』，執票人如不為付款之提示而逕向發票人訴請給付票款者，發票人得以執票人未提示付款」相抗辯❿。二說中筆者從後一見解，支票須由經財政部核准辦理支票業務之金融業者付款，此為支票制度所由設，受款人或執票人不得任意自外於票據法之制度規範。最高法院民庭會議亦曾決議云：「按支票之性質為提示證券，依票據法第一百三十條之規定，支票之執票人應於該條所定期限內為付款之提示。同法第一百三十一條第一項亦規定：『執票人於第一百三十條所定提示期限內，為付款之提示而被拒絕時，得對前手行使追索權……』均明示其應為付款之提示，及為付款之提示而被拒絕時，始得對前手行使追索權。再依票據法第一百四十四條準用同法第九十五條規定：『匯票上雖有免除作成拒絕證書之記載，執票人仍應於所定期限內為承兌或付款

---

❿　詳見劉鴻坤，〈票據法問題研究十六則〉，《法學叢刊》，期 97，頁 10–15。

之提示……』尤明定支票應為付款之提示。同法第一百三十三條復規定:『執票人向支票債務人行使追索權時,得請求自為付款提示日起之利息……』,亦明示利息之起算日為付款提示日,如不為付款之提示,利息之起算,亦無所據。又發票人簽發支票交付受款人(執票人),實含有請其向銀錢業者兌領款項之意,而受款人受領支票自亦含有願向該銀錢業者提示付款之默示存在,從而其不為付款之提示,自係違背提示付款之義務,依誠信原則,當不得逕向發票人請求給付票款 ❿ 。」

㈡作成拒絕證書

執票人於第一百三十條所定提示期限內為付款之提示而被拒絕時,應於拒絕付款日或其後五日內請求作成拒絕證書(票 131: I),以證明付款之提示曾遭拒絕,此為拒絕付款證書。付款人於支票或黏單上記載拒絕文義及其年月日,並簽名者,與作成拒絕證書有同一之效力(票 131: II),是為略式拒絕證書,於票據實務上無不以作成退票理由單方式為之。但若付款人於支票上僅記載拒絕文義及年月日而未簽名者,則難認為與作成拒絕證書有同一之效力 ❿ 。舊票據法第一百三十一條第三項曾規定,向票據交換所提示之支票,如有拒絕文義之記載,與作成拒絕證書有同一效力。現行票據法鑑於「向票據交換所提示之支票,依目前實際情形,仍係由付款人於退票理由單上記載拒絕文義,而非票據交換所記載,故該項退票理由單實際上係由付款人製作,理由單之本身,亦與黏單相同 ❿ 」,乃將之刪除。付款人作成之退票理由單,早經最高法院判認具有拒絕證書之效力 ❿ 。但付款人出具之證明書及逾期補填之退票理由單,均無替代拒絕證書之效力 ❿ 。退票理由單僅以記載「存款不足退票」為已足,付款人是否加載「拒絕往來戶」字樣,對執票人之行使追索權要無影響 ❿ 。

---

❿ (71 年 5 月 4 日)七十一年度第八次民事庭會議決議㈡。

❿ 48 臺上 1331。

❿ 立法院司法委員會,《審查票據法修正草案參考資料專輯》(61 年 4 月)。

❿ 43 臺上 676; 52 臺上 1195。

❿ 48 臺上 402; 50 臺上 1920。

二、追償之金額

執票人向支票債務人行使追索權時，其所得求償之金額依第九十七條及第九十八條之規定，但第九十七條第一項第二款及第二項則不在準用之列。執票人並得請求自為付款提示日起之利息，如無約定利率者，依年利六釐計算（票 133）。此項利息，究應自為提示日當日起算？抑應始日不算入，而自為提示日之翌日起算？歷有不同之見解。學者陳世榮曾謂：「所謂自為付款提示日起之利息，係包括提示日當日之利息而言，此利息，既經持票人於提示期間對付款人合法提示，不問償還義務人有無陷於遲延，均自提示日發生，此利息並非約定利息，亦非遲延利息，乃法定利息，此利息之終期為債權人受滿足之日❶。」最高法院民庭總會曾議決持同一見解，並申述其理由云：「民法第一百二十條第二項係就期間為規定，票據法第一百三十三條『得請求自為付款提示日起之利息』，係明示起算利息之期日點，而非指示期間如何計算。此就法律關於期間用語，均於自某日起下綴以若干年月日，票據法第一百三十三條未如此綴記，可以窺知。從而票據法第一百三十三條規定之提示日為利息起算期日點，與民法第一百二十條第二項、票據法第二十二條第一、二項及本院五十三年臺上字第一〇八〇號判例就期間所為規定及解釋無關。至提案乙說『下午三時後始提示未能付款，即計算一日之利息，亦欠公平』，係該日之付款提示有無效力問題（執票人不於適當時刻提示，不生提示效力。如於銀錢業不及為付款之提示是），與本案無關❷。」若執票人連續數次為付款之提示，均因存款不足未獲兌現，則應自第一次付款提示日起，計算利息❸。

票據法第一百三十三條明定執票人所得請求之利息自為付款提示日起算，因此，支票如未經執票人提示，執票人訴請發票人給付票款時，自亦得

❶ 60 臺上 3498。

❶ 陳世榮，〈票據法第一百三十一條至第一百三十四條之概要暨歷年判解〉，載《一銀月刊》，卷 26，期 3，頁 44。

❷ （69 年 1 月 8 日）六十九年度第一次民庭總會決議。

❸ 司法行政部⒃民司函字第 0627 號函。

請求利息，惟其利息應自何日起算？司法院就此作如下之函示：

「票據法第一百三十三條所規定的利息、利率，也是民法上所定，因遲延清償債務而生的一種遲延利息，上例支票雖未經過提示，但在依法得行使追索權，執票人訴請發票人給付票款時，得以起訴狀的繕本，送達到發票人的第二天起，計算遲延利息[194]。」

三、追索權之喪失

執票人不於法定期限內為付款之提示，或不於拒絕付款日或其後五日內請求作成拒絕證書者，對於發票人以外之前手喪失追索權（票132）。司法院就此曾釋示：「不依票據法第一百二十八條所定期限作成拒絕證書者，不問其以後補行請求作成與否，對於發票人均不喪失追索權[195]。」最高法院亦持同一見解[196]，並判決云：「發票人為支票之最後償還義務人，除已罹於時效外，無拒不負票據責任之理由[197]。」換言之，執票人對於發票人，在第二十二條所定期限經過前，不問執票人補行請求作成拒絕證書與否，仍得行使追索權，發票人對之仍負責任[198]，但執票人於下列情形須負損害賠償責任：

⑴執票人怠於提示，致使發票人受有損失者。關於此點，學者陳世榮曾舉一例：「執票人如於第一百三十條所規定期限內為提示，付款人能對之為完全之支付，但執票人怠於提示，而付款人於提示期間經過後破產，則發票人在存款上所受之損失，不得謂非因執票人之怠於提示所造成[199]。」於此情形，

---

[194] 司法院(69)廳民一字第0264號函，載於《聯合報》(70年2月8日)。

[195] 25院1492。舊法第一百二十八條即為現行法第一百三十一條。

[196] 64臺上899：上訴人早於六十二年十二月二十八日被拒絕往來，有退票理由單之記載可憑，顯見付款人不可能付款，自難因其係劃線支票，被上訴人未提出交換，付款人不為拒絕付款之簽章，即否定被上訴人曾託曾主福代為提示之事實，矧引法院二十五年院字第一四九二號解釋明示，不依票據法第一百二十八條所定期限請求作成拒絕證書者，不問其以後補行請求作成與否，對於發票人，均不喪失追索權，是上訴人以被上訴人未提示，不得行使追索權為抗辯，自非可採。

[197] 55臺上1513。

[198] 25院1492。

其所得求償之金額，經法律明定，不得超過票面金額（票134）。

　　(2)執票人於作成拒絕證書後四日內，怠於將拒絕事由通知背書人與發票人，致背書人與發票人發生損害者（票144/93）。

第十四節　保證背書

一、保證背書之產生與含義

　　近世交易，其所涉及之金額多以億計，若堅持現金交付，對於付受雙方不僅不便，亦非可能，於是乃有票據制度之創設。惟票據權利，僅為金錢債權，能否獲得滿足，實有賴於票據債務人是否能如期付款。若票據到期，票據債務人不能或拒絕付款，則票據所表彰之權利勢將完全落空。因此，為增強發票人之信用，並確保票據債權之實現，受款人通常要求借款人或貨物之買受人先行商請信用良好之第三人簽名於票上，以擔保票據債務之履行，此即匯票、本票之保證制度也。

　　支票不同於匯票、本票，為支付證券。支票無保證制度，亦不準用匯票、本票有關保證之規定。但由於支票於票據法下有較多之保障，民間買賣或金錢借貸不僅要求買受人或借款人簽發遠期支票，並要求票據債務人以外之第三人為擔保支票之兌現於遠期支票背面預為背書，而後將遠期支票交付於受款人，俾受款人於支票不獲付款時，向該第三人追索，此即所謂保證背書，其與一般背書所不同者在於：

　　(1)背書人不在轉讓支票上之權利，而以「背書」方式為支票之付款提供擔保。

　　(2)第三人為此種背書時，除簽名外，常加記「保證人」、「連帶保證人」、或「背書人願負至兌現日之保證責任」等字樣。

---

⑲　同上**⑲**，頁45。

二、保證背書之方式

支票之保證背書，通常以下列方式為之：

第一方式：發票人於作成支票後，但在交付於受款人前，先請求第三人或受款人所指定之人在支票背面簽名。

第二方式：執票人以背書轉讓支票以前，先請第三人或受讓人所指定之人在支票背面簽名。

第三方式：發票人於支票作成後，應受款人之請求，交由第三人背書後讓與另一第三人，再由後者背書轉讓於受款人。

無論以何種方式為之，就發票人而言，係在利用「背書」，加強其信用；就第三人而言，係在為發票人擔保支票之兌現；就受款人而言，係在獲取更多付款之機會。因此，保證背書在當事人間，實為濫用背書制度，以達成保證目的之一種避法行為。

三、保證背書之效力

背書應由執票人為之，非執票人因應票據債務人之請求，以保證為目的而在票據上為背書，其效力究應如何？由於支票無保證制度，支票上之保證應無票據法上之效力，則此項背書是否因而無效？對此，判例與學者之見解並不一致。茲分述如下：

(一)學者之見解

學者中有持否定說者，例如，楊建華認為在支票上為保證行為，不生票據保證之效力，但仍生民法上保證之效力，其票據本身仍為有效[200]；亦有認為支票背面簽名，非執票人如於發票人簽名後但於未交付支票前所為者，因發票乃基本票據行為，其既未交付即仍未成立發票行為，此時背書行為無從附麗，非執票人不負票據上背書責任[201]。學者中亦有持折衷說者，認為保證

---

[200] 見氏著，《票據法論》，頁 11（62 年）。

[201] 楊進財，〈漫談支票保證背書之效力〉，《華銀月刊》，卷 32，期 1，頁 24-26；姚嘉文，《票據法專題研究》，頁 93。

背書為心中保留之背書行為，原則上依其表示之效果意思發生效力，應負背書責任，但票據之受讓人於受讓時明知第三人無為背書之效果意思者，則該第三人之背書對執票人無效。至於第三人應否負民法上保證責任，則屬另一問題，多數學者從後之見解●，筆者亦從之。

(二)判例之見解

我國法院對於此一問題之判決，歷無一貫之統一法則。有持否定說者，判認保證背書非為背書，從而第三人無須負背書責任。例如，最高法院曾判決云：「被上訴人在系爭支票上簽名，雖為不爭之事實，並有上訴人在第一審所提出之支票可憑，但該支票係因訴外人侯甲（即發票人侯乙之胞兄）欠上訴人賭款，將支票交付上訴人後，上訴人始要求被上訴人簽名，並非被上訴人背書後交付支票與上訴人，業經侯甲及證人萬某、蔡某等在原審審理中結證屬實，核與另一證人鄭某在第一審供證侯甲欠上訴人賭款等情節相符，上訴人謂系爭支票係被上訴人背書後交付與伊，以清償其借款，既未舉證證明，自不堪採信。按背書為轉讓支票之一種方法，本件依上開事實，上訴人收受侯甲所交付之系爭支票後，始要求被上訴人簽名，並非被上訴人將系爭支票轉讓與上訴人，被上訴人自不負票據法上背書之責任●」。有持肯定說者，判認保證背書即為背書，非執票人（即第三人）應按支票所載文義負責，例如，最高法院曾於判決中指出：「凡在票據背面或其黏單上簽名，而形式上合於背書之規定者，即應負票據法上背書之責任，縱令非以背書轉讓之意思而背書，因其內心之效果意思，非一般人所能知或可得而知，為維護票據之流通性，仍不得解免其背書人之責任。系爭支票背面所蓋上訴人公司之印章，係屬真正，既為上訴人所自認，而該印章又係背書當時有權使用該印章之上訴人公司總經理陳沂所蓋用，是縱令陳沂為擔保其子陳亞堅經營之久維公司所欠貸款而背書屬實，依前開說明，上訴人仍應負背書人之責任●」。最高法院民庭

● 參見鄭洋一，《票據法之理論與實務》，頁168；陳宛華，〈非執票人以擔保債權為目的之背書的法律效果〉，《法商顧問月刊》，卷1，期4，頁269–271。

● 65臺上341。此外52臺上1079；53臺上712；53臺上287亦持同一見解。

● 65臺上1550。此外65臺上497亦持同見解。

總會 ⑳ 及臺灣高等法院法律座談會 ⑳ 亦均作成相同之決議。

四、保證背書之分析

保證背書之效力如何，宜從背書之連續與票據為文義證券之本質予以考慮。按背書有記名背書與空白背書，於空白背書，後一背書人視為前一背書人之被背書人。若背書在形式上連續者，則在支票背面簽名之人縱有「保證人」或「連帶保證人」等字樣之加載，因非為票據法所規定之事項，應不生票據上之效力，該簽名之人遂不得以其為非執票人，而免其票據上之責任。換言之，保證背書應否生背書之效力，尚須以其是否構成背書之形式上連續以為判斷之依據。茲分析如下：

(一)記名式支票

即在支票正面載有受款人之姓名者，其效力因受款人是否以空白背書再為轉讓而有不同：

(1)第一方式：支票係由發票人交付於受款人，若受款人逕行向第三人追索者，第三人自得以①受款人明知其為保證人，或②背書不連續相抗辯，最高法院曾判決：「況依其證述，係發票人蔡某向上訴人借款，簽發本件支票，託由證人持經被上訴人家，請被上訴人背書者，並非被上訴人因轉讓票據權利而為之行為，與票據上所稱背書有別，亦難令被上訴人負票據法上背書人之責任 ⑳」。一般學者所謂第三人應負民法上之保證責任，即指此種情形而言。但若受款人以空白背書為讓與者，則執票人如係善意，即得向第三人追索，而最高法院亦基於「票據上記載本法所不規定之事項，不生票據上之效力，

---

⑳ (63 年 12 月 3 日)六十三年度第六次民庭庭推總會議決議:「按在票據上簽名者，依票上所載文義負責，票據法第五條第一項定有明文。凡在票據背書或其黏單上簽名而形式上合於背書之規定者，即應負票據上背書人之責任，縱令非以背書轉讓之意思而背書，其內心之意思，非一般人所能知或可得而知，為維護票據之流通性，仍不得免背書之責任」。

⑳ 臺灣高等法院六十五年法律座談會研究結果，認為第三人所為之保證背書應負票據責任。

⑳ 53 臺上 287。

為票據法第十二條所明定，而依第一百四十四條關於保證之規定，既不準用於支票，則此項『保證人某某』之背書，僅生背書之效力，民法上之保證責任，自不存在」❷⓿❽。而判令第三人負票據責任。

(2)第三方式：支票雖由第三人「背書」後交付於受款人，但受款人對第三人無追索權，最高法院民庭總會曾有如下之討論及決議：「民三庭提：甲出立本票與乙，受款人欄記明乙之姓名，但乙為謀債權鞏固，囑甲商由丙背書與丁，復由丁作空白背書然後交還乙。嗣甲不能付款，乙向丙、丁行使追索權，丙、丁提出抗辯。①乙對丙未有背書，該背書不連續。②如謂乙對丙業已交付有背書之效力，則丙背書與丁，丁復背書與乙，依票據法第九十九條第二項，乙對丙、丁亦無追索權。對於此兩問題，應以何者為是，有正反兩說：子說：乙對丙未有背書，就整張票據論，背書不連續，則乙對丙丁不能行使追索權。丑說：背書不連續者，對於不連續以前之人固不能行使追索權，但執票人對於丙丁之背書，尚能連續，應能向丙丁行使追索權。票據法第三十七條僅謂：執票人應以背書之連續證明其權利，而非謂不連續者不能享有票據之權利。故執票人對於中斷以前之前手不能追索，對於中斷以後之前手，依同法第八條、第十六條之精神，應能追索。議決：採子說❷⓿❾」。若受款人以空白背書轉讓者，則善意執票人對為保證背書之第三人均有追索權。

(二)無記名式支票

即在支票正面未載有受款人之姓名者，則受款人無論於第一方式或第三方式，均得對為保證背書之第三人行使追索權。臺灣高等法院曾以「甲簽發支票一紙，託乙背書後，由甲交付與丙，以抵償所欠貨款，到期經丙提示付款，不獲支付，丙即訴求甲乙連帶給付票款，問乙應否與甲連帶負票據上之責任？」提出討論，甲說認「票據乃無因證券，凡在票據上簽名者，除有票據法第十三條及第十四條規定對抗事由外，不論係以背書轉讓或受託背書，均應負票據上之責任，否則無以保護票據之流通與安全，因此乙既已背書，即應與甲負連帶責任」；乙說則以「背書係以轉讓票據之意思表示，如非以轉讓

---

❷⓿❽　53 臺上 1930。

❷⓿❾　(51 年 7 月 10 日) 五十一年度第四次民、刑庭總會決議㈥。

票據之意思而背書，應不生背書之效力，本件乙係受甲之託而背書，而支票又由甲交付與丙，可見乙之背書並無轉讓之意思，故乙雖已背書，仍不負票據上之責任」。最後議決採甲說⑩。

(三)記名背書或空白背書

於第二方式，執票人如以空白背書轉讓者，第三人之簽名視為空白背書，受讓人自得對之有追索權⑪；執票人如以記名背書為讓與者，除非被背書人再以空白背書轉讓，第三人僅負民法上之保證責任。

法院此種基於背書連續而責令保證人負背書責任之判決雖曾受學者非議，認為此舉無形中促成支票保證制度之建立，與票據法就支票不採保證制度之立法精神有背⑫。但若非如此，何能確保支票為支付證券之本質，就違法行為作有效之規正？

第十五節　關於匯票規定之準用

除上述追索權外，匯票關於背書、付款及拒絕證書之規定，亦準用於支票（詳見票114）。茲分二點說明如下：

---

⑩　同上⑥。

⑪　新竹地方法院曾以「支票背面載明『連帶保證人某公司董事長甲』，由該董事長蓋公司印章並簽自己之名，公司應否負責？」為題加以研討，結果認為：「公司應負支票背書人之責任。依最高法院五十三年臺上字第一九三○號判例：『票據上記載本法所不規定之事項，不生票據之效力，為票據法第十二條所明定，而依同法第一百四十四條關於保證之規定，既不準用於支票，則此項於支票上加連帶保證人之背書僅生背書之效力。』及同院五十三年六月八日民庭總會決議：『背書人空白背書支票於簽名或蓋章上加寫保證人或連帶保證人字樣，依票據法第十二條規定票據上記載本法所不規定之事項，不生票據上效力，同法第一百四十四條關於保證之規定既不準用於支票，則此項保證人某等之背書僅生背書之效力，民法之保證責任自不存在。』公司董事長既有代表公司之權限，其於支票背面蓋公司印章，並簽自己之名，既係以公司名義為背書，公司應負支票背書人責任，連帶保證人字樣視為無記載。」《司法院公報》，卷25，期7，頁95。

⑫　見姚嘉文，《票據法專題研究》，頁26。

㈠背　書

第三十五條關於背書人指定預備付款人之規定，對於支票不適用。背書為要式行為，屬票據行為之一種，最高法院於判決中雖曾指出：支票之背書人依第一百四十四條準用第三十一條之規定，除在支票背面記載被背書人之姓名或商號及背書之年月日外，並簽名於背書者，始為相當，如不依此項法定方式為之者，其背書行為即屬無效，既不得謂之背書人，自不負支票上背書人之責任[213]。惟觀乎現行票據法第三十一條立法之意旨，年月日並非絕對必要記載事項，背書人於票縱僅簽名，亦須負背書人之責任。

㈡付　款

除第六十五條第二項分期付款，第六十九條第一項關於付款之提示，第七十條關於延期付款，第七十二條關於到期日前付款，第七十六條關於票據金額提存等規定外，餘均準用於支票。匯票分期付款之規定，於支票不適用，故特排除第六十五條第二項準用之規定，此為現行法於六十二年修正時所增列。

---

[213]　43 臺上 822。

第六章　結論：票據法修正之探討

一、修正之原則

　　票據法自民國十八年公布施行以來，前後修正多達六次，然對票據制度之改善，不僅未能發揮其應有之功效，卻因票據法於民國四十九年增訂支票刑罰及本票強制執行之規定，使支票及本票發票人在精神上及財產上遭受無法彌補之損害。在過去四分之一世紀中，曾有數十萬人或被判處徒刑，或被科處鉅額罰金，或其財產慘遭拍賣。其中絕大多數係受人詐欺或利用，不具任何犯意，致無辜者身繫囹圄，奸詐者反而逍遙法外。對於此等無辜之票據前科犯而言，民國四十九至七十五年為我國票據制度發展史上之黑暗時期，其因而所付出之自由及金錢代價，成為終身無以或忘之夢魘 (Nightmares)。所幸，支票刑罰終於自七十六年元月一日起廢止，使票據制度之運作得以逐漸回復正常，惟支票發票人因而所付出之前述代價，立法機關似宜引為警惕，今後對票據法之修正應博採他國立法之長，審慎思考，不能基於臺灣地區特殊情況或政策需要，率斷而行，任何有違基本法理之規定，均可能為票據制度帶來負面影響。

　　票據法於歷次修正中之所以一再犯錯，導致上述不合理及不公平之結果，實係未能充分把握票據特性、民刑分離及債權與物權各異之基本理念有以致之。按票據法屬技術性規範，票據制度能否有效確立，悉在票據法規本身之設想是否周全及對票據行為人是否有良好之信用管理。唯立法嚴密，設想周全，票據授受之雙方始能知所遵循；亦唯票據信用管理完善，票據行為人普遍重視債信，票據作為支付工具之功能始得以充分發揮。故票據法之修正應從民事立法之技巧加以探求，若欲藉嚴刑峻罰以達規範票據行為之目的，必捨本逐末，影響票據制度之正常運作。不僅此矣，近世民事法制嚴格地將債權獨立於物權之外，債權為請求債務人作為或不作為之權利，其實現亦以債

務人之信用與責任意識為前提要件。在信用廣受社會各界重視之前，縱使就票據債權強行賦予物權效力，對於當事人權利之行使亦未必有其實益。觀乎今世各先進國家，其人民均視信用為第二生命，故從不為確保本票之獲得兌現，而採行類似我國票據法第一百二十三條之規定，使票據債權擔保物權化。當然，為確保票據債權之獲償，不妨仿美國統一商法典第三條（以下簡稱美國票據法）規定，容許發票人於票上加載擔保品以擔保付款，並授予執票人維護擔保品及逕就擔保品取償之權利❶。此種於簽發票據之同時以特定物設定擔保之制度設計，既無前開第一百二十三條之缺失❷，亦能使票據債權落實於特定擔保品之上，從根本上增強票據之兌現性與接受度。

前曾言及，票據法雖屬移植立法，於二十世紀初葉成法之時，中國尚處於農業社會，銀行業起步不久，票據之使用侷限於沿海少數通商大邑，因而全部法條無一不是逕從德、日文字迻譯，既無慣例可資依循，亦無實務為之驗證，我國票據制度係在長期接納外來規範下從摸索中逐漸形成。四分之三世紀過去，中華民國不僅已成為世貿組織之成員，亦是整個世界經濟體中重要且不可分割之一部分。票據既為從事經貿與商業交易中不可或缺之支付工具，票據法作為此種支付工具之規範應與世界經貿大國之同類立法接軌，不宜自成一體或獨樹一格。因而如何針對此項大環境之重大變遷，並從下列角度，就我國現行票據法規範之當否及是否符合銀行實務與經貿需要為認真之檢討與修正，應屬當務之急：

(1)儘速與國際及經貿大國之票據法規融為一體：各國票據立法雖有理念上之差異，但無一不認票據為流通證券，得替代現金作為信用授受及支付之工具，其制度設計與法條內容有其高度之共同性，此何以自國際聯盟成立以後，相繼頒訂統一票據法及統一支票法，力促各國予以採行。現前者已為聯合國公布之國際匯票及國際本票公約所替代，美、加、俄等國均予簽字，其中美國為配合該公約，乃於二〇〇二年修正統一商法典。鑑於該公約係延攬世界著名票據學者經長達十六年反覆研究始行完成，無論內容、表意或制度

---

❶　見 UCC §3–104 (a)(3), NIL §5 (1)、(2)及(3)。

❷　見本書第四章第二節。

設計遠勝於前開國聯之統一法規，其為各國所接受，僅屬時間問題，我國票據法何能自外此一趨勢？美國修正其票據法之例足以供我國之參考。

(2)**淡化單獨行為說之基本理念：** 前述國聯之統一票據法規之所以未為英美法系國家所接受，實係由於其堅持單獨行為說之理念，使其運作顯得僵化。我國票據法亦襲德制，亦有相同問題之存在。反之，聯合國票據公約則兼採各國票據立法之長，淡化處理此一問題，容許付款人得於發票前承兌、以付款人為被保證人或保證人未載明為何人保證時即推定以付款人為被保證人，刪除善意執票人以給付對價或相當對價為要件等規定，使票據制度之運作更為圓融，可供我國修法之參考。對於現行票據法中部分法條之增刪存廢，既不宜故步自封，尤不應抱殘守缺。

(3)**力求體制與內容之獨立完整：** 我國採民商合一制，票據法僅為民法之特別法。凡票據法未規定者，則適用民法之規定，適用結果有時難免與票據制度設計之原旨扦格。最顯然之一例，厥為票據喪失後，於現制下應比照一般有價證券，經禁止付款之假處分後提起返還票據之訴或止付通知、公示催告及除權判決以謀救濟。此對付受雙方而言，既耗時又費事，徒增程序與費用上負擔。反觀聯合國票據公約與美國票據法規定，票據權利人之喪失票據不影響其票據權利之行使，僅須應付款人之要求提供保證而已，既能使權利人快速獲得滿足，亦能對付款人確保無損，兩全其美。

(4)**以強化債信為規範之基礎：** 前已言及，票據制度完全建立於行為人之信用與責任意識之上。票據能否代替金錢作為支付及信用授受之工具，貴在事前就不為兌現之可能性預為防範，不在事後就不為兌現作嚴屬之處罰，事實上任何形式之處罰均無助於確保票據之兌現。觀乎歐美其票據使用之普遍性遠甚於我國，惟其從未發生空頭票據氾濫之情形，究其原因實係其票據法規無不以強化票據信用管理、加重票據債務人及處理票據業務之金融業者之注意義務與責任，甚而得要求票據債務人就票據金額提供擔保，我國現制去此仍多，宜迅急予以改進。

二、現行法條之存廢及修正

票據法歷次修正多以支票刑罰之存廢或增刪為其爭論之重點，從未就票據法全部條文作整體考慮，以致應廢而不廢，應增而不增，其中部分條文因與票據法之基本原理有悖，遂使國人於票據使用過程中養成不良習性。筆者以為對於現行票據法中下列條文，實有重行審酌其存廢或予以修正之必要：

(1)第五十三條至第五十七條關於參加承兌之規定：參加承兌僅有防止期前追索之效力，見於日內瓦統一票據法，為美國票據法所不採。聯合國票據公約僅為對設有此制國家之尊重，乃於第五十一條(b)帶上一筆，不足表示公約採行此制。於我國現行票據法下既另有參加付款制度之設，自可由其替代參加承兌，既得以簡化票據關係，亦能使參加付款發揮更大之效益。

(2)第一百二十三條關於強制執行之規定：本條規定對本票之兌現不具積極之功能。前曾言及，狡獪者得事先脫產，使本條形同虛設；而良善者反而憑增訟累（參見非訟事件法第一百九十五條）。本條刪除後，可就票據金額設定擔保予以替代（詳見前述）。

(3)第一百二十八條第二項不得提示之規定：本項若與同條第一項對照，不難發現二者間存有一定程度之矛盾，不僅引發支票債務何時成立之爭議❸，亦無異間接承認遠期支票得有合法之存在。按支票僅有發票日而無到期日，若支票之發票人與受款人特約以尚未屆至之日載為「發票日」，法律不宜賦與此項約定「不得為付款提示」之效力，以免破壞支票之制度設計，筆者因而認為本項應予刪除，進而參酌美國統一商法典第 4–401 條(c)而增訂如下之二項：

「付款人於票載發票日前所為之付款，與其於票載日後所為之付款同其效力，但發票人將遠期記載之情事以書面通知付款人者，不在此限。

「付款人於接到前項但書所規定之通知仍為付款，應準用本法第七十二

---

❸　74 臺上 804：支票發票人所負票據債務之成立，應以發票人交付支票於受款人而完成發票行為之時日為準，至支票所載發票日，係依票據法第一百二十八條第二項規定，僅係行使票據債權之限制，不能認為票據債務成立之時期。

條第二項規定，自負其責任。」

於此規定下，支票之見票即付性得以確保，在法理上把支票之遠期記載定位為當事人間之一項特約，若受款人故違此項特約提前提示而獲得付款，可留由發票人訴請賠償，當然，發票人亦得通知付款人，以防止期前付款。

⑷第一百三十五條關於提示期間內不得撤銷付款委託之規定：支票刑罰已於七十五年底廢止，本條所設之限制已無積極意義。付款銀行於法理上應完全聽命於客戶，付款與否，由客戶（即支票發票人）自行決定，其法律後果亦由其自行負擔，何勞付款銀行扮演「監督者」之角色。

⑸第一百三十七條關於部分支付之規定：金融業者於實務上均拒絕為部分付款，而本條復經法院判認是否為部分付款為付款人之權利，其結果，本條之存在已不具任何意義，宜予刪除。

⑹第一百三十九條關於劃線之規定：支票劃線制度見於日內瓦統一支票法第五章，為美國票據法所無。支票劃線又可分為普通平行線及特別平行線，後者限制過嚴，徒增受款人具領票款之困難，於票據實務上鮮少使用。若為確保付受款之安全，於票上記載「禁止背書轉讓」似已能達其目的，亦可考慮於支票上容許記載「轉帳」(payable in account) 代之，大陸票據法即採此一方式（見第八十四條第三款）。

⑺第一百四十三條關於直接訴權之規定：本條襲自法國法，與我國現行體制不合，聯合國票據公約及美國票據法明定簽發或轉讓票據不生轉讓備以付款之資金之效力❹。除非支票發票人於簽發支票之同時將存款讓與受款人或執票人，或於開戶時指定後者為受益人，後者無任何依據訴請付款銀行付款。本條規定豈非徒增後者之困擾。

三、新規定之引進

若就我國現行票據法與聯合國票據公約、美國票據法加以對照，不難發現前者之制度設計有欠周延，其中部分規定已與國際商務與銀行慣例脫節，因而如何參酌後二者所確立之法則，增訂下列各項規定，無論對強化我國票

❹　見聯合國公約第三十七條及 UCC §3-113 (a)。

據債信，或對我國融入國際經貿與金融體制自將極具裨益：

(1)票上關於金額之記載如相互牴觸，應如何決定其效力？現行票據法第七條僅規定記載金額之文字與號碼（即數字）不符時，以文字為準。聯合國公約則規定票據金額經多次以文字表達或多次以數字表達者，以最小額為準❺；美國票據法就票據上相互牴觸之記載作一般性規定，即打字事項優於印刷事項；手寫事項優於二者❻。以上法則，均可增補前開第七條規定之不足。

(2)票據法第二十八條容許發票人於票上記載利息及其利率。所謂利率，參酌第二項規定似指固定利率而言。觀乎聯合國票據公約及美國票據法無不容許以變動利率 (variable rate) 計算利息❼，就中以聯合國公約規定最為周詳，可供增修前開第二十八條之參考。

(3)執票人因未獲承兌或未獲付款而向前手追索時，票據法第八十九條僅要求其為拒絕事由之通知，至被追索者因而涉訟者，得否通知其前手參加訴訟？觀乎民事訴訟法第五十八條規定，似在容許之列。關於此點，美國票據法則設有專條，明定被追索者得就正進行中之訴訟以書面通知其前手，並要求被通知者通知對其負責之所有票據債務人。通知得載明二點，即①被通知者有權加入訴訟並提出抗辯；②被通知者不為之者，於追索者之訴中所判認之事實，於其後通知者對被通知者所提之訴訟中，有拘束被通知者之效力❽。此項規定既可省卻被追索者繼續向前手追索之煩累，亦可充分運用前手所有之抗辯事由，使票據當事人間之權義獲致終局的合理解決，值得借鑑。

(4)前曾言及，喪失票據並不喪失權利，但權利人於喪失票據之占有後，即無由行使其權利。反觀聯合國票據公約及美國票據法規定權利人於喪失票據之占有後行使其權利者，僅須就喪失票據之記載事項及何以不能提示票據之原因提出書面說明，此種制度設計似更能符合票據作為支付工具，應使票

---

❺　公約第八條 [1]、[2]、[3]。

❻　UCC §3–114.

❼　公約第八條 [6]、[7]、[8]；UCC §3–112。

❽　UCC §3–119.

據權利人儘速獲得滿足之原旨。就中聯合國公約對喪失票據重現時應如何處理詳為規定 ❾；美國法則就一般支票與己付式匯款支票 (cashier's check)、他付式匯款支票 (teller's check)、或保付支票 (certified check) 喪失之說明為不同之處理：對於前者，權利人僅須就喪失票據之記載事項負舉證責任；對於後者所提出之票據喪失聲明如有不實，須按偽證罪 (perjury) 論處 ❿。無論何一規定，均較我國現制簡捷。筆者以為似可刪除票據法第十八條及第十九條，而改採前述規定。

　　(5)現行票據法對於以票據償債，或以票據支付貨款，債權人之受領票據，是否使原債權歸於消滅？並無任何規定。一般而言，除非當事人間另有特別約定，票據債權與原債權應同時並存，於此場合，原債權之時效較票據債權之時效為短者，即發生票據債務人得否以原債權之消滅時效對抗票據權利人之問題 ⓫。為避免此類爭議，美國票據法乃為如下規定：

　　①債務人以保付支票或（己付式或他付式）匯款支票清償債務者，除非當事人間另有相反之約定，債權人之接受如同收受與票據金額相等之現金，原債權於票據金額範圍內歸於消滅。但若債務人曾就票據為背書者，原債權之消滅並不影響其依背書所負之責任 ⓬。

　　②債務人以本票或未經保付之支票清償債務者，除非當事人間另有相反之約定，債權人之接受票據僅使原債權之時效中斷 (suspended)，若票據獲得付款者，原債權於票據金額範圍內歸於消滅；若票據不獲付款者，債權人得選擇按票據債權或原債權行使其權利 ⓭。

　　③債務人以背書轉讓他人簽發之票據以清償債務者，票據債務人因執票人（指被背書人，亦即債權人及其後手）未遵期提示，作成拒絕證書或時效經過而歸於消滅者，原債權同歸於消滅 ⓮。

---

❾　公約第 78-83 條。

❿　UCC §§3-309, 3-312.

⓫　見本書第二章第十一節。

⓬　UCC §3-310 (a).

⓭　UCC §3-310 (b).

④貨物買受人以支票或本票償付貨款，若票據不獲付款，執票人（即貨物出賣人）即得按票據或買賣契約請求買受人給付。但若出賣人於收受票據後將之讓與他人，後者經提示不獲付款者，由於票據為貨款債權之表徵，出賣人依買賣契約而生之貨款債權須待取回票據後，始得向買受人請求給付❶⑤。

⑤債權人所受領之票據因遺失、盜竊或毀損而喪失者，債權人作為票據權利人，僅得就票據行使其權利，不得按債權為主張❶⑥。

以上規定容或稍嫌瑣細，惟其對於票據債權及原債權之存續與行使作了不能更為明確之規範，既能使債權人知所遵循於事前，亦足以定紛止爭於事後，實屬可資參酌的仿行之立法。

⑹票據行為人於作成票據或銀行於處理票據業務（例如提示、託收、付款等）時應盡何種注意義務？違反此項注意義務應負何種責任？現行票據法未為規定，因而於實務上或由最高法院作成決議❶⑦，或由銀行與客戶間訂立「約定書」❶⑧，或由中央銀行業務局頒訂命令❶⑨方式為之。由於注意義務與責任屬法律保留事項，此類作法之妥當性及合憲性如何，實令人置疑，對於此點，美國票據法乃有如下之規定：

①從事處理票據業務之人應善盡通常注意 (ordinary care)。所謂通常注意，於一般商人，係指該人所在地普遍遵行之「合理商業標準」(reasonable commercial standard)；於銀行業者，無論受託為提示或付款，合理商業標準不要求其就個別票據為審查，若其不為審查無違銀行規定之程序 (Bank's prescribed procedures)，且此項程序亦未不合理偏離通常之銀行慣例 (general banking usage) 者，即足以認定已盡其注意義務❷⑳。

---

❶④　UCC §3–310 (b)(3) and official comment.

❶⑤　UCC §3–310 (b)(4) and official comment.

❶⑥　UCC §3–310 (b)(4).

❶⑦　見本書第五章第八節。

❶⑧　同上註。

❶⑨　同上註。

❷⑳　UCC §3–103 (9).

②凡於作成票據或保管票據用紙及印章未盡通常注意之人❷，致票據遭偽造或變造者，不得以偽造或變造對抗善意執票人；受讓此類經偽造或變造票據之人或對之為付款之人亦因未盡通常注意致遭受損失者，應適用比較過失 (comparative negligence) 原則，由全體未盡此項通常注意義務之人分擔損失❷。

於我國現行票據法下，筆者以為亟需確立此項注意義務，俾票據制度得於健全之基礎上運作，進而以更明確之方式定其責任歸屬。

(7)於我國現制下，背書人須負擔保承兌及擔保付款之責任，但若以交付轉讓者，讓與人須否負相同之責任，票據法未有規定。聯合國票據公約及美國票據法相繼將買賣契約之瑕疵擔保責任移用於票據權利之讓與。換言之，讓與人無論依背書及交付或僅依交付轉讓票據者，須向受讓人擔保：①其為有行使票據上權利之人、②票上所有簽名均屬真正並經授權、③票據未經變造、④票據未受可對其主張之抗辯事由之制約、及⑤不知本票發票人、匯票付款人或承兌人有失卻清償能力之情事❷。此項擔保責任係於承兌及付款擔保責任之外所新增，且二者性質與效力不同：前者僅及於受讓人本人，不及於其任何後手，且只要前述列舉之擔保事項有一違背，受讓人無待承兌或付款拒絕，即得向讓與人追還票款。美國票據法並將瑕疵擔保準用於執票人就未經承兌之匯票提示承兌及提示付款之情形，此稱為提示瑕疵擔保 (present-ment warranties)，執票人向付款人擔保四點，即①其為有行使票據上權利之人、②無未經授權或漏失之背書、③票據未經變造及④不知發票人之簽名遭偽造❷。

責令票據讓與人及提示人負瑕疵擔保責任，已為近年來票據立法之新趨勢，我國票據法若能及時增列前述類似之規定，當可補現制之缺失，並可強

---

❷　例如錯寫受款人姓名，或於票據金額欄留下過大空白，致於原金額後另遭人加載，金額因而倍增者。

❷　UCC §3–406.

❷　公約第 45 條；UCC §3–416。

❷　UCC §3–417 及 official comment。

化票據之功能。

　　以上所舉，僅屬舉舉大者。嚴格言之，小者如現行票據法中所規定之數日應否改為數營業日 (business days) 或委任取款背書、禁止背書轉讓宜以何種文字為表達？大者如付款人得否於發票前為承兌？保證人是否以第三人為限？匯票付款人得否為被保證人？保證人未記載被保證人者得否推定以匯票付款人為被保證人？非依票據法規定取得票據者應否構成「侵占」(conversion)㉕，而準用動產侵占之規定？及票據時效應如何調整等，均應嚴肅加以思考，如何使票據法能符經貿需要及國際金融業慣例，實為今後修正之重要取向。

㉕　UCC §3–420.

附 錄

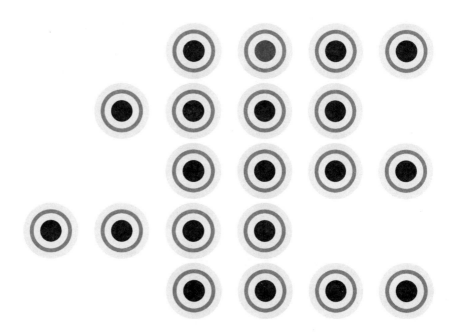

UNCITRAL Convention on International Bills of Exchange and International Promissory Notes, 1988

聯合國國際匯票及國際本票公約❶

CHAPTERI.—Sphere Of Application And Form Of The Instrument

第一章　適用範圍及票據款式

Article 1

1. This Convention applies to an international bill of exchange when it contains the heading "International bill of exchange (UNCITRAL Convention)" and also contains in its text the words "International bill of exchange (UNCITRAL Convention)".
2. This Convention applies to an international promissory note when it contains the heading " International promissory note (UNCITRAL Convention)" and also contains in its text the words "International promissory note (UNCITRAL Convention)".
3. This Convention does not apply to cheques.

第一條　（適用對象）❷

1. 本公約適用於表明為「國際匯票（聯合國國際貿易法委員會公約）」及其上載有「國際匯票（聯合國國際貿易法委員會公約）」文字之國際匯票。
2. 本公約適用於表明為「國際本票（聯合國國際貿易法委員會公約）」及其上載有「國際本票（聯合國國際貿易法委員會公約）」文字之國際本票。
3. 本公約不適用於支票。

Article 2

1. An international bill of exchange is a bill of exchange which specifies at least two of the following places and indicates that any two so specified are situated in different States:
(a) The place where the bill is drawn;
(b) The place indicated next to the signature of the drawer;
(c) The place indicated next to the name of the drawee;
(d) The place indicated next to the name of the payee;
(e) The place of payment, provided that either the place where the bill is drawn or the place of payment is specified on the bill and that such place is situated in a Contracting State.

第二條　（適用範圍）

1. 國際匯票指至少載明以下二個地點，而所載之任何二個地點位於不同政治主體（以下簡稱「國家」）之匯票：
(a) 發票地；
(b) 發票人簽名旁所示之地點；
(c) 付款人名稱旁所示之地點；
(d) 受款人名稱旁所示之地點；
(e) 付款地，倘發票地或付款地經載明於票上，且該地位於締約國家。
2. 國際本票指至少載明以下二個地點，而所載之任何二個地點位於不同國家之本票：

---

❶ 本譯文係在聯合國所公布之英文本之基礎上及於筆者之指導下，由政大法碩班同學林雅玲、黃博堯、黃雅琪、賴宏宗、楊汝滿、黃喬詮、陳月秀、張人志及謝昀璉參與討論後撰成初稿，再由筆者校正後始行完成，若有偏差，應由校正人負責。

❷ 條文標題係校正人所加。

2. An international promissory note is a promissory note which specifies at least two of the following places and indicates that any two so specified are situated in different States:

(a) The place where the note is made;

(b) The place indicated next to the signature of the maker:

(c) The place indicated next to the name of the payee;

(d) The place of payment, provided that the place of payment is specified on the note and that such place is situated in a Contracting State.

3. This Convention does not deal with the question of sanctions that may be imposed under national law in cases where an incorrect or false statement has been made on an instrument in respect of a place referred to in paragraph '1 or 2 of this article. However, any such sanctions shall not affect the validity of the instrument or the application of this Convention.

Article 3

1. A bill of exchange is a written instrument which:

(a) Contains an unconditional order whereby the drawer directs the drawee to pay a definite sum of money to the payee or to his order;

(b) Is payable on demand or at a definite time;

(c) Is dated;

(d) Is signed by the drawer.

2. A promissory note is a written instrument which:

(a) Contains an unconditional promise whereby the maker undertakes to pay a definite sum of money to the payee or to his order;

(b) Is payable on demand or at a definite time;

(c) Is dated;

(d) Is signed by the maker.

(a)發票地;

(b)發票人簽名旁所示之地點;

(c)受款人名稱旁所示之地點;

(d)付款地,倘付款地經載明於票上,且該地位於締約國家。

3.本公約不處理因票上記載本條第一項及第二項規定地點之不實或虛偽而於國內法下所生之處罰問題。但任何處罰應不影響票據之有效性或本公約之適用。

第三條　(匯票本票之要件)

1.匯票係載有下列各款事項之票據:

(a)發票人指示付款人對受款人或其指定人給付一定金額之無條件委託;

(b)見票即付或定日付款;

(c)發票日;

(d)發票人簽名。

2.本票係載有下列事項之票據:

(a)發票人對受款人或其所指定人給付一定金額之無條件承擔;

(b)見票即付或定日付款;

(c)發票日;

(d)發票人簽名。

CHAPTER II.—Interpretation

Section 1.—General provisions

Article 4

In the interpretation of this Convention, regard is to be had to its international character and to the need to promote uniformity in its application and the observance of good faith in international transactions.

Article 5

In this Convention:

(a) "Bill" means an international bill of exchange governed by this Convention;

(b) "Note" means an international promissory note governed by this Convention;

(c) "Instrument" means a bill or a note;

(d) "Drawee" means a person on whom a bill is drawn and who has not accepted it;

(e) "Payee" means a person in whose favour the drawer directs payment to be made or to whom the maker promises to pay;

(f) "Holder" means a person in possession of an instrument in accordance with article '15;

(g) "Protected holder" means a holder who meets the requirements of article '29;

(h) "Guarantor" means any person who undertakes an obligation of guarantee under article '46, whether governed by paragraph '4'(b) ("guaranteed") or paragraph '4'(c) ("aval") of article '47;

(i) "Party" means a person who has signed an instrument as drawer, maker, acceptor, endorser or guarantor;

(j) "Maturity" means the time of payment referred to in paragraphs '4, '5, '6 and '7 of article '9;

(k) "Signature" means a handwritten signature, its facsimile or an equivalent authentication effected by any other means; "forged signature" includes a signature by the wrongful use of such means;

(l) "Money" or "currency" includes a monetary unit of account which is established by an inter-

第二章 解 釋

第一節 一般規定

第四條 （解釋原則）

對本公約之解釋，應注意本公約之國際性，促進本公約適用一致性之需求及於國際交易中善意之遵守。

第五條 （定義）

於本公約中：

(a)「匯票」，指本公約所規定之國際匯票。

(b)「本票」，指本公約所規定之國際本票。

(c)「票據」，指匯票或本票。

(d)「付款人」，指發票人向其簽發，但尚未承兌匯票之人；

(e)「受款人」，指發票人所指定向其付款之人，或發票人所承諾向其付款之人；

(f)「執票人」，指依第十五條取得票據占有之人；

(g)「善意執票人」，指符合第二十九條要件之執票人；

(h)「保證人」，指依據第四十六條承擔保證責任之人，第四十七條第四項(b)款規定之保證或同條第四項(c)款規定之保證均包括在內；

(i)「債務人」，指以匯票發票人、本票發票人、承兌人、背書人或保證人之身分簽名於票上之人；

(j)「到期」，指於第九條第四、五、六及七項所規定之付款時間；

(k)「簽名」，指親筆簽名、電子簽章或以其他

governmental institution or by agreement between two or more States, provided that this Convention shall apply without prejudice to the rules of the intergovernmental institution or to the stipulations of the agreement.

方法所作成之同等證明;「偽造簽名」,包括非法使用此等方法之簽名;

(1)「貨幣」或「通貨」,包括政府間機構或由二或二以上國家間協議所訂定之貨幣計價單位,但本公約於無損於該政府間機構或國家間協議規定下有其適用。

Article 6

For the purpose of this Convention, a person is considered to have knowledge of a fact if he has actual knowledge of that fact or could not have been unaware of its existence.

第六條 （知情）

於本公約下,對事實有真實之知情或不可能不知其存在者,應視為知悉該事實。

Section 2.—Interpretation of formal requirements

Article 7

The sum payable by an instrument is deemed to be a definite sum although the instrument states that it is to be paid:

(a) With interest;

(b) By instalments at successive dates;

(c) By instalments at successive dates with a stipulation in the instrument that upon default in payment of any instalment the unpaid balance becomes due;

(d) According to a rate of exchange indicated in the instrument or to be determined as directed by the instrument; or

(e) In a currency other than the currency in which the sum is expressed in the instrument.

第二節 形式要件之解釋

第七條 （一定金額）

票據所給付之金額有如下之加載者,仍視為一定:

(a)附加利息;

(b)於持續相等間隔之日期分期付款;

(c)於持續相等間隔之日期分期付款,並規定任一分期付款到期不為付款時,未到期部分視為全部到期;

(d)依票據所載之貨幣兌換率支付,或依票據指定之方式所決定之貨幣兌換率支付; 或

(e)以票載金額貨幣以外之貨幣支付。

Article 8

1. If there is a discrepancy between the sum expressed in words and the sum expressed in figures, the sum payable by the instrument is the sum expressed in words.

2. If the sum is expressed more than once in words, and there is a discrepancy, the sum payable is the smaller sum. The same rule applies if the sum is expressed more than once in

第八條 （金額之確定）

1.文字表達之金額與數字表達之金額存有差異時,以文字記載之金額為票據應付之金額。

2.金額經多次以文字表達,並存有差異時,以最小額為準。本法則於金額經多次以數字表達,並存有差異時,同有其適用。

figures only, and there is a discrepancy.

3. If the sum is expressed in a currency having the same description as that of at least one other State than the State where payment is to be made, as indicated in the instrument, and the specified currency is not identified as the currency of any particular State, the currency is to be considered as the currency of the State where payment is to be made.

4. If an instrument states that the sum is to be paid with interest, without specifying the date from which interest is to run, interest runs from the date of the instrument.

5. A stipulation stating that the sum is to be paid with interest is deemed not to have been written on the instrument unless it indicates the rate at which interest is to be paid.

6. A rate at which interest is to be paid may be expressed either as a definite rate or as a variable rate. For a variable rate to qualify for this purpose, it must vary in relation to one or more reference rates of interest in accordance with provisions stipulated in the instrument and each such reference rate must be published or otherwise available to the public and not be subject, directly or indirectly, to unilateral determination by a person who is named in the instrument at the time the bill is drawn or the note is made, unless the person is named only in the reference rate provisions.

7. If the rate at which interest is to be paid is expressed as a variable rate, it may be stipulated expressly in the instrument that such rate shall not be less than or exceed a specified rate of interest, or that the variations are otherwise limited.

8. If a variable rate does not qualify under paragraph '6 of this article or for any reason it is not possible to determine the numerical value of the variable rate for any period, interest shall be payable for the relevant period at the rate calculated in accordance with paragraph '2 of article '70.

3. 表示金額之貨幣於票載付款地國以外至少有一國以上使用相同幣名，而票據未載明為何國貨幣者，以付款地國之貨幣為準。

4. 票據載明票據金額與利息一併支付，而未有利息起算日之加載者，自發票日起算。

5. 票上僅規定票據金額與利息一併支付，而無利率之加載者，視為票上無此記載。

6. 計算利息之利率得載明為固定利率或變動利率。於變動利率，須依票上所規定一以上參考利率間變動，且每一參考利率須經公布或公告，除非於參考利率之規定中已為指定，不直接或間接受匯票或本票發票時所指定之人單方面決定之制約。

7. 計算利息之利率經載明為變動利率者，得於票上規定此項利率不得低於或高於某一特定利率，或其變動受有限制。

8. 變動利率不符合本條第六項規定，或不足以就任何時期決定該變動利率之數值者，該期間之利息應按第七十條第二項計算支付之。

Article 9

1. An instrument is deemed to be payable on demand:

(a) If it states that it is payable at sight or on demand or on presentment or if it contains words of similar import; or

(b) If no time of payment is expressed.

2. An instrument payable at a definite time which is accepted or endorsed or guaranteed after maturity is an instrument payable on demand as regards the acceptor, the endorser or the guarantor.

3. An instrument is deemed to be payable at a definite time if it states that it is payable:

(a) On a stated date or at a fixed period after a stated date or at a fixed period after the date of the instrument;

(b) At a fixed period after sight;

(c) By instalments at successive dates; or

(d) By instalments at successive dates with the stipulation in the instrument that upon default in payment of any instalment the unpaid balance becomes due.

4. The time of payment of an instrument payable at a fixed period after date is determined by reference to the date of the instrument.

5. The time of payment of a bill payable at a fixed period after sight is determined by the date of acceptance or, if the bill is dishonoured by non-acceptance, by the date of protest or, if protest is dispensed with, by the date of dishonour.

6. The time of payment of an instrument payable on demand is the date on which the instrument is presented for payment.

7. The time of payment of a note payable at a fixed period after sight is determined by the date of the visa signed by the maker on the note or, if his visa is refused, by the date of presentment.

8. If an instrument is drawn, or made, payable one or more months after a stated date or after the date of the instrument or after sight, the instrument is payable on the corresponding date of the month when payment must be made. If there is no corresponding date, the instrument

第九條　（到期日）

1. 票據有下列情事者，視為見票即付：

(a)載有見票即付或憑票即付或提示即付，或其他類似涵義之文字者；或

(b)未有付款日期之記載者。

2. 定日付款票據，於到期日後承兌或背書或保證者，對承兌人、背書人或保證人成為見票即付。

3. 票據有下列記載者，視為定日付款：

(a)載明之日期或載明日期後一定期間或發票日後一定期間；或

(b)見票後一定期間；或

(c)按規定日期之次序分期付款；或

(d)按規定日期之次序分期付款，並規定其中任何一期到期不獲付款時，未到期部分，視為全部到期。

4. 發票日後定期付款之匯票，其到期日參酌票載發票日。

5. 於見票後定期付款匯票，其到期日按承兌日決定之；若提示承兌而遭拒絕者，按作成拒絕承兌證書作成日決定之；若免除作成拒絕承兌證書者，按拒絕承兌日決定之。

6. 見票即付之票據，其到期日為票據提示付款之當日。

7. 見票後定期付款之本票，其到期日按發票人於本票上為見票簽名之日決定之，或拒絕見票者，按見票提示日決定之。

8. 特定日、發票日後或見票後一個月或數個月付款之票據，以在應付款之月與該日期相當之日為到期日。無相當日者，以該月末日為到期日。

is payable on the last day of that month.

Article 10

1. A bill may be drawn:
(a) By two or more drawers;
(b) Payable to two or more payees.
2. A note may be made:
(a) By two or more makers;
(b) Payable to two or more payees.
3. If an instrument is payable to two or more payees in the alternative, it is payable to any one of them and any one of them in possession of the instrument may exercise the rights of a holder. In any other case the instrument is payable to all of them and the rights of a holder may be exercised only by all of them.

Article 11

A bill may be drawn by the drawer:
(a) On himself;
(b) Payable to his order.

Section 3.—Completion of an incomplete instrument

Article 12

1. An incomplete instrument which satisfies the requirements set out in paragraph '1 of article '1 and bears the signature of the drawer or the acceptance of the drawee, or which satisfies the requirements set out in paragraph '2 of article '1 and paragraph '2'(d) of article '3, but which lacks other elements pertaining to one or more of the requirements set out in article '2 and '3, may be completed, and the instrument so completed is effective as a bill or a note.
2. If such an instrument is completed without authority or otherwise than in accordance with the authority given:
(a) A party who signed the instrument before the

第十條 　（共同發票、受款及權利行使）

1. 匯票得：
(a)由二以上發票人簽發；
(b)由二以上受款人受領票款。
2. 本票得：
(a)由二以上發票人簽發；
(b)由二以上受款人受領票款。
3. 於載有二以上受款人並以選擇式排列之票據，得對其中占有票據之任何一人付款。於其他方式記載之票據，應對全體受款人付款，票據上權利亦應由全體受款人共同行使。

第十一條 　（匯票）

匯票之簽發得以：
(a)發票人本人為付款人；
(b)以其所指定之人為受款人。

第三節　空白票據之補充

第十二條 　（空白票據之授權）

1. 空白票據係指符合第一條第一項規定要件並經發票人簽名或付款人承兌，或符合第一條第二項及第三條第二項(d)款規定要件，但欠缺其他第二條及第三條所規定要件中之一項或多項，而得予補充完成之票據。空白票據經補充後成為有效之匯票或本票。
2. 空白票據未經授權或與授權不符而補充完成者：
(a)於空白票據補充完成前簽名之人，得以執

completion may invoke such lack of authority as a defence against a holder who had knowledge of such lack of authority when he became a holder;

(b) A party who signed the instrument after the completion is liable according to the terms of the instrument so completed.

票人於其取得票據時明知欠缺授權相抗辯；

(b)於空白票據補充完成後簽名之人，應按補充完成之票據負其責任。

CHAPTER III.—Transfer

第三章　轉　讓

Article 13

An instrument is transferred:

(a) By endorsement and delivery of the instrument by the endorser to the endorsee; or

(b) By mere delivery of the instrument if the last endorsement is in blank.

第十三條　（轉讓之方式）

票據得以下列方式轉讓：

(a)由背書人背書並交付讓與被背書人；或

(b)前背書為空白背書者，僅以交付轉讓。

Article 14

1. An endorsement must be written on the instrument or on a slip affixed thereto ("allonge"). It must be signed.

2. An endorsement may be:

(a) In blank, that is, by a signature alone or by a signature accompanied by a statement to the effect that the instrument is payable to a person in possession of it;

(b) Special, that is, by a signature accompanied by an indication of the person to whom the instrument is payable.

3. A signature alone, other than that of the drawee, is an endorsement only if placed on the back of the instrument.

第十四條　（背書方式）

1.背書須於票背或其黏單上為之，並須簽名。

2.背書得為：

(a)空白背書，指僅以簽名為之或於簽名處加註僅對票據占有人付款之記載；

(b)記名背書，於簽名處加註受領票款之人之記載。

3.付款人以外之人之簽名，僅於票據背面為之者，始構成背書。

Article 15

1. A person is a holder if he is:

(a) The payee in possession of the instrument; or

(b) In possession of an instrument which has been endorsed to him, or on which the last endorsement is in blank, and on which there appears an uninterrupted series of endorsements, even if any endorsement was forged or was signed by an agent without authority.

第十五條　（執票人）

1.符合下列條件者，為執票人：

(a)占有票據之受款人；或

(b)占有經背書受讓或最後背書為空白背書受讓票據之人，而該票據上之背書須連續無間，至背書中曾經偽造或代理人未經授權而為之者，不影響其連續。

2. If an endorsement in blank is followed by another endorsement, the person who signed this last endorsement is deemed to be an endorsee by the endorsement in blank.

3. A person is not prevented from being a holder by the fact that the instrument was obtained by him or any previous holder under circumstances, including incapacity or fraud, duress or mistake of any kind, that would give rise to a claim to, or a defence against liability on, the instrument.

Article 16

The holder of an instrument on which the last endorsement is in blank may:

(a) Further endorse it either by an endorsement in blank or by a special endorsement; or

(b) Convert the blank endorsement into a special endorsement by indicating in the endorsement that the instrument is payable to himself or to some other specified person; or

(c) Transfer the instrument is accordance with sub-paragraph '(b) of article '13.

Article 17

1. If the drawer or the maker has inserted in the instrument such words as "not negotiable", "not transferable", "not to order", "pay (X) only", or words of similar import, the instrument may not be transferred except for purpose of collection, and any endorsement, even if it does not contain words authorizing the endorsee to collect the instrument, is deemed to be an endorsement for collection.

2. If an endorsement contains the words "not negotiable", "not transferable", "not to order", "pay (X) only", or words of similar import, the instrument may not be transferred further except for purposes of collection, and any subsequent endorsement, even if it does not contain words authorizing the endorsee to collect the instrument, is deemed to be an endorsement for collection.

2. 接續空白背書而為背書者，該背書人應視為空白背書之被背書人。

3. 任何人不因其本身或其前手之取得票據有足以導致票據上請求權或抗辯權發生之無行為能力或詐欺、脅迫或錯誤等事由，而被阻卻成為執票人。

第十六條　（空白背書後之轉讓）

最後背書為空白背書之執票人得以下列方式轉讓票據：

(a) 空白背書或記名背書；或

(b) 於空白背書加填自己或其他特定人為受領票款之人（即被背書人），將空白背書轉變成記名背書；或

(c) 依第十三條(b)款規定轉讓。

第十七條　（「禁止轉讓」之背書）

1. 匯票發票人或本票發票人於票據上加載「不得流通」、「不得轉讓」、「不得付與指定人」、「限對（某人）付款」或其他類似意涵之文字者，該票據除委任取款背書外，不得再為轉讓，且其後任何背書，縱未載有授權被背書人收取票款之文字，亦視為委任取款背書。

2. 背書載有「不得流通」、「不得轉讓」、「不得付與指定人」、「限對（某人）付款」或其他類似意涵之文字者，除委任取款背書外，該票據不得再為轉讓，且其後之任何背書，縱未載有授權被背書人收取票款之文字，亦視為委任取款背書。

Article 18

1. An endorsement must be unconditional.
2. A conditional endorsement transfers the instrument whether or not the condition is fulfilled. The condition is ineffective as to those parties and transferees who are subsequent to the endorsee.

Article 19

An endorsement in respect of a part of the sum due under the instrument is ineffective as an endorsement.

Article 20

If there are two or more endorsements, it is presumed, unless the contrary is proved, that each endorsement was made in the order in which it appears on the instrument.

Article 21

1. If an endorsement contains the words "for collection", "for deposit", "value in collection", "by procuration", "pay any bank", or words of similar import authorizing the endorsee to collect the instrument, the endorsee is a holder who:
(a) May exercise all rights arising out of the instrument;
(b) May endorse the instrument only for purposes of collection;
(c) Is subject only to the claims and defences which may be set up against the endorser.
2. The endorser for collection is not liable on the instrument to any subsequent holder.

Article 22

1. If an endorsement contains the words "value in security", "value in pledge", or any other words indicating a pledge, the endorsee is a holder who:
(a) May exercise all rights arising out of the instrument;

第十八條　（背書之條件）

1. 背書不得附有條件。
2. 不問所附條件是否成就，附有條件之背書仍得轉讓票據。此項條件對自被背書人受讓票據之人不生效力。

第十九條　（部分背書）

就票據部分金額所為之背書，無效。

第二十條　（背書之次序）

有二以上背書時，除有反證外，按其於票背所顯示之順序定其前後手。

第二十一條　（委任取款背書）

1. 背書載有「委任取款」、「存款」、「收款」、「委任」、「限對銀行付款」或其他與授權被背書人領取票款涵義類似之文字者，被背書人即成得為下列行為之執票人：
(a)行使全部票據上權利；
(b)為委任取款而在票據上背書；
(c)受對背書人所得提出之請求及抗辯之限制。
2. 委任取款背書人對後手不負票據上責任。

第二十二條　（設質背書）

1. 背書載有「供擔保」、「供設質」或其他表明設質之文字者，被背書人即成得為下列行為之執票人：
(a)行使全部票據上權利；

(b) May endorse the instrument only for purposes of collection;

(c) Is subject only to the claims and defences specified in article '28 or article '30.

2. If such an endorses for collection he is not liable on the instrument to any subsequent holder.

Article 23

The holder of an instrument may transfer it to a prior party or to the drawee in accordance with article '13; however, if the transferee has previously been a holder of instrument, no endorsement is required, and any endorsement which would prevent him from qualifying as a holder may be struck out.

Article 24

An instrument may be transferred in accordance with article '13 after maturity, except by the drawee, the acceptor or the maker.

Article 25

1. If an endorsement is forged, the person whose endorsement is forged, or a party who signed the instrument before the forgery, has the right to recover compensation for any damage that he may have suffered because of the forgery against:

(a) The forger;

(b) The person to whom the instrument was directly transferred by the forger;

(c) A party or the drawee who paid the instrument to the forger directly or through one or more endorsees for collection.

2. However, an endorsee for collection is not liable under paragraph '1 of this article if he is without knowledge of the forgery:

(a) At the time he pays the principal or advises him of the receipt of payment; or

(b) At the time he receives payment, if this is later, unless his lack of knowledge is due to his failure to act in good faith or to exercise reason-

(b)為委任取款而在票據上背書；

(c)受第二十八條或第三十條規定之請求及抗辯之限制。

2.前項被背書人為委任取款而背書者，對後手執票人不負票據上責任。

第二十三條　（回頭背書）

執票人得依第十三條之規定轉讓票據與前手或付款人；受讓人為前手者，無須背書，任何妨礙其取得執票人資格之背書得塗銷之。

第二十四條　（到期日後之轉讓）

依第十三條之規定，票據於到期日後仍可轉讓，但付款人、承兌人或本票發票人不得為之。

第二十五條　（背書偽造及救濟）

1.背書經偽造者，被偽造人或任何於偽造前在票據上簽名之人，有權就因偽造所遭受之損失向下列之人請求賠償：

(a)偽造人；

(b)自偽造人處直接受讓票據之人；

(c)直接或經委任取款之被背書人對偽造人付款之票據債務人或付款人。

2.委任取款之被背書人於下列情形，不知背書之偽造者，不負本條第一項之責任：

(a)於對委任人付款或對委任人為受領票據金額之通知時；或

(b)委任取款之被背書人，其受領票據金額在前款所列舉情形之後者，於其受領票據金額時，但其不知善意或合理注意義務之未

able care.

3. Furthermore, a party or the drawee who pays an instrument is not liable under paragraph '1 of this article if, at the time he pays the instrument, he is without knowledge of the forgery, unless his lack of knowledge is due to his failure to act in good faith or to exercise reasonable care.

4. Except as against the forger, the damages recoverable under paragraph '1 of this article may not exceed the amount referred to in article '70 or article '71.

Article 26

1. If an endorsement is made by an agent without authority or power to bind his principal in the matter, the principal, or a party who signed the instrument before such endorsement, has the right to recover compensation for any damage that he may have suffered because of such endorsement against:

(a) The agent;

(b) The person to whom the instrument was directly transferred by the agent;

(c) A party or the drawee who paid the instrument to the agent directly or through one or more endorsees for collection.

2. However, and endorsee for collection is not liable under paragraph '1 of this article if he is without knowledge that the endorsement does not bind the principal:

(a) At the time he pays the principal or advises him of the receipt of payment; or

(b) At the time he receives payment, if this is later, unless his lack of knowledge is due to his failure to act in good faith or to exercise reasonable care.

3. Furthermore, a party or the drawee who pays an instrument is not liable under paragraph '1 of this article if, at the time he pays the instrument, he is without knowledge that the endorsement does not bind the principal, unless his lack of knowledge is due to his failure to act in good faith or to exercise reasonable care.

盡者，不在此限。

3. 票據債務人或付款人於付款時若不知背書係偽造者，不負本條第一項之責任，但其不知善意或合理注意義務之未盡者，不在此限。

4. 依本條第一項所得請求之損害賠償不得超過第七十條或第七十一條所規定之金額，但對偽造人求償者，不在此限。

第二十六條　（無權代理及救濟）

1. 背書係由無權代理人所為者，本人或於背書前簽名於票據上之人，有權向下列之人求償因背書所致之損害：

(a)無權代理人；

(b)自無權代理人直接受讓票據之人；

(c)直接或經由委任取款之被背書人對無權代理人付款之債務人或匯票付款人。

2. 委任取款之被背書人於下列情形，不知該背書無拘束本人之效力者，不負本條第一項之責任：

(a)於對本人付款或對本人為業已受領票據金額之通知時；或

(b)委任取款之被背書人，其受領票據金額在前款所列舉情形之後者，於其受領票據金額時，但其不知係非出於善意或未盡合理注意義務者，不在此限。

3. 票據債務人或匯票付款人於付款時不知該背書無拘束本人之效力者，不負本條第一項之責任，但其不知係非出於善意或未盡合理注意義務者，不在此限。

4. 根據本條第一項所得請求之損害賠償，不得超過第七十條或第七十一條所規定之

4. Except as against the agent, the damages recoverable under paragraph '1 of this article may not exceed the amount referred to in article '70 or article '71.

金額，但對無權代理人，不在此限。

CHAPTER IV.—Rights And Liabilities

第四章　權利與責任

Section 1.—The rights of a holder and of a protected holder

第一節　執票人與善意執票人之權利

Article 27

1. The holder of an instrument has all the rights conferred on him by this Convention against the parties to the instrument.
2. The holder may transfer the instrument in accordance with article '13.

第二十七條　（執票人之權利）

1. 票據執票人對票據債務人享有本公約所賦予之一切權利。
2. 執票人得依第十三條規定轉讓票據。

Article 28

1. A party may set up against a holder who is not a protected holder:
(a) Any defence that may be set up against a protected holder in accordance with paragraph '1 of article '30;
(b) Any defence based on the underlying transaction between himself and the drawer or between himself and his transferee, but only if the holder took the instrument with knowledge of such defence or if he obtained the instrument by fraud or theft or participated at any time in a fraud or theft concerning it;
(c) Any defence arising from the circumstances as a result of which he became a party, but only if the holder took the instrument with knowledge of such defence or if he obtained the instrument by fraud or theft or participated at any time in a fraud or theft concerning it;
(d) Any defence which may be raised against an action in contract between himself and the holder;
(e) Any other defence available under this Convention.
2. The rights to an instrument of a holder who is not a protected holder are subject to any valid

第二十八條　（對惡意執票人之抗辯）

1. 票據債務人得以下列事由對抗惡意執票人：
(a) 依第三十條第一項所得對抗善意執票人之事由；
(b) 基於票據債務人與匯票發票人或票據債務人與其受讓人間之原因關係所生之抗辯事由，但以執票人於受讓票據時明知該抗辯事由或其取得票據係出於詐欺、竊盜或參與詐欺或竊盜者為限；
(c) 基於使其成為票據債務人之有關情事而生之抗辯，但以執票人於取得票據時明知該抗辯事由或其取得票據係出於詐欺、竊盜或參與詐欺或竊盜行為者為限；
(d) 基於其與執票人間之契約在訴訟上所得主張之抗辯；
(e) 其他於本公約下所得主張之抗辯。
2. 惡意執票人，其對票據之權利不得優於任何人對該票據所得行使之有效請求權，但

claim to the instrument on the part of any person, but only if he took the instrument with knowledge of such claim or if he obtained the instrument by fraud or theft or participated at any time in a fraud or theft concerning it.

3. A holder who takes an instrument after the expiration of the time-limit for presentment for payment is subject to any claim to, or defence against liability on, the instrument to which his transferor is subject.

4. A party may not raise as a defence against a holder who is not a protected holder the fact that a third person has a claim to the instrument unless:

(a) The third person asserted a valid claim to the instrument; or

(b) The holder acquired the instrument by theft or forged the signature of the payee or an endorsee, or participated in the theft or the forgery.

Article 29

"Protected holder" means the holder of an instrument which was complete when he took it or which was incomplete within the meaning of paragraph '1 of article '12 and was completed in accordance with authority given, provided that when he became a holder:

(a) He was without knowledge of a defence against liability on the instrument referred to in paragraphs '1'(a), '(b), '(c) and '(e) of article '28;

(b) He was without knowledge of a valid claim to the instrument of any person;

(c) He was without knowledge of the fact that it had been dishonoured by non-acceptance or by non-payment;

(d) The time-limit provided by article '55 for presentment of that instrument for payment had not expired;

(e) He did not obtain the instrument by fraud or theft or participate in a fraud or theft concerning it.

以其於取得票據時知有此等請求權或其取得出於詐欺、竊盜或參與詐欺或竊盜者為限。

3. 執票人於付款提示期限屆滿後取得票據，而讓與人於票據上受有請求權或抗辯事由之限制者，應受相同之限制。

4. 除有下列情形之一者外，票據債務人不得以第三人所有之請求權或抗辯事由對抗惡意執票人：

(a)第三人業已就票據主張有效之請求權者；或

(b)執票人係以竊盜或偽造受款人或被背書人之簽名，或參與竊盜或偽造而取得票據者。

第二十九條 （善意執票人）

「善意執票人」指受讓已記載完成，或依第十二條第一項記載雖未完成但經授權業已補充完成之票據，並於受讓時具備下列要件之人：

(a)不知票據有第二十八條第一項(a)、(b)、(c)、(d)和(e)各款列舉之抗辯事由；

(b)不知任何人對票據存有有效請求權；

(c)不知票據曾遭拒絕承兌或拒絕付款之事實；

(d)第五十五條規定之提示付款期限尚未屆滿；

(e)非以詐欺或竊盜或參與詐欺或竊盜取得票據。

Article 30

1. A party may not set up against a protected holder any defence except:

(a) Defences under paragraph '1 of article '33, article '34, paragraph '1 of article '35, paragraph '3 of article '36, paragraph '1 of article '53, paragraph '1 of article '57, paragraph '1 of article '63 and article '84 of this Convention;

(b) Defences based on the underlying transaction between himself and such holder or arising from any fraudulent act on the part of such holder in obtaining the signature on the instrument of that party;

(c) Defences based on his incapacity to incur liability on the instrument or on the fact that he signed without knowledge that his signature made him a party to the instrument, provided that his lack of knowledge was not due to his negligence and provided that he was fraudulently induced so to sign.

2. The rights to an instrument of a protected holder are not subject to any claim to the instrument on the part of any person, except a valid claim arising from the underlying transaction between himself and the person by whom the claim is raised.

Article 31

1. The transfer of an instrument by a protected holder vests in any subsequent holder the rights to and on the instrument which the protected holder had.

2. Those rights are not vested in a subsequent holder if:

(a) He participated in a transaction which gives rise to a claim to, or a defence against liability on, the instrument;

(b) He has previously been a holder, but not a protected holder.

Article 32

Every holder is presumed to be a protected holder unless the contrary is proved.

第三十條　（對善意執票人抗辯之限制）

1. 除有下列情形之一者外，票據債務人對善意執票人不得主張任何抗辯：

(a)本公約第三十三條第一項、第三十四條、第三十五條第一項、第三十六條第三項、第五十三條第一項、第五十七條第一項、第六十三條第一項和第八十四條所規定之各項抗辯；

(b)基於其與該執票人間之原因關係或執票人以詐欺取得該票據債務人簽名之抗辯；

(c)基於其為無行為能力以承擔票據責任之人或於簽名時不知該簽名使其成為票據債務人之事實而發生之抗辯，惟其不知須非出於過失及須受詐欺而簽名。

2. 善意執票人其票據上權利不受任何人對該票據所得主張任何有效請求權之限制，但此項請求權係基於其與主張該請求權之人間之原因關係所生者，不在此限。

第三十一條　（善意受讓）

1. 自善意執票人受讓票據者，後手取得善意執票人於票據上所有之權利。

2. 於下列情形，後手不能取得善意執票人所有之權利：

(a)曾參與導致票據上請求權或抗辯權發生之交易。

(b)前曾為執票人，但非善意執票人。

第三十二條　（善意執票人之推定）

除有相反之證明外，執票人推定為善意執票人。

Section 2.—Liabilities of the parties

A.—General provisions

Article 33

1. Subject to the provisions of articles '34 and '36, a person is not liable on an instrument unless he signs it.

2. A person who signs an instrument in a name which is not his own is liable as if he had signed it in his own name.

Article 34

A forged signature on an instrument does not impose any liability on the person whose signature was forged. However, if he consents to be bound by the forged signature or represents that it is his own, he is liable as if he had signed the instrument himself.

Article 35

1. If an instrument is materially altered:

(a) A party who signs it after the material alteration is liable according to the terms of the altered text;

(b) A party who signs it before the material alteration is liable according to the terms of the original text. However, if a party makes, authorizes or assents to a material alteration, he is liable according to the terms of the altered text.

2. A signature is presumed to have been placed on the instrument after the material alteration unless the contrary is proved.

3. Any alteration is material which modifies the written undertaking on the instrument of any party in any respect.

Article 36

1. An instrument may be signed by an agent.

2. The signature of an agent placed by him on an instrument with the authority of his principal

第二節　票據債務人之責任

A. 通　則

第三十三條　（票上簽名者之責任）

1. 除第三十四條及第三十六條規定外，未在票據上簽名者，不負票據上責任。

2. 非以本名簽名者，其於票據上所負之責任與簽本名者同。

第三十四條　（偽造及同意）

票據上簽名被偽造之人不負票據上責任，但其同意受被偽造簽名之拘束，或表示該簽名即係其所為，應與自行簽名於票上負相同之責任。

第三十五條　（變造及責任）

1. 票據經重大變造時：

(a)簽名在變造後者，依變造文義負責；

(b)簽名在變造前者，依原有文義負責。但參與、授權或同意變造者，依變造文義負責。

2. 不能證明簽名在變造前者，推定簽名在變造後。

3. 對票據債務人之票據上責任所為之任何更動均為重大變造。

第三十六條　（票據行為之代理）

1. 票據上之簽名得由代理人為之。

2. 代理人經本人授權於票據上簽名，並載明

and showing on the instrument that he is signing in a representative capacity for that named principal, or the signature of a principal placed on the instrument by an agent with his authority, imposes liability on the principal and not on the agent.

3. A signature placed on an instrument by a person as agent but who lacks authority to sign or exceeds his authority, or by an agent who has authority to sign but who does not show on the instrument that he is signing in a representative capacity for a named person, or who shows on the instrument that he is signing in a representative capacity but does not name the person whom he represents, imposes liability on the person signing and not on the person whom he purports to represent.

4. The question whether a signature was placed on the instrument in a representative capacity may be determined only by reference to what appears on the instrument.

5. A person who is liable pursuant to paragraph '3 of this article and who pays the instrument has the same rights as the person for whom he purported to act would have had if that person had paid the instrument.

Article 37

The order to pay contained in a bill does not of itself operate as an assignment to the payee of funds made available for payment by the drawer with the drawee.

B.—The drawer

Article 38

1. The drawer engages that upon dishonour of the bill by non-acceptance or by non-payment, and upon any necessary protest, he will pay the bill to the holder, or to any endorser or any endorser's guarantor who takes up and pays the bill.

2. The drawer may exclude or limit his own liability for acceptance or for payment by an express

---

其係為特定本人，以代理人身分簽名，或經本人授權將本人簽名章蓋於票據上，應由本人而非代理人負責。

3. 代理人欠缺簽名代理權或逾越代理權而以代理人名義將簽名章蓋於票據上，或代理人有簽名代理權但未載明其為特定本人以代理人之身分簽名於票據上，或於票據上載明代理意旨但未指出為何人代理者，應由簽名人而非其所欲代理之人負責。

4. 簽名章是否以代理人身分蓋於票據上，得參酌票據之外觀為之判斷。

5. 代理人依本條第三項負其責任並就票據付款者，取得與其所欲代理之人於其支付票款下所可取得之相同之權利。

第三十七條 （轉讓票據與移轉資金）

匯票所載之付款指示本身不生將發票人於付款人處之資金移轉於受款人之效力。

B. 匯票發票人

第三十八條 （發票人及其責任）

1. 匯票發票人於匯票不獲承兌或不獲付款並經作成拒絕證書者，對執票人或取得並支付票款之背書人及其保證人負付款之責。

2. 匯票發票人得於票上為免除或限制擔保

stipulation in the bill. Such a stipulation is effective only with respect to the drawer. A stipulation excluding or limiting liability for payment is effective only if another party is or becomes liable on the bill.

承兌或擔保付款責任之記載。此項記載僅對該發票人發生效力。免除或限制擔保付款責任之記載，僅於另有其他票據債務人對票據負責或承擔票據責任時始屬有效。

C.—The maker

Article 39

1. The maker engages that he will pay the note in accordance with its terms to the holder, or to any party who takes up and pays the note.
2. The maker may not exclude or limit his own liability by a stipulation in the note. Any such stipulation is ineffective.

C. 本票發票人

第三十九條　（本票發票人及其責任）
1. 本票發票人對執票人或取得並支付票款之人，依本票文義負付款責任。
2. 本票發票人不得於票上為免除或限制付款責任之記載。有此記載者，其記載無效。

D.—The drawee and the acceptor

Article 40

1. The drawee is not liable on a bill until he accepts it.
2. The acceptor engages that he will pay the bill in accordance with the terms of his acceptance to the holder, or to any party who takes up and pays the bill.

D. 付款人及承兌人

第四十條　（匯票付款人及承兌人之責任）
1. 付款人於承兌前不負付款責任。
2. 承兌人對執票人或取得並給付票款之人，按承兌條件負付款責任。

Article 41

1. An acceptance must be written on the bill and may be effected:
(a) By the signature of the drawee accompanied by the word "accepted" or by words of similar import; or
(b) By the signature alone of the drawee.
2. An acceptance may be written on the front or on the back of the bill.

第四十一條　（承兌方式）
1. 承兌須記載於票上，並以下列方式為之：
(a)由付款人簽名並加載承兌或涵義類似之字樣；或
(b)僅由付款人簽名。
2. 承兌得於票面或票背為之。

Article 42

1. An incomplete bill which satisfies the requirements set out in paragraph '1 of article '1 may be accepted by the drawee before it has been signed by the drawer, or while otherwise in-

第四十二條　（承兌之日期）
1. 符合第一條第一項條件之空白匯票，付款人得於發票人簽名或補充完成前承兌。

complete.

2. A bill may be accepted before, at or after maturity, or after it has been dishonoured by non-acceptance or by non-payment.

3. If a bill drawn payable at a fixed period after sight, or a bill which must be presented for acceptance before a specified date, is accepted, the acceptor must indicate the date of his acceptance; failing such indication by the acceptor, the drawer or the holder may insert the date of acceptance.

4. If a bill drawn payable at a fixed period after sight is dishonoured by non-acceptance and the drawee subsequently accepts it, the holder is entitled to have the acceptance dated as of the date on which the bill was dishonoured.

Article 43

1. An acceptance must be unqualified. An acceptance is qualified if it is conditional or varies the terms of the bill.

2. If the drawee stipulates in the bill that his acceptance is subject to qualification:

(a) He is nevertheless bound according to the terms of his qualified acceptance;

(b) The bill is dishonoured by non-acceptance.

3. An acceptance relating to only a part of the sum payable is a qualified acceptance. If the holder takes such an acceptance, the bill is dishonoured by non-acceptance only as to the remaining part.

4. An acceptance indicating that payment will be made at a particular address or by a particular agent is not a qualified acceptance, provided that:

(a) The place in which payment is to be made is not changed;

(b) The bill is not drawn payable by another agent.

2. 匯票得於到期日前、到期日、到期日後，拒絕承兌或拒絕付款後承兌。

3. 見票後定期付款或須於一定期日前承兌之匯票，承兌人應於承兌時註明日期；承兌人未註明者，發票人或執票人得加註之。

4. 於見票後定期付款匯票，付款人於拒絕承兌後又對該匯票為承兌者，執票人有權以拒絕日為承兌日。

第四十三條　（附條件承兌）

1. 承兌須不附條件。附加條件或變更匯票記載之承兌即為附條件承兌。

2. 付款人於匯票上載明其承兌附有條件者：

(a) 按所附條件受其拘束；

(b) 視為拒絕承兌。

3. 一部承兌為附條件承兌。執票人接受一部承兌者，該匯票僅於其他部分視為拒絕承兌。

4. 載明於特定付款處所或由特定擔當付款人付款之承兌，非附條件承兌，但須：

(a) 未更改付款地；

(b) 於發票時另無擔當付款人之指定。

E.—The endorser

Article 44

1. The endorser engages that upon dishonour of the instrument by non-acceptance or by non-payment, and upon any necessary protest, he will pay the instrument to the holder, or to any subsequent endorser or any endorser's guarantor who takes up and pays the instrument.

2. An endorser may exclude or limit his own liability by an express stipulation in the instrument. Such a stipulation is effective only with respect to that endorser.

F.—The transferor by endorsement or by mere delivery

Article 45

1. Unless otherwise agreed, a person who transfers an instrument, by endorsement and delivery or by mere delivery, represents to the holder to whom he transfers the instrument that:

(a) The instrument does not bear any forged or unauthorized signature;

(b) The instrument has not been materially altered;

(c) At the time of transfer, he has no knowledge of any fact which would impair the right of the transferee to payment of the instrument against the acceptor of a bill or, in the case of an unaccepted bill, the drawer, or against the maker of a note.

2. Liability of the transferor under paragraph '1 of this article is incurred only if the transferee took the instrument without knowledge of the matter giving rise to such liability.

3. If the transferor is liable under paragraph '1 of this article, the transferee may recover, even before maturity, the amount paid by him to the transferor, with interest calculated in accordance with article '70, against return of the instrument.

E. 背書人

第四十四條　（背書人及其責任）

1. 背書人擔保於票據不獲承兌或不獲付款並經作成拒絕證書者，對執票人、或任何取得並給付票款之後手背書人及其保證人負付款責任。

2. 背書人得於票據上為免除擔保承兌或免除擔保付款之記載。此項記載僅對該背書人發生效力。

F. 背書或交付轉讓

第四十五條　（轉讓及受讓人之權利）

1. 除另有約定外，以背書及交付，或僅交付轉讓票據之人對受讓人擔保：

(a)票據上無偽造或未經授權之簽名；

(b)於轉讓當時，票據未經重大變造；

(c)不知有任何損及受讓人向承兌人，或於不獲承兌時向匯票發票人，或本票發票人行使付款請求權之情事。

2. 票據讓與人於本條第一項下所負之責任，僅以受讓人取得票據時對引起此等責任之情事不知者為限。

3. 票據讓與人依本條第一項負責者，受讓人得繳回票據，請求退還其所付之金額，並依第七十條加計利息。即於到期日前，亦同。

G.—The guarantor

Article 46

1. Payment of an instrument, whether or not it has been accepted, may be guaranteed, as to the whole or part of its amount, for the account of a party or the drawee. A guarantee may be given by any person, who may or may not already be a party.

2. A guarantee must be written on the instrument or on a slip affixed thereto ("allonge").

3. A guarantee is expressed by the words "guaranteed", "aval", "good as aval" or words of similar import, accompanied by the signature of the guarantor. For the purposes of this Convention, the words "prior endorsements guaranteed" or words of similar import do not constitute a guarantee.

4. A guarantee may be effected by a signature alone on the front of the instrument. A signature alone on the front of the instrument, other than that of the maker, the drawer or the drawee, is a guarantee.

5. A guarantor may specify the person for whom he has become guarantor. In the absence of such specification, the person for whom he has become guarantor is the acceptor or the drawee in the case of a bill, and the maker in the case of a note.

6. A guarantor may not raise as a defence to his liability the fact that he signed the instrument before it was signed by the person for whom he is a guarantor, or while the instrument was incomplete.

Article 47

1. The liability of a guarantor on the instrument is of the same nature as that of the party for whom he has become guarantor.

2. If the person for whom he has become guarantor is the drawee, the guarantor engages:

(a) To pay the bill at maturity to the holder, or to any party who takes up and pays the bill;

G. 保證人

第四十六條　（保證及被保證人之推定）

1. 不論票據是否經承兌，保證人得就票據金額之全部或一部，為票據債務人或匯票付款人提供付款保證。任何人，不論其是否為票據債務人，均得為保證。

2. 保證須於票據或其黏單上作成。

3. 保證須記載「美式保證」、「日內瓦式保證」、「與保證同」或同義字樣，由保證人簽名。於本公約下，「保證前手背書」或同義字樣不構成保證。

4. 保證得於票據正面僅以簽名作成。除匯票發票人或付款人或本票發票人之簽名外，任何票據正面之單獨簽名即為保證。

5. 保證人得載明被保證人。未載明者，於匯票以承兌人或付款人、於本票以發票人為被保證人。

6. 保證人不得以其先於被保證人於匯票上簽名，或於其簽名時尚屬空白票據為抗辯。

第四十七條　（保證人之責任及抗辯）

1. 保證人於票據所負之責任與被保證人同。

2. 被保證人為付款人者，保證人保證：

(a)於匯票到期時對執票人或任何支付票款而受讓匯票之人付款；

(b)於定日付款匯票，於拒絕承兌及作成拒絕

(b) If the bill is payable at a definite time, upon dishonour by non-acceptance and upon any necessary protest, to pay it to the holder, or to any party who takes up and pays the bill.

3. In respect of defences that are personal to himself, a guarantor may set up:

(a) Against a holder who is not a protected holder only those defences which he may set up under paragraphs '1, '3 and '4 of article '28;

(b) Against a protected holder only those defences which he may set up under paragraph '1 of article '30.

4. In respect of defences that may be raised by the person for whom he has become a guarantor:

(a) A guarantor may set up against a holder who is not a protected holder only those defences which the person for whom he has become a guarantor may set up against such holder under paragraphs '1, '3 and '4 of article '28;

(b) A guarantor who expresses his guarantee by the words "guaranteed", "payment guaranteed" or "collection guaranteed", or words of similar import, may set up against a protected holder only those defences which the person for whom he has become a guarantor may set up against a protected holder under paragraph '1 of article '30;

(c) A guarantor who expresses his guarantee by the words "aval" or "good as aval" may set up against a protected holder only:

(i) The defence, under paragraph '1'(b) of article '30, that the protected holder obtained the signature on the instrument of the person for whom he has become a guarantor by a fraudulent act;

(ii) The defence, under article '53 or article '57, that the instrument was not presented for acceptance or for payment;

(iii) The defence, under article '63, that the instrument was not duly protested for non-acceptance or for non-payment;

(iv) The defence, under article '84, that a right of action may no longer be exercised against the person for whom he has become guarantor;

(d) A guarantor who is not a bank or other financial institution and who expresses his guarantee

證書後，對執票人或支付票款而受讓匯票之人付款。

3. 保證人得以其自身之地位提出下列抗辯：

(a)對非善意之執票人，提出第二十八條第一項、第三項及第四項所規定之抗辯。

(b)對善意執票人，提出第三十條第一項所規定之抗辯。

4. 保證人得主張被保證人所得提出之下列抗辯：

(a)對非善意執票人，被保證人依第二十八條第一項、第三項及第四項所得主張之抗辯；

(b)對善意執票人，於匯票上載明「美式保證」、「付款保證」、「託收保證」，或其他同義字樣之保證人，得提出被保證人依第三十條第一項所得主張之抗辯；

(c)於匯票上載明係以「日內瓦式保證」或「與日內瓦式保證同」之字樣為保證之人，對善意執票人僅得主張下列抗辯：

(i)依據第三十條第一項(b)款規定被保證人於票據上之簽名係善意執票人以詐欺手段取得者；

(ii)依據第五十三條或第五十七條規定票據未經提示承兌或付款者；

(iii)依據第六十三條規定票據未遵期作成拒絕承兌證書或拒絕付款證書者；

(iv)依據第八十四條規定所生之時效抗辯對被保證人已不得再行使者；

(d)非為銀行或其他金融機構之保證人並僅以簽名表示保證者，其對善意執票人所得主張之抗辯僅以本項(b)款規定者為限；

(e)保證人為銀行或其他金融機構並僅以簽名表示保證者，其對善意執票人所得主張

by a signature alone may set up against a pro-
tected holder only the defences referred to in
subparagraph '(b) of this paragraph;

(e) A guarantor which is a bank or other financial
institution and which expresses its guarantee by
a signature alone may set up against a protected
holder only the defences referred to in subpara-
graph '(c) of this paragraph.

Article 48

1. Payment of an instrument by the guarantor in
accordance with article '72 discharges the party
for whom he became guarantor of his liability
on the instrument to the extent of the amount
paid.

2. The guarantor who pays the instrument may re-
cover from the party for whom he has become
guarantor and from the parties who are liable
on it to that party the amount paid and any in-
terest.

**CHAPTER V.—Presentment, Dishonour
By Non-Acceptance Or Non-Payment, And
Recourse**

**Section 1. — Presentment for acceptance and
dishonour by non-acceptance**

Article 49

1. A bill may be presented for acceptance.

2. A bill must be presented for acceptance:

(a) If the drawer has stipulated in the bill that it
must be presented for acceptance;

(b) If the bill is payable at a fixed period after
sight; or

(c) If the bill is payable elsewhere that at the resi-
dence or place of business of the drawee, unless
it is payable on demand.

Article 50

1. The drawer may stipulate in the bill that it must
not be presented for acceptance before a speci-
fied date or before the occurrence of a specified

之抗辯以本項(c)款規定者為限。

第四十八條 　（保證人之權利）

1. 保證人依第七十二條支付票款後，被保證
之票據債務人於其所付金額範圍內免除
票據責任。

2. 保證人於付款後，有向被保證人及其前手
追索所付票款及其利息之權利。

第五章　提示，拒絕承兌或拒絕付款及
　　　　追索

第一節　提示承兌及不獲承兌而退票

第四十九條 　（承兌自由原則及例外）

1. 匯票得為承兌之提示。

2. 匯票於下列情形須提示承兌：

(a) 發票人於匯票上為應提示承兌之記載者；

(b) 見票後定期付款之匯票；或

(c) 除見票即付之匯票外，匯票以付款人住居
所或營業所以外之地點為付款地者。

第五十條 　（禁止提示承兌）

1. 發票人得於匯票上載明於特定期日前或
特定事故發生前，不得為承兌之提示。除

event. Except where a bill must be presented for acceptance under paragraph '2'(b) or '(c) of article '49, the drawer may stipulate that it must not be presented for acceptance.

2. If a bill is presented for acceptance notwithstanding a stipulation permitted under paragraph '1 of this article and acceptance is refused, the bill is not thereby dishonoured.

3. If the drawee accepts a bill notwithstanding a stipulation that it must not be presented for acceptance, the acceptance is effective.

Article 51

A bill is duly presented for acceptance if it is presented in accordance with the following rules:

(a) The holder must present the bill to the drawee on a business day at a reasonable hour;

(b) Presentment for acceptance may be made to a person or authority other than the drawee if that person or authority is entitled under the applicable law to accept the bill;

(c) If a bill is payable on a fixed date, presentment for acceptance must be made before or on that date;

(d) A bill payable on demand or at a fixed period after sight must be presented for acceptance within one year of its date;

(e) A bill in which the drawer has stated a date or time-limit for presentment for acceptance must be presented on the stated date or within the stated time-limit.

Article 52

1. A necessary or optional presentment for acceptance is dispensed with if:

(a) The drawee is dead, or no longer has the power freely to deal with his assets by reason of his insolvency, or is a fictitious person, or is a person not having capacity to incur liability on the instrument as an acceptor; or

(b) The drawee is a corporation, partnership, association or other legal entity which has ceased to exist.

依第四十九條第二項(b)或(c)款應為提示承兌外，發票人得於匯票上載明不得提示承兌。

2. 無視匯票上有本條第一項所許可之記載而提示承兌致遭拒絕者，不構成拒絕承兌。

3. 付款人無視匯票上有不得提示承兌之記載而仍予承兌者，其承兌為有效。

第五十一條 （提示承兌）

匯票依下列規定提示承兌：

(a)執票人須於營業日之合理時間向付款人提示匯票；

(b)匯票付款人以外之個人或機構依法得為承兌者，得向其為承兌之提示；

(c)定日付款之匯票，應於該日前或該日為承兌之提示；

(d)見票即付或於見票後定期付款之匯票，應於發票日後一年內為承兌之提示；

(e)經發票人指定承兌提示期日或期限之匯票，應於指定期日或期限內提示。

第五十二條 （承兌免除）

1. 於下列情形，任意或必要之承兌提示得以免除：

(a)匯票付款人死亡、或因破產而喪失自由處分其財產之能力、或不存在、或無承擔票據承兌人責任之能力；或

(b)付款人為公司、合夥團體、社團或其他法人，業已終止其存在。

2. A necessary presentment for acceptance is dispensed with if:

(a) A bill is payable on a fixed date, and presentment for acceptance cannot be effected before or on that date due to circumstances which are beyond the control of the holder and which he could neither avoid nor overcome; or

(b) A bill is payable at a fixed period after sight, and presentment for acceptance cannot be effected within one year of its date due to circumstances which are beyond the control of the holder and which he could neither avoid nor overcome.

3. Subject to paragraph '1 and '2 of this article, delay in a necessary presentment for acceptance is excused, but presentment for acceptance is not dispensed with, if the bill is drawn with a stipulation that it must be presented for acceptance within a stated time-limit, and the delay in presentment for acceptance is caused by circumstances which are beyond the control of the holder and which he could neither avoid nor overcome. When the cause of the delay ceases to operate, presentment must be made with reasonable diligence.

Article 53

1. If a bill which must be presented for acceptance is not so presented, the drawer, the endorsers and their guarantors are not liable on the bill.

2. Failure to present a bill for acceptance does not discharge the guarantor of the drawee of liability on the bill.

Article 54

1. A bill is considered to be dishonoured by non-acceptance:

(a) If the drawee, upon due presentment, expressly refuses to accept the bill or acceptance cannot be obtained with reasonable diligence or if the holder cannot obtain the acceptance to which he is entitled under this Convention;

2.於下列情形，必要之承兌提示得以免除：

(a)定日付款之匯票，因不可抗力或不可歸責於執票人之事由致不能於該指定期日前或當日為承兌之提示；或

(b)見票後定期付款之匯票，因不可抗力或不可歸責於執票人之事由致不能於發票日後一年內為承兌之提示。

3.於本條第一項和第二項限制下，必要之承兌提示之遲延得以免除，但匯票於發票時載明須於指定期限內為承兌之提示，而其遲延係因不可抗力或不可歸責於執票人之事由所致者，其承兌提示不得免除。於遲延之原因消滅後，仍應適時為承兌之提示。

第五十三條　（不為承兌之免責）

1.須經提示承兌之匯票而未提示者，發票人、背書人及其保證人得免除匯票上責任。

2.匯票付款人之保證人，其責任不因匯票未經承兌提示而解除。

第五十四條　（未獲承兌）

1.於下列情形，匯票視為未獲承兌：

(a)匯票經正當提示，付款人明白表示拒絕承兌，或經適當努力仍不能獲得承兌，或執票人不能獲得基於本公約有權獲得之承兌者；

(b) If presentment for acceptance is dispensed with pursuant to article '52, unless the bill is in fact accepted.

2.

(a) If a bill is dishonoured by non-acceptance in accordance with paragraph '1'(a) of this article, the holder may exercise an immediate right of recourse against the drawer, the endorsers and their guarantors, subject to the provisions of article '59.

(b) If a bill is dishonoured by non-acceptance in accordance with paragraph '1'(b) of this article, the holder may exercise an immediate right of recourse against the drawer, the endorsers and their guarantors.

(c) If a bill is dishonoured by non-acceptance in accordance with paragraph '1 of this article, the holder may claim payment from the guarantor of the drawee upon any necessary protest.

3. If a bill payable on demand is presented for acceptance, but acceptance is refused, it is not considered to be dishonoured by non-acceptance.

Section 2.—Presentment for payment and dishonour by non-payment

Article 55

An instrument is duly presented for payment if it is presented in accordance with the following rules:

(a) The holder must present the instrument to the drawee or to the acceptor or to the maker on a business day at a reasonable hour;

(b) A note signed by two or more makers may be presented to any one of them, unless the note clearly indicates otherwise;

(c) If the drawee or the acceptor or the maker is dead, presentment must be made to the persons who under the applicable law are his heirs or the persons entitled to administer his estate;

(d) Presentment for payment may be made to a person or authority other than the drawee, the acceptor or the maker if that person or authority is entitled under the applicable law to pay the

(b)除非匯票於事實上已獲承兌,承兌提示依第五十二條免除者。

2.

(a)匯票依本條第一項(a)款不獲承兌者,執票人得於第五十九條限制下,對發票人、背書人及其保證人行使追索權。

(b)匯票依本條第一項(b)款不獲承兌者,執票人得對發票人、背書人及其保證人行使追索權。

(c)匯票依本條第一項不獲承兌者,執票人得於作成拒絕證書後請求付款人之保證人付款。

3.見票即付之匯票經提示承兌而遭拒絕者,不得視為拒絕承兌。

第二節　提示付款及拒絕付款

第五十五條　（付款提示）

票據須依下列規定為付款提示:

(a)執票人須於營業時間向匯票付款人或承兌人或本票發票人提示票據;

(b)除本票另為載明外,二以上發票人簽名之本票,得向其中任何一人為提示;

(c)匯票付款人或承兌人或本票發票人死亡者,須向其繼承人或遺產管理人為提示;

(d)匯票付款人、承兌人或本票發票人以外之個人或機構依法有支付票款之資格者,得向該人或該機構為付款提示;

(e)非見票即付之票據,須於到期日或到期日後二營業日內為付款提示;

instrument;

(e) An instrument which is not payable on demand must be presented for payment on the date of maturity or on one of the two business days which follow;

(f) An instrument which is payable on demand must be presented for payment within one year of its date;

(g) An instrument must be presented for payment:

(i) At the place of payment specified on the instrument;

(ii) If no place of payment is specified, at the address of the drawee or the acceptor or the maker indicated in the instrument; or

(iii) If no place of payment is specified and the address of the drawee or the acceptor or the maker is not indicated, at the principal place of business or habitual residence of the drawee or the acceptor or the maker;

(h) An instrument which is presented at a clearing-house is duly presented for payment if the law of the place where the clearing-house is located or the rules or customs of that clearing-house so provide.

Article 56

1. Delay in making presentment for payment is excused if the delay is caused by circumstances which are beyond the control of the holder and which he could neither avoid nor overcome. When the cause of the delay ceases to operate, presentment must be made with reasonable diligence.

2. Presentment for payment is dispensed with:

(a) If the drawer, an endorser or a guarantor has expressly waived presentment; such waiver:

(i) If made on the instrument by the drawer, binds any subsequent party and benefits any holder;

(ii) If made on the instrument by a party other than the drawer, binds only that party but benefits any holder;

(iii) If made outside the instrument, binds only the party making it and benefits only a holder in whose favour it was made;

(f)見票即付之票據，須於發票日後一年內為付款提示；

(g)票據須於下列地點為付款提示：

(i)票據上所載之付款地；

(ii)無付款地之記載者，票據上所載匯票付款人、承兌人或本票發票人之住址；

(iii)無付款地，亦無匯票付款人、承兌人或本票發票人之住址之記載者，為匯票付款人或承兌人或本票發票人之主要營業所或居所所在地；

(h)票據交換所當地之法律或票據交換所之規章或慣例有規定者，得對票據交換所為付款提示。

第五十六條 （付款提示之遲延及免除）

1. 付款提示之遲延係不可抗力所致者，執票人免負遲延責任。於不可抗力之原因消失後，執票人仍須即為付款之提示。

2. 付款提示於下列情形得以免除：

(a)匯票發票人、背書人或保證人以下列方式明白表示免為提示者：

(i)匯票發票人於票據上為此記載者，其後手同受拘束，執票人得不經提示對之為追索；

(ii)匯票發票人以外之債務人於票據上為此記載者，僅拘束該債務人，但執票人得不經提示對之為追索；

(iii)於票據外為此表示者，僅拘束該票據債務

(b) If an instrument is not payable on demand, and the cause of delay in making presentment referred to in paragraph '1 of this article continues to operate beyond thirty days after maturity;

(c) If an instrument is payable on demand, and the cause of delay in making presentment referred to in paragraph '1 of this article continues to operate beyond thirty days after the expiration of the time-limit for presentment for payment;

(d) If the drawee, the maker or the acceptor has no longer the power freely to deal with his assets by reason of his insolvency, or is a fictitious person or a person not having capacity to make payment, or if the drawee, the maker or the acceptor is a corporation, partnership, association or other legal entity which has ceased to exist;

(e) If there is no place at which the instrument must be presented in accordance with subparagraph '(g) of article '55.

3. Presentment for payment is also dispensed with as regards a bill, if the bill has been protested for dishonour by non-acceptance.

Article 57

1. If an instrument is not duly presented for payment, the drawer, the endorsers and their guarantors are not liable on it.

2. Failure to present an instrument for payment does not discharge the acceptor, the maker and their guarantors or the guarantor of the drawee of liability on it.

Article 58

1. An instrument is considered to be dishonoured by non-payment:

(a) If payment is refused upon due presentment or if the holder cannot obtain the payment to which he is entitled under this Convention;

(b) If presentment for payment is dispensed with pursuant to paragraph '2 of article '56 and the instrument is unpaid at maturity.

2. If a bill is dishonoured by non-payment, the

人，亦唯受表示之執票人始得不經提示而對之為追索；

(b)非見票即付之票據，本條第一項提示遲延之原因於到期三十日後仍在繼續中者；

(c)見票即付之票據，本條第一項提示遲延之原因於提示付款期限屆滿三十日後仍在繼續中者；

(d)匯票付款人、本票發票人或承兌人，因失卻清償能力而喪失對其財產之處分權，或為虛擬之人或無付款能力之人；或匯票付款人，本票發票人或承兌人為公司、合夥企業、社團或其他法人，現已解散而終止存在者；

(e)無第五十五條(g)款規定之票據提示地者。

3. 匯票因不獲承兌而已作成拒絕證書者，無需再為付款提示。

第五十七條　（未為付款提示之結果）

1. 票據未經付款提示者，匯票發票人、背書人及其保證人均得免責。

2. 票據未提示付款，並不免除承兌人、本票發票人及其保證人或付款人之保證人之票據責任。

第五十八條　（未獲付款）

1. 票據於下列情形視為未獲付款：

(a)票據經提示遭拒絕付款，或執票人不能獲得基於本公約有權獲得之付款；

(b)依第五十六條第二項規定免為付款提示，而票據於到期日未獲付款。

2. 匯票未獲付款者，執票人得於第五十九條限制下，對匯票發票人、背書人及其保證

holder may, subject to the provisions of article ' 59, exercise a right of recourse against the drawer, the endorsers and their guarantors.

3. If a note is dishonoured by non-payment, the holder may, subject to the provisions of article ' 59, exercise a right of recourse against the endorsers and their guarantors.

Section 3.—Recourse

Article 59

If an instrument is dishonoured by non-acceptance or by non-payment, the holder may exercise a right of recourse only after the instrument has been duly protested for dishonour in accordance with the provisions of articles '60 to '62.

A.—Protest

Article 60

1. A protest is a statement of dishonour drawn up at the place where the instrument has been dishonoured and signed and dated by a person authorized in that respect by the law of that place. The statement must specify:
   (a) The person at whose request the instrument is protested;
   (b) The place of protest;
   (c) The demand made and the answer given, if any, or the fact that the drawee or the acceptor or the maker could not be found.
2. A protest may be made:
   (a) On the instrument or on a slip affixed thereto ("allonge"); or
   (b) As a separate document, in which case it must clearly identify the instrument that has been dishonoured.
3. Unless the instrument stipulates that protest must be made, a protest may be replaced by a declaration written on the instrument and signed and dated by the drawee or the acceptor or the maker, or, in the case of an instrument

人行使追索權。

3. 本票未獲付款者，執票人得於第五十九條限制下，對背書人及其保證人行使追索權。

第三節　追　索

第五十九條　（追索權之行使）

票據未獲承兌或未獲付款，執票人依第六十條至第六十二條規定作成拒絕證書後，得行使追索權。

A. 拒絕證書

第六十條　（拒絕證書）

1. 拒絕證書係於票據拒絕承兌地或拒絕付款地作成並由經當地法律授權之人員簽署及註明日期之未獲承兌或未獲付款之證明書。拒絕證書須記載下列事項：
   (a)要求就票據作成拒絕證書者之姓名；
   (b)拒絕證書之作成地；
   (c)請求及回覆，或匯票付款人或承兌人或本票發票人行蹤不明之事實。
2. 拒絕證書得以下列方式為之：
   (a)在票據或其黏單上；或
   (b)作成單獨文件，但須指明未獲承兌或未獲付款之票據。
3. 除非經票據載明須作成拒絕證書，拒絕證書得由匯票付款人或承兌人或本票發票人於票據上作成聲明並簽名及註明日期為之，於經載明由特定人付款之票據，得

domiciled with a named person for payment, by
that named person; the declaration must be to
the effect that acceptance or payment is re-
fused.

4. A declaration made in accordance with para-
graph '3 of this article is a protest for the pur-
pose of this Convention.

Article 61

Protest for dishonour of an instrument by non-ac-
ceptance or by non-payment must be made on the
day on which the instrument is dishonoured or on
one of the four business days which follow.

Article 62

1. Delay in protesting an instrument for dishonour
is excused if the delay is caused by circum-
stances which are beyond the control of the
holder and which he could neither avoid nor
overcome. When the cause of the delay ceases
to operate, protest must be made with reason-
able diligence.

2. Protest for dishonour by non-acceptance or by
non-payment is dispensed with:

(a) If the drawer, an endorser or a guarantor has
expressly waived protest; such waiver:

(i) If made on the instrument by the drawer, binds
any subsequent party and benefits any holder;

(ii) If made on the instrument by a party other than
the drawer, binds only that party but benefits
any holder;

(iii) If made outside the instrument, binds only the
party making it and benefits only a holder in
whose favour it was made;

(b) If the cause of the delay in making protest re-
ferred to in paragraph '1 of this article contin-
ues to operate beyond thirty days after the date
of dishonour;

(c) As regards the drawer of a bill, if the drawer
and the drawee or the acceptor are the same
person;

(d) If presentment for acceptance or for payment is
dispensed with in accordance with article '52 or

由該特定人為之；此項聲明須載明承兌或
付款遭拒絕之事實。

4.依本條第三項所為之聲明即屬符合本公
約之拒絕證書。

第六十一條　（拒絕證書作成日）

拒絕付款證書及拒絕承兌證書，須於拒絕日
或其後四營業日作成之。

第六十二條　（拒絕證書作成遲延及免除）

1.執票人因不可抗力致遲延作成拒絕證書
者，其遲延責任得以免除。遲延之原因消
失時，須即作成拒絕證書。

2.拒絕承兌或拒絕付款得於下列情形免以
作成拒絕證書：

(a)經匯票發票人、背書人或保證人明白拋棄
者：

(i)匯票發票人於票據上為此表示者，拘束任
何後手，執票人不作成拒絕證書即得追
索；

(ii)匯票發票人以外之票據債務人於票據上
為此表示者，則僅拘束該票據債務人，但
執票人得不作成拒絕證書而對之追索；

(iii)於票據外為此表示者，僅拘束作此表示之
票據債務人，亦僅受此項表示之執票人得
不作成拒絕證書而對之為追索；

(b)本條第一項遲延作成拒絕證書之原因延
續至拒絕日後三十日以上者；

(c)匯票發票人與付款人或承兌人為同一人
者；

paragraph '2 of article '56.

Article 63

1. If an instrument which must be protested for non-acceptance or for non-payment is not duly protested, the drawer, the endorsers and their guarantors are not liable on it.

2. Failure to protest an instrument does not discharge the acceptor, the maker and their guarantors or the guarantor of the drawee of liability on it.

B.—Notice of dishonour

Article 64

1. The holder, upon dishonour of an instrument by non-acceptance or by non-payment, must give notice of such dishonour:

(a) To the drawer and the last endorser;

(b) To all other endorsers and guarantors whose addresses the holder can ascertain on the basis of information contained in the instrument.

2. An endorser or a guarantor who receives notice must give notice of dishonour to the last party preceding him and liable on the instrument.

3. Notice of dishonour operates for the benefit of any party who has a right of recourse on the instrument against the party notified.

Article 65

1. Notice of dishonour may be given in any form whatever and in any terms which identify the instrument and state that it has been dishonoured. The return of the dishonoured instrument is sufficient notice, provided it is accompanied by a statement indicating that it has been dishonoured.

2. Notice of dishonour is duly given if it is communicated or sent to the party to be notified by means appropriate in the circumstances,

(d)承兌提示或付款提示依第五十二條或第五十六條第二項規定予以免除者。

第六十三條　（未作成拒絕證書之後果）

1. 須作成拒絕承兌證書或拒絕付款證書之票據而未作成者，匯票發票人、背書人及其保證人得免除其票據責任。

2. 承兌人、本票發票人及其保證人或匯票付款人之保證人，不因無拒絕證書之作成而免除其票據上責任。

B. 拒絕事由之通知

第六十四條　（拒絕事由之通知）

1. 票據不獲承兌或不獲付款者，執票人須對下列各人為通知：

(a)發票人及最後背書人；

(b)執票人依票載資料所得確認地址之其他背書人及保證人。

2. 收到通知之背書人或保證人，須通知應負票據責任之直接前手。

3. 拒絕事由之通知，其效力及於一切對被通知人享有票據上追索權之票據債務人。

第六十五條　（拒絕事由通知之形式）

1. 拒絕事由之通知得以任何形式及任何指明票據之文字為之，並陳述票據不獲承兌或不獲付款之事實，退回票據連同不獲承兌或不獲付款之說明構成充分之通知。

2. 拒絕事由之通知按當時情況係以適當方式對受通知人為傳送或投遞者，不論其收到與否，視為已適當為之。

whether or not it is received by that party.

3. The burden of proving that notice has been duly given rests upon the person who is required to give such notice.

Article 66

Notice of dishonour must be given within the two business days which follow:

(a) The day of protest or, if protest is dispensed with, the day of dishonour; or

(b) The day of receipt of notice of dishonour.

Article 67

1. Delay in giving notice of dishonour is excused if the delay is caused by circumstances which are beyond the control of the person required to give notice, and which he could neither avoid nor overcome. When the cause of the delay ceases to operate, notice must be given with reasonable diligence.

2. Notice of dishonour is dispensed with:

(a) If, after the exercise of reasonable diligence, notice cannot be given;

(b) It the drawer, and endorser or a guarantor has expressly waived notice of dishonour; such waiver:

(i) If made on the instrument by the drawer, binds any subsequent party and benefits any holder;

(ii) If made on the instrument by a party other than the drawer, binds only that party but benefits any holder;

(iii) If made outside the instrument, binds only the party making it and benefits only a holder in whose favour it was made;

(c) As regards the drawer of the bill, if the drawer and the drawee or the acceptor are the same person.

3. 拒絕事由之通知是否已適當為之，應由通知義務人負舉證責任。

第六十六條 （通知之期限）

拒絕事由之通知須於下列日期後之二營業日內為之：

(a)拒絕證書作成日，或無須作成拒絕證書者，拒絕承兌或拒絕付款日；或

(b)拒絕事由通知之受領日。

第六十七條 （通知遲延之免除）

1. 因不可抗力或不可歸責於通知人之事由，致遲延通知者，通知人免負遲延責任。遲延原因消滅時，須即行為通知。

2. 拒絕事由之通知因下列情事得以免除：

(a)經適當努力，通知仍無以傳送者；

(b)發票人、背書人或保證人經以下列方式為拋棄者：

(i)發票人於票據上為此表示者，對其後手有拘束力，執票人得不經通知即得行使追索權；

(ii)發票人以外之票據債務人於票據上為此表示者，僅對該債務人有拘束力，執票人對之得不經通知即得行使追索權；

(iii)於票據外為此表示者，僅對作此表示之債務人有拘束力，亦即接受此表示之執票人對之得不經通知即得行使追索權；

(c)匯票之發票人與付款人或承兌人為同一人者。

Article 68

If a person who is required to give notice of dishonour fails to give it to a party who is entitled to receive it, he is liable for any damages which that party may suffer from such failure, provided that such damages do not exceed the amount referred to in article '70 or article '71.

Section 4.—Amount payable

Article 69

1. The holder may exercise his rights on the instrument against any one party, or several or all parties, liable on it and is not obliged to observe the order in which the parties have become bound. Any party who takes up and pays the instrument may exercise his rights in the same manner against parties liable to him.
2. Proceedings against a party do not preclude proceedings against any other party, whether or not subsequent to the party originally proceeded against.

Article 70

1. The holder may recover from any party liable:
(a) At maturity: the amount of the instrument with interest, if interest has been stipulated for;
(b) After maturity:
(i) The amount of the instrument with interest, if interest has been stipulated for, to the date of maturity;
(ii) If interest has been stipulated to be paid after maturity, interest at the rate stipulated, or, in the absence of such stipulation, interest at the rate specified in paragraph '2 of this article, calculated from the date of presentment on the sum specified in subparagraph '(b)'(i) of this paragraph;
(iii) Any expenses of protest and of the notices given by him;
(c) Before maturity:
(i) The amount of the instrument with interest, if interest has been stipulated for, to the date of

第六十八條　（未通知之後果）

依法負有通知義務之人而未為通知者，應對有權受領通知之人因未收到通知所受之損害負賠償責任，但賠償額不得超過第七十條或第七十一條規定之金額。

第四節　追索之金額

第六十九條　（執票人之權利）

1. 執票人得對票據債務人中一人、數人或全體行使票據權利，並無須遵守其間之順位先後。取得並支付票款之被追索人對於應負責任之前手，得以相同方式行使其追索權。
2. 不論原被訴請給付者所處之先後位置，對一票據債務人所提之追索之訴，不妨礙對其他票據債務人提起訴訟。

第七十條　（追償之金額）

1. 執票人對應負責之票據債務人得請求下列金額：
(a) 於到期日：票據金額及票據上所載明之利息；
(b) 於到期日後：
(i) 票據金額及經票據載明至到期日之利息；
(ii) 經載明於到期日後支付利息者，按所載利率計算之利息，或無利率之記載者，按本條第二項規定自提示日起計算本項(b)(i)款規定之金額；
(iii) 作成拒絕證書及送發通知之費用；
(c) 於到期日前：
(i) 票據金額及經票據載明至付款日之利息；

payment; or, if no interest has been stipulated for, subject to a discount from the date of payment to the date of maturity, calculated in accordance with paragraph '4 of this article;

(ii) Any expenses of protest and of the notices given by him.

2. The rate of interest shall be the rate that would be recoverable in legal proceedings taken in the jurisdiction where the instrument is payable.

3. Nothing in paragraph '2 of this article prevents a court from awarding damages or compensation for additional loss caused to the holder by reason of delay in payment.

4. The discount shall be at the official rate (discount rate) or other similar appropriate rate effective on the date when recourse is exercised at the place where the holder has his principal place of business, or, if he does not have a place of business, his habitual residence, or, if there is no such rate, then at such rate as is reasonable in the circumstances.

Article 71

A party who pays an instrument and is thereby discharged in whole or in part of his liability on the instrument may recover from the parties liable to him:

(a) The entire sum which he has paid;

(b) Interest on that sum at the rate specified in paragraph '2 of article '70, from the date on which he made payment;

(c) Any expenses of the notices given by him.

CHAPTER VI.─Discharge

Section 1.─Discharge by payment

Article 72

1. A party is discharged of liability on the instrument when he pays the holder, or a party subsequent to himself who has paid the instrument

或票上無利率之記載者，於扣除付款日至到期日之利息後，按本條第四項規定計算之利息；

(ii)作成拒絕證書及送發通知之費用。

2. 前項利率係指票據付款管轄地提起訴訟時所得請求之利率。

3. 本條第二項未禁止法院對執票人就其因延遲付款所遭受之其他損害判給賠償或補償。

4. 前第一項(c)(i)款扣除利息所依據之利率應為執票人行使追索權時其主營業所所在地有效之官方利率（貼現率）或其他相類之適當利率；無營業處所者，以其居所地之利率；或無此利率者，按當時情況合理之利率。

第七十一條　（再追索之金額）

票據債務人因付款而免除全部或部分票據責任者，得對其他應負票據責任之債務人求償下列金額：

(a)已付之全部金額；

(b)前款金額按第七十條第二項規定利率，自付款之日起計算之利息；

(c)送發通知之費用。

第六章　責任解除

第一節　付　款

第七十二條　（責任解除）

1. 票據債務人於下列時間，對執票人或給付票款並占有該票據之後手，給付第七十條

and is in possession of it, the amount pursuant to article '70 or article '71:

(a) At or after maturity; or

(b) Before maturity, upon dishonour by non-acceptance.

2. Payment before maturity other than under paragraph '1'(b) of this article does not discharge the party making the payment of his liability on the instrument except in respect of the person to whom payment was made.

3. A party is not discharged of liability if he pays a holder who is not a protected holder, or a party who has taken up and paid the instrument, and knows at the time of payment that the holder or that party acquired the instrument by theft or forged the signature of the payee or an endorsee, or participated in the theft or the forgery.

4.

(a) A person receiving payment of an instrument must, unless agreed otherwise, deliver:

(i) To the drawee making such payment, the instrument;

(ii) To any other person making such payment, the instrument, a receipted account, and any protest.

(b) In the case of an instrument payable by instalments at successive dates, the drawee or a party making a payment, other than payment of the last instalment, may require that mention of such payment be made on the instrument or on a slip affixed thereto ("allonge") and that a receipt therefor be given to him.

(c) If an instrument payable by instalments at successive dates is dishonoured by non-acceptance or by non-payment as to any of its instalments and a party, upon dishonour, pays the instalment, the holder who receives such payment must give the party a certified copy of the instrument and any necessary authenticated protest in order to enable such party to exercise a right on the instrument.

(d) The person from whom payment is demanded may withhold payment if the person demanding payment does not deliver the instrument to him.

或第七十一條規定之金額者，其票據責任得以解除：

(a)到期日或其後；或

(b)不獲承兌者，到期日前。

2.本條第一項(b)款以外之到期日前付款，除對受款者外，不足以解除付款者之票據責任。

3.票據債務人對惡意執票人，或受讓票據時明知讓與人以盜竊或偽造受款人或被背書人之簽名，或參與此盜竊或偽造之人所為之付款，不得解除其票據上責任。

4.

(a)除另有約定外，受領票款之人應繳出下列文件：

(i)對付款人，票據；

(ii)對其他付款人，票據、收款帳目清單及拒絕證書；

(b)於分期付款之票據，就末期以外各期須為付款之付款人或票據債務人，得請求於票據或黏單上記載已為之付款並出具收據。

(c)分期付款之票據，其任一期不獲承兌或不獲付款而由票據債務人付款者，受領該項給付之執票人應對該票據債務人出給經證明之票據謄本及拒絕證書，該票據債務人得持以行使票據上權利。

(d)執票人如不繳回票據者，被請求付款之人得拒為付款。於此情況下之拒為付款不構成第五十八條所規定之拒絕付款。

(e)付款人以外之人於付款後未取回票據者，其所獲得之票據責任之解除不足以對抗其後受讓票據之善意執票人。

Withholding payment in these circumstances does not constitute dishonour by non-payment under article '58.

(e) If payment is made but the person paying, other than the drawee, fails to obtain the instrument, such person is discharged but the discharge cannot be set up as a defence against a protected holder to whom the instrument has been subsequently transferred.

Article 73

1. The holder is not obliged to take partial payment.
2. If the holder who is offered partial payment does not take it, the instrument is dishonoured by non-payment.
3. If the holder takes partial payment from the drawee, the guarantor of the drawee, or the acceptor or the maker:
(a) The guarantor of the drawee, or the acceptor or the maker is discharged of his liability on the instrument to the extent of the amount paid;
(b) The instrument is to be considered as dishonoured by non-payment as to the amount unpaid.
4. If the holder takes partial payment from a party to the instrument other than the acceptor, the maker or the guarantor of the drawee:
(a) The party making payment is discharged of his liability on the instrument to the extent of the amount paid;
(b) The holder must give such party a certified copy of the instrument and any necessary authenticated protest in order to enable such party to exercise a right on the instrument.
5. The drawee or a party making partial payment may require that mention of such payment be made on the instrument and that a receipt therefor be given to him.
6. If the balance is paid, the person who receives it and who is in possession of the instrument must deliver to the payor the receipted instrument and any authenticated protest.

第七十三條　（部分付款）

1. 執票人無須接受部分付款。
2. 執票人不接受部分付款者，票據即屬拒絕付款。
3. 執票人接受匯票付款人、付款人之保證人、承兌人或發票人所為之部分付款者：
(a)匯票付款人之保證人或承兌人或本票發票人於所給付之金額範圍內解免其票據上責任；
(b)就未付部分，該票據視為拒絕付款。
4. 執票人接受承兌人、本票發票人或匯票付款人之保證人以外之票據債務人之部分付款者：
(a)該付款債務人於所付金額範圍內解免其票據上責任；
(b)執票人須對該票據債務人出具經證明之票據謄本及拒絕證書，該票據債務人得持以行使票據上權利。
5. 部分付款之匯票付款人或票據債務人得要求於票據上記載所付金額，並出給收據。
6. 餘額一經支付，受領餘額並占有票據之人須對付款人交出載明已收到部分付款之票據及經認證之拒絕證書。

Article 74

1. The holder may refuse to take payment at a place other than the place where the instrument was presented for payment in accordance with article '55.
2. In such case if payment is not made at the place where the instrument was presented for payment in accordance with article '55, the instrument is considered to be dishonoured by non-payment.

Article 75

1. An instrument must be paid in the currency in which the sum payable is expressed.
2. If the sum payable is expressed in a monetary unit of account within the meaning of subparagraph '(1) of article '5 and the monetary unit of account is transferable between the person making payment and the person receiving it, then, unless the instrument specifies a currency of payment, payment shall be made by transfer of monetary units of account. If the monetary unit of account is not transferable between those persons, payment shall be made in the currency specified in the instrument or, if no such currency is specified, in the currency of the place of payment.
3. The drawer or the maker may indicate in the instrument that it must be paid in a specified currency other than the currency in which the sum payable is expressed. In that case:
(a) The instrument must be paid in the currency so specified;
(b) The amount payable is to be calculated according to the rate of exchange indicated in the instrument. Failing such indication, the amount payable is to be calculated according to the rate of exchange for sight drafts (or, if there is no such rate, according to the appropriate established rate of exchange) on the date of maturity:
(i) Ruling at the place where the instrument must be presented for payment in accordance with subparagraph '(g) of article '55, if the specified

第七十四條　（付款地之變更）

1. 執票人得拒絕於第五十五條票據提示付款地以外之地點受領付款。
2. 於前項情形，票據係未在第五十五條票據提示付款地付款，該票據即視為拒絕付款。

第七十五條　（以流通貨幣付款）

1. 票據應以表示金額之貨幣付款。
2. 票據金額以第五條(1)款之貨幣計價單位表示，且此貨幣計價單位得於付款人與受款人間轉讓者，除非票上指定付款之貨幣，付款應以貨幣計價單位之轉讓為之。貨幣計價單位不能於付款人與受款人間轉讓者，付款應以票上所指定付款之貨幣為之，未指定者，則以付款地之貨幣為之。
3. 匯票發票人或本票發票人於票上指定應以表示金額之貨幣以外之貨幣付款者，付款以下列方式為之：
(a) 票據應以指定之貨幣付款；
(b) 應付金額應依票上指定之兌換率計算。未指定者，應付金額按到期日見票即付匯票之匯率計算（如無此匯率，則根據合理既定之匯率）：
(i) 指定貨幣為付款地當地之貨幣者，依第五十五條(g)款票據提示付款地之核定匯率；或
(ii) 指定貨幣非當地貨幣者，依第五十五條(g)款票據提示付款地之通用方式；
(c) 票據遭拒絕承兌者，應付金額按下列方式計算：

currency is that of that place (local currency); or

(ii) If the specified currency is not that of that place, according to the usages of the place where the instrument must be presented for payment in accordance with subparagraph '(g) of article '55;

(c) If such an instrument is dishonoured by non-acceptance, the amount payable is to be calculated:

(i) If the rate of exchange is indicated in the instrument, according to that rate;

(ii) If no rate of exchange is indicated in the instrument, at the option of the holder, according to the rate of exchange ruling on the date of dishonour or on the date of actual payment;

(d) If such an instrument is dishonoured by non-payment, the amount payable is to be calculated:

(i) If the rate of exchange is indicated in the instrument, according to that rate;

(ii) If no rate of exchange is indicated in the instrument, at the option of the holder, according to the rate of exchange ruling on the date of maturity or on the date of actual payment.

4. Nothing in this article prevents a court from awarding damages for loss caused to the holder by reason of fluctuations in rates of exchange if such loss is caused by dishonour for non-acceptance or by non-payment.

5. The rate of exchange ruling at a certain date is the rate of exchange ruling, at the option of the holder, at the place where the instrument must be presented for payment in accordance with subparagraph '(g) of article '55 or at the place of actual payment.

Article 76

1. Nothing in this Convention prevents a Contracting State from enforcing exchange control regulations applicable in its territory and its provisions relating to the protection of its currency, including regulations which it is bound to apply by virtue of international agreements

(i) 匯率經載明於票據者，按所載之匯率；

(ii) 匯率未載明於票據者，按拒絕承兌日或實際付款日核定之匯率，二者中由執票人擇定；

(d) 票據遭拒絕付款者，應付金額按下列方式計算：

(i) 匯率經載明於票據者，按所載之匯率；

(ii) 匯率未載明於票據者，按到期日或實際付款日核定之匯率，二者中由執票人擇定。

4. 對於執票人因不獲承兌或不獲付款所遭受匯率變動之損失，本條不禁止法院判給賠償。

5. 某日之核定匯率，得為第五十五條(g)款票據提示付款地或實際付款地之核定匯率，二者中由執票人擇定。

第七十六條　（本公約適用範圍及應付金額之折算）

1. 本公約不禁止締約國實行適用於其領土內之外匯管制及有關保護本國貨幣之規定，包括因所締國際協定而必須適用之法規。

to which it is a party.

2.

(a) If, by virtue of the application of paragraph '1 of this article, an instrument drawn in a currency which is not that of the place of payment must be paid in local currency, the amount payable is to be calculated according to the rate of exchange for sight drafts (or, if there is no such rate, according to the appropriate established rate of exchange) on the date of presentment ruling at the place where the instrument must be presented for payment in accordance with subparagraph '(g) of article '55.

(b)

(i) If such an instrument is dishonoured by non-acceptance, the amount payable is to be calculated, at the option of the holder, at the rate of exchange ruling on the date of dishonour or on the date of actual payment.

(ii) If such an instrument is dishonoured by non-payment, the amount is to be calculated, at the option of the holder, according to the rate of exchange ruling on the date of presentment or on the date of actual payment.

(iii) Paragraphs '4 and '5 of article '75 are applicable where appropriate.

Section 2.—Discharge of other parties

Article 77

1. If a party is discharged in whole or in part of his liability on the instrument, any party who has a right on the instrument against him is discharged to the same extent.

2. Payment by the drawee of the whole or a part of the amount of a bill to the holder, or to any party who takes up and pays the bill, discharges all parties of their liability to the same extent, except where the drawee pays a holder who is not a protected holder, or a party who has taken up and paid the bill, and knows at the time of payment that the holder or that party acquired the bill by theft or forged the signature of the

2.

(a) 基於本條第一項之適用，非以付款地貨幣簽發之票據，又須以當地貨幣支付者，其應付金額按第五十五條(g)款以提示付款地提示日之見票即付匯票之匯率（無此匯率者，按適當確立之匯率）計算之。

(b)

(i) 票據經拒絕承兌者，其應付金額按拒絕日或實際付款日之匯率折算，二者中由執票人擇定；

(ii) 票據經拒絕付款者，應付金額按提示日或實際付款日之匯率折算，二者中由執票人擇定；

(iii) 第七十五條第四項及第五項得視情況予以適用。

第二節　其他票據債務人之解除責任

第七十七條　（其他債務人解除責任）

1. 票據債務人其於票據上責任全部或一部解除者，對之享有票據上權利之票據債務人於此範圍內其責任同獲解除。

2. 付款人對執票人或給付對價取得匯票之人給付票款全部或一部者，於此範圍內解除所有票據債務人之責任，但受領付款人付款之人為惡意執票人或受讓票據時，明知讓與人以竊盜取得該匯票或偽造受款人或被背書人之簽名、或參與此項竊盜或

payee or an endorsee, or participated in the theft or the forgery.

CHAPTER VII.—Lost Instruments

Article 78

1. If an instrument is lost, whether by destruction, theft or otherwise, the person who lost the instrument has, subject to the provisions of paragraph '2 of this article, the same right to payment which he would have had if he had been in possession of the instrument. The party from whom payment is claimed cannot set up as a defence against liability on the instrument the fact that the person claiming payment is not in possession of the instrument.

2.

(a) The person claiming payment of a lost instrument must state in writing to the party from whom he claims payment:

(i) The elements of the lost instrument pertaining to the requirements set forth in paragraph '1 or paragraph '2 of articles '1, '2 and '3; for this purpose the person claiming payment of the lost instrument may present to that party a copy of that instrument;

(ii) The facts showing that, if he had been in possession of the instrument, he would have had a right to payment from the party from whom payment is claimed;

(iii) The facts which prevent production of the instrument.

(b) The party from whom payment of a lost instrument is claimed may require the person claiming payment to give security in order to indemnify him for any loss which he may suffer by reason of the subsequent payment of the lost instrument.

(c) The nature of the security and its terms are to be determined by agreement between the person claiming payment and the party from whom payment is claimed. Failing such an agreement, the court may determine whether

偽造行為之人者，不在此限。

第七章　票據喪失

第七十八條　（票據喪失之救濟）

1. 票據因毀損、盜竊或其他原因而喪失者，喪失票據之人於本條第二項規定之限制下，享有與其占有該票據所應享有相同之付款請求權。被請求付款之人不得以付款請求權人未占有該票據之事實作為不承擔票據責任之抗辯。

2.

(a) 就喪失票據請求付款之人須對被請求付款之人出具書面並敘明下列各點：

(i) 喪失票據有關第一條、第二條及第三條第一項或第二項所規定之記載事項；該就喪失票據請求付款之人亦得對相對人提供該票據之謄本；

(ii) 說明若執有票據即有權向被請求人行使此項請求付款之事實；

(iii) 阻卻其提出票據之事實。

(b) 被請求就喪失票據為付款之票據債務人得要求付款請求人提供擔保，以補償其就喪失票據再為付款所遭受之損失。

(c) 擔保之性質及其條件由付款請求人與被請求付款人以協議定之。無協議者，法院得判定是否須提供擔保，如須提供擔保，其擔保之性質及條件。

(d) 不能提供擔保者，法院得命被請求付款之票據債務人將喪失票據之金額，連同依第七十條或第七十一條所得請求之利息及費用向法院或任何其他主管當局或機關

security is called for and, if so, the nature of the security and its terms.

(d) If the security cannot be given, the court may order the party from whom payment is claimed to deposit the sum of the lost instrument, and any interest and expenses which may be claimed under article '70 or article '71, with the court or any other competent authority or institution, and may determine the duration of such deposit. Such deposit is to be considered as payment to the person claiming payment.

Article 79

1. A party who has paid a lost instrument and to whom the instrument is subsequently presented for payment by another person must give notice of such presentment to the person whom he paid.

2. Such notice must be given on the day the instrument is presented or on one of the two business days which follow and must state the name of the person presenting the instrument and the date and place of presentment.

3. Failure to give notice renders the party who has paid the lost instrument liable for any damages which the person whom he paid may suffer from such failure, provided that the damages do not exceed the amount referred to in article '70 or article '71.

4. Delay in giving notice is excused when the delay is caused by circumstances which are beyond the control of the person who has paid the lost instrument and which he could neither avoid nor overcome. When the cause of the delay ceases to operate, notice must be given with reasonable diligence.

5. Notice is dispensed with when the cause of delay in giving notice continues to operate beyond thirty days after the last day on which it should have been given.

Article 80

1. A party who has paid a lost instrument in ac-

提存，並裁定此項提存之期間。依此裁定所為之提存應視為對付款請求人之付款。

第七十九條　（喪失票據之重現）

1. 對喪失票據已為付款之票據債務人，其後另有他人對其提示付款者，應將此項提示通知已受領票款之人。

2. 此項通知必須於票據提示之當日或其後二營業日為之，並載明提示者之姓名及提示之日期與地點。

3. 對喪失票據付款之票據債務人，未為通知者，應對受領票款之人因其未為通知而遭受之損失負賠償責任，但賠償數額不得超過第七十條或第七十一條所規定之數額。

4. 對喪失票據付款之票據債務人，因不可抗力之事變致遲延為通知者，其遲延責任得以免除。惟不可抗力之事變終止後，仍須儘速為通知。

5. 事變延續至自應為通知之末日後三十日以外時，通知義務得以免除。

第八十條　（對喪失票據付款後之救濟）

1. 依第七十八條規定對喪失票據已為付款

cordance with the provisions of article '78 and who is subsequently required to, and does, pay the instrument, or who, by reason of the loss of the instrument, then loses his right to recover from any party liable to him, has the right:

(a) If security was given, to realize the security; or

(b) If an amount was deposited with the court or other competent authority or institution, to reclaim the amount so deposited.

2. The person who has given security in accordance with the provisions of paragraph '2'(b) of article '78 is entitled to obtain release of the security when the party for whose benefit the security was given is no longer at risk to suffer loss because of the fact that instrument is lost.

Article 81

For the purpose of making protest for dishonour by non-payment, a person claiming payment of a lost instrument may use a written statement that satisfies the requirements of paragraph '2'(a) of article '78.

Article 82

A person receiving payment of a lost instrument in accordance with article '78 must deliver to the party paying the written statement required under paragraph '2'(a) of article '78, receipted by him, and any protest and a receipted account.

Article 83

1. A party who pays a lost instrument in accordance with article '78 has the same rights which he would have had if he had been in possession of the instrument.

2. Such party may exercise his rights only if he is in possession of the receipted written statement referred to in article '82.

及其後又須對該票據為付款之票據債務人，或因票據之喪失致不能向前手追索之人，享有下列權利：

(a)如有擔保者，自擔保品取償；或

(b)票款已提存於法院或其他主管機關（當局或機構者），得逕自提存金額受取。

2.依第七十八條第二項(b)款規定提供擔保之人，於擔保權人因票據之喪失而不再有遭受損失危險時，有權要求擔保之解除。

第八十一條（票據喪失人之作成拒絕證書）

就喪失票據請求付款之人，於不獲付款時得為作成拒絕證書，使用符合第七十八條第二項(a)款規定要件之書面。

第八十二條（票據喪失人受領票款之手續）

依第七十八條規定就喪失票據受領票款之人，須將載有收訖字樣之第七十八條第二項(a)款所規定之書面及拒絕證書與帳目清單交於付款人。

第八十三條（喪失票據付款人之權利）

1.票據喪失時，依第七十八條就喪失票據為付款之人，享有與實際取得票據占有相同之權利。

2.付款人僅於其取得載有收訖字樣之第八十二條所規定之書面時，始得行使其權利。

CHAPTER VIII. — Limitation (Prescription)

Article 84

1. A right of action arising on an instrument may no longer be exercised after four years have elapsed:

(a) Against the maker, or his guarantor, of a note payable on demand, from the date of the note;

(b) Against the acceptor or the maker or their guarantor of an instrument payable at a definite time, from the date of maturity;

(c) Against the guarantor of the drawee of a bill payable at a definite time, from the date of maturity or, if the bill is dishonoured by non-acceptance, from the date of protest for dishonour or, where protest is dispensed with, from the date of dishonour;

(d) Against the guarantor of a bill payable on demand or his guarantor, from the date on which it was accepted or, if no such date is shown, from the date of the bill;

(e) Against the guarantor of the drawee of a bill payable on demand, from the date on which he signed the bill or, if no such date is shown, from the date of the bill;

(f) Against the drawer or an endorser or their guarantor, from the date of protest for dishonour by non-acceptance or by non-payment or, where protest is dispensed with, from the date of dishonour.

2. A party who pays the instrument in accordance with article '70 or article '71 may exercise his right of action against a party liable to him within one year from the date on which he paid the instrument.

CHAPTER IX.—Final Provisions❸

Article 88

1. Any State may declare at the time of signature, ratification, acceptance, approval or accession that its courts will apply the Convention only if both the place indicated in the instrument

第八章 時 效

第八十四條 （時效期間）

1. 基於票據而生之訴權於四年期間經過後，不得行使。此四年期間按下列所定之日起算：

(a)對見票即付本票之發票人或其保證人，自本票發票日起算；

(b)對定期付款匯票之承兌人、本票發票人或其保證人，自到期日起算；

(c)對定期付款匯票之付款人之保證人，自到期日起算；或匯票如遭拒絕承兌者，自拒絕證書作成之日起算；其免除作成拒絕證書者，自拒絕日起算；

(d)對見票即付匯票之承兌人或其保證人，自匯票承兌日起算；承兌日期未經記載者，自匯票發票日起算；

(e)對見票即付匯票之付款人之保證人，自其在匯票上簽字之日起算；未載明保證日期者，自匯票發票日起算；

(f)對匯票發票人、背書人或其保證人，自拒絕承兌或拒絕付款證書作成日起算；免除作成拒絕證書者，自拒絕日起算。

2. 依第七十條或第七十一條規定清償票款之人，得於清償之日起一年內向其前手（應對其負責之債務人）行使追索權。

第九章 附 則

第八十八條 （簽字或參加）

1. 任何國家於簽署、批准、接受、核准或加入本公約時得聲明其法院僅於票據上所

where the bill is drawn, or the note is made, and the place of payment indicated in the instrument are situated in Contracting States.

2. No other reservations are permitted.

載之發票地及付款地均位於締約國境內時，始適用本公約。

2.對本公約不得作任何其他保留。

---

❸ 附則自第八十五條至第九十條，計六條，均屬程序規定，與本書所論無甚關連，僅選譯其中一條。

票據法

民國七十六年六月二十九日總統令公布刪除第一四四之一條條文

第一章　通　則

第一條

　　本法所稱票據，為匯票、本票、及支票。

第二條

　　稱匯票者，謂發票人簽發一定之金額，委託付款人於指定之到期日，無條件支付與受
　　款人或執票人之票據。

第三條

　　稱本票者，謂發票人簽發一定之金額，於指定之到期日，由自己無條件支付與受款人
　　或執票人之票據。

第四條

　　稱支票者，謂發票人簽發一定之金額，委託金融業者於見票時，無條件支付與受款人
　　或執票人之票據。

　　前項所稱金融業者，係指經財政部核准辦理支票存款業務之銀行、信用合作社、農會
　　及漁會。

第五條

　　在票據上簽名者，依票上所載文義負責。

　　二人以上共同簽名時，應連帶負責。

第六條

　　票據上之簽名，得以蓋章代之。

第七條

　　票據上記載金額之文字與號碼不符時，以文字為準。

第八條

　　票據上雖有無行為能力人或限制行為能力人之簽名，不影響其他簽名之效力。

第九條

　　代理人未載明為本人代理之旨而簽名於票據者，應自負票據上之責任。

第十條

　　無代理權而以代理人名義簽名於票據者，應自負票據上之責任。

　　代理人逾越權限時，就其權限外之部分，亦應自負票據上之責任。

第十一條

欠缺本法所規定票據上應記載事項之一者,其票據無效。但本法別有規定者,不在此限。

執票人善意取得已具備本法規定應記載事項之票據者,得依票據文義行使權利;票據債務人不得以票據原係欠缺應記載事項為理由,對於執票人,主張票據無效。

票據上之記載,除金額外,得由原記載人於交付前改寫之。但應於改寫處簽名。

第十二條

票據上記載本法所不規定之事項者,不生票據上之效力。

第十三條

票據債務人不得以自己與發票人或執票人之前手間所存抗辯之事由對抗執票人。但執票人取得票據出於惡意者,不在此限。

第十四條

以惡意或有重大過失取得票據者,不得享有票據上之權利。

無對價或以不相當之對價取得票據者,不得享有優於其前手之權利。

第十五條

票據之偽造或票據上簽名之偽造,不影響於真正簽名之效力。

第十六條

票據經變造時,簽名在變造前者,依原有文義負責;簽名在變造後者,依變造文義負責;不能辨別前後時,推定簽名在變造前。

前項票據變造,其參與或同意變造者,不論簽名在變造前後,均依變造文義負責。

第十七條

票據上之簽名或記載被塗銷時,非由票據權利人故意為之者,不影響於票據上之效力。

第十八條

票據喪失時,票據權利人得為止付之通知。但應於提出止付通知後五日內,向付款人提出已為聲請公示催告之證明。

未依前項但書規定辦理者,止付通知失其效力。

第十九條

票據喪失時,票據權利人,得為公示催告之聲請。

公示催告程序開始後,其經到期之票據,聲請人得提供擔保,請求票據金額之支付;不能提供擔保時,得請求將票據金額依法提存。其尚未到期之票據,聲請人得提供擔保,請求給與新票據。

第二十條

為行使或保全票據上權利,對於票據關係人應為之行為,應在票據上指定之處所為之,

無指定之處所者，在其營業所為之，無營業所者，在其住所或居所為之。票據關係人之營業所、住所或居所不明時，因作成拒絕證書得請求法院公證處、商會或其他公共會所調查其人之所在，若仍不明時，得在該法院公證處、商會或其他公共會所作成之。

第二十一條

為行使或保全票據上權利，對於票據關係人應為之行為，應於其營業日之營業時間內為之，如其無特定營業日或未訂有營業時間者，應於通常營業日之營業時間內為之。

第二十二條

票據上之權利，對匯票承兌人及本票發票人，自到期日起算；見票即付之本票，自發票日起算；三年間不行使，因時效而消滅。對支票發票人自發票日起算，一年間不行使，因時效而消滅。

匯票、本票之執票人，對前手之追索權，自作成拒絕證書日起算，一年間不行使，因時效而消滅。支票之執票人，對前手之追索權，四個月間不行使，因時效而消滅。其免除作成拒絕證書者，匯票、本票自到期日起算；支票自提示日起算。

匯票、本票之背書人，對於前手之追索權，自為清償之日或被訴之日起算，六個月間不行使，因時效而消滅。支票之背書人，對前手之追索權，二個月間不行使，因時效而消滅。

票據上之債權，雖依本法因時效或手續之欠缺而消滅，執票人對於發票人或承兌人，於其所受利益之限度，得請求償還。

第二十三條

票據餘白不敷記載時，得黏單延長之。

黏單後第一記載人，應於騎縫上簽名。

第二章　匯　票

第一節　發票及款式

第二十四條

匯票應記載左列事項，由發票人簽名。

一　表明其為匯票之文字。

二　一定之金額。

三　付款人之姓名或商號。

四　受款人之姓名或商號。

五　無條件支付之委託。

六　發票地。

　　七　發票年月日。

　　八　付款地。

　　九　到期日。

　未載到期日者，視為見票即付。

　未載付款人者，以發票人為付款人。

　未載受款人者，以執票人為受款人。

　未載發票地者，以發票人之營業所、住所或居所所在地為發票地。

　未載付款地者，以付款人之營業所、住所或居所所在地為付款地。

第二十五條

　發票人得以自己或付款人為受款人，並得以自己為付款人。

　匯票未載受款人者，執票人得於無記名匯票之空白內，記載自己或他人為受款人，變更為記名匯票。

第二十六條

　發票人得於付款人外，記載一人，為擔當付款人。

　發票人亦得於付款人外，記載在付款地之一人為預備付款人。

第二十七條

　發票人得記載在付款地之付款處所。

第二十八條

　發票人得記載對於票據金額支付利息及其利率。

　利率未經載明時，定為年利六釐。

　利息自發票日起算。但有特約者，不在此限。

第二十九條

　發票人應照匯票文義擔保承兌及付款。但得依特約免除擔保承兌之責。

　前項特約，應載明於匯票。

　匯票上有免除擔保付款之記載者，其記載無效。

第二節　背　書

第三十條

　匯票依背書及交付而轉讓。無記名匯票得僅依交付轉讓之。

　記名匯票發票人有禁止轉讓之記載者，不得轉讓。

　背書人於票上記載禁止轉讓者，仍得依背書而轉讓之。但禁止轉讓者，對於禁止後再由背書取得匯票之人，不負責任。

第三十一條

背書由背書人在匯票之背面或其黏單上為之。

背書人記載被背書人，並簽名於匯票者，為記名背書。

背書人不記載被背書人，僅簽名於匯票者，為空白背書。

前兩項之背書，背書人得記載背書之年、月、日。

第三十二條

空白背書之匯票，得依匯票之交付轉讓之。

前項匯票，亦得以空白背書或記名背書轉讓之。

第三十三條

匯票之最後背書為空白背書者，執票人得於該空白內，記載自己或他人為被背書人，變更為記名背書，再為轉讓。

第三十四條

匯票得讓與發票人、承兌人、付款人或其他票據債務人。

前項受讓人，於匯票到期日前，得再為轉讓。

第三十五條

背書人得記載在付款地之一人為預備付款人。

第三十六條

就匯票金額之一部分所為之背書，或將匯票金額分別轉讓於數人之背書，不生效力，背書附記條件者，其條件視為無記載。

第三十七條

執票人應以背書之連續，證明其權利，但背書中有空白背書時，其次之背書人，視為前空白背書之被背書人。

塗銷之背書，不影響背書之連續者，對於背書之連續，視為無記載。

塗銷之背書，影響背書之連續者，對於背書之連續，視為未塗銷。

第三十八條

執票人故意塗銷背書者，其被塗銷之背書人及其被塗銷背書人名次之後，而於未塗銷以前為背書者，均免其責任。

第三十九條

第二十九條之規定，於背書人準用之。

第四十條

執票人以委任取款之目的，而為背書時，應於匯票上記載之。

前項被背書人，得行使匯票上一切權利，並得以同一目的，更為背書。

其次之被背書人，所得行使之權利，與第一被背書人同。

票據債務人對於受任人所得提出之抗辯，以得對抗委任人者為限。

第四十一條

到期日後之背書，僅有通常債權轉讓之效力。

背書未記明日期者，推定其作成於到期日前。

第三節 承 兌

第四十二條

執票人於匯票到期日前，得向付款人為承兌之提示。

第四十三條

承兌應在匯票正面記載承兌字樣，由付款人簽名。

付款人僅在票面簽名者，視為承兌。

第四十四條

除見票即付之匯票外，發票人或背書人得在匯票上為應請求承兌之記載，並得指定其期限。

發票人得為於一定日期前，禁止請求承兌之記載。

背書人所定應請求承兌之期限，不得在發票人所定禁止期限之內。

第四十五條

見票後定期付款之匯票，應自發票日起六個月內為承兌之提示。

前項期限，發票人得以特約縮短或延長之。但延長之期限不得逾六個月。

第四十六條

見票後定期付款之匯票，或指定請求承兌期限之匯票，應由付款人在承兌時，記載其日期。

承兌日期未經記載時，承兌仍屬有效。但執票人得請求作成拒絕證書，證明承兌日期；未作成拒絕證書者，以前條所許或發票人指定之承兌期限之末日為承兌日。

第四十七條

付款人承兌時，經執票人之同意，得就匯票金額之一部分為之。但執票人應將事由通知其前手。

承兌附條件者，視為承兌之拒絕。但承兌人仍依所附條件負其責任。

第四十八條

付款人於執票人請求承兌時，得請其延期為之，但以三日為限。

第四十九條

付款人於承兌時，得指定擔當付款人。

發票人已指定擔當付款人者，付款人於承兌時，得塗銷或變更之。

第五十條

付款人於承兌時，得於匯票上記載付款地之付款處所。

第五十一條

付款人雖在匯票上簽名承兌，未將匯票交還執票人以前，仍得撤銷其承兌。但已向執票人或匯票簽名人以書面通知承兌者，不在此限。

第五十二條

付款人於承兌後，應負付款之責。

承兌人到期不付款者，執票人雖係原發票人，亦得就第九十七條及第九十八條所定之金額，直接請求支付。

第四節　參加承兌

第五十三條

執票人於到期日前得行使追索權時，匯票上指定有預備付款人者，得請求其為參加承兌。

除預備付款人與票據債務人外，不問何人，經執票人同意，得以票據債務人中之一人，為被參加人，而為參加承兌。

第五十四條

參加承兌，應在匯票正面記載左列各款，由參加承兌人簽名：

一　參加承兌之意旨。

二　被參加人姓名。

三　年、月、日。

未記載被參加人者，視為為發票人參加承兌。

預備付款人為參加承兌時，以指定預備付款人之人，為被參加人。

第五十五條

參加人非受被參加人之委託，而為參加者，應於參加後四日內，將參加事由，通知被參加人。

參加人怠於為前項通知，因而發生損害時，應負賠償之責。

第五十六條

執票人允許參加承兌後，不得於到期日前行使追索權。

被參加人及其前手，仍得於參加承兌後，向執票人支付，第九十七條所定金額，請其交出匯票及拒絕證書。

第五十七條

付款人或擔當付款人，不於第六十九條及第七十條所定期限內付款時，參加承兌人，

應負支付第九十七條所定金額之責。

第五節　保　證

第五十八條

匯票之債務，得由保證人保證之。

前項保證人，除票據債務人外，不問何人，均得為之。

第五十九條

保證應在匯票或其謄本上，記載左列各款，由保證人簽名。

　　一　保證人之意旨。

　　二　被保證人姓名。

　　三　年、月、日。

保證未載明年、月、日者，以發票年、月、日為年、月、日。

第六十條

保證未載明被保證人者，視為為承兌人保證；其未經承兌者，視為為發票人保證。但得推知其為何人保證者，不在此限。

第六十一條

保證人與被保證人，負同一責任。

被保證人之債務，縱為無效，保證人仍負擔其義務。但被保證人之債務，因方式之欠缺，而為無效者，不在此限。

第六十二條

二人以上為保證時，均應連帶負責。

第六十三條

保證得就匯票金額之一部分為之。

第六十四條

保證人清償債務後，得行使執票人對承兌人、被保證人及其前手之追索權。

第六節　到期日

第六十五條

匯票之到期日，應依左列各式之一定之：

　　一　定日付款。

　　二　發票日後定期付款。

　　三　見票即付。

　　四　見票後定期付款。

分期付款之匯票，其中任何一期，到期不獲付款時，未到期部份，視為全部到期。

前項視為到期之匯票金額中所含未到期之利息，於清償時，應扣減之。

利息經約定於匯票到期日前分期付款者，任何一期利息到期不獲付款時，全部匯票金額視為均已到期。

第六十六條

見票即付之匯票，以提示日為到期日。

第四十五條之規定，於前項提示準用之。

第六十七條

見票後定期付款之匯票，依承兌日或拒絕承兌證書作成日，計算到期日。

匯票經拒絕承兌而未作成拒絕承兌證書者，依第四十五條所規定承兌提示期限之末日，計算到期日。

第六十八條

發票日後或見票日後一個月或數個月付款之匯票，以在應付款之月與該日期相當之日為到期日，無相當日者，以該月末日為到期日。

發票日後或見票日後一個月半或數個月半付款之匯票，應依前項規定計算全月後，加十五日，以其末日為到期日。

票上僅載月初、月中、月底者，謂月之一日、十五日、末日。

第七節　付　款

第六十九條

執票人應於到期日或其後二日內，為付款之提示。

匯票上載有擔當付款人者，其付款之提示，應向擔當付款人為之。

為交換票據，向票據交換所提示者，與付款之提示，有同一效力。

第七十條

付款經執票人之同意，得延期為之。但以提示後三日為限。

第七十一條

付款人對於背書不連續之匯票而付款者，應自負其責。

付款人對於背書簽名之真偽，及執票人是否票據權利人，不負認定之責。但有惡意及重大過失時，不在此限。

第七十二條

到期日前之付款，執票人得拒絕之。

付款人於到期日前付款者，應自負其責。

第七十三條

一部分之付款，執票人不得拒絕。

第七十四條

付款人付款時，得要求執票人記載收訖字樣，簽名為證，並交出匯票。

付款人為一部分之付款時，得要求執票人在票上記載所收金額，並另給收據。

第七十五條

表示匯票金額之貨幣，如為付款地不通用者，得依付款日行市，以付款地通用之貨幣支付之。但有特約者，不在此限。

表示匯票金額之貨幣，如在發票地與付款地，名同價異者，推定其為付款地之貨幣。

第七十六條

執票人在第六十九條所定期限內不為付款之提示時，票據債務人得將匯票金額依法提存；其提存費用，由執票人負擔之。

第八節　參加付款

第七十七條

參加付款，應於執票人得行使追索權時為之。但至遲不得逾拒絕證書作成期限之末日。

第七十八條

參加付款，不問何人，均得為之。

執票人拒絕參加付款者，對於被參加人及其後手喪失追索權。

第七十九條

付款人或擔當付款人不於第六十九條及第七十條所定期限內付款者，有參加承兌人時，執票人應向參加承兌人為付款之提示；無參加承兌人而有預備付款人時，應向預備付款人為付款之提示。

參加承兌人或預備付款人，不於付款提示時為清償者，執票人應請作成拒絕付款證書之機關，於拒絕證書上載明之。

執票人違反前二項規定時，對於被參加人與指定預備付款人之人及其後手，喪失追索權。

第八十條

請為參加付款者，有數人時，其能免除最多數之債務者，有優先權。

故意違反前項規定為參加付款者，對於因之未能免除債務之人，喪失追索權。

能免除最多數之債務者有數人時，應由受被參加人之委託者或預備付款人參加之。

第八十一條

參加付款，應就被參加人應支付金額之全部為之。

第八十二條

　　參加付款，應於拒絕付款證書內記載之。

　　參加承兌人付款，以被參加承兌人為被參加付款人，預備付款人付款，以指定預備付款人之人為被參加付款人。

　　無參加承兌人或預備付款人，而匯票上未記載被參加付款人者，以發票人為被參加付款人。

　　第五十五條之規定於參加付款準用之。

第八十三條

　　參加付款後，執票人應將匯票及收款清單交付參加付款人，有拒絕證書者，應一併交付之。

　　違反前項之規定者，對於參加付款人，應負損害賠償之責。

第八十四條

　　參加付款人對於承兌人、被參加付款人及其前手取得執票人之權利。但不得以背書更為轉讓。

　　被參加付款人之後手，因參加付款而免除債務。

第九節　追索權

第八十五條

　　匯票到期不獲付款時，執票人於行使或保全匯票上權利之行為後，對於背書人、發票人及匯票上其他債務人得行使追索權。

　　有左列情形之一者，雖在到期日前，執票人亦得行使前項權利：

　　　一　匯票不獲承兌時。

　　　二　付款人或承兌人死亡、逃避或其他原因無從為承兌或付款提示時。

　　　三　付款人或承兌人受破產宣告時。

第八十六條

　　匯票全部或一部不獲承兌或付款，或無從為承兌或付款提示時，執票人應請求作成拒絕證書證明之。

　　付款人或承兌人在匯票上記載提示日期，及全部或一部承兌或付款之拒絕，經其簽名後，與作成拒絕證書，有同一效力。

　　付款人或承兌人之破產，以宣告破產裁定之正本或節本證明之。

第八十七條

　　拒絕承兌證書，應於提示承兌期限內作成之。

　　拒絕付款證書，應以拒絕付款日或其後五日內作成之。但執票人允許延期付款時，應

於延期之末日，或其後五日內作成之。

第八十八條

拒絕承兌證書作成後，無須再為付款提示，亦無須再請求作成付拒絕證書。

第八十九條

執票人應於拒絕證書作成後四日內，對於背書人發票人及其他匯票上債務人，將拒絕事由通知之。

如有特約免除作成拒絕證書時，執票人應於拒絕承兌或拒絕付款後四日內，為前項之通知。

背書人應於收到前項通知後四日內，通知其前手。

背書人未於票據上記載住所或記載不明時，其通知對背書人之前手為之。

第九十條

發票人背書人及匯票上其他債務人，得於第八十九條所定通知期限前，免除執票人通知之義務。

第九十一條

通知得用任何方法為之。但主張於第八十九條所定期限內曾為通知者，應負舉證之責。

付郵遞送之通知，如封面所記被通知人之住所無誤，視為已經通知。

第九十二條

因不可抗力不能於第八十九條所定期限內，將通知發出者，應於障礙中止後，四日內行之。

證明於第八十九條所定期間內，已通知發出者，認為遵守通知期限。

第九十三條

不於第八十九條所定期限內為通知者，仍得行使追索權。但因其怠於通知發生損害時，應負賠償之責，其賠償金額，不得超過匯票金額。

第九十四條

發票人或背書人，得為免除作成拒絕證書之記載。

發票人為前項記載時，執票人得不請求作成拒絕證書而行使追索權。但執票人仍請求作成拒絕證書時，應自負擔其費用。背書人為第一項記載時，僅對於該背書人發生效力。執票人作成拒絕證書者，得向匯票上其他簽名人，要求償還其費用。

第九十五條

匯票上雖有免除作成拒絕證書之記載，執票人仍應於所定期限內，為承兌或付款之提示，但對於執票人主張未為提示者，應負舉證之責。

第九十六條

發票人承兌人背書人及其他票據債務人，對於執票人連帶負責。

執票人得不依負擔債務之先後，對於前項債務人之一人或數人或全體行使追索權。

執票人對於債務人之一人或數人已為追索者，對於其他票據債務人，仍得行使追索權。

被追索者，已為清償時，與執票人有同一權利。

第九十七條

執票人向匯票債務人行使追索權時，得要求左列金額：

一　被拒絕承兌或付款之匯票金額，如有約定利息者，其利息。

二　自到期日起如無約定利率者，依年利六釐計算之利息。

三　作成拒絕證書與通知及其他必要費用。

於到期日前付款者，自付款日至到期日前之利息，應由匯票金額內扣除。無約定利率者，依年利六釐計算。

第九十八條

為第九十七條之清償者，得向承兌人或前手要求左列金額：

一　所求付之總金額。

二　前款金額之利息。

三　所支出之必要費用。

發票人為第九十七條之清償者，向承兌人要求之金額同。

第九十九條

執票人為發票人時，對其前手無追索權。

執票人為背書人時，對該背書之後手無追索權。

第一百條

匯票債務人為清償時，執票人應交出出匯票，有拒絕證書時，應一併交出。

匯票債務人為前項清償，如有利息及費用者，執票人應出具收據及償還計算書。

背書人為清償時，得塗銷自己及其後手之背書。

第一百零一條

匯票金額一部分獲承兌時，清償未獲承兌部分之人，得要求執票人在匯票上記載其事由，另行出具收據，並交出匯票之謄本及拒絕承兌證書。

第一百零二條

有追索權者，得以發票人或前背書人之一人或其他票據債務人為付款人，向其住所所在地發見票即付之匯票。但有相反約定時，不在此限。

前項匯票之金額，於第九十七條及第九十八條所列者外，得加經紀費及印花稅。

第一百零三條

執票人依第一百零二條之規定發匯票時，其金額依原匯票付款地匯往前手所在地之見票即付匯票之市價定之。

背書人依第一百零二條之規定發匯票時，其金額依其所在地匯往前手所在地之見票即付匯票之市價定之。

前二項市價，以發票日之市價為準。

第一百零四條

執票人不於本法所定期限內為行使或保全匯票上權利之行為者，對於前手喪失追索權。

執票人不於約定期限內為前項行為者，對該約定之前手，喪失追索權。

第一百零五條

執票人因不可抗力之事變，不能於所定期限內為承兌或付款之提示，應將其事由從速通知發票人、背書人及其他票據債務人。

第八十九條至第九十三條之規定，於前項通知準用之。

不可抗力之事變終止後，執票人應即對付款人提示。

如事變延至到期日後三十日以外時，執票人得逕行使追索權，無須提示或作成拒絕證書。

匯票為見票即付或見票後定期付款者，前項三十日之期限自執票人通知其前手之日起算。第 一〇 節 拒絕證書

第一百零六條

拒絕證書，由執票人請求拒絕承兌地或拒絕付款地之法院公證處、商會或銀行公會作成之。

第一百零七條

拒絕證書應記載左列各款，由作成人簽名並蓋作成機關之印章：

一　拒絕者及被拒絕者之姓名或商號。

二　對於拒絕者，雖為請求，未得允許之意旨，或不能會晤拒絕者之事由或其營業所、住所或居所不明之情形。

三　為前款請求或不能為前款請求之地及其年月日。

四　於法定處所外作成拒絕證書時當事人之合意。

五　有參加承兌時，或參加付款時，參加之種類及參加人，並被參加人之姓名或商號。

六　拒絕證書作成之處所及其年月日。

第一百零八條

付款拒絕證書，應在匯票或其黏單上作成之。

匯票有複本或謄本者，於提示時僅在複本之一份或原本或其黏單上作成之。但可能時，應在其他複本之各份或謄本上記載已作拒絕證書之事由。

第一百零九條

付款拒絕證書以外之拒絕證書，應照匯票或其謄本作成抄本，在該抄本或其黏單上作成之。

第一百十條

執票人以匯票之原本請求承兌或付款，而被拒絕並未經返還原本時，其拒絕證書，應在謄本或其黏單上作成之。

第一百十一條

拒絕證書應接續匯票上複本上或謄本上原有之最後記載作成之。

在黏單上作成者，並應於騎縫處簽名。

第一百十二條

對數人行使追索權時，祇須作成拒絕證書一份。

第一百十三條

拒絕證書作成人，應將證書原本交付執票人，並就證書全文另作抄本，存於事務所，以備原本滅失時之用。

抄本與原本有同一效力。

第十一節　複　本

第一百十四條

匯票之受款人，得自負擔其費用，請求發票人發行複本。但受款人以外之執票人，請求發行複本時，須依次經由其前手請求之，並由其前手在各複本上，為同樣之背書。

前項複本以三份為限。

第一百十五條

複本應記載同一文句，標明複本字樣，並編列號數，未經標明複本字樣，並編列號數者，視為獨立之匯票。

第一百十六條

就複本之一付款時，其他複本失其效力。但承兌人對於經其承兌而未取回之複本，應負其責。

背書人將複本分別轉讓於二人以上時，對於經其背書而未收回之複本，應負其責。

將複本各份背書轉讓與同一人者，該背書人為償還時，得請求執票人交出複本之各份。但執票人已立保證或提供擔保者，不在此限。

第一百十七條

為提示承兌送出複本之一者，應於其他各份上載明接收人之姓名或商號及其住址。

匯票上有前項記載者，執票人得請求接收人交還其所接收之複本。

接收人拒絕交還時，執票人非以拒絕證書證明左列各款事項，不得行使追索權：

　　一　曾向接收人請求交還此項複本而未經其交還。

　　二　以他複本為承兌或付款之提示，而不獲承兌或付款。

<h3 style="text-align:center">第十二節　謄　本</h3>

第一百十八條

執票人有作成匯票謄本之權利。

謄本應標明謄本字樣，謄寫原本之一切事項，並註明迄於何處為謄寫部分。

執票人就匯票作成謄本時，應將已作成謄本之旨，記載於原本。背書及保證，亦得在謄本上為之，與原本上所為之背書及保證，有同一效力。

第一百十九條

為提示承兌送出原本者，應於謄本上載明，原本接收人之姓名或商號及其住址。

匯票上有前項記載者，執票人得請求接收人交還原本。

接收人拒絕交還時，執票人非將曾向接收人請求交還原本而未經其交還之事由，以拒絕證書證明，不得行使追索權。

<h3 style="text-align:center">第三章　本　票</h3>

第一百二十條

本票應記載左列事項，由發票人簽名：

　　一　表明其為本票之文字。

　　二　一定之金額。

　　三　受款人之姓名或商號。

　　四　無條件擔任支付。

　　五　發票地。

　　六　發票年、月、日。

　　七　付款地。

　　八　到期日。

未載到期日者，視為見票即付。

未載受款人者，以執票人為受款人。

未載發票地者，以發票人之營業所、住所或居所所在地為發票地。

未載付款地者，以發票地為付款地。見票即付，並不記載受款人之本票，其金額須在五百元以上。

第一百二十一條

本票發票人所負責任，與匯票承兌人同。

第一百二十二條

見票後定期付款之本票，應由執票人向發票人為見票之提示，請其簽名，並記載見票字樣及日期，其提示期限，準用第四十五條之規定。

未載見票日期者，應以所定提示見票期限之末日為見票日。

發票人於提示見票時，拒絕簽名者，執票人應於提示見票期限內，請求作成拒絕證書。

執票人依前項規定作成見票拒絕證書後，無須再為付款之提示，亦無須再請求作成付款拒絕證書。

執票人不於第四十五條所定期限內為見票之提示或作拒絕證書者，對於發票人以外之前手喪失追索權。

第一百二十三條

執票人向本票發票人行使追索權時，得聲請法院裁定後強制執行。

第一百二十四條

第二章第一節第二十五條第二項、第二十六條第一項及第二十八條，關於發票人之規定；第二章第二節關於背書之規定，除第三十五條外；第二章第五節關於保證之規定；第二章第六節關於到期日之規定，第二章第七節關於付款之規定；第二章第八節關於參加付款之規定，除第七十九條及第八十二條第二項外；第二章第九節關於追索權之規定，除第八十七條第一項、第八十八條及第一百零一條外；第二章第十節關於拒絕證書之規定；第二章第十二節關於謄本之規定，除第一百十九條外；均於本票準用之。

第四章　支　票

第一百二十五條

支票應記載左列事項，由發票人簽名：

一　表明其為支票之文字。

二　一定之金額。

三　付款人之商號。

四　受款人之姓名或商號。

五　無條件支付之委託。

六　發票地。

七　發票年、月、日。

八　付款地。

未載受款人者，以執票人為受款人。

未載發票地者，以發票人之營業所、住所或居所所在地為發票地。

發票人得以自己或付款人為受款人，並得以自己為付款人。

第一百二十六條

發票人應照支票文義擔保支票之支付。

第一百二十七條

支票之付款人，以第四條所定之金融業者為限。

第一百二十八條

支票限於見票即付，有相反之記載者，其記載無效。

支票在票載發票日期前，執票人不得為付款之提示。

第一百二十九條

以支票轉帳或抵銷者，視為支票之支付。

第一百三十條

支票之執票人，應於左列期限內，為付款之提示：

　一　發票地與付款地在同一省（市）區內者，發票日後七日內。

　二　發票地與付款地不在同一省（市）區內者，發票日後十五日內。

　三　發票地在國外，付款地在國內者，發票日後二個月內。

第一百三十一條

執票人於第一百三十條所定提示期限內，為付款之提示而被拒絕時，對於前手得行使追索權。但應於拒絕付款日或其後五日內，請求作成拒絕證書。

付款人於支票或黏單上記載拒絕文義及其年、月、日並簽名者，與作成拒絕證書，有同一效力。

第一百三十二條

執票人不於第一百三十條所定期限內為付款之提示，或不於拒絕付款日或其後五日內，請求作成拒絕證書者，對於發票人以外之前手，喪失追索權。

第一百三十三條

執票人向支票債務人行使追索權時，得請求自為付款提示日起之利息，如無約定利率者，依年利六釐計算。

第一百三十四條

發票人雖於提示期限經過後，對於執票人仍負責任。但執票人怠於提示，致使發票人受損失時，應負賠償之責，其賠償金額，不得超過票面金額。

第一百三十五條

發票人於第一百三十條所定期限內，不得撤銷付款之委託。

第一百三十六條

付款人於提示期限經過後，仍得付款。但有左列情事之一者，不在此限：

一　發票人撤銷付款之委託時。

二　發行滿一年時。

第一百三十七條

付款於發票人之存款或信用契約所約定之數不敷支付支票金額時，得就一部分支付之。

前項情形，執票人應於支票上記明實收之數目。

第一百三十八條

付款人於支票上記載照付或保付或其他同義字樣並簽名後，其付款責任，與匯票承兌人同。

付款人於支票上已為前項之記載時，發票人及背書人免除其責任。

付款人不得為存款額外或信用契約所約定數目以外之保付，違反者應科以罰鍰。但罰鍰不得超過支票金額。

依第一項規定，經付款人保付之支票，不適用第十八條、第一百三十條及第一百三十六條之規定。

第一百三十九條

支票經在正面劃平行線二道者，付款人僅得對金融業者支付票據金額。

支票上平行線內記載特定金融業者，付款人僅得對特定金融業者支付票據金額。但該特定金融業者為執票人時，得以其他金融業者為被背書人，背書後委託其取款。

劃平行線支票之執票人，如非金融業者，應將該項支票存入其在金融業者之帳戶，委託其代為取款。

支票上平行線內，記載特定金融業者，應存入其在該特定金融業者之帳戶，委託其代為取款。

劃平線之支票，得由發票人於平行線內記載照付現款或同義字樣，由發票人簽名或蓋章於其旁，支票上有此記載者，視為平行線之撤銷。但支票經背書轉讓者，不在此限。

第一百四十條

違反第一百三十九條之規定而付款者，應負賠償損害之責。但賠償金額不得超過支票金額。

第一百四十一條

（刪除）

第一百四十二條

（刪除）

第一百四十三條

付款人於發票人之存款或信用契約所約定之數，足敷支付支票金額時，應負支付之責。但收到發票人受破產宣告之通知者，不在此限。

第一百四十四條

第二章第一節第二十五條第二項關於發票人之規定；第二節關於背書之規定，除第三十五條外；第二章第七節關於付款之規定，除第六十九條第一項、第二項、第七十條、第七十二條、第七十六條外；第二章第九節關於追索權之規定，除第八十五條第二項第一款、第二款、第八十七條、第八十八條、第九十七條第一項第二款、第二項及第一百零一條外；第二章第十節關於拒絕證書之規定，除第一百零八條第二項、第一百零九條及第一百十條外；均於支票準用之。

第五章　附　則

第一百四十四條之一

（刪除）

第一百四十五條

本法施行細則，由行政院定之。

第一百四十六條

本法自公布日施行。

票據法施行細則

民國七十五年十二月三十日行政院 令修正發布第九、一一條；並刪除第二、一五、一六條條文

第一條

本細則依票據法第一百四十五條規定訂定之。

第二條

（刪除）

第三條

票據上之金額，以號碼代替文字記載，經使用機械辦法防止塗銷者，視同文字記載。

第四條

票據為不得享有票據上權利或票據權利應受限制之人獲得時，原票據權利人得依假處分程序，聲請法院為禁止占有票據之人向付款人請求付款之處分。

第五條

票據權利人依本法第十八條規定為止付之通知時，應填具掛失止付通知書、載明左列事項、通知付款人。

一　票據喪失經過。

二　喪失票據之類別、帳號、號碼、金額及其他有關記載。

三　通知止付人之姓名、年齡、住所。其為機關、團體者，應於通知書上加蓋正式印信。其為公司、行號者，應加蓋正式印章，並由負責人簽名。個人應記明國民身分證字號。票據權利人為發票人時，並應使用原留印鑑。

付款人對通知止付之票據，應即查明，對無存款又未經允許墊借票據之止付通知，應不予受理。對存款不足或超過付款人允許墊借金額之票據，應先於其存款或允許墊借之額度內，予以止付。其後如再有存款或續允墊借時，仍應就原止付 票據金額限度內，繼續予以止付。

票據權利人就到期日前之票據為止付通知時，付款人應先予登記，俟到期日後，再依前項規定辦理。其以票載發票日前之支票為止付通知者，亦同。

通知止付之票據如為業經簽名而未記載完成之空白票據，而於喪失後經補充記載完成者，準依前兩項規定辦理，付款人應就票載金額限度內予以止付。

經止付之金額，應由付款人留存，非依本法第十九條第二項之規定，或經占有票據之人及止付人之同意，不得支付或由發票人另行動用。

第六條

本法第十八條、第十九條規定，對業經付款人付款之票據不適用之。

第七條

票據權利人雖曾依本法第十八條第一項規定，向付款人為公示催告聲請之證明。但其聲請被駁回或撤回者，或其除權判決之聲請被駁回確定或撤回，或逾期未聲請除權判決者，仍有本法第十八條第二項規定之適用。

依本法第十八條第二項規定止付通知失其效力者，同一人不得對同一票據再為止付之通知。

第八條

票據得於其背面或黏單上加印格式，以供背書人填寫。但背書非於票背已無背書地位時，不得於黏單上為之。

第九條

依本法第六十五條第三項規定，應扣減之利息，其有約定利率者，依約定利率扣減，未約定利率者，依本法第二十八條第二項規定之利率扣減。

第十條

分期付款票據，受款人於逐次受領票款及利息時，應分別給予收據，並於票據上記明領取票款之期別、金額及日期。

第十一條

有製作拒絕證書權限者，於受作成拒絕證書之請求時，應就本法第一百零七條第二款之拒絕事由，即時為必要之調查。

第十二條

依本法第一百十三條規定，抄存於作成人事務所之拒絕證書，應載明匯票全文。

第十三條

（刪除）

第十四條

依本法得為特約或約定之事項，非載明於票據，不得以之對抗善意第三人。

第十五條

（刪除）

第十六條

（刪除）

第十七條

本細則自發布日施行。

索 引

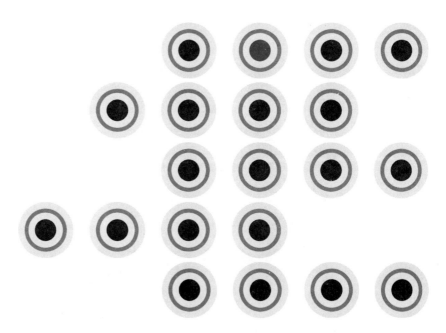

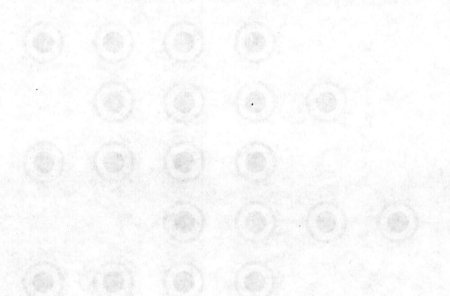

票據法名詞索引

票據法及施行細則條文索引

施行細則

解釋、民庭決議、判決例字號索引

民　法　郭振恭／著

　　本書依修正公布之民法債編及親屬編之規定，就民法全部之內容為總括及系統之解說、析論爭點，兼顧理論與實務，較一般之「民法概要」者更為詳盡；又於適當之處試擬習題以資研習，並提示答案備供參照，對初學或複習民法者，均所適宜。

法學概論　陳惠馨／著

　　本書除囊括一般法學入門書籍之重點外，另具兩項特色：第一在於實務與理論的配合，嘗試以生活中實際發生的案例，說明理論的運作，使讀者較容易明白我國法律規範在實際生活中的運作情形。另一特色在於作者嘗試即時對本書內容中所討論的相關法律變化情形加以說明，期使讀者透過本書可以掌握我國法制的最新狀態。

法學緒論　劉作揖／著

　　法律是人類社會生活的規範，「法學緒論」則是學習法律的入門課程。本書係作者多年教學經驗的結晶，全書以深入淺出的筆調，介紹法學的基本架構、整體概念，使初學者在認識法律規範樣貌的同時，也能培養法律理念、奠定研習法學之基礎。作為一本稱職的法學入門參考書，本書不但可提供教師授課之輔助，更是有志於參加公職考試者自修的最佳選擇。

民法總整理　曾榮振／著

　　研讀民法，除熟讀條文內容及其立法意旨外，最重要者，應是實例上之融會貫通。本書於增訂時大幅列入新增之判決要旨，並註明案號以便查對，又附錄歷年司法官及律師考試民法試題，誠屬司法人員考試必備用書。

法學緒論　鄭玉波／著　黃宗樂／修訂

本書將「法學緒論」定位為「對於法律之概念、內容及其一般之原理原則，以至於法律思想等，加以初步之介紹者」，共分十二章，文字力求通順，敘述力求扼要，並儘量舉例說明，以幫助了解，可說是法學之最佳階梯，學習法律之津樑。

民法總則　鄭玉波／著　黃宗樂／修訂

民法為私法之基本法，而民法總則又為民法之基本部分，故習法者必以民總為始，而用法者亦必以民總為重。本書以我國民法總則編為主要之論究對象，除對於民法基本問題予以剖述外，並置重於外國法例之比較及特殊問題之探究。茲為保常新，爰再修訂，並重新排版，以期盡善盡美。

民法債編總論　鄭玉波／著　陳榮隆／修訂

本書依據最新民法債編修正條文內容修訂，對於新增制度如：公證、附合契約（定型化契約）、商品製造人侵權責任、車輛駕駛人侵權責任、一般危險責任等均有詳盡論述，並有最新德、法、日、瑞等相關立法例，及我國之判例、解釋例等，可以加以對照，使理論與實務貫通，為坊間同型類書籍所少見。

民法物權　鄭玉波／著　黃宗樂／修訂

鄭玉波教授著《民法物權》，風靡學界四十五年，乃公認的經典之作。但最近一次修訂距今已數十年矣，數十年間，物換星移，物權法發展頗為顯著，故此次修訂，增補部分不少。原著氣盛言宜、字字珠璣，修訂時儘量保存原著之風貌；增補部分亦儘量依循鄭教授筆法，務期鉤玄提要，使全書內容更臻於充實完善。

中華民國憲法　陳志華／著

　　我國憲法以五權分立為特色，原構思於第二次世界大戰前幅員廣袤的環境背景。唯如今時移勢異，乃有修訂之必要與必然。雖歷經多次修憲，唯如總統制與內閣制雜然並陳，及如何改革國會，以免出現無所不能的憲政怪獸等，仍是修憲後的隱憂。而在國家定向的論爭中，人身自由、言論自由等基本人權，尤待充實；創制、複決兩權，行憲迄今尚未依憲法要求完成立法，更需補缺建制。

詳解損害賠償法　曾隆興／著

　　在事故、災害等危險日增之現代，關於救濟被害人之損害賠償，亦發生種種問題。本書廣泛搜集並介紹中外最新立法、學說及判例，就現代各種損害賠償法，予以深入研究、詳加解釋，透過本書，讀者不僅可對損害賠償法之理論有通盤的認識，且能整體的、有系統的知悉實務判解，進而融學理與法律現象於一爐。

公司法　鄭玉波／著　劉連煜／增訂

　　本書主要介紹公司法之基本原理以及公司法之體系，除將國內外各家學說見解納入分析外，亦針對各國立法例（尤其是日本法）一併加以探討，此外對公司法實務運作之情形亦有詳細的研究，可謂兼含公司法的理論與實務，是一本基礎的公司法教科書，非常適合想要了解公司法的人士研讀。

海商法論　林群弼／著

　　本書係作者多年來於國立臺灣大學法律系講授海商法之講義彙集而成。除現行海商法規之研究外，尚包括各種爭議問題之解析，及各家學說、實務見解之探討，對於初學者之入門頗有助益，對於研究者之思考，亦深具參考之價值。